KB083595

조선 연극과 무대미술

I

조선 연극과 무대미술 I

초판인쇄 2021년 3월 20일 **초판발행** 2021년 3월 25일
지은이 김남석 **펴낸이** 박성모 **펴낸곳** 소명출판 **출판등록** 제13-522호
주소 서울시 서초구 서초중앙로6길 15, 2층
전화 02-585-7840 **팩스** 02-585-7848
전자우편 somyungbooks@daum.net **홈페이지** www.somyong.co.kr

값 29,000원

ISBN 979-11-5905-600-0 93680
ISBN 979-11-5905-599-7 (세트)

이 저서는 2016년 대한민국 교육부와 한국연구재단의 지원을 받아 수행된 연구임 (NRF-2016S1A6A4A01019639)

Korean Theater
and Stage Art
in 1911 to 1945

조선 연극과 무대미술 I

무대미술가 원우전을 중심으로

김남석

책머리에_ 옛 무대와 잃어버린 공연을 찾아서

옛 연극의 무대(디자인)에 관해 공부해야겠다는 생각은 다소 우발적으로 이루어졌다. 일제 강점기 조선의 대중극단에 관한 연구를 시행하면서 곳곳에서 원우전의 명성(이름)을 듣곤 했는데, 이름 자체가 유달리 특이해서 저절로 기억하지 않을 수 없었다. 그러던 중 그가 남겼다는 팸플릿에 대한 소문을 들을 수 있었다. 그는 일제 강점기뿐만 아니라 해방 이후에도 활발하게 활동한 바 있다. 특히 그의 활동 범위가 신극, 대중극, 친일(목적)극, 창극, 국극, 심지어는 영화에 이르기까지 확장되면서, 그가 참여했던 다양한 공연의 팸플릿이 남아 전해지고 있다는 소문이었다. 그리고 그 팸플릿을 소장했다는 사람에 대한 소문도 들을 수 있었다.

원우전의 지난 행적과 극단에 대한 자료를 얻을 수 있다면, 어쩌면 그토록 미스터리한 근대 연극의 시작과 중간을 엿볼 수 있지 않을까. 참으로 막연한 기대였지만, 지금보다 자료가 더 귀했던 20년 전쯤에는 이러한 막연한 꿈이라도 소중하지 않을 수 없었다. 그러다가 2007년 용기를 내어 원우전 연구를 시작하기로 결심했다. 이 연구는 비록 요원하지만 부딪쳐 볼 만한 일이라고 생각했다. 솔직하게 말하면, 원우전이라는 연극인이 궁금해서 더 견딜 수 없었다고 해야 할 것이다.

당시 상황을 조금 과장한다면, 원우전은 토월회 연극 어디에나 있었던 것처럼 느껴졌다. 토월회가 활동을 시작할 무렵 어느새 그는 토월회 스태프로 참여하여 무대화를 그리고 있었고, 박진과 박승희가 함께했었다는 술자리에도 그는 어김없이 끼어 앉아 있었다. 박진이 동양극장으로 영입될 때나 아랑으로 떠날 때도 그는 함께였다. 원우전은 박진, 임선규와 함께 동양극장과 아랑의 전성기를 이끌었던 핵심 연극인이었고, 당대의 거의 모든 대중극단이 탐내는 최초의 전문 무디디자이너였다.

이러한 그의 이력을 앞세워 2007년 인천학연구원 연구과제로 '최초의 무대미술가 원우전'이라는 다소 거창한 제목의 연구를 신청할 수 있었고, 재단 측의 배려로 첫 번째 원우전 논문을 쓸 수 있었다. 지금으로서는 고백할 수밖에 없는데, 그때 논문은 상당히 미흡한 논문이었고 감추고 싶을 정도로 엉성한 연구에 불과했다. 작은 의의가 있다면, 드디어 원우전 연구를 할 수 있다는 가능성과 막연한 성취감 정도였다고 해야 할 것이다.

당시 나는 무대미술에 대해 진지하게 접근하고 싶어 했지만, 아직은 학문적 역량이 부족했고 경력 역시 일천하기 그지없는 상태였다. 무대미술은 흥미로운 분야임에는 틀림없었지만, 실패 우려 또한 큰 분야라는 요원하고 막연한 짐작이 전부였다고나 할까. 답보 상태에 있던 나에게 또 하나의 기회가 주어졌다. 2013년 예술자료원에서 원우전이 남겼다는 무대디자인, 즉 '원우전 무대 도면'에 대한 전문 감정을 의뢰해 온 것이다.

아마도 원우전에 대한 기존 연구가 해당 검증 작업에서 도움이 될 것이라는 감정자 측의 판단 때문이었으리라. 경위야 어떻든 간에 원우전이 그린 스케치를 볼 수 있다는 생각만으로도 기쁘기 이를 데 없었다. 처음에는 뛸 듯이 기뻤고, 연구에 진척이 있을 것이라는 사실에 고무되기까지 했다. 감정 평가를 위해 스케치를 (받아)보는 순간 이러한 짐작은 거의 확신에 가까운 예견으로 번졌다.

스케치는 진품으로 여겨졌고, 이 스케치가 적지 않은 도움을 가져올 것이라는 판단 역시 자연스럽게 내려졌다. 그런데 이 스케치를 보고 놀라지 않을 수 없는 사연은 따로 있었다. 황당하게도, 이미 이 스케치를 본 사람들이 다수였기 때문에 이 스케치는 의외로 연극계, 그것도 연극학계에서 제법 알려진 스케치였던 것이다.

신문 기사에도 이러한 사실은 적시되어 있었다. 원우전으로부터 해당 스케치를 어떤 연극인이 넘겨받았다는 소식도, 이 스케치가 주인이 바뀌면서 이곳저곳에서 공개되었다는 소식도 이미 세상에 존재했다. 황당한 기분이 드는 것을 참을 수 없었다. 이렇게 많은 사람이 알고 있는데도, 도대체 왜?

비슷한 황당함이 이후에도 유사하게 반복된다는 점에서, 이 충격은 이후의 나에게 일종의 면역 효과마저 가져왔다. 이 스케치가 없어서 관련 연구를 잇지 못하는 사람이 세상에 있었는데, 다른 쪽 세상에서는 이미 이 스케치를 구경하고 돌려본 후 조용히 묻어 두었다니.

불평은 잠시였다. 중요한 것은 해당 스케치가 가져올 파장일 것이다. 해당 스케치와 대조/비교/참조할 수 있는 다른 자료들을 찾기 시작했다. 그때 다시 한번 둔기로 머리를 맞는 듯한 충격을 받았다. 왜냐하면 의외로 세상에는 알려지지 않은 무대디자인이 많이 공개되어 있었기 때문이다. 비록 정식 무대디자인은 아니었지만, 상당한 관련 자료들이 한 묶음의 종이 뭉치로, 관련 기사로, 연관성을 갖춘 서적으로, 그것도 상당한 분량의 연속 자료로 남아 있었다.

그러니까 이 세상 곳곳에는 이미 지난 시대의 무대디자인이 남아 있었다. 어떤 경우에는 기억도 없는 연극사의 초창기 무대디자인이 버젓이 존재하고 있기도 했다. 양이 방대하거나 정밀한 도면이 갖추어져 있지는 않을지언정, 분명 세상에는 잊힌 디자인이 존재하고 있었다. 사진이나 그림 자체만으로는 이해되지 않을 수도 있지만, 대본과 겹쳐보고 당시 상황과 맞추어보면 발굴 무대디자인은 조선의 연극에 대해 매우 중요한 사실을 시사하고 있었다. 이러한 디자인은 기본적으로 무대디자인 분야에서도 중요한 자료였지만, 조선의 연극 시스템을 이해하고 잃어버린 공연의 흔적을 찾는 유용한 단서이기도 했다.

이렇게 다방면에서 '원우전 무대 도면'은 관련 연구의 새로운 길을 열어주었다. 해당 도면을 먼저 보고 연구할 수 있었다는 이유만으로, 2015년 한국연극학회와 한국문화예술위원회(예술자료원)가 공동으로 기획한 학술대회에서 이 저술의 서두 격인 논문 「새롭게 발견된 원우전 무대-스케치의 기원과 무대 미학에 관한 연구」를 발표할 기회도 확보했다. 이 발표 기회를 제공하고 후원한 두 단체에게 지금도 감사한다.

이후 나는 예전과는 다른 시각으로 무대미술을 바라볼 수 있게 되었다. 내가 전문적인 무대미술 관련 연구자로 탈바꿈할 수는 없겠지만, 기존 대중극단(사) 연구나 지금 시행하고 있는 신극(사) 정리 과정에서 무대미술 분야는 새로운 시각을 열어줄 수 있었다. 귀중한 무대미술 관련 자료는 잃어버린 연극, 사라진 공연의 촬영되지 않은 영상 자료 역할을 톡톡히 해내고 있다. 그동안 자료가 없고 근거가 없다고 미루어두었던 작품들을 꺼내 그 작품의 실제 연극화, 무대 형상화에 대한 소견을 짚어낼 수 있었다. 희미하게 남은 도면, 스케치, 사진, 삽화는 공연을 반추할 수 있도록 해주었고, 나아가서는 연출가의 의도나 극작가의 공유 관념을 확인할 수 있도록 해주었다. 단서가 되었고, 방법이 되었고, 근거가 되었고, 확신이 되었다. 수집된 자료들은 그 자체로도 중요했고 무대미술을 위한 분석 대상으로도 소중했지만 희미하지만 남아 있는 좁은 접근로로서의 역할도 훌륭히 수행했다. 불가능했던 공연을 들여다볼 수 있다고 믿게 되었을 때 — 설령 그것이 오판이라고 할지라도 — 느낄 수 있는 희열은 무대미술 관련 연구가 내 곁에 있어야 하는 이유도 저절로 만들어주었다.

2016년 무대미술에 관한 통시적인 저술에 도전하기로 결심했고, 한국연구재단에 '조선의 연극과 무대미술가 – 1911~1945'라는 제명으로 저술 출판(연구)을 지원 신청했다. 다행히 한국연구재단은 이 연구의 필요성을 인정해 주었다. 다시 3년의 시간이 흘렀고, 무대미술과 관련된 자료만 발견되면 그 연관성을 찾는 작업을 동시다발적으로 시행하면서 그 시간을 참아내었다. 하지만 무대미술 자료가 방대하고 해당 응용 분야가 많아서 — 순전히 나의 판단이지만 — 이 동네 저 동네를 마구 파고 다니는 꼴을 피할 수는 없었다. 이 역시 원래 내가 원한 연구의 최종 방향은 아니었을지언정, 어쩔 수 없이 그 길 또한 감당해야 했다.

내가 진정으로 꿈꾸고 기획했던 연구(저술)는 조선 연극(1911~1945년 시점까지를 잠정적으로 지칭)에서 무대미술이 차지하는 역할과 분야에 대해 충분히 논구하고, 무대미술을 통해 이해될 수 있는 조선 연극의 흐름을 정리하는 작업(책)이었다. 그러니까 조선 연극 속에서 무대미술의 위상을 발견하고 싶었고, 무대미술을 통해 조선 연극의 흐름을 개관하고 싶었다. 어느 한쪽이어야 한다는 생각보다는 양자가 모두 곁들여져야 한다는 생각에 가까웠다.

혹자들은 이러한 생각이 잘못되었다고 비판할 것이다. 나 역시 어느 한쪽으로만 남아야 하는 것이 아닌가를, 지금 이 시점까지 고민하고 있다. 어느 것 하나 만족스럽지 못한 상태에서, 기존의 시각으로는 허용될 수 없는 범주로 들어선 것 같아 내심 불안하기 때문이다. 하지만 지금으로서는 그 두 길을 모두 포기하지 않기로 한다.

흥미로운 점은 무대미술(자료)은 조선 연극을 이해하는 데 중요한 지점을 점유할 수 있다는 사실이다. 토월회도, 동양극장도, 극예술연구회도 이러한 범위에 모두 들어 있다. 2018년에 출간한 『조선 대중극의 용광로 동양극장』(1~2)의 저술 과정에서도 이러한 무대미술의 영향력은 깊숙하게 투영되었다. 동양극장은 원우전이 주요하게 활동한 극장(극단)이었기 때문에, 이러한 영향력은 각별한 결과를 자아냈다. 이 저술에서는 이러한 영향력을 숨기지 않기로 했다. 해당 책에서 동양극장 무대미술의 특징을 제거하고 조선 연극(사)에서 무대미술이 차지하는 비중을 올곧게 논할 수 없었기 때문이다. 대신 기존 원고의 골자를 수용하면서도, 추후 보강된 자료와 저술을 포함시켰고 한 걸음이라도 진전된 결론을 얻기 위해서 심화 연구에 도전했다. 한정된 자료로 인해 분석 대상이 일부 겹치지만, 해당 작품과 무대 디자인은 대거 보강되었으며, 그 이후 진행된 연구 결과를 포함하여 그 결론을 확대하고자 했다.

이처럼 원우전은 토월회에서도, 동양극장에서도, 1940년대 연극에서도, 무대미술에서도, 심지어는 조선성악연구회에서도 늘 주요한 화두이자 주요 거론 대상일 수밖에 없었다. 계속해서 그를 추적하는 작업이 이어졌고 그 과정에서 정태성의 자취를 발견하기도 했고 라이벌인 김일영을 새롭게 발견하기도 했다. 신극 진영 무대디자이너들은 분명 원우전과 달랐다. 그렇기 때문에 원우전과의 비교 대조를 통해 더욱 분명하게 그들의 자리를 확정지을 수 있었다.

이렇게 원우전에 대한 연구가 확대되면서, 그에 대해서 그리고 그의 무대미술에 대해서 접근할 수 있는 방법 역시 늘어나기 시작했다. 이 책에서도 시기상의 문제로 원우전의 해방 이후의 행적은 거의 담지 못했지만, 추후 보완 연구를 통해 그의 행적과 함께 무대미술(사)의 특징도 계속 기록 정리하고자 한다.

전술한 대로, 대중극 지점에 원우전이 있다면, 신극 진영에는 극예술연구회를 중심으로 한 일련의 신진 무대미술가가 포진되어 있었다. 그들에 대한 접근도 이 저술의 중요한 목표 중 하나였다. 그들에 관한 연구 역시 어설프고 성근 연구일 터이지만, 이후 연구의 밑거름이 되었으면 한다.

조선의 연극과 무대미술은 상보적인 관계이기 때문에, 이 책에서는 이러한 관계를 보여 줄 방법을 함께 노출하고자 했다. 무대미술 자료를 활용한 다양한 분석 방법 — 너무 느리고 더디게 진전하는 것 같은 인상을 자아낼망정 — 을 야심차게 텍스트 분석(정리)에 시도해 보고 싶었다. 이 역시 지나친 욕심일 수도 있겠지만, 어쩌면 인연을 맺어온 무대미술(가)과의 교점이라는 생각에서 이러한 시도와 모색을 숨기지 않기로 했다.

마지막으로 이 책의 우여곡절을 간단하게 담아두고자 한다. 지금 이 서문을 쓰는 순간에도 이 책이 정상적으로 출간될 수 없을지도 모른다는 막연한 두려움에 휩싸여 있다. 해당 원고를 2020년 9월에 정리했음에도 불구하고 2021년 3월 15일이 된 이 시점에서도 내 손에는 편집원고도 없는 상태이다. 아직은 무대미술을 세상에 내놓을 수 없고, 이 책이 지나치게 모자라 출간해서는 안 된다는 뜻일까 싶기도 하다. 언제나 그렇듯 이 책은 세상에 작은 파문 하나도 던지지 못할 것이다. 큰 파문을 섬기는 것이 학문이 아니기에, 그 점에 대해서는 불만을 갖지 않기로 한다. 다만 그 많은 자료들과 시간들을 허비한 것은 아닐까 하는 자괴감은 남을 듯하다. 내가 할 수 있는 일은, 그저 그 소모와 허비의 시간에도 불구하고 걷던 길을 걷는 것일 뿐이겠지만 말이다.

2021년 3월 15일 자정 무렵
원우전으로부터 시작하여
꽤 장시간 잃어버린 무대를 찾아
서성거려야 했던 사람이 쓰다

차례

서장

조선 연극과 무대미술의 관련성

근대극 도입기[1] '무대미술'은 '조선의 연극'과 어떠한 관련을 맺고 있었을까? '연극'을 공연하려면 응당 무대미술을 바탕으로 삼아야 하므로, 상식적으로 이 문제 제기에 대한 대답은 긍정적일 수밖에 없다. 이 시기 무대미술이 조선 연극과 밀접한 관련을 맺고 있었고 상호 긍정적인 관계를 주고받고 있었다고 대답되어야 한다. 하지만 실제로 이렇게 답할 근거를—적어도 학문적으로는—찾기 곤란한 형편이다. 가장 큰 이유는 이에 관한 관련 연구가 희소하기 때문이다.

무대 위에서 연극적 공간을 창출하는 작업은 필연적으로 '무대 공간'을 '연기와 서사의 공간'으로 재창조한다는 의미를 포함하고 있다. 그러다 보면 자연스럽게 무대는 텅 빈 도화지처럼 인식되기 마련이고, 그 안에 무언가를 채우고 그려 넣을 대상으로 여겨지기 마련이다. 무대미술가의 임무는 이 도화지에 음영과 색감 그리고 입체성을 부여하는 전문적인 창작자의 역할과 다르지 않다. 그럼에도 지금까지 그들의 역할은 여분의 역할로 폄하되거나 하위의 역할로 소홀하게 다루어진 것이 사실이다. 이러한 폄하와 소홀함이 이 분야 연구를 가로막는 중요한 이유로 작용했다. 이 연구는 이러한 연구 풍토를 개선하려는 목적을 본연적으로 지향하고자 했다.

그나마 한국 연극학계에 제출된 기존 연구 결과(물)를 참조하면, 근

---

1 이 저술에서는 한국(조선)에 '서구식 연극'—더 정확하게 말하면, 일본적 변형을 거쳐 조선에 소개된 소위 '근대극'—이 도입 전파 확산되어 일정한 장르 체제를 갖춘 토착적 연극으로 정립되는 일련의 시기를 '근대극 도입기'로 통칭하고자 한다. 대략 1890년 전후 무렵에서 1945년 해방기까지이며, 대체로 일제 강점기와 중복되는 시기에 해당한다. 이때는 국호가 따로 없어 '조선'으로 칭하고 이 시기의 연극을 '조선(의) 연극'이라고 잠정 규정했다.

대극 도입기의 무대미술에 대해서는 대체로 관심이 없거나 그 성과에 대해 부정적인 편이었다. 변변한 무대미술이 존재하지 않았을 것이라는 선입견이 작용하거나, 무대미술이 한국 연극의 본령에서 벗어나 있다는 편견이 심각하게 작동하였기 때문이다.

이러한 선입견이 전혀 근거 없는 것이라고는 할 수 없다. 근대극 도입기에 적지 않은 관련 연극 단체들이 세트나 무대 등의 기본 요소에 무심하거나 상식 바깥의 방식으로 이를 처리하곤 했기 때문에, 무대미술 분야가 후진적 분야 혹은 미개척 영역으로 평가 절하당하는 경우 역시 적지 않았다. 많은 극단들이 지역 순회공연을 펼치면서 무대와 세트를 생략하거나 간략하게 처리하는 일을 예사로 알았고, 연극을 관람하러 온 많은 이들에게, 텅 빈 공간을 그대로 차지한 채 공연하는 사람들이 배우라는 잘못된 인식을 심어주는 일도 다반사였다.

하지만 열악한 무대 조건에서 벗어난 공간 창출 사례도 있었다. 주목할 만한 단체들이 연극적 '일루전illusion'을 창출하기 위해 무대디자인의 개선이 필요하다는 점을 인정했고, 자신들의 공연이 무대 배경 하에서 이루어지기를 열망하며 새로운 모색을 펼쳤다. 가령 창단 무렵 토월회 같은 극단은 연기나 연출 분야에서 보여준 수준보다 무대미술에서 도달한 수준이 더 놀라웠다는 평가를 이끌어 내었던 극단이었다.[2] 그만큼 무대미술에 대한 의존도가 높았고, 전문성도 강했다고 할 수 있다. 그 중심에는 활발하게 연구하고 도전적인 시도를 아끼지 않았던 원우전 같은 무대미술가(1~2회 공연 시 김복진, 이승만 참여)가 포진하고 있었기

2 박승희, 「신극운동 7년」, 『조선일보』, 1929.11.5 참조.

때문이다.

이러한 사례는 몇몇 극단에서 더 찾을 수 있다. 무대미술팀이 제대로 갖추어진 극장으로는 동양극장을 꼽을 수 있다. 동양극장은 청춘좌와 호화선(최초에는 동극좌, 희극좌)이 교대로 공연을 올리는 형식(정상적으로 운영될 경우 보통 1달 간격)으로 무대 공연을 준비했다. 무대미술팀(무대장치부)은 두 극단의 공연에 맞추어 무대미술을 준비해야 했는데, 이로 인해 작업이 끊임없었고, 그 해당 인원도 적지 않았다. 더구나 동양극장은 지역 순회공연에도 무대 세트와 장치를 수송하여 공연의 질적 수준을 유지하고자 했다.

인천의 지역 극장 가무기좌歌舞伎座는 극장 부속 건물로 '도구 창고'를 두고 있었고, 무대는 격자 벽으로 크기를 조절할 수 있었으며, 도구와 의상을 마련하는 비용으로 6천 원을 책정하여 총 극장 건립비 2만 원의 30%를 차지했다.[3] '도구'는 기본적으로 무대미술과 다소 차이가 있지만, 무대 공간의 활용을 돕고 서사와 연기의 원활한 진행을 보조한다는 기본적 의의는 전혀 다르지 않았다고 해야 한다.

연극사적 지식과 관련 정보의 편린과 흔적을 더듬어 보면, 일제 강점기 조선의 극단(연극 단체) 중에도 무대미술(혹은 무대디자인)의 중요성을 인정하고 일찍부터 이러한 역할에 주력한 단체들이 적지 않았다. 따라서 지금까지는 상식적으로 생각하는 무대디자인의 개념이 결여된 공연만이 존재했던 것으로 속단해서는 곤란하다.

이 연구는 기본적으로 1911년 조선에서 최초의 연극(신파극)이 생성

3 이희환, 「인천 근대연극사 연구」, 『인천학연구』 5호, 인천학연구원, 2006, 12~13면 참조.

되는 시점부터 태생적으로 공연과 관련될 수밖에 없었던 무대미술 분야에 대한 학문적 접근을 염두에 두고 그 논의를 시작하고자 한다. 한국 연극의 범위가 광범위하고 무대미술의 제약을 인정하지 않을 수 없어, 일단 서구식 연극이 조선에 수입되는 시점부터(이 저술에서는 1911년 혁신단의 창립을 논의의 시작점으로 삼았다) 1945년 해방 직전까지 설정하여 이른바 일제 강점기 조선 연극에서 무대미술이 차지하는 비중과 역할 그리고 그 미학과 의의를 살펴보고자 한다.

이러한 접근에서 가장 곤란한 점은 무대미술에 대한 논의가 자료와 근거의 한계를 인식하고 출발할 수밖에 없다는 점이다. 최초의 연극 극단으로서 혁신단과 그 이후 신파극단의 출현과 명멸 상황, 1920년대 토월회와 새로운 극단들의 경쟁과 변모 과정, 1930년대 극예술연구회와 대중극 진영의 이합집산 현상, 1935년 동양극장의 창설과 대중극단의 흐름을 일괄하고, 1940년대 본격적인 대중극단의 시대를 전반적으로 통틀어도, 관련 무대디자인은 극소수에 불과하며 무대디자이너에 대한 기록과 연구는 매우 한정적이라는 한계를 벗어날 길은 그다지 커 보이지 않는다.

더구나 무대장치에 관한 관심이 상대적으로 많지 않았고 관련 종사자도 풍부하지 않았으며 연극 공연에서 무대미술 분야가 차지하는 역할과 비중도 적었기 때문에, 관련 접근이나 논구의 어려움도 상당한 편이었다. 하지만 다행스럽게도 자료가 전혀 없는 것은 아니며, 비록 소박한 자료에 불과하지만 연구에 유용하게 활용할 방안이 부재하는 편이 아니어서, 이러한 자료를 근거로 관련 논의를 진행할 수는 있었다. 그래서 이 저술은 그러한 무모한 도전이자 이후 연구의 맹아에 불과할 수밖에 없다.

이 저술에서 무대디자인 관련 자료를 활용할 수 있는 방안으로 무대디자이너(당시에는 주로 무대장치가로 지칭)의 행적이나 활동 경로를 추적하는 방식을 채택하고자 했다. 뚜렷한 족적을 보이는 무대디자이너의 행적을 수집했고, 그 행적을 따라 제작 무대디자인(참여 작품)에 대한 전반적인 이해에 도전했으며, 관련 자료들이 수집되며 이러한 이해를 심화할 수 있는 시각을 도입하고자 했다. 원우전은 대표적인 사례인데, 최초의 원우전 연구에서 자료들이 덧붙여지며, 이 저술의 상당 부분이 원우전과 직간접적으로 연계될 수 있었다.

특정 무대디자이너에 대한 자료가 충분하지 않은 경우에는, 주요 극단의 작품 창작과 공연 이력을 중심으로 논의를 전개했다. 동양극장과 극예술연구회 그리고 아랑은 대표적이다. 동양극장의 경우에는 원우전 이외에도 김운선, 정태성 등의 무대미술가가 활약하고 있었다. 지금의 연구 수준에서는 그들의 활동을 일일이 분리하지는 못했고, 주로 호화선 혹은 동양극장 무대미술부의 영역에서 다루어야 했다. 차후 연구를 더욱 진행할 수 있다면, 이들의 삶과 이력 역시 개별적으로 분리되고 영역별로 심화할 방안을 찾고 싶다. 아울러 '동양극장'의 무대미술에 관해서는 본인의 기존 저술을 바탕으로 했다는 점을 밝혀두고자 한다. 하지만 기존에는 원우전과 청춘좌 중심의 연구에만 매몰되어 있었는데, 다량으로 발굴한 호화선 자료를 중심으로 보다 확대되고 차별화된 연구 시각과 논의를 대거 도입한 점도 이 지면을 통해 부기하기로 한다.

한편, 무대미술 분야에서는 극예술연구회도 상당한 자료를 남긴 단체로 판단된다. 평소에 눈여겨보지는 않았지만, 의외로 남아 있는 극예술연구회 무대디자인 관련 자료는 상당한 편이다. 이 자료를 활용할 수 있다면, 신극 진영의 새로운 움직임과 미학적 패러다임을 발견 정리할 수 있을 것이다. 이 점을 좁게 본다고 해도, 지금까지 극예술연구회 관련 연구가 주로 희곡과 극작가 내지는 일부 연출가 중심으로 이루어진 점을 보완하기 위해서라도, 극예술연구회의 공연과 무대미술에 대한 접근이 계속되고 또 확대 심화되어야 할 것이다.

이러한 입장들이 고르게 반영되면서, 이 저술은 무대미술에 대한 접근이면서 동시에 무대미술을 통한 조선 연극에 대한 해석을 포함하지 않을 수 없었다. 무대미술에 대한 자료가 충분하지 않기에 그 미술이 적용되었던 작품 전반에 대한 이해가 선행될 수밖에 없었지만, 이러한 작업은 해당 작품과 공연에 대한 시야를 넓힐 수 있는 계기로 다시 작용한 사실도 부인하기 힘든 사실이다.

당대의 공연 상황을 희곡과 극작가 위주로 바라보는 기존의 시각은 연극의 중요한 현장성과 다양성(다수의 스태프들의 참여)을 간과하는 연구 결과를 낳기도 했다. 무대미술은 이러한 시각을 교정하고, 부족한 자료일망정 해당 작품의 무대 공연 효과를 측정할 수 있는 척도로 작용할 수 있었다. 이 연구와 저술 작업을 통해 이러한 효과와 유용성을 외면하지 않기로 했다.

이 저술에서 가장 중심이 된 무대디자이너가 원우전이라는 사실은 아직도 가야할 길이 멀다는 사실을 여전히 의미한다. 그것은 원우전의 대척점에서 활동했던 김일영이나 김정환 등에 대한 접근이 더 진전되어야 한다는 뜻이기도 하기 때문이다. 하지만 이러한 반성과는 별개로

1920~40년대, 나아가서는 1950~60년대 한국(조선) 연극에서 원우전이 차지하는 비중과 그 영향력은 막대하다고 해야 한다. 그는 숱한 극단 활동에 참여하면서 그가 지닌 무대미술 조예를 무대화 과정을 통해 실현했을 뿐만 아니라, 작품의 질적 수준을 향상하고 무대미술의 미학적 원리를 전파하는 역할을 했다. 가장 단순하게 말해도, 그가 참여한 극단의 면면이 해방 이전 조선 연극사의 중심 맥락을 형성한다는 사실을 간과할 수 없는 것이다.

이처럼 해방 이전 무대미술 분야에서 원우전이 중심이 될 수밖에 없는 이유는 그가 관여한 극단이 방대하면서도, 하나의 흐름을 형성하기 때문으로 일단 요약될 수 있겠다. 더구나 일제 강점기 원우전은 대중연극계를 대표하는 무대미술계의 최고 실력자였다. 이로 인해 그가 관여하는 극단들은 조선 연극의 핵심적인 위치를 차지하고 있었다. 그는 이른바 토월회 일맥을 대표하는 무대미술가(당시 용어로는 무대장치가)였다.

이처럼 원우전은 한국 연극계에 큰 족적을 남긴 무대미술가(무대장치가)이다. 그는 토월회의 창단 공연부터 무대미술가로 참여하여 일제 강점기 시대의 신극과 대중극 진영에서 활약했으며, 해방 이후에는 남한의 원로 장치가로 꾸준히 활동을 이어갔다. 이러한 원우전의 모습은 각종 증언과 관련 자료에 편린처럼 흩어져 기록될 수 있었다.[4]

하지만 원우전에 대한 연구는 본격적으로 시행된 바 없다. 무대장치가로서의 그의 면모와 행적을 정리한 연구가 제출되었지만,[5] 이 역시

4 원우전에 대한 대표적인 기록과 관련 연구는 다음과 같다. 고설봉, 『증언 연극사』, 진양, 1990; 박진, 『세세연년』, 세손, 1991; 유민영, 『우리시대 연극운동사』, 단국대 출판부, 1989, 83~85면; 이두현, 『한국 신극사 연구』, 민속원, 2013(개정판), 316~325면.

관련 자료의 부족으로 인해 본격적인 무대미술에 대한 탐구로 이어지지는 못했다. 그 이유는 원우전에 대한 연구 자료, 특히 무대미술과 관련된 자료들이 대단히 부족했기 때문이다.

그러던 차에 원우전이 남긴 무대 스케치 54점이 발견되어 관련 세인들의 주목을 끈 바 있다. 2015년 5월 한국연극학회는 한국문화예술위원회 산하 예술자료원과 공동으로 "한국의 1세대 무대미술 연구"라는 제명으로 세미나를 개최했다. 이 세미나에서 원우전의 무대 스케치가 공개되었고, 이를 바탕으로 한 연구 논문도 함께 발표되었다.[6] 한국 연극(사)에서 원우전과 초기 무대미술가가 차지하는 비중을 고려할 때, 이러한 학술대회와 자료 발표는 때늦은 감이 없지 않지만, 뒤늦게나마 이러한 발굴과 연구 작업이 진행된다는 사실은 환영할 일이 아닐 수 없다.

하지만 원우전에 대한 연구는 아직 시작에 불과하며, '한국의 1세대 무대미술 연구'에서 공개된 자료 외에도 더 남아 있는 형편이다. 따라서 원우전에 관한 연구는 지속적으로 시행되어야 하며, 동시에 끊임없는 자료 발굴과 정리 작업을 동반해야 한다. 최근 백두산은 '우전 원세하'에 대해 주목할 만한 사실을 밝혀내어, 그의 연대기를 보강했기 때문에 이 역시 참조해도 좋을 것이다.[7]

원우전의 스케치 이외에 그에 대한 자료가 풍족하게 남아 있는 시기

---

5 김남석, 「최초의 무대미술가 원우전」, 『인천학연구』 7호, 인천학연구원, 2007, 211~240면.

6 김남석, 「새롭게 발굴된 원우전 무대 스케치의 역사적 맥락과 무대미술의 특징에 관한 연구-금강산 스케치를 중심으로」, 『한국연극학』 56호, 한국연극학회, 2015, 329~364면.

7 백두산, 「우전(雨田) 원세하(元世夏), 조선적 무대미술의 여정-원우전 무대미술 연구 시론」, 『한국연극학』 56호, 한국연극학회, 2015, 365~405면.

는 1936년 이후이다. 이 시기는 그가 동양극장에서 활동하는 시점으로, 동양극장은 당대의 주요한 극단(극장)답게 관련 자료를 상당히 산출한 바 있다. 이 저술에서 동양극장 시절 원우전과 무대미술 관련 자료는 주요한 근거와 참조 사료로 활용될 것이다.

이 시기 원우전의 상황에 대해 살펴보기로 하자. 원우전은 1935년 11월 동양극장이 발족할 무렵부터 동양극장에서 활동하면서 무대미술을 전담하는 장치가 중 하나였고, 동시에 주로 청춘좌의 무대장치에 전념하는 토월회 일맥의 일원이었다. 동양극장은 1937년에 접어들면서 안정된 좌부(전속)작가 시스템을 구축하기 시작했다. 대표적인 사례가 임선규와 이운방 그리고 이서구 등이다. 이들은 동시대 관객들의 기호를 고려한 작품들을 산출해 냈고, 동양극장은 이러한 작품들을 통해 당대 관객의 호응을 이끌어낼 수 있었다. 특히 1936년 7월 임선규 작 〈사랑에 속고 돈에 울고〉는 기생이라는 당대 민중의 기호를 바탕으로 흥행상 성공을 거둔 작품이다. 이후 동양극장 연극에는 관객들의 시대상과 현실관을 바탕으로 한 일련의 작품들이 대거 틈입한 것으로 알려져 있다. 작품들이 남아 있지 않아, 대강의 줄거리조차 파악하기가 쉽지 않은 상황이지만, 원우전의 무대미술은 이 작품들에 대한 정보를 전하는 역할도 겸하고 있다. 1937년부터 1939년까지 청춘좌를 중심으로 한 동양극장 무대디자인은 사극이나 고전적 소재를 다룬 작품이 아니라, 당대 민중의 삶과 연관된 문제를 다룬 작품이 주류를 이루었음을 또한 알려주고 있다.

이 저술에서 1935년 11월부터 1939년 9월(사주 교체)에 이르는 동양극장 전반기와, 1940년대 연극경연대회의 실시로 인해 원우전이 동양극장으로 돌아오는 시점은 중요한 관찰 지점이 될 것이다. 물론 토월회부터 1930년대 전반(1930~1935년)까지의 대중극단 가담기 역시 중요한 참조 자료가 될 것이다.

전술한 바 있지만, 원우전의 행적과 행적을 중심으로 한 무대미술 탐사 이외에도 1910년대 신파극 시대의 일부 작품(〈쌍옥루〉와 〈오호천명〉), 1920년대 토월회, 그리고 극예술연구회와 동양극장 전후의 대중극단에서 공연했던 작품 가운데 무대디자인이 확인되는 작품에 관한 연구와 접근에도 나서고자 했다.

제1장

1910~20년대 신파극 무대디자인

1. 혁신단의 〈쌍옥루〉 공연과 바다(물)의 무대디자인
2. 신파극 초기 대표작과 무대디자인

조선에 서구식 연극이 도입된 것은 '임성구'에 의해서이다. 임성구의 어떤 작품이 최초의 작품인가에 대해서는 아직도 설왕설래하지만—〈불효천벌〉 설, 〈군인의 기질〉 설, 〈무사적 교육〉 설, 〈육혈포 강도〉 설 등—이러한 혼란에도 불구하고 한 가지 공통된 합의 사항은 도출할 수 있다. 그것은 임성구가 최초로, 그리고 그 이후 한동안 공연했던 작품이 대개 일본 작품의 번안 내지는 각색 작품이라는 점이다.

이처럼 혁신단은 한국(조선) 최초로 공인되는 '신파극단'이었다. 혁신단의 창립자인 임성구는 조선에서 최초로 신파극을 공연한 연극인으로 기록되어 있으며,[1] 혁신단 창단 이후 1910년대 내내 신파극의 정착을 위해 애쓴 문제적 선각자로 평가되고 있다.[2] 그래서 임성구에 대한 언급은 한국 연극사 곳곳에서 나타나고 있으며,[3] 그 중요성은 일찍부터 인정되어 왔다. 일종의 '한국 연극'의 시작점으로 인정되었다고 할 수 있겠다.

증언에 따르면, 임성구는 일본인 극장의 신발 관리인이었고, 그로 인해 어깨 너머로 일본의 신파극을 보고 배울 수 있었다고 한다. 안종화가 쓴 『신극사 이야기』에서도 임성구가 일본 신파극을 모방하면서 자신들의 작품을 생성하여 무대에 올리는 과정이 묘사되어 있는데, 이때 혁신단의 작품이 임성구나 주변 인물의 완전한 창작이라고 단정 짓기 어려운 상황이 연출된다. 따라서 암묵적으로 혹은 공식적으로 확인되듯, 임성구는 적어도 신파극 초창기에 일본 작품을 '차용'하여 작품을 공연했

1 안종화, 『신극사 이야기』, 진문사, 1955, 30~31면 참조; 이두현, 『한국신극사연구』, 서울대 출판부, 1966.

2 현철, 「조선 극계도 이미 25년」, 『조광』, 1935.12; 이서구, 「한국 연극 운동의 태아기 야사」, 『신사조』, 1964.1.

3 유민영, 『한국현대희곡사』, 홍성사, 1982; 서연호, 『한국현대희곡사연구』, 고려대 민족문화연구원, 1982.

다고 보아야 한다. 요즘 개념으로 이 '차용'의 문제를 바라본다면, '무단 상연'에 가까우므로 표절이라고 할 수 있고 원작료를 지불하지 않았으므로 범죄 행위라고 할 수 있겠다. 문제는 임성구가 작품을 만들던 1911년 무렵의 상황, 즉 해당 시대의 작품과 공연에 대한 인식이 지금 —2010년대와 상당히 달랐다는 점이다. 즉 그 시대—'기극起劇 시대'—에는 그러한 작품 도용에 대한 원칙이 없었고, 그러한 점이 범죄라는 인식도 희미했다.[4]

이러한 표절과 무단 도용의 문제는 1910년대 현실에서는 광범위하게 진행되는 일반적 공연 관행으로 치부되었다. 일본 작품 혹은 원작 작품의 무단 도용의 예는 1910년대 상황을 통해 보다 통계적으로 확인될 수 있다. 양승국은 1910년대 신파극의 레퍼토리를 조사하여 그 결과를 연구 논문으로 발표한 바 있다.[5] 양승국의 연구에서 밝혀진 흥미로운 사실은 1910년대 레퍼토리는 약 100여 편이었는데, 그중 일본 신파극 레퍼토리의 영향을 받은 비중이 약 20%라는 것이다. 즉 1910년대 레퍼토리의 20% 정도는 타인(일본)의 것을 허락 없이 공연한 경우에 해당한다.

사례를 조사해 보면, 조선의 연극계는 일본 작품을 창의적으로 번안하여 공연한 흔적도 있는데, 대표적인 사례로 〈쌍옥루〉를 들 수 있다. 원작 〈쌍옥루〉는 일본인 작가 기쿠치유호菊池幽芳의 작품(〈己之罪〉)으로, 조중환이 번안하여 1910년대(1912년 7월 17일 연재 시작하여 1913년 2월 4일에 연재 마감)[6] 조선에 소개된 이후 연극 작품으로 각색되어 공연되었

4 신파극의 전래와 차용 양상에 대해서는 다음의 글을 참조했다(김남석, 「표절의 사회학」, 『빈터로의 소환－지역에서 생각하다』, 지식과교양, 2018, 297～301면 참조).

5 양승국, 「1910년대 한국 신파극의 레퍼터리 연구」, 『한국극예술연구』 8집, 한국극예술학회, 1998, 9～69면 참조.

다. 혁신단이 1912년 6월(18일)에 〈己之罪〉라는 제명으로 공연하였고, 1913년에는 〈쌍옥루〉로 제목을 변경하여 재공연하기도 했다.

〈쌍옥루〉는 혁신단의 대표적인 레퍼토리였다. 더구나 〈쌍옥루〉는 최초 원작(일본 작품)뿐만 아니라, 신문 연재 분량과 이 소설을 각색하여 무대에 올린 사진 등이 고루 남아 있는 작품이다. 따라서 그 내용과 무대화 결과(무대/공연 사진)를 모두 확인할 수 있는 희귀한 사례이기도 하다. 이에 1910년대 신파극의 무대미술의 양태와 실상을 살펴보는 데에 적합한 경우라 할 수 있다.

1. 혁신단의 〈쌍옥루〉 공연과 바다(물)의 무대디자인

안종화에 따르면 혁신단은 단장 임성구林聖九를 비롯하여 한창렬韓昌烈, 안석현安奭鉉, 김순한金順漢, 임운서林雲瑞, 황치삼黃致三 등에 의해 창단되었다.[7] 임성구는 개화에 대한 열망을 간직한 젊은이였고, 경성관에서 일본 신파극을 구경하면서 신극의 꿈을 실현하려는 의지를 불태운 선구자였다. 그에 의해 다양한 성격과 능력의 청년들이, 극단과 연극 태동을 목표로 여러 노력을 모색하면서, 혁신단이 세상에 나올 수 있었다.

혁신단은 임성구가 단장 역할을 맡고, 박창한이 주임을 맡는 체제로 1912년 공연을 이어갔다. 1912년 2월~9월 신문 광고에서 혁신단은

---

6 〈쌍옥루 전편(前篇) 제1회〉, 『매일신보』, 1912.7.17, 1면 참조; 〈쌍옥루 금전재(禁轉載) 하편(下篇)(49)〉, 『매일신보』, 1913.2.4, 1면 참조.

7 안종화, 『신극사 이야기』, 진문사, 1955, 40~42면 참조.

두 사람의 이름을 앞세웠고, 공동 명의로 극단을 이끄는 것을 강조하곤 했다. 이러한 공동 지도 체제는 혁신단이 운영되기 위해서 필요한 두 가지 조건 때문이다.

첫 번째 조건은 공연 작품 제작과 무대화 기술이다. 임성구는 신파작품을 만들고 이를 공연하는 기술을 지닌 당대 최고의 연극인 가운데 하나였다. 끊임없이 예제를 교환해야 하고, 관객들의 요구와 취향을 고려해야 하는 혁신단으로서는 작품을 기획 · 집필 · 연습 · 연기 · 연출할 수 있는 임성구가 반드시 필요했다. 그러니 임성구는 공연 실무를 담당하는 단장으로서의 업무를 맡아야 했다.

두 번째 조건은 혁신단을 실질적으로 운영하고 재정적인 뒷받침을 하는 역할이었다. 본래 박창한은 동경 유학생 출신으로 진고개에서 상업을 하는 장안 갑부였는데, 혁신단에 가입하여 재정적으로 임성구를 돌보는 역할을 맡았다.[8] 훗날 그는 혁신단의 연극이 저급하다고 비판하고, 스스로 '청년파'를 조직하여 연흥사에서 공연을 열었다.[9] 이 시점은 1912년 10월 26일부터 약 한 달 동안이었다.[10] 하지만 호기로운 창단과 과감한 공연에도 불구하고, 청년단은 곧 해산되고 박창한은 혁신단으로 복귀하게 되었다. 이때 박창한의 청년파에 속해 있던 천한수와 고수철이 혁신단으로 흡수되었다.[11]

---

8 「신극 육십년의 증언(1) 초기 신파극의 실정」, 『경향신문』, 1968.7.10, 5면 참조.
9 박용구, 「풍류유명인야화(風流名人夜話)(66)」, 『동아일보』, 1959.8.2, 4면 참조.
10 양승국, 「1910년대 한국 신파극의 레퍼터리 연구」, 『한국극예술연구』 8집, 한국극예술학회, 1998, 14~16면 참조.
11 박용구, 「풍류유명인야화(風流名人夜話)(66)」, 『동아일보』, 1959.8.2, 4면 참조.

1) 〈쌍옥루〉 연재와 각색 과정

소설 〈쌍옥루〉는 1912년 7월 17일에 조일재(조중환) 번안으로 조선 지면에 처음 연재되었고,[12] 해를 넘겨 1913년 2월 4일에 이르러서야 이 연재가 마감된 대중소설이다.[13] 1910년대 초반 조선 대중의 마음을 사로잡은 인기 소설이었지만, 비단 소설의 형식으로만 존재했던 작품은 아니었다. 〈쌍옥루〉 연재는 애초부터 연극 상연을 염두에 둔 채로 이루어진 것으로 보인다.

본격적인 연재가 시작되기 전부터 〈쌍옥루〉를 선전하면서 "타 일에 이것을 연극하는 때는 미리 보아두었다가 연극을 구경할 때에 참고할 가치가 적지 아니 할 지"라는 문구를 내보였던 점을 그 근거로 들 수 있다.[14] 또한 1912년 7월 17일 〈쌍옥루〉 1회와 관련된 기사는, 이 작품이 "일반 사회의 풍속을 개량"하려는 목적을 지니고 있다고 의의를 부여하면서 '연극'으로 연출되어야 한다는 주장을 펴고 있다. 또한, 이를 위해서 문예부를 건립하여 개량(각색) 작업에 주력해야 한다고 주장도 곁들이고 있다.[15]

주지하듯 조중환의 연재소설 〈쌍옥루〉는 일본 원작 〈己之罪〉를 번안하여 『매일신보』에 연재 수록한 대중소설이었다. 〈쌍옥루〉 연재 시점까지만 해도, 조중환이 소설가의 면모를 보이고 있지만, 그가 비단 소설에만 관심을 국한했던 문인은 아니었다. 조중환은 윤백남과 함께 문수

---

12 조중환 번안, 〈쌍옥루〉(전편(前篇) 1회), 『매일신보』, 1912.7.17, 1면 참조.

13 조중환 번안, 〈쌍옥루〉(하편(下篇) 49회), 『매일신보』, 1913.2.4, 1면 참조.

14 「신소설 쌍옥루」, 『매일신보』, 1912.7.10, 3면 참조.

15 「연예계 : 〈쌍옥루(雙玉淚)〉」, 『매일신보』, 1912.7.17, 3면 참조.

성을 창립하고 연극 극단을 운영하였을 뿐만 아니라, 중요한 공연(신파) 작품에 대한 평론을 제기하기도 하면서, 조선의 초기 연극계(이른바 신파극 시기)와 밀접한 관계를 맺고 활동한 연극인이기도 했다. 따라서 그가 연재 전부터 이 작품을 각색하여 신파극 공연 대본으로 활용할 것이라는 점은 어느 정도 예상 가능하다. 그리고 위의 문구를 통해 조중환이 소설과 연극의 콘텐츠를 처음부터 이원화하여 '원소스멀티유즈' 전략을 수행했다는 점도 확인할 수 있다.[16]

〈쌍옥루〉는 원작 〈기지죄己之罪〉 공연(1912년 6월) → 번안 연재소설(1912년) → 연극(혁신단, 1913년) → 연극(예성좌, 1914년) → 영화(이구영·이필우 감독, 1925년)[17]의 순서로 작품화된 바 있다. 이러한 변모 과정을 정리하면 원작에서 연극(1차)으로 변모된 이후, 다시 연재소설로 소개(변환)되었다가 일련의 과정을 거치면서 연극 재공연과 영화(활동사진)로도 변용되었다. 이 과정에서 번안자 이외에도 여러 층위의 각색자 혹은 공연 주체가 등장했다.

우선 주목할 점은 이 작품을 조선에서 최초 무대화한 이가 조중환이 아니라 임성구였다는 사실이다. 임성구는 번안소설 〈쌍옥루〉를 가장 먼저 각색했을 뿐만 아니라, 〈쌍옥루〉의 원작인 〈己之罪〉 역시 가장 먼

16 이구영은 배우학교를 떠나 이필우와 함께 '고려영화제작소'를 설립하고 〈쌍옥루〉를 제작했다. 이구영은 이 영화에서 제작, 각본, 감독을 겸했고 이필우는 촬영, 제작, 기획을 맡았다. 이구영은 〈숙영낭자전〉 대신 〈쌍옥루〉를 선택하여 작품 제작을 원활하게 하고자 했지만, 이구영과 이필우의 견해 차이도 적지 않아 시나리오 작업에만 적지 않은 시일을 소요해야 했다. 〈쌍옥루〉는 1925년에 김소진·조천성·정암 출연으로 개봉되었다.

17 「조선영화인 언파레드」, 『동광』 23호, 1931.7.5, 59면 참조; 「국외자로서 본 오늘까지의 조선영화」, 『별건곤』 10호, 1927.12, 103면 참조; 「조선문화 급(及) 산업박람회, 영화 편」, 『삼천리』 12권 5호, 1940.5.1, 228면 참조.

저 공연한 연극인이었다. 임성구의 혁신단은 1912년 6월에 이미 〈기지죄己之罪〉를 공연했고,[18] 그 이듬해인 1913년 4월(29일) — 조중환의 번안 소설 〈쌍옥루〉의 연재가 마무리한 1913년 2월 이후 — 에는 〈쌍옥루〉 공연을 추진했다.

혁신단이 연흥사 공연을 시작하여 〈기지죄〉 공연을 수행했던 시점의 약사를 간략하게 정리하면 다음의 〈표 1〉과 같다.

임성구는 1912년 2월 18일 〈육혈포 강도〉를 통해서 연흥사 공연을 시작한 이래, 1912년 9월까지 연흥사를 독점하면서 공연을 이어갔다. 이러한 공연 독점 현상은 적지 않은 수의 공연작(레퍼토리)을 필요로 했다. 당시 공연 예제는 1~2일 정도만 공연되는 경우가 일반적이었기 때문에 — 비록 일정한 간격을 두고 재공연을 하는 작품이 존재했다고는 하지만 — 장기 공연을 위해서는 상당한 수의 레퍼토리가 요구될 수밖에 없었다. 임성구와 혁신단은 〈기지죄〉를 1912년 6월 일찌감치 자신들의 레퍼토리로 무대화한 바 있다. 이 시점은 조중환의 〈쌍옥루〉가 연재되기 이전으로, 임성구는 일본 신파극단 대본을 중심으로 이 공연을 시행했을 것으로 보인다. 따라서 임성구는 〈기지죄己之罪〉에 대해 이미 알고 있었다고 해야 한다. 그러니 그는 〈쌍옥루〉의 연재를 내심 반겼을 것이며, 어느 극단보다 이 〈쌍옥루〉의 각색 가능성을 깊게 염두에 두었을 것이다.

18 「광고」, 『매일신보』, 1912.6.18, 4면 참조; 양승국, 「1910년대 한국 신파극의 레퍼터리 연구」, 『한국극예술연구』 8집, 한국극예술학회, 1998, 13면 참조.

19 「광고」, 『매일신보』, 1912.2.18, 3면 참조.

20 「광고」, 『매일신보』, 1912.6.18, 4면 참조.

21 「광고」, 『매일신보』, 1912.6.19, 2면 참조.

〈표1〉

공연 일시	공연 작품	공연 장소	특이 사항
1912년 2월 18일 (음력 1월 1일) 개연	〈육혈포 강도〉[19]	연흥사	기자들의 전문 연극 평 산출 / 세부적인 연기는 미숙하나 연극의 전문성 인정 / 한창렬 연기 상찬 / 음력 1월 1일 공연 중 초일의 예제
(…중략…)			
1912년 6월 15일 ~16일	〈가련처자〉	연흥사	가정에서 일어나는 비극과 모략을 다룬 이야기
2012년 6월 18일	〈기지죄〉[20]	연흥사	조중환의 〈쌍옥루〉 번안 연재 도중에 공연된 혁신단 작품
2012년 6월 19일	〈열녀충복〉[21]	연흥사	

〈쌍옥루〉 연재가 마감된 이후, 혁신단에 의해 이 작품이 윤색되어 공연될 것이라는 예고(성) 기사가 게재되었고, 실제로 1913년 4월 29일부터 연흥사에서 공연되었다.[22] 1913년에 5월에는 임성구의 '혁신단'에 의해 주요 레퍼토리로 선정되어 〈봉선화〉 등과 함께 활발하게 공연된 바 있었다.[23] 이후 〈쌍옥루〉는 소설로 이미 출간되어 세상에 발매되기도 했다.

2) 〈쌍옥루〉의 인기 원인과 관객들의 열광

〈쌍옥루〉가 개연한 연흥사 공연장은 오후 6시부터 관객들이 답지하기 시작해서 8시에 만원을 이루었다. 특히 관객-대중 중에는 '이경자'

22 「연예계 : 혁신단의 〈쌍옥루〉 행연(行演)」, 『매일신보』, 1913.4.30, 4면 참조.
23 「연예계 : 혁신단」, 『매일신보』, 1913.5.13, 3면 참조.
24 「사진 : 〈쌍옥루〉 연극 중의 관람자의 만원 갈치ᄒᆞᄂᆞᆫ 모양」, 『매일신보』, 1913.5.2, 3면. http://viewer.nl.go.kr:8080/main.wviewer

와 두 아들의 운명에 깊이 동정하여 눈물을 흘리는 이가 많았는데, 특히 여자 관객들의 '울음'이 주목된 바 있다. 전반적으로 울음과 박수가 함께 어울리는 무대였기 때문에, 이전 신파극 공연(작)에서 보지 못했던 감동을 느낄 수 있었다고 보고되기도 했다.[25] 이것은 〈쌍옥루〉가 '가정비극'류 작품이기 때문에 극대화되어 일어날 수 있는 현상이었다. 가정을 배경으로 일어난 비극적 사건을 다룬 작품들은 뭇 여성에게 넓은 공감대를 형성하기에 유리했다.

1913년 4월 29일 개막 공연뿐만 아니라 그다음 4월 30일 공연도 대성황을 이루었다. 개연 전 오후 4~5시부터 이미 관객들로 만석을 이루었고, 당시 신문기사를 참조하면 수삼천 명이 이 작품을 보기 위해서 몰려들었다고 한다.[26] 이 중에는 객석 사정으로 인해 돌아간 인파도 상당했다.

그림1 〈쌍옥루〉 공연에 매혹되어 집중하고 있는 관객의 모습[24]

25 「연예계 : 대갈채(大喝采) 중의 〈쌍옥루〉」, 『매일신보』, 1913.5.1, 3면 참조.

26 「연예계 : 30일 야(夜)의 〈쌍옥루〉 성황, 그제 밤에 쌍옥루 성황, 여러 사진을 보면 알겠소」, 『매일신보』, 1913.5.2, 3면 참조.

공연 정황을 포착한 무대(공연) 사진을 참조하면, 당시 객석이 만원을 이루었음을 확인할 수 있다.[27]

> 이십구일브터 연흥샤ᄂᆡ에서 흥행ᄒᆞᄂᆞᆫ 본샤 연ᄌᆡ 쇼설 〈쌍옥루(雙玉淚)〉 연극은 매일 다슈ᄒᆞᆫ 인ᄉᆞ가 대환영으로 오후 ᄉᆞ오시부터 자리를 빼앗기지 안이ᄒᆞ랴고 문이 메이도록 답지ᄒᆞᄂᆞᆫᄃᆡ 원ᄅᆡ에 그 쇼설도 내용이 대단히 슯흐고 가련ᄒᆞᆫ ᄉᆞ졍이 보ᄂᆞᆫ 사ᄅᆞᆷ으로 ᄒᆞ야곰 동졍의 눈물을 금키 어렵게 ᄒᆞ거니와 혁신단 림셩구 일행의 일ᄇᆞᆫ ᄇᆡ우가 더욱 일층 연구ᄒᆞ고 열심ᄒᆞ야 막이 열니이면 보ᄂᆞᆫ 사ᄅᆞᆷ이 눈물을 흘니여 옷깃을 젹시이며 간간이 박슈 갈치ᄒᆞᄂᆞᆫ 쇼ᄅᆡᄂᆞᆫ 귀가 따가울 디경이오 ᄌᆡ작일은 더욱 관람쟈가 수삼천명에 달ᄒᆞ나 극장이 협액ᄒᆞᆷ으로 용납지 못ᄒᆞ고 허행ᄒᆞᄂᆞᆫ 사ᄅᆞᆷ이 여러 백명에 달ᄒᆞ[28]

만원 객석을 이룰 정도로 관객들이 군집하여 이 작품에 열광했던 이유는 다음과 같이 분석되었다. 우선, 소설과 연극 모두 내용이 슬프고 등장인물들이 가련한 사정을 지니고 있기 때문에, 공연 내용 자체가 관객들로 하여금 동정을 금하기 어렵게 만들었기 때문이다.

다음으로, 혁신단의 배우들이 등장인물의 심리와 상황을 열심히 연구하여 그 극적 정황을 감동적으로 표현했기 때문이다. 이로 인해 막이 열리면, 관객들이 눈물을 흘리며 옷깃을 적실 수밖에 없었다고 한다. 특히 임성구가 맡았던 역할에 대해 안종화가 남겨둔 기록이 존재한다. 해

---

27 「사진 : 〈쌍옥루〉 연극 중의 관람쟈의 만원 갈치ᄒᆞᄂᆞᆫ 모양」, 『매일신보』, 1913.5.2, 3면. http://viewer.nl.go.kr:8080/main.wviewer

28 「연예계 : 30일 야(夜)의 〈쌍옥루〉 성황, 그제 밤에 쌍옥루 성황, 여러 사진을 보면 알겠소」, 『매일신보』, 1913.5.2, 3면.

당 부분을 옮겨 보겠다.

> 이러한 구비한 조건(배우로서 임성구가 지닌 조건 : 인용자)이 제물에 들어나져서 훌륭한 연기를 발휘한 적도 있었으니, 그것은 한창 신소설의 연극이 유행할 시절에, 〈쌍옥루〉를 상연하였다. 그래서 어옹(漁翁)의 역할을 하였던 바, 물론 분장술도 능했지만 **그의 바짝 마른 몸과 얼굴은 제물에 노쇠한 늙은 어부다웠고, 바닷가에서 어린 복남의 시체를 얼싸안고 여취여광(如醉如狂) 부르짖는 연기란 당대 만량의 가치가 있는 배우라 정평이 높았던** 것이다. 성구의 모습과 그 인상을 설명하기에 실례를 하나 들었지만, 그만큼 강파른 몸집이었다.[29](강조 : 인용자)

임성구의 경우 혁신단에서 작품(공연작)의 상황(극적 정황)에 부합하지 않는 복색으로 비판을 받는 경우가 상당했다고 한다. 그런데 적어도 〈쌍옥루〉에서만큼은 가냘픈 신체와 파리한 안색 그리고 노회한 분위기를 표현하면서 그가 맡았던 '어옹'의 이미지를 살려내는 데에 성공하였다. '강팍'하고 '노쇠한' 늙은 어부의 이미지도 사실적이었지만, 이러한 노부가 어린아이 시체를 안고 바닷가에서 '취한 듯 미친 듯' 울부짖는 연기를 시행한 점도 인상적이었다. 안종화는 그 광경을 위와 같이 묘사하면서, 당시 공간적 배경이 바닷가였고 이러한 바닷가에서 아이(복남)[30]의 시체를 안고 울부짖는 그의 연기가 사실감과 비통함을 북돋웠

29 안종화, 『신극사 이야기』, 진문사, 1955, 43~44면 참조.

30 안종화는 〈쌍옥루〉에 등장한 익사한 아이의 이름을 '복남'이라고 지칭했다. '복남'이라는 이름이 각색 과정에서 변경된 이름인지, 아니면 안종화의 착오인지는 확인되지 않는다.

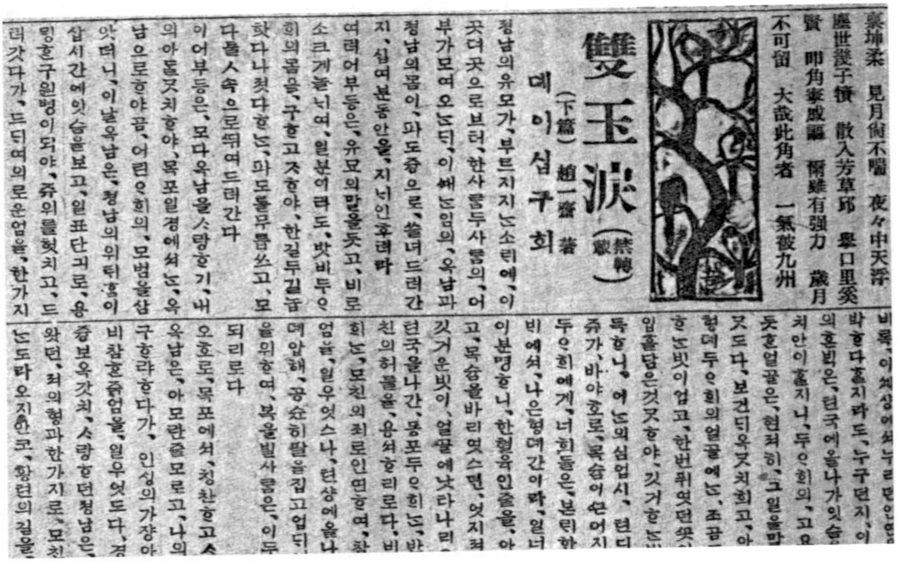

裏坤柔 見月倚不曙 夜々中天浮
塵世護子憤 散入芳草邱 擧口里奚
賢 卽角妻戚謳 爾雖有强力 歲月
不可留 大哉此角者 一氣散九州

雙玉淚 (下篇) 趙一齋 著 (禁轉載)

뎨이십구회

청남의유모가、부르지지ᄂᆞᆫ소ᄅᆡ에、이곳뎌곳으로브터、한사ᄅᆞᆷ두사ᄅᆞᆷ의、어부가모여오ᄂᆞᆫ디、이ᄯᆡᄂᆞᆫ임의、옥남파청남의몸이、파도즁으로、쓸녀드러간지、십여분동안을、지닌후러라

여러어부등은、유모의말을듯고、비로소크게놀니여、일분어라도、밧비두ᄋᆞ희의몸을、구ᄒᆞ고ᄌᆞᄒᆞ야、한길두길놉핫다나졋다ᄒᆞᄂᆞᆫ、파도를무릅쓰고、모다물ㅅ속으로뛰여드러간다

이어부등은、모다옥남을ᄉᆞ랑ᄒᆞ기、내의아ᄃᆞᆯ못치ᄒᆞ야、목포일경에셔ᄂᆞᆫ、옥남으로ᄒᆞ야곰、어린ᄋᆞ희의、모범을삼앗더니、이날옥남은、청남의위티ᄒᆞᆷ이십시간에잇슴을보고、일표단긔로、용밍ᄒᆞᆫ구원병이되야、쥬위를헛치고、드러갓다가、드듸여의로운업을、한가지

이 어부 등은 유모의 말을 듣고 비로소 크게 놀라 일 분이라도 바삐 두 아이의 몸을 구하고자 하여 한 길 두 길 높았다 낮았다 하는 파도를 무릎 쓰고 모두 물속으로 뛰어 들어간다. (…중략…) 조금 있더니 근촌에 있는 여러 사람이 또 이르러 먼저 사람과 한 가지로 합력하여 시체를 찾는데 이윽하여 여러 사람들은 두 아이의 시체를 구하여 해변 모래 위에 뉘였더라. **슬프다, 아이들의 자는 듯이 눈을 감은 모양을 보건대 정남의 조그마한 팔은 지금도 오히려 옥남의 목을 껴안고 있다. (…중략…) 슬프다, 투구 바위 아래에서 있는 물은 오늘날 가장 참혹한 일을 이곳에서 이루었으니 옥남과 정남 두 아이는 이제 서로 두 손을 마주 잡고 황천에서 아름다운 소리를 부르리로다.**[31] (강조 : 인용자)

그림2 **죽은 옥남과 정남을 구하는 어부들과 이러한 광경을 묘사하는 서술자의 논평 연재분**(하편 29회)[32]

다고 간접 표현하고 있다.

사실 원작에서 이 대목을 찾아보면, 어옹(어부)이 울부짖으며 슬퍼하는 설정은 구체적으로 나타나 있지 않다. 다만 해안가에서 두 소년의 위급함을 알리는 유모(정남)의 목소리가 울려 퍼지자 어부들이 한 사람 두 사람 등장했고, 이러한 어부들('여러 어부')은 당시 상황을 이해하고 두

소년을 구하기 위하여 물에 뛰어들었다.

연재소설의 해당 대목에서 슬픔의 정서를 노출하는 것은 서술자이다. 두 아이의 횡액에 어부들은 목숨을 바쳐 구원의 손길을 뻗치고 비록 죽은 시체이나마 건져 내려 혼신을 다했지만, 그들(어부들)이 시체를 해안가로 가지고 온 이후의 행적과 행동에 대해서는 묘사되어 있지 않다.

그런데 혁신단 측은 '슬프다'는 정서를 어부(들)에게 전가하여 무대에서 표현하도록 유도한 것이다. 임성구가 그 역할을 맡아 비통함을 드러내는 연기를 했고, 이러한 비통한 정서는 극적 서사와 맞물려 깊은 인상을 남긴 것이다. 바다가 무심하게 익사시킨 아이들의 가련한 운명과 맞물려 조성된 비극성이라 하겠다.

앞에서 살펴본 안종화의 분석은 〈쌍옥루〉 공연에서 늙은 어옹 역의 임성구가 드러내는 연기상의 사실성이 바다를 배경으로 했다는 점을 주지시키고 있다. 이러한 상찬은 연극 무대에서 바다(혹은 바닷가)를 효과적으로 드러내기 어렵다는 기본적인 어려움을 배면에 깔고 있다. 바다는 망망한 공간이고 물로 가득한 장소이기 때문에, 일정한 한계를 지니는 연극 무대에서 바다에 대한 표현은 제한적일 수밖에 없다. 하지만 이러한 제한을 극복할 수 있다면, 어린 아이의 시체를 안고 오열하는 임성구의 연기는 그만큼 인상적인 효과를 더할 수 있었을 것이다.

다른 각도에서 보면, 당시의 무대 사진을 통해 슬픔과 혼란을 표현하는 방식을 확인할 수도 있다.[33]

---

31 조중환 번안, 박진영 편, 『쌍옥루』, 현실문화, 2007, 390면.

32 조중환 번안, 〈쌍옥루〉(하편 29회), 『매일신보』, 1913.1.7, 1면; 조중환 번안, 〈쌍옥루〉(전편 51회), 『매일신보』, 1912.9.22, 1면.

33 「사진 : 〈쌍옥루〉 연극 중의 리경자가 산후에 밋친 모양」, 『매일신보』, 1913.5.2, 3

그림3 **이경자가 초산 이후 혼란에 빠져 정신 착란을 일으킨 모습**[34]

비련의 여주인공 이경자가 서병삼의 아이를 낳은 이후, 정신 착란을 일으키며 자신이 낳은 아이를 죽이려고 하는 대목이다. 서병삼에게 버림받고 자살을 기도했을 때부터 이경자의 정신 상태는 정상 범주를 넘어서고 있었다. 김 소사('김 씨 부인')에게 간신히 구원을 받은 이후, 마음을 추슬러 출산을 감행했지만 몸과 마음이 지친 상태에서 그녀는 히스테리 증상을 보이면서 일종의 '섬어' 상태까지 노출한다.

위의 사진을 근거로 할 때, 혁신단 측은 이러한 이경자의 불안정한 정신 상태를 무대 위에서 직접 표현하기로 결정했다. 구원자 김 소사의 집안을 무대장치로 구현하고, 그 내부에서 정신 착란을 일으켜 광기에 휩싸인 이경자의 모습을 부각하기로 결정한 것이다.[35] 이경자의 광기

면. http://viewer.nl.go.kr:8080/main.wviewer

34 「사진 : 〈쌍옥루〉 연극 중의 관람자의 만원 갈취ᄒᆞᄂᆞᆫ 모양」, 『매일신보』, 1913.5.2, 3면. http://viewer.nl.go.kr:8080/main.wviewer

35 이경자는 한국 소설사 초기에 최초로 정신병을 진단받은 인물로, 〈쌍옥루〉에서 그녀의 광기는 정신병(히스테리)과 연관되어 기술되었다(송명진, 「이식된 '광기'와 소설

어린 행위 중 클레이맥스는 자신이 낳은 아이를 칼로 찔러 죽이려는 광태狂態일 것이다.

이러한 광태는 소설에서부터 서사의 핵심, 그러니까 독자들의 주의와 관심을 끌 수 있는 방식으로 형상화되었다. 경자의 광태는 전편 50회 연재분과 51회 연재분에 걸쳐 묘사된다. 조중환은 광태의 정황을 고의적으로 두 개의 장회로 나누어 분재하여, 해당 사건이 지닌 긴장감을 고조시키고자 했다. 이로 인해 이 대목은 〈쌍옥루〉 전편에서 가장 긴장감이 넘치는 대목으로 기능할 수 있었다. 이러한 장회 분절에는 독자들의 관심이 최고조에 달하는 연재분(50회)의 긴장감을 보존하면서도, 서사의 진행을 무리 없이 이루려는 게재(번안) 의도가 함축되어 있다. 즉 50회 분을 감상한 독자들은 살해 기도의 귀추(실현 여부)를 주목하게 되면서 당연히 51회 분에도 깊은 관심을 기울일 수밖에 없었다(궁금증 유발). 독자들은 궁금증 유발로 인해 잔뜩 긴장된 상태에서 심리적 긴장감을 유지할 수 있었고, 이러한 소기의 목적을 달성한 상태에서 51회 분에서는 자식 살해라는 무거운 형벌을 지우지 않고 이후 사건 전개를 도모할 수 있는 계기를 마련할 수 있었다(심리적 안도감 형성과 이후 사건 전개의 계기).

이처럼 연재분 50회와 51회는 〈쌍옥루〉 전편(총 52회로 구성)의 결말 단계로 서병삼으로 인해 이경자가 겪는 수난의 최정점을 보여 주는 대목에 해당한다. 그리고 자식 살해기도(미수)로 인해 이경자는 더 이상 옥남과 동거할 수 없는 입장에 처하게 되고, 이러한 상황은 모자 이별의

적 형상화－1910년대 소설을 중심으로」, 『대중서사연구』 22권 4호, 대중서사학회, 2016, 95~97면 참조).

이유로 작동하여 합리적인 서사 진행을 도모할 수 있는 서사적 계기를 형성한다고 하겠다.

우연의 개입과 간발의 차이로 칼이 빗겨가면서 옥남은 살아날 수 있었다. 그러나, 이로 인해 그녀는 아이와 떨어져 살아야 했으며, 아이와 이경자의 신변을 걱정한 친정아버지(이기장)에 의해 그들(모자)은 이별해야 했다. 임성구의 사례에서도 그러했지만, 이경자의 광기를 장면화

다만보건ᄃᆡ마로모긔장쇽으로경ᄌᆞᄂᆞᆫ
긔어나와셔、안방으로드러가더니、탁
ᄌᆞ우에언친창칼을집어손에들고얼는
얼는ᄒᆞᄂᆞᆫ칼빗을、한참드려다보더니
한번무셔운、우슘을지으며「이만ᄒᆞ면
어린놈의목아지가、버히겟지、그못된
독ᄒᆞᆫ사ᄅᆞᆷ손에、죽게두ᄂᆞᆫ이보다、내손
으로몬져、죽여바리ᄂᆞᆫ것이、오히려낫
지」ᄒᆞ며、손에ᄂᆞᆫ칼을잡고、얼골에ᄂᆞᆫ
살긔등등ᄒᆞ며、아ᄅᆡᆺ간으로、건너간다
마로뒤에누어잇던、유모ᄂᆞᆫ、어린ᄋᆞᄒᆡ
누어잇ᄂᆞᆫ방에셔、인긔쳑이나ᄂᆞᆫ고로
몸을일어、방안을드려다보니、쳔만ᄯᅳᆺ
밧게、경ᄌᆞ가번ᄶᅧᆨᄶᅧᆨᄒᆞᆫ칼을、손에
쥬어고、모긔장을한편으로、치여놋코
졍신모로고자ᄂᆞᆫ、어린ᄋᆞᄒᆡ를、바야흐
로、칼로질으려ᄒᆞᄂᆞᆫ지라「아이고머니
져게웬일이야!」ᄒᆞ며、ᄯᅱ여드러가셔
경ᄌᆞ의허리를안고、잡바지니、이ᄯᅢ에
경ᄌᆞ의손에、들엇던칼을、임의포닥이
위로「콱」질넛더라

雙玉淚 (禁轉載) 趙一齋 著

(前篇) 뎨오십일회

경ᄌᆞ가、어린ᄋᆞ희를향ᄒᆞ야찔은칼이
유모의소리질으고、쏫쳐들어오ᄂᆞᆫ셔
슐과、김소ᄉᆞ와로파가、놀나셔들어오
ᄂᆞᆫ요란에、쇠약ᄒᆞᆫ팔이썰니여、다ᄒᆡᆼ히
칼이바로맛지안이ᄒᆞ고、다만덥흔이
불과요를、써셔뚤을ᄲᅮᆫ이라

그림4 **이경자가 아이(옥남)을 죽이려고 광기를 표출하는 연재분(50회/위)**

그림5 **아이 살해에 실패하는 연재분(51회/아래)**[36]

다만 보건대 마루 모기장 속으로 경자는 기어 나와서 안방으로 들어가더니 탁자 위에 얹힌 창칼을 집어 손에 들고 어른어른하는 칼 빛을 한참 들여다보더니 한 번 무서운 웃음을 지으며 "이만하면 어린놈의 모가지가 베어지겠지. 그 못된 독한 사람 손에 죽게 두느니보다 내 손으로 먼저 죽여 버리는 것이 오히려 낫지" 하며 칼을 잡고 얼굴에는 살기 등등하여 아랫간으로 건너간다.(…중략…) "아이고머니, 저게 웬일이야" 하며 뛰어 들어가서 경자의 허리를 안고 자빠지니 이때에 경자의 손에 칼을 이미 포대기 위로 '콱' 찔렀더라.

(51)

경자가 어린아이를 향하여 칼을 찌른 칼이 유모의 소리 지르고 쫓아 들어오는 서슬과 김 소사와 노파가 놀라서 들어오는 요란에 쇠약한 팔이 떨려 다행히 칼이 바로 맞지 아니하고 다만 덮은 이불과 요를 꿰뚫을 뿐이라

〈쌍옥루〉 전편 50~51회 연재 대목[37]

36 조중환 번안, 〈쌍옥루〉(전편 50회), 『매일신보』, 1912.9.21, 1면; 조중환 번안, 〈쌍옥루〉(전편 51회), 『매일신보』, 1912.9.22, 1면.

37 조중환 번안, 박진영 편, 『쌍옥루』, 현실문화, 2007, 158~159면.

하는 대목에서도 혁신단이 배우들의 감정을 직접적으로 노출하고 정서적 표출을 강조했다는 사실을 확인할 수 있다. 신파극의 내용과 연기가 감정 과잉과 정서 표출에 주안점을 두었다는 점을 감안하면 혁신단은 정서적 울림과 공감대 형성을 통해 관객들의 열광을 이끌어 냈다고 할 수 있겠다.

그다음으로, 〈쌍옥루〉 공연에 몰려드는 관객이 많아 공연 일정을 연기해야 했고, 개연일인 4월 29일보다 다음 날인 30일에 더 많은 관객이 몰려들어, 결국에는 관람하지 못하고 돌아가는 인파가 늘었다는 점을 참조할 필요가 있다. 작품에 대한 관심이 만원사례를 만들었지만, 나중에는 관객 동원 자체가 또 다른 신드롬을 일으키는 원인이 되었다. 몰려드는 관객들로 인해 잠정적 관객들에게까지 이 작품에 대한 신뢰감이 확산 증폭되었고, 결국 관객 신드롬을 불러일으키는 계기가 마련되었다. 이러한 공연 인파로 결국 〈쌍옥루〉는 5월 3일까지 연장 공연에 돌입했고, 공연을 연장했음에도 객석은 연일 만원사례를 이루었다.[38]

마지막으로, 이러한 이 공연을 적극적으로 선전하고 관극을 유도하는 『매일신보』 측의 협조를 꼽을 수 있다. 『매일신보』 1913년 5월 2일자 기사를 보면, 한 면에 네 개의 사진과 5~6개의 기사를 수록하여 독자들이 이 작품에 대해 흥미를 갖도록 적극적으로 유도하고 있다. 기사 중에는 관객들의 반응을 직접 수록하여 관극 욕구를 자극하는 기사도 포함되어 있었다.[39]

1910년대를 주도했던 『매일신보』가 창간과 함께 "기관지機關紙가 된

38 「연예계 : 〈쌍옥루〉 차(次)에 〈봉선화(鳳仙花)〉」, 『매일신보』, 1913.5.4, 3면 참조.
39 「독자구락부」, 『매일신보』, 1913.5.2, 3면 참조.

이후로는 전력을 소설에 경傾함은 가엄可掩치 못할 사실"이라고 평가될 정도로,[40] 신소설에 대해 관대한 입장을 취했다고 할 수 있다. 이러한 입장은 자보의 신소설을 각색하는 과정에서 막대한 후원과 선전으로 다시 한번 가시화되었다.

3) '한강'의 무대디자인과 공간의 표현 양상

〈쌍옥루〉 공연 무대디자인 역시 이러한 흥행 성공(신드롬)을 확산시키는 이유에 일조한 것으로 볼 수 있다. 혁신단 측은 한강과 바다를 무

그림6 〈쌍옥루〉 연극 중의 이경자가 한강에서 빠지는 모양[42]

40 「각종 신문잡지에 대한 비판」, 『개벽』 37호, 1923.7.1, 55면.

대에서 표현하고자 했는데, 이러한 이색적 극적 공간과 그 창조 방식은 관객들에게 연극의 다양한 변모를 보여 주는 효과를 가져왔다.

조선 근대극 도입기뿐만 아니라 이후 한국 연극(사)에서 물을 무대에 도입한 작품의 흥행 성공 가능성은 상당히 컸다. 실제로 〈쌍옥루〉 공연에서 이러한 물의 효과를 염두에 둔 장면들이 제시된 바 있다.[41] 가장 대표적인 장면 중 하나가 이경자가 '한강에 투신하(려)는 대목'이다.

한강에 투신하는 장면을 묘사하기 위하여 무대 위에는 다리가 설치되었고, 무대 전면downstage[43]은 강으로 상정되었다. 무대 후면upstage에 다리(혹은 강안)에서 등을 보고 서 있는 여인이 '이경자'인데, 연기 상황으로 볼 때 투신 직전 상황으로 여겨진다. 비록 무대에 물이 채워져 물리적인 강을 형상화한 무대(디자인)로 축소된 사례는 아니지만, 강이라는 가상의 공간(물)이 무대 위에 설정되면서 이경자에게 닥친 위기감이 더욱 고조되는 효과가 창출되었다.

이경자는 공주 출신의 정숙한 여인이었지만 서울 유학 중 서병삼(의 학도)의 유혹에 넘어가 정조를 잃고 태중에 아이(옥남)를 임신한 채로 부친(이기장) 몰래 혼약까지 했지만, 서병삼에게는 이미 정혼한 아내(권씨)가 있었고 그 아내의 등장으로 인해 서병삼과의 미래를 포기해야만 했다. 서병삼 역시 이경자에 대한 관심이 줄어들고 있었던 차였기 때문에, "전일 서울서 만나던 여자는 즉 이 사람(서병삼 : 인용자)의 연전에 성

---

41 김남석, 「〈뇌우〉 공연의 변모 과정에 대한 연구」, 『한국연극학』 22호, 한국연극학회, 2004, 118~120면 참조).

42 「연극 중의 이경자가 한강에서 빠지는 모양」, 『매일신보』, 1913.5.2, 3면 참조.

43 무대 전면(downstage)은 무대 중에서 관객석에 가까운 지역을 가리키고 무대 후면(upstage)은 무대 안쪽 그러니까 관객과 멀리 떨어진 무대 뒤쪽을 가리킨다(한국문화예술진흥원 간, 『연기』, 예니, 1990, 46~47면 참조).

취한 아내이라 이왕 부모가 성취하여 주신 아내를 다른 연고 없이 인연을 끊고 그대(이경자 : 인용자)를 맞아온다 하는 것도 도리에 틀"[44]리다는 이별의 편지를 보내온다. 이에, 이경자는 낙담하여 자신의 신세를 한탄하고 생명을 스스로 포기하고자 한다. 임신한 이경자는 죽음을 결심하고 인력거를 타고 '용산 강변' '로돌강까 철로다리 노인듸'로 향한다. 그곳은 '본래 인가가 희소한 강변이라 맛춤 왕릭ᄒᆞ는 사름은 한아도 업'는 곳이었다. 그곳에서 이경자는 불행한 자신의 운명과 뱃속의 아이에

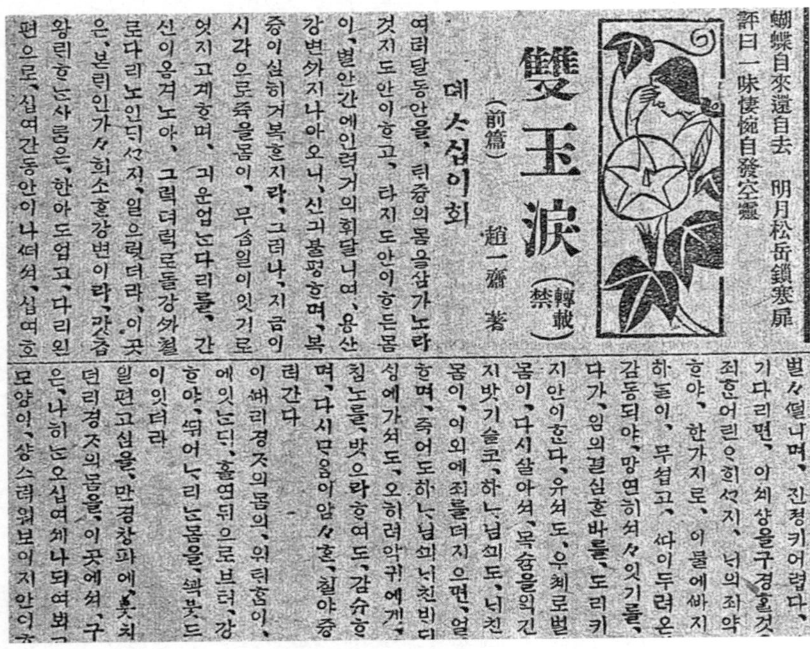

蝴蝶自來還自去 明月松岳鎖寒扉
評曰一味悽惋自發空靈

雙玉淚 (轉載禁)

(前篇) 趙一齋 著

뎨ᄉᆞ십이회

여러달동안을, 뒤즁의몸을삼가노라
것지도안이ᄒᆞ고, 타지도안이ᄒᆞ든몸
이, 별안간에인력거의휘달니며, 용산
강변ᄭᆞ지나아오니, 신긔불평ᄒᆞ며, 복
즁이섭섭히거북ᄒᆞᆫ지라, 그러나, 지금이
시각으로죽을몸이, 무ᄉᆞᆷ일이잇거로
엇지고계ᄒᆞ며, 긔운업ᄂᆞᆫ다리를, 간
신이옴겨노아, 그럭더럭로돌강ᄭᆞ철
로다리노인ᄃᆡᄭᆞ지, 일으럿더라, 이곳
은, 본ᄅᆡ인가ᄉᆞ희소ᄒᆞᆫ강변이라, 맛참
왕ᄅᆡᄒᆞᄂᆞᆫ사ᄅᆞᆷ은, 한아도업고, 다리왼
편으로, 십여간동안이나써셔, 십여호

벌ᄉᆞ썰니며, 진정키어렵다,
기다리면, 아ᄎᆡ상을구경ᄒᆞᆯ것
죄ᄒᆞᆫ어린ᄋᆞ희ᄭᆞ지, ᄂᆡ의죄악
ᄒᆞ야, 한가지로, 이물에ᄲᆞ지
하ᄂᆞᆯ이, 무셥고, ᄯᅡ이두려온
감동되야, 망연히셔ᄉᆞ잇기를,
다가, 임의결심ᄒᆞᆫ바를, 도리키
지안이ᄒᆞᆫ다, 유셔도, 우쳬로벌
몸이, 다시살아셔, 목숨을익긴
지밧기슬코, 하ᄂᆞ님ᄭᅴ도, ᄂᆡ친
몸이, 이외에죄를더지으면, 얼
ᄒᆞ며, 죽어도하ᄂᆞ님ᄭᅴᄂᆡ친빈ᄃᆡ
싱에가셔도, 오히려악귀에게,
침노를, 밧으라ᄒᆞ여도, 감슈ᄒᆞ
며, 다시ᄆᆞ옴이암ᄉᆞᄒᆞᆫ, 칠야즁
러간다
이ᄯᅢ리경ᄌᆞ의몸의, 위티ᄒᆞᆷ이,
에잇ᄂᆞᆫᄃᆡ, 홀연뒤으로브터, 강
ᄒᆞ야, ᄯᅱ어ᄂᆞ리ᄂᆞᆫ몸을, ᄊᆡᆨ붓드
이잇더라
일편고십을, 만경창파에, 홋치
ᄃᆡ리경ᄌᆞ의몸을, 이곳에셔, 구
은, 나히ᄂᆞᆫ오십여셰나되여뵈ᄂᆞ
모양이, 샹스러워보이지안이ᄒᆞ

그림7 **이경자가 투신하려고 행동하는 〈쌍옥루〉 연재분**(42회)[45]

---

44 조중환 번안, 〈쌍옥루〉(38회), 『매일신보』, 1912.8.30.

45 주중환 번안, 〈쌍옥루〉(42회), 『매일신보』, 1912.9.4.

대해 생각하는 시간을 갖는다.

앞의 무대(사진)는 한강철교를 무대디자인으로 선택하여 그 위에 올라선 이경자를 표현했다. 연재소설에서는 이경자의 투신 장소로 '철교가 놓인 강변'을 설정했고 이경자가 그곳에서 난간을 잡고 다리를 올라 상념에 빠지는 대목을 기술했다. 연극 〈쌍옥루〉에서는 이경자의 투신 장소를 철교로 상징화하여 그 위에서 아래를 내려다보는 이경자의 동선(시선 포함)으로 투신 직전 정황을 묘사했다. 투신 장소 근처에 인적이 없는 상황은 무대 위에 이경자만 홀로 남겨진 상황으로 표현했다. 비록 무대 사진에는 그 이후의 광경에 대한 정보가 생략되어 있지만, 투신하려는 이경자는 노파(극 중 이름 김 소사)의 도움을 받고 간신히 살아나는데, 그렇다면 그녀의 자살 행동이 시행되는 시점에서 누군가가 등장하고 그 등장으로 이경자는 살아나게 된다고 하겠다.

자살 시도에서 구출까지를 그린 42회 소설 연재분에서, 이경자는 초승달마저 사라져가는 어두운 밤에 홀로 인가(불빛으로 그 존재를 아련하게 내보이는)를 바라보며 슬픔과 번뇌에 빠져들고 있다. 태중의 아이도 그녀에게 고민을 안겨주지만, 그렇다고 해서 자살을 결심한 그녀의 의지를 막지는 못한다. 연극 〈쌍옥루〉는 이러한 소설의 내면세계를 돌아서서 무대 후면upstage을 향하는 이경자의 자세로 표현하고자 했다. 일반적인 연극에서 무대 전면을 응시하는 것이 일반적인 시선 처리법이라고 할 때 이러한 이경자의 시선은 예외적이고 특별한 것임에 틀림없다. 그것은 동시에 무대 바깥으로 설정된 인가와 강물을 상상의 시선으로 바라보도록 만드는 힘도 생성한다. 즉 이경자가 바라보는 그곳에 물리적으로 존재하지는 않지만 개념적으로 생성된 강이라는 공간이 마련되어 있는 셈이다.

4) 〈쌍옥루〉의 바다 표현 방식과 무대 효과

연극 〈쌍옥루〉에서는 바다를 무대 배경으로 설정한 바 있다. 한강이라는 물의 공간적 배경뿐만 아니라 바다라는 공간도 무대 위 공간으로 조형된다면, 그것 역시 색다른 효과를 불러일으킬 것으로 판단된다. 바다를 극적 공간으로 설정한 무대효과는 한강의 경우와는 차별화된 방식을 따르고 있다.

한강 투신 장면에서 혁신단은 한강(용산 인근)을 무대 배경으로 설정하고 철교 세트를 설치하여 물(강)의 일루젼illusion을 조성하려고 했다. 하지만 이러한 일루젼에서 물결을 직접 무대에 표현하거나 강의 흐름을 묘사하려고 하지 않았다. 철교를 설치하고 그 위에 오른 이경자의 시선을 통해 한강을 관념적으로 표현하고자 했다. 실제로 물로 직접 뛰어드는 동선이 없기 때문에(뛰어들려고 하는 움직임만 상정) 물 자체를 표현할 필요가 덜 했다고도 할 수 있다.

하지만 정남 옥남이 바다에 빠져 죽는 장면은 이와는 차별성 있게 구현되었다. 무대에는 물결의 흐름을 감지할 수 있는 장치가 설치되었는데, 이때 효과상으로 설치된 도구는 물결을 상징하는 천으로 여겨진다. 이렇게 표현된 바다 공간에서 이경자의 두 아들인 정남과 옥남이 유명을 달리한다.

옥남이 목포에서 살게 된 정황은 이경자의 초산 직후 나타난 히스테리와 자식(옥남) 살해 시도와 관련이 깊다. 김 소사의 도움을 받고 간신

그림8 〈쌍옥루〉 연극 중의 정남 옥남이가 ᄒᆡ 중에 빠져 죽는 모양[46]

히 살아난 이경자는 한강 변 김 소사의 집에서 옥남의 출산까지 무사히 마쳤지만 극도의 심신 쇄약으로 인해 정신 착란을 경험해야 했고 자식을 스스로 죽일 뻔한 광기를 노출하고 말았다. 전술한 대로, 혁신단 측도 이러한 이경자의 상황과 행위가 지니는 중요성을 인지하여, 무대 공연으로 각색하는 과정에서 해당 대목의 서사를 생략하지 않고 과감하게 무대화할 수밖에 없었다.

이러한 서사의 대목과 장면화는 그 자체로 극적 긴장감을 응축하고 있는 사건이기 때문에 일차적으로 무대화의 의의를 지닌다고 하겠다. 하지만 출산 직후 광기 표출 장면은 그 이상의 역할도 예비하고 있었다. 이경자의 광기 표출과 아들과의 결별 서사는 결국 위의 장면인 목포(투

46 「연극 중의 이경자가 한강에서 빠지는 모양」, 『매일신보』, 1913.5.2, 3면. http://viewer.nl.go.kr:8080/main.wviewer

구바위 근처)에서 해후로 인해 또 하나의 복선으로 판명된다. 결국 혁신단 측이 감행한 김 소사 집의 장면화는 목포 투구바위에서 조우(버려진 아들 옥남과 죄책감에 시달리는 모친 이경자)와 그 이후의 비극을 예비하고 복선화하기 위한 설정으로서의 역할까지 염두에 둔 설정이라 하겠다.

이러한 복선으로 나아가는 경로를 연재소설 〈쌍옥루〉를 통해 확인해 보자. 이경자는 김 소사의 도움을 받아 살아나고 천신만고 끝에 옥남까지 출산했으나, 딸의 신변과 장래를 걱정한 부친 이기장은 딸을 속이고 간난아이를 목포 유모 손에 자라도록 조치한다. 이경자 역시 아들(옥남)이 죽었다는 이기장의 말을 믿고 아들의 존재를 가슴 한편에 묻어두고, 정욱조라는 새로운 남자를 만나 결혼하고 정남이라는 둘째 아들까지 출산한다. 결혼 과정에서 이경자는 부친의 간곡한 당부로 정욱조에게 서병삼과의 연애와 옥남의 출산을 비밀에 붙이고, 이에 정욱조 역시 이경자의 과거를 알지 못한 채 살아간다. 정욱조와 이경자 그리고 정남은 정양 차 찾은 목포에서 '감추어 둔 아들' 옥남을 만나 서로 호감을 갖게 되지만, 이로 인해 자신의 과거에 대한 죄책감과 남편에 대한 미안함을 감추지 못하는 이경자는 시름 속에 잠기게 된다.

한편 정남과 옥남은 자신들이 배다른 형제라는 진실은 모르지만, 서로에 대해 깊은 우의를 지니고 친형제처럼 사귀게 된다. 마치 한 형제처럼 지내던 이들은 서울로 돌아가는 정남 일가의 소식에, 평소부터 오르려고 했던 투구바위에 가기로 한다. 이 투구바위는 조수 간만의 차에 의해 해수면 위로 드러나는 명물로, 비록 간조 때에는 바위에 오를 수 있으나 계절에 따라 만조의 시간이 급작스러워 매우 큰 위험을 불러일으킬 수 있는 곳이었다.

소설 〈쌍옥루〉에는 최초 정남이 바다 바깥으로 드러난 투구 바위로 오르는 정경(〈쌍옥루〉 하편 25회), 투구바위로 오른 정남의 위기를 보고 바다로 뛰어드는 옥남의 행동(〈쌍옥루〉 하편 26회), 어느새 투구바위로 몰려와 두 형제를 위협하는 바다의 위세(〈쌍옥루〉 하편 27회), 그리고 형제가 투구바위에서 탈출하는 광경(〈쌍옥루〉 하편 28회)이 시간의 순서대로 묘사되어 있다.

이 중에서 〈쌍옥루〉 하편 28회에 해당하는 다음의 대목은 비참한 참상을 비극적으로 그려낸 대목이었다.

옥남은 정남을 등에 업고 '탁랑노도濁浪怒濤'로 거칠어진 바다에 뛰어들어, 죽음의 위기를 헤엄쳐 빠져나오려 하고 있다. 하지만 옥남이 일찍부터 바다(목포)에서 자라 물에 익숙하고 나이에 비해 건장한 체격을 지니고 있으며 헤엄에도 능했지만, 소학교 다닐 나이의 소년(10 여 세)이 자기 또래의 소년을 업고 깊은 바다를 건너는 기적은 좀처럼 기대하기 어려웠다. 그래도 옥남은 정남을 포기하지 않았고, 끝까지 함께 위기를 극복하고자 했다. 이러한 옥남의 태도는 정남을 형제나 다름없는 관계로 인정하고 있음을 시사하는데, 이로 인해 이경자가 옥남에게 자신이 어머니라는 사실을 알려주지 않은 비정함은 더욱 비극적 정서를 고조시키기에 이른다.

〈쌍옥루〉 하편 28회 분(재)에서는 이러한 형제의 의기를 보여 주고 있고, 의기에도 불구하고 두 형제를 위협하는 바다의 위세를 보여 주고 있다. 그 위세는 서술자의 개입을 초래하며 "세 번째 옥남은, 물밧그로

47 조중환 번안, 〈쌍옥루〉(하편 28회), 『매일신보』, 1913.1.5, 1면.

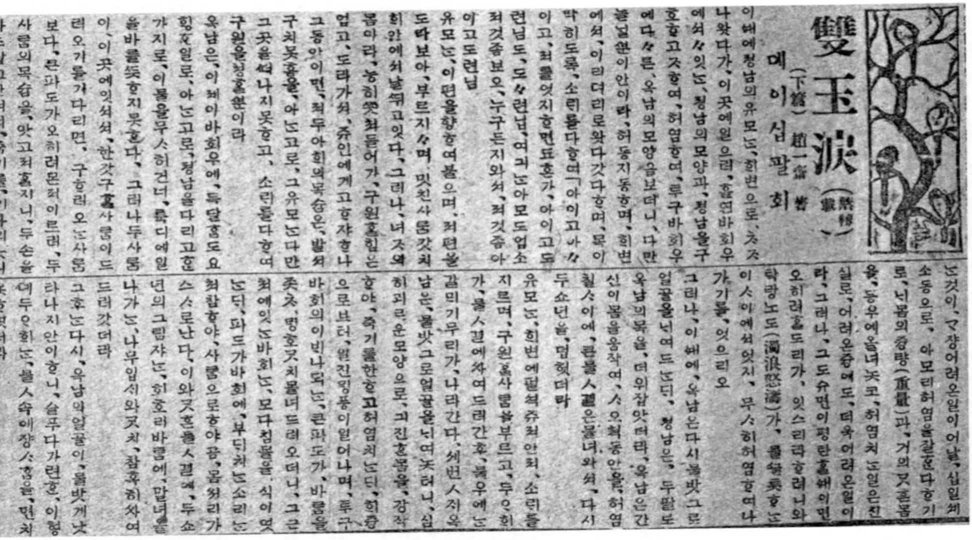

그림9 **이경자의 두 아들**(옥남과 정남)**이 투구바위에 올라갔다가 바다에 빠져 죽는 〈쌍옥루〉**(하편) **연재분**(28회)[47]

얼골을 내여놋터니, 심히 괴로운 모양으로, 긔진한 몸을 죽기를 한하고 허염치는디, 히즁으로브터, 일진맹풍이 일어나며, 투구바회의 이 빅나 되는, 큰 파도가, 바룸을 좃ᄎᆞ, 맹호ᄀᆞᆺ치 몰녀드러오더니, 그 근처에 잇는 바회는, 모다 침몰을 식이엿는디, 파도가 바회에, 부딕차는 소리는 쳐참ᄒᆞ야, 사룸으로 ᄒᆞ야곰, 몸써리가 스ᄉᆞ로난다, 이와 ᄀᆞᆺ흔 물ㅅ결에, 두 쇼녀의 그림쟈는, 회오리바람에, 말녀 올나가는, 나무입ᄉᆡ와 ᄀᆞᆺ치, 참혹히 싸여 드러갓더라"는 정황 묘사로 설명된다.

두 소년은 '히즁'에서 죽는데, 소설에서 '히중 익사' 대목은 이경자와 그의 가족이 겪는 비극성을 고조시키면서 이 작품의 원작 제명 '기지죄己之罪'의 의미를 완성하는 중요한 대목이었다. 소설의 일부 대목에서는 젊은 날의 이경자가 방종한 연애를 시행하고 결국 자식을 버린 대가를 치르는 사건으로 치부되기도 했고, 이경자의 자책감으로 작용하기도 했다.

'희중 익사' 장면은 〈쌍옥루〉가 지닌 비극성의 절정이자 이 작품의 주제 의식을 체화하는 대목이라고 할 수 있겠다. 따라서 〈쌍옥루〉를 무대 공연으로 전환하고 소설의 서사를 희곡으로 각색하는 과정에서 함부로 제외할 수 없는 대목이었고 오히려 적극적으로 각색과 무대화를 염두에 둘 수밖에 없는 대목이었다. 이러한 필요성에 따라, 1913년 혁신단 공연에서 이 대목은 취사 선택되었다. 그 결과이자 증거가, 앞에서 인용한 '정남 옥남이가 히 중에 빠져 죽는 모양'의 무대 사진이다.

그렇다면 이제 무대 배경에 대하여 심화된 이해를 진행할 수 있을 것이다. 무대 후면에서 하수 쪽에 자리 잡은 작은 암초는 '투구바위'이다. '투구바위'를 마주보고 있는 둔덕의 형상은 해변으로 판단된다.

형제를 연기해야 하는 이들은 투구바위에서 바다로 뛰어내려 해변을 향해 헤엄치는 연기를 수행해야 한다. 관객들의 시각을 자극하는 천의 물결은 바다의 험난한 위세를 보여 주기 위한 장치이다. 또한 동시에 해안에는 두 아이의 위태로움을 보며, 놀라고 당황하는 유모가 위치해야 한다. 유모는 소리를 질러 두 소년의 위태로움을 주변 사람들에게 알리고자 하지만, 당시 주변에는 사람들이 부재하기에 직접적인 도움을 얻지 못하고 있는 상황이다.

결국 무대 위 연기는 험난한 파도를 헤치고 헤엄치는 두 소년과 이어지는 죽음, 두 소년의 위태로움을 목격하고 있으면서도 정작 도움을 주

48 http://viewer.nl.go.kr:8080/main.wviewer
49 http://viewer.nl.go.kr:8080/main.wviewer

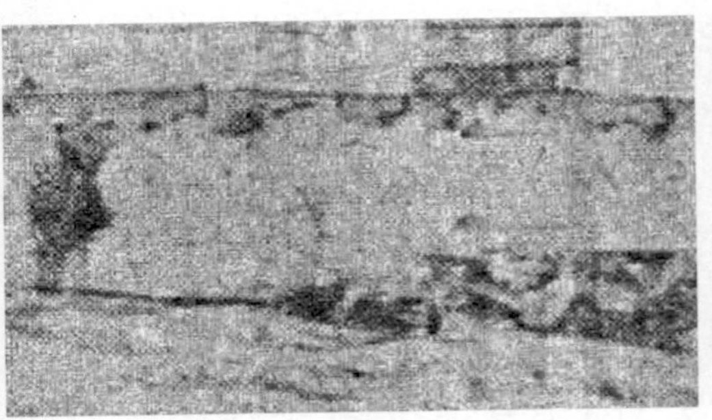

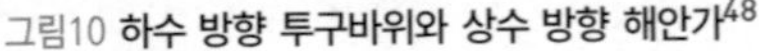

그림10 **하수 방향 투구바위와 상수 방향 해안가**[48]

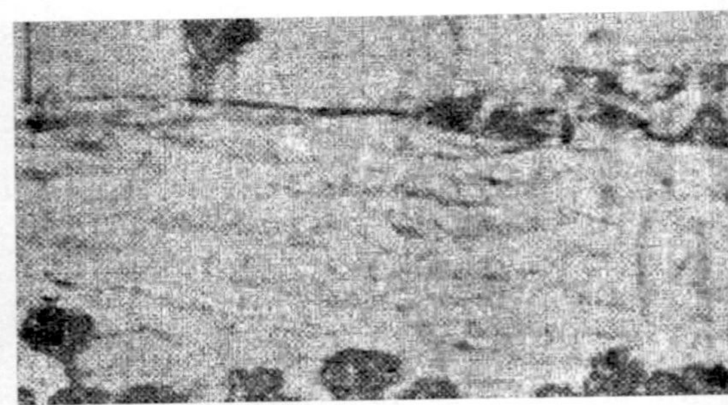

그림11 **투구바위와 해안가 사이의 탁랑노도의 바다**[49]

지 못해 애태우는 유모, 그리고 시간이 경과한 이후 몰려든 이웃들과 이경자 등으로 초점화 될 수 있겠다. 이를 위해 투구바위와 해안의 거리감을 표현할 필요가 증대했기에 무대 대부분은 '바다'로 설정되었고, 해변의 풍경을 무대화하기 위하여 해안가가 부분적인 형상으로 도입된 것이다. 그만큼 이 장면에서 무대장치로서의 바다는 중요한 위상을 점유하고 있으며, 극 서사의 진행에 필수불가결한 요소로 작용하고 있다고 보아야 한다.

엄밀하게 평가하면, 혁신단의 〈쌍옥루〉 공연에서 바다(물) 관련 무대 디자인은 세밀하게 기획되거나 세련되게 구획된 수준은 아니었다. 바다의 대략적인 형상을 무대 위에 옮겨 놓은 것에 치우친 인상이며, 바다가 지닌 위세나 위험을 무대 공연으로 부각할 수 있는 이미지를 창출하는 수준까지는 나아가지 못했다. 하지만 1913년이라는 시기를 감안할 필요가 있다. 1911년 무렵이 새로운 공연 이념의 도입을 주창하며 창립된 혁신단 공연이 새로운 연극(신파극)의 도입을 통해 공연 미학적 모색을 펼치던 시기임을 고려한다면, 1914년의 혁신단은 당대의 인기 소설을 연극으로 각색하는 선구적 실험에 과감하게 뛰어들었을 뿐만 아니라, 공연상의 난제로 여겨지는 '바다' 혹은 '물'의 무대 도입(무대디자인)까지 적극적으로 수용하는 진취성을 발휘한 극단이었다.

이러한 진취성은 당대 관객들의 정서적 공감대를 확장하는 결과를 불러일으켰다.

> 오후 륙시부터 관람쟈가 답지ᄒᆞ야 오후 팔시에ᄂᆞᆫ 각등 만원의 셩황을 일우엇ᄂᆞᆫᄃᆡ 그날은 특별히 일반 ᄇᆡ우가 열심히 활동ᄒᆞᆫ 바 일반 관람쟈의 쥬의를 일으키ᄂᆞᆫ 즁 특히 녀ᄌᆞ 관객은 리경ᄌᆞ와 옥남 졍남의 신샹에 ᄃᆡᄒᆞ야 관람셕에서 눈물을 흘니난 녀ᄌᆞ가 극히 만으며 때때로 박슈 갈치ᄒᆞᄂᆞᆫ 소ᄅᆡ가 우레 갓치 ᄉᆞ방에 울녀 연흥샤 ᄀᆡ셜 후와 혁신단 창립 후에 쳐음 보는 셩황을 이루엇스며 삼십일과 오월 일일에도 계속ᄒᆞ야 ᄀᆡ연ᄒᆞᆯ 터인ᄃᆡ ᄆᆡ일 열심히 련습ᄒᆞ야 더욱 그 ᄌᆡ조를 관람케 ᄒᆞᆫ다더라.[50]

당시 언론이 전하는 관객의 반응은 가히 폭발적이라 할만하다. 인기의 이유는 다양하게 분석될 수 있겠지만, '리경ᄌᆞ와 옥남 졍남의 신샹'에 대한 위의 언급은 장면과 서사의 효과적인 연결(장면의 선택과 서사 구조의 조직화)에 주목하도록 만든다. 〈쌍옥루〉는 유장한 서사를 지닌 장편 소설이었고, 이를 각색하는 과정에서 필연적으로 장면의 취택은 불가피했다. 혁신단 측이 숱한 장면과 서사의 대목 중에서도 김 소사의 집 장면을 통해 옥남과의 이별을 무대화하고, 투구바위 장면을 통해 옥남

50 「연예계 : 대갈채(大喝采) 중의 〈쌍옥루〉」, 『매일신보』, 1913.5.1, 3면 참조.

과의 재회와 사별을 무대화한 선택은 결과적으로 이경자와 그 아들들의 신상을 비극적으로 재현하는 효과를 극대화하려는 선택이었다고 해야 한다.

그 과정에서 바다라는 난관을 극복해야 할 필연성도 생성되었다고 보아야 한다. 바다의 형상화는 한강(물) 장면 형상화와 마찬가지로, '죽음의 공간'과 '이별의 사건'을 담당하는 역할을 수행할 것으로 예견되었다. 무대 형상화에 따른 어려움만 극복할 수 있다면, 〈쌍옥루〉 서사의 특성상 정서적 교감을 심화 확장할 수 있는 장점을 충분히 지니고 있었기 때문이다.

서사상 특징과 장면 연계상 특징을 두루 감안할 때, '한강'(철교)과 '바다'(투구바위)의 형상화 작업(무대디자인과 장면 선택)은 불가피한 선택이었으며 공연 미학적 효과를 제고하기 위한 전략적 시도였다고 결론지을 수 있을 것이다. 비록 이 과정에서 무대미술상의 완성도가 다소 결여되는 한계가 노출되었지만, 이로 인해 원작 서사 중 핵심 위기이자 클레이맥스를 무대에서 실현하려는 의도를 실험적으로 살려내는 연극사적 의의도 확보할 수 있었다. 그러니 극적 긴장감이 고조될 수 있는 대목을 우회하거나 회피하지 않고 무대에서 극적 사건으로 다루고자 한 점은 1910년대 신파극 공연사에서 크게 주목되어야 할 사안이 아닐 수 없다.

5) 바다와 물의 무대디자인 선택 이유와 그 의의

일본 소설 〈기지죄〉가 〈쌍옥루〉로 번안 연재되고, 이후 〈쌍옥루〉라는 동명의 연극(희곡) 작품으로 각색되어 공연되는 과정에서, 소설에서 희곡으로 그리고 연극(공연)으로 그 표현 매체가 전환될 수밖에 없었다. 이에 따라 소설의 특성들이 희곡과 공연의 특성에 맞게 변화될 수밖에 없었다.

특히 유장한 서사의 구조와 분량을 지닌 장편 소설을 일정한 공연 시간 내의 무대 연극으로 바꾸는 작업은 필연적으로 선택과 생략, 압축과 초점화의 과정을 동반할 수밖에 없었다. 현재 남아 있는 자료로 판단하면 혁신단의 1913년 〈쌍옥루〉 공연 역시 이러한 과정을 거칠 수밖에 없었다. 더구나 혁신단은 1912년 〈기지죄〉라는 제명으로 〈쌍옥루〉의 일부(1912년 공연에서는 일본 원작 소설을 직접 각색했을 가능성도 배제할 수 없다)를 공연한 바 있기 때문에, 1913년 〈쌍옥루〉의 공연의 허실을 보다 정확하게 파악하고 있었을 것으로 보인다. 이로 인해 누적된 경험을 바탕으로 하여 효율적인 공연 효과를 겨냥하였을 것이다.

혁신단의 1913년 〈쌍옥루〉 공연에서 가장 주목되는 요소 중 하나는 물과 바다 등 무대에서 현실적으로 그리고 당시 수준으로 무대화하기 어려운 공간적 배경(도입)에 도전한 점이다. 이로 인해 지상이나 건물(방)의 내부가 아닌, 물로 가득한 공간이 무대 위에 재현되는 상황에 처한다. 구현하기 어려운 무대 배경을 도입한 이유는 여러 가지로 분석될 수 있을 것이다. 일단 연재소설의 설정상 이러한 무대 배경에서 핵심적인 사건이 일어나고 있는 점을 주목할 수 있다. 이경자는 서병삼과의 결연 이후 극단적인 선택을 감행하는데, 이러한 극단적인 선택은 인물의 심리적 긴장감이 고조되는 효과를 동반하고 있다. 절망과 자책에 빠져 죽음을 결심하는 이경자의 내면 심리는 독자들의 주목을 이끌어내는데, 이러한 고조된 주목을 연극적 상황에서도 활용하려고 하지 않을 수 없다.

목포 앞바다에서 전개되는 일련의 서사 역시 독자들의 슬픔을 극도로 고조시키고 이경자의 내면 심리를 토로할 수 있는 결정적인 계기로 작용한다는 점에서 서사적 집중도가 높은 대목이다. 이러한 대목을 무대에서 실현했을 경우, 관객의 정서적 공감대 역시 크게 향상될 수 있을 것으로 전망될 수밖에 없다. 한강에서 투신과, 목포 앞바다 익사 사건은 소설의 핵심 사건이었고, 이를 바탕으로 꾸며지는 각색 대본에서도 주요한 사건이자 공간적 배경으로 선택될 수밖에 없었다.

한편, 이러한 공간적 배경은 그 자체로 관객의 흥미를 유발할 수 있는 요인을 갖추고 있다. 현재 남아 있는 자료를 참조하면, 김 소사의 구원을 받은 이경자가 출산을 하고 광기에 사로잡히는 장면(사건)이 무대에서 실연되었다. 이에 따라 김 소사의 집안 풍경 역시 무대에서 디자인으로 구현 제작되었다. 그렇다면 이경자의 자살 시도→김 소사의 구원→김 소사 집에서 일시적 안정→해산→해산 이후의 광기가 모두 실연되었다고 해야 하는데, 이러한 서사적 진행은 공간의 압축을 통해 더욱 간략하게 처리될 수도 있는 사안이었다. 왜냐하면 이러한 사건들은 서사적 연속성을 지니고 있어, 일정 공간을 조성한 후 본격적인 서사 이전에 존재했던 '전사前事, pre-history'로 처리되거나 '사자의 보고' 등의 수법으로 대체될 수 있었다.

가령 김 소사의 집을 물리적 배경으로 설정하여, 구원 이후 등장하는 이경자의 모습과 그 이전의 사건을 말(대화)로 설명하는 방식을 선택했다면, 굳이 비율 왜곡을 감수한 채 한강 철교를 무대 위에 재현하는 수고를 덜 수도 있었다. 실제로 〈쌍옥루〉의 서사 관련 내용과 정보가 상당하다고 할 때, 다른 대목의 각색에서 이러한 수법들이 필연적으로 이루어졌을 가능성이 농후하다고 해야 한다.

그럼에도 불구하고 거의 인접하여 시간적 선후가 밀착되어 있는 한강에서 자살과 구원 그리고 그 인근 집으로의 이전과 출산을 연속적으로 장면화한 것에는 또 다른 이유가 있다고 해야 한다. 그 이유 중 중요한 점은 이러한 장면화 자체가 볼거리이고 흥미요소가 된다는 점이다. 무대에서 재현하기 어려운 한강의 무대화는 그만큼 당대 무대디자인에서는 파격적이라고 해야 한다.

바다 장면 역시 동일한 특장을 지닌다. 바다의 무대장치화는 보다 직접적으로 시행되는데, 무대 후면을 강으로 설정한 한강 철교 장면과는 달리, 무대 중앙과 전면을(바다) 물로 설정하고, 그 안에서 연기하는 두 아이의 모습까지 실연해야 했기 때문이다. 실제로 무대에 바닷물을 채울 수 없었던 상황을 감안하면, 천과 같은 유사한 도구로 탁랑노도의 물결을 재현하고 그 안에서 필사적으로 헤엄치며 악전고투하는 두 아들의 모습은 흥미로운 관람 대상이 아닐 수 없었다.

혁신단은 두 가지 측면을 고려하여 물과 바다의 무대디자인을 선택하고 무대에 과감하게 도입하는 용단을 내렸던 것이다. 그리고 1910년대 공연 시점에서는 파격적이고 또 창의적인 이러한 결단이 결국 흥행을 고조시키고 이 작품에 대한 인기를 제고하는 중대한 역할을 했다고 보아야 한다. 밀려드는 관객들은 난생 처음 보는 흥미로운 설정에 아마 그 내용보다도 외형에 먼저 사로잡히지 않았을까 싶다. 결국 1910년대라는 신파극 초창기 시절에 상대적으로 파격적이었을 이러한 도전과 실험은, 당시 새로운 연극으로서 신파극에 대한 관객들의 전반적인 인식까지 제고시켰을 것으로 판단해도 무방할 것이다.

2. 신파극 초기 대표작과 무대디자인

1) 〈오호천명〉의 공연과 무대디자인의 특성

신파극 〈오호천명〉은 1913년 2월 6일(음력 1월 1일) 유일단의 단성사 공연에서 초연되었다. 〈오호천명〉의 원작은 일본 작품 〈증아형제曾我兄弟〉로 알려져 있다.[51] 1912월 10월 13일 개성좌에서 창립 공연을 개최한 유일단은[52] 1912년부터 12월 2일부터 연흥사 공연을 시작하면서 경성 공연을 시작했고,[53] 이듬해인 1913년 2월 6일부터 시행된 단성사 공연에서 그 첫 작품으로 〈오호천명〉을 공연하였다.[54]

1930년대 〈오호천명〉에 대한 기록을 찾아보면 다음과 같다.

> **명우(名優)와 무대(舞臺)**
>
> 〈오호, 천명〉이란 연극은 일본의 〈증아형제(曾我兄弟)〉를 번안한 것이다. 극의 주제는 적군에게 군사긔밀(軍事機密)을 판 형제 사이에 이러나는 의리를 주제삼은 명작이다. 이것을 번역하기는 리긔세(이기세) 씨가 하엿고, 이 작의 주인공인 육군대위의 역을 가장 훌륭하게 마터 환영을 반은 이가 김소랑 씨엿다. 김소랑은 서울 사람이라 그는 일즉 임성구 일행에 다니다가 나종에 자기가 수령이 되여 김소랑 일행을 조직하엿다. 김소랑이나 임성구나 김도산

---

51 「名優와 舞臺(3) 金小浪의 〈嗚呼天命〉, 義理劇의 陸軍大尉役으로 團成社에」, 『삼천리』 5권 4호, 1933.4, 7면.
52 「개성좌의 개연, 개성좌의 처음 개연」, 『매일신보』, 1912.10.17, 3면 참조.
53 「연예계 : 유일단」, 『매일신보』, 1912.12.3, 3면 참조.
54 「음력 세모(歲首)의 연예계」, 『매일신보』, 1913.2.6, 3면 참조.

이나 모다 조선 신파극게의 원조라 볼 수 잇는 공로자들로, 세 사람이 각각 극단을 가젓섯다. 김소랑은 지금까지도 극게에 발을 멈추고 잇다.[55](강조: 인용자)

〈오호천명〉을 내세우면서 시작한 단성사 공연에서, 유일단은 큰 인기를 끌어 모았다.[56] 당시 단성사 공연의 실체는 정확하게 파악되지 못하고 있지만, 2월 23일까지의 공연 일정에서 유일단이 새로운 면모를 선보인 이유 중 하나는 〈오호천명〉이었다고 해야 할 것이다.

〈오호천명〉의 국내 유입 경로는 정확하게 밝혀지지 않은 상태이다. 하지만 유일단의 창립과 연관 지을 때 그 루트는 다음과 같이 추정된다. 유일단의 창립자 이기세는 일본에서 연극 공부를 했는데, 그가 했던 일 중에는 다른 극단의 연극을 보고 대본을 표절剽竊하는 일도 포함되어 있었다. 여기서 말하는 표절은 여타 극단의 공연을 관람하고 '마치 구술 강연을 필기하듯이' 암기하여 이를 기록하는 작업을 뜻했다.[57] 이기세는 일본에서 귀국할 때 수집된 대본('재료')을 다량으로 가지고 왔었는데, 〈오호천명〉이 그러한 대본 중 하나로 여겨진다.

유일단의 레퍼토리였던 〈오호천명〉은 조선에서 초연된 이래 동시대의 다른 극단에서도 애호되는 작품이 되었다. 홍해성은 신파극단의 주요 레퍼토리로 〈육혈포 강도〉, 〈삼인형제〉, 〈군법회의〉 등과 함께 이

55 「명우(名優)와 무대(舞臺)(3) 김소랑(金小浪)의 〈오호천명(嗚呼天命)〉, 의리극(義理劇)의 육군대위(陸軍大尉) 역으로 단성사에」, 『삼천리』 5권 4호, 1933.4, 7면.
56 「연예계 : 유일단」, 『매일신보』, 1913.2.21, 3면 참조.
57 이기세, 「신파극의 회고(상) 경도서 도라와 유일단을 조직」, 『매일신보』, 1937.7.2, 8면 참조.

〈오호천명〉을 거론한 바 있다.[58] 실제로 신파극단 사이의 협동/합동 공연이 종종 시행되었는데,[59] 이로 인해 레퍼토리의 공유는 확산될 수밖에 없었다. 이 작품은 1910년대 신파극단에서 공유한 레퍼토리 중 하나였다.

1925년 형제좌(현성완 일행)가 용암포(태흥여관)에서 수재민을 돕는 동정극으로 〈오호천명〉을 공연하였다.[60] 당시 상황을 보면 이 작품은 '일반의 열광적 환영'을 받을 정도로 인기를 끌었다고 한다. 흥미로운 점은 공연 장소가 태흥여관泰興旅館이었다는 점이다. 순회 단체들이 회관이나 공터에서 공연을 한 것은 그 자체로 이상할 것이 없지만, 여관을 빌려서 공연을 한 점은 다소 의외라고 해야 한다.

여관은 기본적으로 공간이 협소하고 공연에 적합한 시설을 갖추고 있다고 보기 어려운 장소였지만, 〈오호천명〉이 가진 집중력과 함께 간단한 무대장치가 이를 가능하게 하지 않았나 싶다. 이 작품의 무대장치로서 계단식 무대는 간략한 설치만으로도 여관에서 그 실현이 가능하다고 판단되기 때문이다.

그림 12의 무대 사진은 〈오호천명〉의 무대로 여겨지는 무대 사진이다. 이 무대(디자인)는 계단을 통해 상승감을 북돋우고 있는 점이 특징이다. 이러한 계단은 정복(군복)을 입은 군인들이 절도 있게 도열하여 군중 장면을 연출하기에 유리한 무대장치라고 하겠다.

도열한 군인들은 똑바로 서서 긴 무기(칼)를 들어 올리는 행위를 통

58 홍해성, 「조선민족과 신극운동(1)」, 『동아일보』, 1929.10.20, 5면 참조.
59 「김도산, 김소랑 합동 공연회」, 『조선일보』, 1921.2.4, 3면 참조.
60 「수재동정극(水災同情劇)」, 『동아일보』, 1925.9.23, 4면 참조.

그림12 **김소랑의 무대면과 당시 여역을 맛든 명배우 고수철 씨**[61]

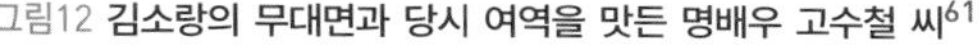

그림13 **김소랑**[62]

그림14 **김소랑**[63]

해 무대 상단(상부)까지 채우는 듯한 인상을 남기고 있다. 반면 군중이 도열하지 않은 계단 중간 지역에는 김소랑이 홀로 위치하고 있어, 채움 대 비움, 군중 대 독립, 직립한 자세 대 기울어진 포즈라는 차이와 대조를 자아내고 있다. 이러한 대조는 무대의 상투성을 해소하고 운동감을 증폭시키면서 동선과 위치를 통해 인물들의 관계를 가늠할 수 있도록 만들고 있다.

한편 위의 장면에서 배우들은 신체적 이미지를 최대한 살려 군인으로서의 위치를 드러내고자 했는데, 이러한 이미지 창조는 군인들의 서사인 〈오호천명〉의 전반적인 이미지를 대변하는 효과를 거두었을 것으로 보인다.

현재까지 소설 〈오호천명〉과 무대극 〈오호천명〉의 관련 가능성을 확

61 「김소랑의 무대면과 당시 여역을 맛든 명배우 고수철 씨」, 『삼천리』 7권 5호, 1935.5.
62 안종화, 『한국영화측면비사』, 춘추각, 1962, 37면.
63 안종화, 『신극사이야기』, 진문사, 1955, 3면.

정적이지 못하지만, 두 작품이 신파극의 주요 특질 중 하나였던 군사 관련 소재를 담고 있다는 점에서 유사점을 상정할 수 있다. 특히 위의 무대디자인에서는 군인들의 절도 있는 면모와, 무기가 드러내는 긴장감, 무대 위에서 도열한 군중의 위력을 드러내기에 적합한 무대를 상정했다는 점에서 1920년대 인기 레퍼토리의 특색을 구현하려 한 특징을 도출할 수 있다.

〈오호천명〉의 육군 대위 역으로 가장 호평을 받은 인물이 김소랑이었다.[64] 김재철은 김소랑이 1911년 창단한 혁신단의 일원으로 활동하였다고 기술했고,[65] 윤백남은 김소랑이 예성좌(이기세)의 단원이었다가 예성좌가 해산하면서 독립적으로 활동한 연극인이라고 주장했다.[66] 이후 그는 취성좌를 창단하며 분리 독립하여 초창기 신파극계를 이끈 주도적인 연극인이었다. 임성구의 혁신단, 이기세의 문예단, 김도산 일행 등과 함께 김소랑의 취성좌(일행)는 1910년대 조선을 대표하는 신파극단으로 인정되고 있었다.[67] 김소랑은 1920년대 조선의 각 지역을 순회하면서 활발하게 공연을 시행한 바 있다.[68]

---

64 「名優와 舞臺(3) 金小浪의 〈嗚呼天命〉, 義理劇의 陸軍大尉役으로 團成社에」, 『삼천리』 5권 4호, 1933.4, 7면.

65 김재철, 「조선연극사(朝鮮演劇史) 삼국이전(三國以前)으로부터 현대(現代)까지」(36), 『동아일보』, 1931.7.4, 4면 참조.

66 윤백남, 「연극과 사회」(8), 『동아일보』, 1920.5.13, 4면 참조.

67 윤백남, 「연극과 사회」(8), 『동아일보』, 1920.5.13, 4면 참조.

68 「마산지국 독자위안 취성좌 김소랑 신극 일행을 청하야 3일부터 수좌(壽座)에서」, 『조선일보』, 1926.1.3, 4면 참조; 「본보독자우대 대구지국에서 신파 김소랑 일행이 만경관(萬鏡館)에서 흥행케 된 것을 기회로」, 『조선일보』, 1927.1.24, 2면 참조; 「김소랑일행 본보독자우대 평양 금천대좌에서 흥행 중」, 『조선일보』, 1929.6.18, 5면 참조.

2) 신파극 〈오호천명〉의 내용과 영창서관 간행 〈오호천명〉

작품 제명은 결말의 대사가 '오호천명'이라는 점에서 유래하였다. 〈오호천명〉의 공간적 배경은 감옥으로 설정된다. 억울하게 붙잡혀 수감된 죄수는 전옥典獄에게 자신이 쓴 누명에 대해 이야기하고, 이 이야기를 들은 전옥은 죄수가 억울한 누명을 썼다는 사실을 확인한다. 어느 날 전옥은 죄수의 감옥으로 몰래 들어가서 열쇠를 던져주며, 마지막 대사로 '오호 천명'을 외운다.[69] 이러한 〈오호천명〉의 줄거리는 복혜숙이 증언한 내용으로, 복혜숙이 참여한 〈오호천명〉은 신극좌에서 공연된 작품이었다. 전옥 역할을 변기종이 맡았고 복혜숙은 마지막 대사 이후에 무대 뒤에서 노래(찬송가)를 부르는 역할을 맡았다.[70] 신극좌에서 공연한 〈오호천명〉은 일본 작품을 번안한 대본으로 인지되었으며 〈의리적 구투〉, 〈장한몽〉, 〈시우정〉, 〈의기남아〉 등과 함께 공연된 공연작이었다.[71] 신극좌에서 공연되어 복혜숙이 참여했던 〈오호천명〉 역시 유일단의 〈오호천명〉과 동일한 연원을 갖는 것으로 판단된다.[72]

현재 남아 있는 〈오호천명〉은 영창서관에서 간행된 소설 대본이다. 연극 대본과의 상호 관련성은 확실하게 규명된 상태는 아니다. 전술한 대로 〈오호천명〉은 1926년 11월(10일)에 영창서관에서 '대비밀대활극' 〈오호천명〉으로 간행된 바 있다. 이 영창서관 간행본에 의하면, 〈오

---

69 복혜숙, 「나의 교유록 원로 여류가 엮는 회고 77 신극좌(新劇座) 시절」, 『동아일보』, 1981.4.24, 11면 참조.

70 「혜숙(惠淑) 여사의 생애와 예술세계」, 『경향신문』, 1982.10.7, 12면 참조.

71 「신극 육십년의 증언(2)」, 『경향신문』, 1968.7.13, 5면 참조.

72 〈오호천명〉의 유일단 공연에 관한 내용은 다음의 논문을 참조했다(김남석, 「이기세의 유일단 연구」, 『한어문교육』 29집, 한국언어문학교육학회, 2013, 456~457면).

호천명〉은 살인 사건의 진실과 진범을 추적하는 추리 서사의 구조를 따르고 있다. 사건은 김부령의 시체가 발견되는 것으로 시작한다. '부령'은 "대한 제국 때에 둔, 영관 계급의 하나. 정령의 아래, 참령의 위"에 해당하는 계급을 가리키는 것으로 보인다.[73]

육군 부령 김병욱('김부령')이 침실에서 시체로 발견되면서 그의 양자였던 이태순李泰淳이 살인용의자로 수사 대상에 오른다. 김부령의 살인 사건을 조사하는 역할을 맡은 이는 '헌병사령장관 안광식'으로, 그는 김부령의 후처인 최정자崔貞子의 친척(이질, 姨姪, 여자 형제의 아들딸)에 해당한다. 안광식은 평소부터 김부령의 딸(김)혜란을 마음에 두고 있었는데, 김부령이 자신의 딸 혜란을 '이태순'과 혼인시키려하자 이를 방해하기 위해서 김부령을 해치는 범죄를 저지른 것이다. 이태순은 김부령의 옛 친구(이과장)의 아들로, 양자로 삼아 키우는 후계자였다.

안광식은 최정자와 공모하여 이태순을 범인으로 지목하여 처형한 이후, 자신은 평소 연모하던 혜란을 차지하고 최정자는 혜란 몫으로 남겨질 재산(반)을 차지하려는 공모를 꾸민다. 그리고 이를 실행하기 위하여 김부령 휘하 장졸(박정식과 조문화)을 금전(각각 500원)으로 매수하여 살인을 교사하고 마치 이태순이 살인을 저지른 것처럼 보이도록 관련 증거를 조작하였다. 그리고 헌병사령장관의 지위를 이용하여 이 사건을 조사하는 척 하면서, 연적 이태순을 검거하고 고문을 자행하여 자백서를 조작하여 처형하려는 음모를 진행한다.

이러한 음모를 어렴풋하게나마 눈치챈 이는 '공병대참령 유정렬柳定烈'

73 「부령(副領)」, 『표준국어대사전』.
https://stdict.korean.go.kr/search/searchView.do

이었다. 참령 유정렬은 김부령의 부하일 뿐만 아니라, 김부령의 처남(전처의 동생)이기도 하다. 결국 혜란에게는 외숙이 되는데, 김부령의 살해 현장부터 동참하며 안광식과 대립하는 인물로 설정된다. 혜란은 아버지를 여의고(살해) 약혼자마저 구금된 상태에서, 계모 최정자의 강압으로 안광식과의 강제 결혼이 추진되는 상황에 놓이자, 유정렬에게 자신의 안위와 진실을 밝혀줄 것을 부탁한다.

유정렬 역시 김부령 살인 사건의 경과를 조사하는 안광식의 태도와 능력에 끊임없이 회의를 표하면서 이태순이 범인일 수 없다는 주장을 펴온 바 있다. 하지만 안광식은 조작된 증거와 강요된 자백을 근거로 이태순의 구금, 판결, 처형을 확정하고 관련 조사를 일사천리로 마무리하려고 한다.

이태순은 이 작품의 남자 주인공에 해당한다. 김부령이 살해당하고 용의자로 지목될 시점에서는 '육군 참위'의 직위에 있었다. 하지만 이 사건이 해결되고 무고를 인정받은 이후에는 '대위'로 승급한다. 관련 기록에서 주인공을 육군 대위로 호칭하는 것은 이태순의 나중 지위를 가리키는 것으로 보인다.

영창서관 판본 〈오호천명〉은 군인들의 세계를 표면적인 서사의 범위로 설정하면서도, 그 내면에 가정비극의 요소를 짙게 깔고 있다. 김부령의 죽음과 이를 수사하는 '헌병사령장과'의 독단, 그리고 이러한 독단을 의심하는 참령 유정렬의 대립은 군 내부에서 일어날 법한 권력 다툼과 암투로서의 계략을 보여 주는 듯 하다. 여기에 회유, 협박, 고문, 납치, 군사 재판 등이 도입되면서 남성들이 주목하는 군인들의 세계가 현현하기도 한다.

하지만 그 구체적인 내용은 간악한 처이자 계모의 등장, 핍박받는 전처 소생, 약혼과 파혼, 육욕을 품은 연적의 등장, 삼각관계 등으로 구성되면서, 가정비극(화류비련)의 구조를 수용하기도 한다. 결국 남자들의 대립과 갈등—가령 김부령과 안광식, 안광식과 유정렬, 안광식과 이태순—은 군인들의 세계에 포함되어 있고, 여자들 사이의 갈등이나 남녀 갈등—계모 최정자와 착한 딸 혜란의 대립, 혜란과 불의의 연모자 안광식의 마찰—은 가정비극의 범위에서 파생된다고 하겠다.

이러한 구성상의 특징은 세부적으로 〈증아형제〉나 복혜숙이 증언하는 초기 〈오호천명〉에 부합하지 않는 측면도 다분하다. 그렇다면 영창서관 간행본 〈오호천명〉은 신파극 계열이나 일본 원작 소설 〈오호천명〉과 달라진 텍스트로 볼 여지도 존재한다.

다만 두 계열이 서로 다른 특징을 지니고 있지만, 육군 대위가 출연하고 있고, 음모와 비밀을 둘러싼 암투가 나타나고 있으며, 옥에 갇힌 사람이 등장하거나 탈출의 정황이 나타난다는 점은 유사하다고 해야 한다.

영창서관 간행본 〈오호천명〉에서도 모함을 받는 이태순이 육군 장교로 등장하고 있고, 이러한 이태순과 라이벌 관계(연적)에 있던 안광식이 계략을 꾸며 누명을 쓰는 인물이 생겨나고 있으며, 이태순에 의한 부친 살해를 부정하고 안광식과의 결혼을 반대하는 여인(혜란)이 옥에 갇혀서 고초를 당하다가 탈출하는 내용도 유사하다고 하겠다.

실제로 영창서관 간행본 〈오호천명〉의 표지는 여인의 납치를 모티프로 삼고 있다. 더 정확하게 말하면 납치된 여인의 정체와 사연을 살피기 위해서 위장하여 잠입하는 두 남자와, 그 이후 여인을 구출하여 탈출하

그림15 **영창서관 발간 『오호천명』 표지**[74]

"그래 그 여자의 우는 리유를 혹시 아라보지 못하였늬?"
"하고 싯스럽고 괴이해셔 매부가 그집 하인다려 무러보닛가 엇던 범과한 여자에게 비밀히 조사할 일이 잇셔셔 화원 사당집에다 가두어 두고 수직을 하는 터인대 자경이 지나면 수직하는 사람이 그곳을 떠나는 고로 졔 마음대로 우는가보다 하드래요" (…중략…) 두 사람은 말업시 머뭇머뭇하다가 셔로에 시션을 더지어 의견을 소통하고 힘을 합하야 잠근 잠을쇠를 소리업시 비틀어 젓치고 방문을 열엇다. 그 안에는 괴형가튼 여자의 그림자가 달빗헤 빗초여 두사람에 시션에 들어오자 그들의 암을 공동시엿다. (…중략…) 홍창긔는 두 사람에 문답하는 소리가 커짐을 민망히 여겨 손짓 암시로 졔지하고 나가기를 채촉한다. 창식은 비로셔 자긔 소리가 놉핫슴을 깨닷고 송구함을 검치 못하야 주위를 다시 한 번 들너보고는 역시 손짓으로 혜란을 재촉하야 잇글고 넘어오든 사다리로 머져와 가치 셰 사람이이 홍창긔 집으로 넘어갓다

구금된 혜란을 찾아 나선 두 사람(홍창긔와 박창식)[75]

는 사연을 담고 있는 것으로 판단된다.

혜란의 조력자(소꿉친구 은순은 홍창긔의 부인)이자 군대의 실력자(육군 일등병)인 홍창긔는 자신의 옆집 안광식의 집에서 들려오는 괴이한 울음(여인) 소리에 의아함을 느끼고 역시 혜란의 조력자인 박창식과 함께 이웃집 사당을 조사하기로 결정하고 사다리를 준비한 채 날이 어두워지기를 기다린다. 그리고 깊은 밤이 되자 사다리를 통해 담을 넘어 이웃집으로 잠입하고 문제의 사당으로 침투한다.

행방불명된 김혜란의 종적을 찾던 이들은 안광식의 집에서 들려오는

수상한 울음소리를 주목하여 야밤에 몰래 침투하여 결국 구금되어 있는 혜란의 처지를 확인하고 그녀의 구출을 감행한다. 위의 표지는 혜란을 구하기 위하여 변장했던 두 남자와, 담을 넘어 탈출하는 정경을 보여주는 그림으로 구성되어 있다.

이러한 표지 구성은 이 작품이 납치와 구금, 그리고 탈출과 폭로라는 탐정소설의 구조를 원용한 작품이라는 점을 강조한다고 할 수 있는데, 이를 통해 영창서관 간행본 〈오호천명〉이 조선 대중의 정서에 맞는 모티프와 설정을 다수 차용하고 있다는 사실을 확인할 수 있다. 일본 원작이 지니고 있었던 적국과의 내통 모티프보다 대중적인 취향과 기호를 취하고 있다고 볼 여지도 있다.

이 작품의 주인공인 이태순은 취조를 당하면서 분통한 마음을 금하지 못하고 있는데, 억울한 누명에 대한 그의 '분격'과 '항변'은 다음과 같은 언사로 터져 나온다.

피고 리태순은 분격과 파동으로 몸을 떨며 피ㅅ말션 눈을 들어 사령장관을 흘겨보며 항변하려다가 헌병의 졔지로 말을 내지 못하고 구속(구석)에 끌니어 다시 철창으로 들어갓다.

(…중략…)

"아아- 내가 무슨 죄로 단두대에 혼이 된단 말가? 소위 증거물이란 것을 가지고 억륵에 처형을 하엿스나 변명 한 마디 못하고 죽게 되엿스니 내가 죽는 것도 슯흐지마는 만년을 가도 업셔지지 아니할 악명을 벗지 못하면 쳔추에

74 『오호천명』, 영창서관, 1926; http://viewer.nl.go.kr : 8080/main.wviewer
75 『오호천명』, 영창서관, 1926, 60~63면.

한이 민멸치 못하겟구나. 이것이 엇던 놈에 작해인가? 그놈은 세상에 죄악을 숨겨두고 그 죄를 나의게 들씨워셔 나는 남의 죄에 대신 희생하고 마니 이런 억울한 일이 또어듸 잇스랴.

아아-이것이 공정한 법률이냐? 법률을 지배하는 자의 사긔젹(詐欺的) 행위이냐? 이것이 만약 법률에 지배하자면 이 셰상 사람은 그 누구나 디옥에셔 헤매다가 불공평한 법류에 구속에 걸이어 맛치고 말 것이니 이 법률을 하로 밧빗 개혁해야 할 것이오. 법률을 지배하는 법관에 사긔젹 행위라하면 법관인 그놈을 인셰 밧그로 쪼차바혀야 한다.

그러나 나는 부자유한 몸이다. 죽은 몸이다. 오오-육톄는 죽드래도 영은 살 것이다. 그러면 자유로운 나의 여혼은 악귀가 되야 오날에 원수를 갑고 말겟다. 그럿치만 사후에 일을 누가 아나. 사람이 한번 죽으면 아모 것도 모르는 것이다. 육톄가 죽은 뒤에 영혼만은 산다하면 김부령이 영혼이 엇지나를 이대로 버려두랴."[76] (강조 : 인용자)

이태순의 울분은 연극의 독백처럼 터져 나오고 그 안에 감탄사로서 '아아-'가 반복되고 있다. 이것은 '오호'의 기능과 매우 유사하며, 이를 통해 억울한 심리를 토로하고 세상을 비판하는 이태순의 심리가 드러날 수 있었다. 즉 '오호천명'의 감탄사적 기능을 충분히 활용하여, 혼자말로서의 대사이자 독백으로 드러나는 내면 심리를 극대화하고자 하였다.

인용된 대목의 마지막 구절은 죽음을 각오한 이태순의 심리가 드러나 있다. 자유로운 영혼이 되면, 비록 사람을 죽이는 악귀가 될지라도

---

76 『오호천명』, 영창서관, 1926, 52~53면.

복수에 나서겠다는 비분강개한 심리가 내장되어 있다. 하지만 이러한 비분강개한 심리 속에는 체념적 심리도 포함되어 있다. "그렇치만 사후에 일을 누가 아나. 사람이 한번 죽으면 아모 것도 모르는 것"이라는 탄식 속에는 영원히 복수를 하지 못할 수도 있다는 서글픔도 함께 담겨 있다고 해야 한다.

이러한 이태순의 심리는 자신에게 닥친 일에 분노하면서도 하늘의 결정에 맡겨두어야 하는 처지를 보여 주는데, 이러한 이태순의 처지는 이 작품의 제목인 '오호천명'의 의미와 상황을 유효하게 반영하고 있다고 해야 한다.

제2장

원우전을 중심으로 살펴본 일제 강점기 조선 연극과 무대미술

제2장에서는 전술한 대로 원우전의 이력과 행적을 중심으로 그가 속했던 단체와 그 단체에서 제작한 작품, 그리고 그 작품에 나타난 무대디자인의 개성과 특징에 대해 가급적 시간적 순서에 의거해서 살펴보고자 한다. 그의 연극적 이력은 1920년대 전/중반 토월회, 1920년대 중/후반 인천 칠면구락부와 연계, 1920년대 종반 토월회와 태양극장, 1930년대 전반 조선 대중극계의 다양한 극단, 1935년 이후 동양극장, 1940년대 아랑, 그리고 1942년 이후 동양극장으로 요약할 수 있다.

1. 원우전의 일생과 연극적 이력

1) 원우전의 출생과 연극계로의 데뷔

원우전은 일제 강점기 조선 연극계에서 매우 중요했던 연극인이자 대중극 진영의 핵심 스태프였다. 그의 전문 영역은 무대디자인과 제작이었고, 가끔 조명을 연계하여 작업하기도 했다. 그는 본래 백조(사) 소속(동인)이었는데, 토월회 공연을 계기로 무대미술에 발을 딛게 되었다. 이러한 그의 행보는 향후 조선 대중극의 진전과 안정을 가져오는 출발점이기도 했다.

원우전의 본명은 원세하元世夏였다.[1] 한동안 그의 출생 연도는 1903년으로 알려져 있었으나,[2] 최근에는 1895년 설이 유력하게 부상하고 있다.

1 「문단풍문(文壇風聞)」, 『개벽』 31호, 1923.1, 44면 참조.
2 고설봉, 『증언 연극사』, 진양, 1990, 137면 참조.

그가 별세한 시점인 1970년에 그의 나이를 향년 76세로 규정한 사실에서 그 근거를 찾을 수 있다.[3] 최근 그의 이력서를 바탕으로 원우전의 생년월일을 1895년(12월 17일)로 밝히는 연구도 제출된 상태이다.[4]

그는 1920년대에는 토월회의 배경 주임으로 재직했고,[5] 1930년대 초반에는 조선극장 선전부와 장치부에서 활동했고, 1936년 이후에는 동양극장 무대장치부에서 1939년까지 활동하였다. 그의 극단 활동에 대해서는 가급적 순서대로, 해당 극단과 제작 작품을 중심으로 후술하도록 하겠다.

고설봉의 증언에 따르면, 원우전元雨田은 1903년 인천에서 태어났다.[6] 김양수도 원우전이 인천 태생이라고 인정하고 있다. 하지만 백두산은 이러한 인천 출생설을 부인하고 서울 출생설을 주장하고 있다. 서울 출생설이 이력서에 의거한 점에서 일정한 근거를 갖는 점은 부인하기 힘들다.

하지만 이러한 논란을 대할 때 서울이냐 인천이냐 하는 판결을 내리는 것보다 우선해야 할 사안이 있다. 그것은 원우전을 인천과 연계하여 기억하는 근본적인 이유이다. 아마도 그 이유는 두 가지로 나누어 생각할 수 있다. 하나는 인천이 진짜 그의 출생지이기 때문일 것이고, 다른 하나는 인천을 원우전의 고향으로 생각할 정도로 긴밀한 연관성을 지니고 있기 때문일 것이다. 전자든 후자든 원우전은 인천과 연관된 이력

3 「원우전 옹 별세」, 『동아일보』, 1970.10.21, 5면.
4 백두산, 「우전(雨田) 원세하(元世夏), 조선적 무대미술의 여정－원우전 무대미술 연구 시론」, 『한국연극학』 56호, 한국연극학회, 2015, 368면.
5 「춘풍에 자라가는 극단의 군성(群星)들」, 『매일신보』, 1925.4.14, 2면 참조.
6 고설봉, 『증언 연극사』, 진양, 1990, 137면 참조.

을 지니고 있다고 보아야 한다.

선행 연구 중에서 김양수는 원우전의 행적 가운데 인천과 관련된 두 가지 행적을 밝힌 바 있다.[7] 하나는 칠면구락부七面俱樂部에 관련된 사항이다. 토월회의 인천 공연이 시행된 후, 이 공연에 자극을 받은 인천 유지와 지식인 청년들이 모여 연극 단체 칠면구락부를 창단했다고 한다. 창단된 칠면구락부의 주축 단원으로 진우촌, 함세덕, 연기자 정암 등과 함께 무대장치가 원우전이 포함되어 있었다. 칠면구락부는 1926년에 창단되었다고 하는데, 이 주장대로라면 원우전은 1926년의 어느 일정 기간을 인천에서 연극을 하면서 보낸 것으로 볼 수 있다. 하지만 칠면구락부가 제1회 공연을 개최한 시점은 1928년이었다.[8]

그림16 **젊은 날의 원우전**[9]

그림17 **원우전의 모습**[10]

그림18 **말년의 원우전 사진**[11]

7 김양수, 「개항장과 공연예술」, 『인천학연구』 1호, 인천학연구원, 2002, 175면 참조.

8 「칠면구락부(七面俱樂部) 제1회 공연 인천에서 흥행」, 『매일신보』, 1928.6.25, 3면.

9 「사진 : 元世夏, 李昇稷, 金星孃, 卜惠淑」, 『매일신보』, 1925.4.14, 2면.

10 고설봉, 『증언 연극사』, 진양, 1990, 137면.

11 「원우전 옹 별세」, 『동아일보』, 1970.10.21, 5면.
https://newslibrary.naver.com/viewer/index.nhn?articleId=1970102100209205019&editNo=2&printCount=1&publishDate=1970-10-21&officeId=00020&pageNo=5&printNo=15088&publishType=00020

다른 하나는 원우전이 토월회 시절부터 활발하게 활동하면서 인천 연극 무대를 꾸려가는 주춧돌 구실을 했다는 점이다. 그러나 "주춧돌 구실을 했다"는 주장에 담겨 있는 정확한 의미 여부는 밝히지 않은 상태이다. 단순하게 심정적인 자랑스러움을 인천 지역 주민에게 심어주었다는 것인지, 인천에 거주하면서(혹은 왕래하면서) 직접 인천 연극을 돌보고 기획했다는 것인지 확실하지 않다는 것이다.

원우전에 대한 지금까지의 연구는 이 정도 수준에서 벗어나지 못하고 있다. 유민영의 연구를 살펴보아도, 원우전이 토월회의 창단과 관련을 맺었으며 토월회가 전문극단으로 변모할 때 장치부를 맡았다는 기록 정도만 나타나 있다.[12] 초창기 원우전의 업적을 감안하고 그가 토월회 계열의 극단과 1930년대 대중극단(특히 동양극장과 아랑)에서 수행한 역할을 고려할 때, 작금의 연구 상황은 지나치게 저조하다고 하지 않을 수 없다.

그러나 다른 한편으로 생각하면, 이러한 실정도 납득이 된다. 현재 원우전을 연구하는 데에 어려움이 적지 않다. 일단 당시 그가 무대장치가로 이름을 날렸다고는 하나, 신문 광고에서조차 그의 이름을 찾기는 대단히 어렵기 때문이다. 그가 제작에 참여한 무대가 어떤 작품의 무대였는지조차 확인이 안 된 상황에서, 그의 활동상을 논한다는 것은 지난한 일이 아닐 수 없다.

또한, 당시 그와 그의 무대에 대한 기술도 별도로 행해진 바 없다. 다만 공연 작품에 대한 총체적인 비평 속에서 그 편린을 드러내는 정도이다. 사진 자료도 거의 없으며, 그의 삶에 대한 증언이나 기록도 턱없이

12 유민영, 『우리시대 연극운동사』, 단국대 출판부, 1989, 83~85면 참조.

부족한 상태이다.

고설봉이 원우전 약전略傳을 『증언 연극사』[13]의 뒷부분에 첨부한 것이나, 박진이 자신의 글을 모은 『세세연년』에서 친구이자 동지였던 원우전에 대해 간간히 언급한 것이 관련 자료의 대강이라고 할 수 있다. 하지만 두 자료는 학문적인 검증을 거치지 않았다. 무엇보다 처음부터 원우전의 역할과 작품(무대)의 성패를 객관적으로 평가하는 중립적 글이 아니었다.

따라서 원우전에 대한 연극사적 평가가 마련되기 위해서는 그에 대한 객관적이고 검증된 형태의 연구가 우선 진행되어야 한다. 이것은 비단 인천 지역 태생 무대장치가에 대한 상찬이 아니라, 우리 연극계의 초기 현황과 무대미술(장치)의 발달상을 고찰하기 위해서라도 반드시 필요한 사항이 아닐 수 없다.

2) 토월회 시절 원우전의 활동

원우전에 대해 구체적으로 살펴보기 이전에, 그의 행적을 간략하게 정리해 보겠다. 원우전은 토월회에서 무대미술가로 데뷔하여 1920년대 주로 토월회에서 활동하였고, 1930년대 전반기에는 조선연극사, 연극시장 등의 대중극단에서 무대미술을 맡았으며 1935년 설립된 동양극장에서 무대미술부 책임자로 1939년까지 활동했고, 이후 아랑으로 분화 독립하였다. 아랑에서 그의 역할도 당대 최고를 다투는 무대미술

13 고설봉, 『증언 연극사』, 진양, 1990, 137~138면.

가였고, 1941년 즈음 다시 동양극장으로 돌아왔다. 해방 이후에도 연극계에서 활동하였으며, 특히 국극단에서 그의 위치는 남달랐다. 원우전은 1970년 10월 17일 별세했다.[14]

이러한 그의 일생에서 토월회는 그의 삶과 활동을 연극(계)으로 이끈 시발점이자 거점이었다. 그것은 단순히 그가 토월회에서 데뷔했기 때문만은 아니다. 원우전은 토월회 인맥과 그 행보를 함께 하며 연극계의 여기저기를 이전했다. 가령 연출가 박진과의 호흡은 비단 토월회뿐만 아니라, 동양극장과 아랑으로 이어졌다. 사실 원우전의 연극적 일생에서 토월회-동양극장-아랑은 무대미술가로서 그의 정점을 보여 주는 극단이었다고 해도 과언이 아닐 것이며, 조선 대중연극계의 가장 핵심적인 계보라고 보아도 무방할 것이다. 그렇다면 그의 행보와 활동은 조선 연극계의 중추적 기능을 담당했다고 간주해도 무리가 없는 셈이다.

(1) 토월회 창립 공연과 원우전의 참여

동양극장에서 그와 함께 활동한 고설봉은 원우전이 어디에서 미술을 배웠는지 모른다고 했다.[15] 그러나 다른 자료를 참조하면, 그는 본래 '백조' 잡지사의 동인으로 처음부터 직업적으로 무대미술을 한 것은 아니었다. 박승희와 토월회 일행이 공연을 준비하면서 원우전을 추천받고, 공연 준비 과정에서 무대미술사로 고용하면서 원우전은 무대미술 분야에 뛰어들게 되었다. 그 과정에서 박승희의 설득이 주효했던 것 같다.

---

14 「원우전 옹 별세」, 『동아일보』, 1970.10.21, 5면 참조.

15 고설봉, 『증언 연극사』, 진양, 1990, 137면 참조.

당시(1992년 : 인용자) 신파극 배경사로는 김운선이란 분이 있으나 모두가 일본식이라는 것이었다. 그래도 한번 그분의 그림을 가보니 아닌 게 아니라 전부 일본식 도구이며 색깔이 단조하였고 원근이 없는 그림이었다. 이런 솜씨로는 될 수 없어 교섭도 아니하고 말았다. 백조 잡지사 동인 원우전(元雨田)을 추천하기에 그분을 만나 보니 해보지 않던 일이라 할 수 없다는 것이다. 그래도 그분이 가장 유력하다고 생각되어서 우리도 모르는 것을 배우려는 학도들임을 밝히고 한번 같이해보자고 간청을 하여 간신히 승낙을 얻었다.[16]

서항석은 다소 다른 주장을 내놓은 바 있다. 서항석은 토월회 공연의 후원사가 백조사인 점을 강조하며, 토월회 창립공연이 "당시 유수한 문예잡지사인 백조사의 후원으로 한 것인 관계상 백조사 사원이 만히 참가"할 수밖에 없었으며 그로 인해 참가하게 된 인사들이 "안석영, 원우전, 홍노작은 다 백조사원"이었다고 주장한 바 있다.[17] 이 주장처럼 원우전은 백조(사)의 직원이었던 것은 분명해 보인다. 그만큼 토월회로서는 무대미술가의 동참과 협연이 필요했다고 볼 수 있다.

토월회가 조선에서 처음으로 근대적 의미의 연극을 시도하려는 시점에는 모든 재원이 부족하였다. 여자 배우를 구하기 위해 고생한 것은 말할 것도 없고, 무대미술가가 너무 희귀해서 백방으로 구하러 다녀야 했다. 원우전은 그 과정에서 발탁된 인물이다. 이후 백조사는 이후 토월회 공연을 직간접적으로 후원하기도 하는데,[18] 원우전이 그 매개 역할을

16 박승희, 「토월회 이야기」(1), 『사상계』 120호, 1963.5, 336면.
17 서항석, 「신연극이십년의 소장(消長)」, 『동아일보』, 1940.5.14, 3면 참조.

한 인물이었다.

안종화는 원우전이 토월회 진용이었다고 기록하고 있고,[19] 고설봉도 원우전이 토월회 창립 단원이었다고 밝힌 바 있다. 정황으로 보았을 때, 이것은 사실에 가깝다. 그러나 원우전의 토월회 1회 공연에서 무대미술가로서의 활약 여부나 그 정도는 분명하지 않다. 관련 자료로 판단할 때, 제1회 공연의 주 제작(책임)자는 김복진이었다. 김복진은 김기진의 형으로 토월회의 멤버였고, 토월회가 공연을 준비할 때부터 그에게 무대미술을 의뢰할 계획을 세우고 있었다. 당시 그는 동경에서 미술을 전공하고 있었다.

김기진은 1회 공연 무대미술이 김복진에 의해 주도되었다고 밝힌 바 있다. 김복진은 상야미上野美 미술학교에서 배경화를 그렸다고 한다.[20] 그러나 박승희는 다른 각도에서 기술하고 있다. 박승희는 "원우전이

그림19 **토월회의 초기 무대미술을 담당했던 김복진**

그림20 **토월회의 초기 무대미술을 담당한 이승만**(왼쪽에서 두 번째)

18 「18일로 연기된 토월회 제2회 공연」, 『매일신보』, 1922.9.17.
19 안종화, 『신극사 이야기』, 진문사, 1955, 107면 참조.
20 김팔봉, 「나의 '토월회' 시대」, 『신천지』 60호, 1954.2, 165면 참조.

배경을 그리러 나와서 힘을 썼다"고 적고 있다.[21] 이러한 관련 자료로 판단하건대, 김복진이 무대미술의 상당 부분을 책임지거나 전체적인 작업을 주도하고, 원우전이 이를 도우면서 1회 무대미술 작업이 이루어진 것이 아닌가 한다. 2회 공연부터는 이승만과의 공조 체제가 형성되었고, 원우전은 이 공조 체제하에서 일정한 역할을 맡았을 것으로 보인다.

김복진과 토월회의 인연은 1926년에 다시 이어진다. 토월회를 탈퇴한 일군의 연극인들이 백조회를 창설했는데, 이때 김복진이 무대미술(부) 소속으로 참가하였다. 김복진 이외에도 김기진, 연학년 안석영과 함께 이승만도 참여하면서 토월회 1~2회 공연 당시의 멤버로 복귀한 바 있다.[22]

다만 이러한 멤버 가운데 박승희나 박진은 포함되지 않았고, 원우전 역시 무대미술(부)에 소속되지 않았다. 토월회 관련 멤버들의 이탈과 새로운 회원 구성(조합) 그리고 이후의 행적을 감안할 때, 박승희-박진-원우전과 김기진-연학년-김복진-이승만 등의 그룹은 서로 다른 노선을 걷기 시작했음을 확인할 수 있다. 이러한 상황은 원우전이 이후 활동에서 박승희와 박진 그룹과 노선을 함께하

그림21 **토월회와 다른 노선을 걷는 백조회 창립 인사들**[23]

21 박승희, 「토월회 이야기」(1), 『사상계』 120호, 1963.5, 337면.

22 「신극운동(新劇運動) '백조회(白鳥會)' 조직」, 『동아일보』, 1926.2.26, 5면 참조.

23 「신극운동(新劇運動) '백조회(白鳥會)' 조직」, 『동아일보』, 1926.2.26, 5면. https://newslibrary.naver.com/viewer/index.nhn?articleId=1926022600209205008&editNo=1&printCount=1&publishDate=1926-02-26&officeId=00020&pageNo=5&printNo=2008&publishType=00020

는 하나의 이유를 설명하고 있다.

(2) 무대미술을 통해 본 토월회 창립 공연작

토월회는 1922년 10월 무렵, 동경의 조선 유학생들이 모여 결성한 친목 단체로 출발했다. 문학과 예술에 관심을 갖고 있었던 박승희, 김기진, 김복진, 이서구, 박승목, 김을한, 이제창 등이 모임을 결성했고, 결성 이후 연학년과 이수창 등이 가담하여 회원 수는 9명으로 불어났다. 이들은 축지소극장에서 열리는 연극 공연을 관람하고, 선진 문화에 대해 토론하면서 새로운 문화에 대한 자신들의 생각을 정립해 나갔다.

최초 토월회는 각자의 관심에 따라 공부한 내용을 발표하는 주례회週例會의 성격을 띠고 있었는데, 멤버 중 희곡에 관심이 많았던 박승희가 방학을 기해 조선에서 연극 공연을 열자고 제안하면서 공연 단체로 탈바꿈한다. 박승희의 제안이 수용되어 토월회는 1923년 하계 방학을 기해 조선에서 공연하기로 결정하고 공연 준비에 돌입하였다.

창립 공연 당시 토월회의 주요 멤버는 일본의 조선 유학생들이었다. 박승희를 비롯하여 김기진과 연학년 등이 출연할 수 있는 단막극을 각각 고르고, 회원 전체가 출연할 수 있는 작품을 고르는 방식으로 제1회 공연 작품을 선정했기 때문에, 창립 공연의 공연 작품은 총 네 작품이었다. 차례로 유진 필롯Eugene Pillot의 〈기갈〉(전 1막), 체홉의 〈곰〉(전 1막, 연학년(손님 역)/이정수(미망인 역)/이세창(노복 역) 출연), 박승희 작 〈길식〉(전 1막, 김기진/이혜경 출연), 버나드 쇼의 〈그 남자가 그 여자의 남편에게 어떻게 거짓말을 했나〉(전 1막, 박승희/이월화 출연)가 그 작품이다.[24] 무대장치는 김복진이 맡았고, 이서구를 비롯한 다른 회원들은 스태프로 참여했다.

〈기갈〉에 출연한 배우들에 대해서는 최근까지 정확하게 파악되지 못하고 있었다. 박승희가 언급한 대로 청년 역의 김기진, 소녀 역의 이정수, 노인 역의 박승희만 밝혀져 있었는데, 최근 김재석의 연구로 인해 다섯 명이 출연했을 가능성이 제기되었다.[25] 그렇다면 전원이 출연하기 위해 선정된 작품은 유진 필롯의 〈기갈〉이었다고 하겠다. 당시 이러한 출연진을 정리하면 토월회의 창립기 배우는 김기진, 연학년, 박승희와 두 명의 남자 배우를 들 수 있고, 여성 배우로는 이정수, 이혜경, 이월화를 꼽을 수 있겠다.

이처럼 여배우 기용의 시초인 제1회 공연에서 토월회의 무대에 오른 여배우는 모두 셋이었다. 먼저, 공연 작품의 특성상 두 여성이 배우로 참여하였다. 두 여성 배우는 이혜경과 이정수였다.[26] 이혜경은 이혼녀로 소개되었고, 이정수는 '모던걸'의 이미지를 풍기고 있었다.[27] 그녀들은 기생조차 꺼렸던 여배우 역을 수락했고, 각각 한 작품에 출연하기로 결정되었다. 이정수는 한 작품을 더 출연하였는데, 이 작품이 〈기갈〉이었고 그녀는 소녀 역을 맡았다.

하지만 두 여배우가 구해진 이후에도, 마지막 여배우는 쉽게 구해지지 않았다. 마지막 여배우를 구하기 위해서 토월회 회원들은 자신들의

---

24 「토월회의 연극 1막」, 『조선일보』, 1923.7.6, 3면 참조; 김남석, 「여배우 이월화 연구」, 『조선의 여배우들』, 국학자료원, 2006, 39~40면 참조.

25 김재석, 「토월회의 창립 공연 연구」, 『한국극예술연구』 43집, 한국극예술학회, 2014, 68~69면.

26 「토월회 연극은 금 사일부터 개연」, 『동아일보』, 1923.7.4, 3면 참조.

27 김을한·김팔봉·이서구 대담, 「극단 토월회 이야기」, 『세대』, 1971.5, 227~229면 참조.

연극에 소인이 출연해야 한다는 규칙을 스스로 버려야 했다. 그리고 민중극단의 안광익으로부터 이월화라는 여배우를 소개받고, 그녀를 기용할 수 있었다. 이월화는 당시의 개념으로 본다면 신파극, 즉 대중극단에서 활동하는 여배우였다. 비록 나이는 어리지만 무대 경력도 제법 지니고 있었다.

무대 경험이 없고 이론으로만 연극을 공부한 토월회 멤버들, 소인 출신의 두 명의 여배우, 이론에 대해서는 무지했지만 연극 무대를 실제로 경험한 이월화 사이의 불협화음으로 인해 토월회 공연은 시작부터 곤경에 처했다. 최초 신극 단체를 지향했던 토월회는 당시의 무대 연기를 이해하기 위해서 대중극 연기자의 도움을 받아야 했고, 이것은 신극/신파극의 연기 차이를 확연하게 부각시키는 결과를 맺고 말았다.

> 그다음 끝으로 박승희가 〈오로라〉를 했는데 내(김기진 : 인용자)가 그 프롬프터 노릇을 했거든. 그래, 〈오로라〉 무대는 응접실인데 한쪽에 파이어 플래이스가 있고 나는 그 뒤에 숨어서 각본을 읽어주고 있으려니까, 웬걸 박승희가 잔뜩 상기가 되었던 모양이야. 도무지 내가 읽어주는 말을 못 알아 듣거든. 내가 조금 크게 읽어 줘도 못 알아들어. 발자국 소리가 가까워 오는 걸 보니까, 필시 저 놈이 무대 가운데 있다가 내가 숨어 있는 벽난로 앞으로 오는 모양이야. 조그만 소리가 들려. 뭐야? 뭐야? 기진아! 기진아! 하고.(…중략…) 어쩔줄 모르고 나도 당황하는데 조금 있더니 조용해져. 그러더니 **이월화가 혼자서 하는 말이 들리는데, 애구, 이, 양반이 어딜 가셨나? 한단 말씀이야. 이월화는 이 연극에서 바로 '오로라'의 역이었거든. 이 말은 내가 들고 있는 각본에도 없는 말이지.**[28](강조 : 인용자)

김기진의 회고에 따르면 박승희가 대사를 잊고 프롬프터의 말을 알아듣지 못했기 때문에, 상대역인 이월화는 대본에 없는 대사를 즉흥적으로 지어내야 했다. 그녀가 활동하던 대중극단에서 대본의 존재는 그다지 중요하지 않았다. 임성구의 혁신단은 대략적인 개요만 갖춘 줄거리에 바탕을 둔 연극을 시행했고, 이러한 습관은 1920년대까지 대중극단의 일반적인 관행이 되고 있었다. 구찌다데에 의한 연기와 즉흥 애드립은 신파극 배우들에게 익숙한 연기 방식이었다.[29] 반면 자신들의 연극이 기존의 신파극과 확연히 달라야 한다고 믿었던 토월회 멤버들, 특히 좌장 격을 맡고 있던 박승희에게 이러한 애드립이나 구찌다데식 연기는 배척해야 할 연기 방식이 아닐 수 없었다. 원인 제공을 자신이 했음에도 불구하고, 자신들의 연극이 대중극단의 연기 방식으로 전락했다는 사실을 박승희는 인정할 수 없었다.

이러한 박승희와 이월화가 공연했던 무대에 대해서는 위의 증언이 상당한 도움을 줄 것으로 보인다. 일단 벽난로('파이어 플래이스')가 있는 응접실을 무대 배경으로 삼았고, 당시 관례대로 프롬프터는 그 뒤의 공간에 보이지 않게 자리 잡았다. 김기진의 증언대로 하면, 동선은 주로 무대 가운데 있는 공간에서 일어났지만, 급해진 박승희는 벽난로 근처로 이동하는 습성을 보였다. 그것은 프롬프터의 도움을 얻기 위해서였다. 따라서 프롬프터는 단순하게 무대미술의 잔여 세력이 아니고, 무대를 디자인할 때 중요하게 고려되어야 할 요소로 간주될 수 있다.

〈그 남자가 그 여자의 남편에게 어떻게 거짓말을 했나〉의 내용을 감

28 김을한·김팔봉·이서구 대담, 「극단 토월회 이야기」, 『세대』, 1971.5, 231면.
29 서연호, 『한국연극사(근대편)』, 연극과인간, 2003, 79~122면 참조.

안할 때, 박승희의 움직임은 다소 의외의 상황이지만, 결과적으로는 이러한 프롬프터로 인해 공연의 실패가 가중되는 결과를 낳았다고 해야 한다.

(3) 〈기갈〉의 무대 사진을 통해 본 공연 내용과 형식 미학

토월회의 창립 작품 중 하나인 유진 필롯의 〈기갈〉은 한동안 논의에서 제외되어 있던 작품이었다. 토월회에 관한 연구가 활발하게 진행되지 못하면서 상대적으로 관심을 덜 받았기 때문이기도 했지만, 이 작품의 실체가 거의 알려져 있지 않았기 때문이기도 했다. 하지만 최근 김재석에 의해 작품의 존재 여부가 입증되었고 그 개요가 밝혀졌다. 이로 인해 관련 연구에 조력을 받을 수 있게 되었다.

> 〈기갈〉에는 네 명의 인물이 등장한다. 이들은 거지(The Beggar), 시인(The Poet), 소녀(The Girl), 남자(The Man), 욕망이 충족된 자(The Satisfied One)이다. 개인별 이름이 없는 것은 그들의 인물 특성이 개인이 아니라 집단적 속성을 대변하고 있기 때문이다. 극 장소는 추상화 된 어떤 곳이어서 특정 지역의 문제를 넘어서 있다. **무대에는 높이를 알 수 없는 큰 탑이 있는데, 그 탑에는 금색 장식 띠를 두른 문이 달려 있다.** 무대에 제일 먼저 등장하는 인물은 거지이다. 그는 탑 안에 빵이 있을 것이라 생각하고 문을 열고 들어가려고 하나, 그 문은 전혀 열리지를 않는다. 이때 등장한 시인은 자신은 빵이 아니라 사랑을 얻기 위해 탑 안으로 들어가겠다고 한다. 이어서 등장한 남자는 더욱 더 큰 명성을 얻기 위해, 그 뒤를 이은 여자는 아름다운 옷을 더 많이 얻기 위해 탑 안으로 들어가려고 애를 쓴다. 그들의 힘만으로 탑 안으로 들어가는

> 문을 열 수 없다는 사실을 깨닫고, 네 명은 그 안에 들어가 본 경험이 있는 욕망이 충족된 자가 나타나기를 기다린다. 드디어 나타난 그에게 네 사람은 문을 여는 방법을 간절히 물어보지만, 욕망이 충족된 자는 가르쳐주지 않으려 한다. 탑에 들어가도 결코 만족을 얻을 수 없었기 때문에 탑 안으로 들어가려 애쓰지 않는 것이 스스로를 구원하는 길이라 말한다. 그러나 네 사람은 계속하여 탑 안으로 들어갈 방법을 찾아 헤매는데, **그때 탑문이 조금 열리면서 금빛 광선이 쏟아져 나온다.** 네 명은 탑 속으로 달려 들어가고, 안으로부터 "드디어 만족이"라며 기뻐 떠드는 소리가 들린다. 그 소리를 들은 욕망이 충족된 자는 "만족? 아! 바보들! 어리석은 바보들!"이라 비웃는다.[30] (강조 : 인용자)

이 작품은 일종의 상징성을 담보한 인물들이 등장하여 인간의 기본적 욕구(속성)를 대변하는 구조로 짜여 있다. 거지는 식량을 구하려는 인간의 욕망을, 시인은 추상화된 가치를 찾는 인간의 욕망을, 남자는 명예를 갈구하는 인간의 욕망을, 소녀는 물질을 탐하는 인간의 욕망을 대변한다. 즉 인간이 세상에서 필요로 하는 욕망을 빵(음식), 사랑(가치), 명예(출세), 의복(물질)으로 개념화하고, 이를 거지, 시인, 남자, 소녀에게 각각 할당했다고 할 수 있다.

이러한 작품의 구조는 거지, 시인, 남자, 소녀로 하여금 개성적인 연기를 요구하기보다는 계층 혹은 집단의 욕망을 상징적으로 요구하는 연기를 요구하게 된다. 즉 출연한 배우들은 개별적인 자아를 구현하는 역할이 아니라, 인간의 다양한 면모를 추상적으로 응축할 수 있는 배역

---

30 김재석, 「토월회의 창립 공연 연구」, 『한국극예술연구』 43집, 한국극예술학회, 2014, 68~69면.

을 수행해야 했다. 그들이 어떻게 배역을 수행했는지는 대본을 통해 확인할 수 없지만, 이 공연의 마지막 대목의 사진이 『동아일보』에 실려 있어 주요 장면에서 연기의 양상을 재구해 볼 수는 있다.

그림 22는 〈기갈〉의 무대 사진이다. 안으로 통하는 문이 있고, 네 사람이 서거나 앉아 있는 상태로, 문안을 들여다보는 모습이 인상적이다. 무대미술의 관점에서 볼 때, 문은 관객들의 시선을 차단하는 효과와 그 너

그림22 **토월회의 창립 공연 〈기갈〉**[31]

31 「토월회의 출연할 〈기갈(飢渴)〉의 한 장면」, 『동아일보』, 1923.7.5, 3면 참조.

머에 존재하는 미지의 세계에 대한 호기심을 불러일으키는 효과를 동시에 유발하고 있다. 배역을 모두 고려하면, 네 사람이 아니라 다섯 사람이 되어야 하기 때문에, 아래 사진은 한 사람의 등장인물이 사라진 시점의 무대 상황을 보여준다고 하겠다.

토월회 측은 당시 작품의 배역을 청년 역의 김기진, 소녀 역의 이정수, 노인 역의 박승희라고 밝히고 있다. 청년은 아무래도 시인The Poet을 일컫는 것으로 여겨지고, 노인은 남자 역The Man을 가리키는 것으로 여겨진다. 즉 사랑과 예술의 가치를 찾는 시인은 청년으로, 세상에서 출세와 명예를 이미 경험하고 더욱 적극적으로 갈구하는 남자는 노인으로 상정했을 것으로 추정된다.

위의 사진에서(무대를 바라보고) 왼쪽 세 번째 위치한 배우는 소녀 역The Girl의 이정수로 보인다. 그녀는 탑으로 향하는 계단에 무릎을 꿇고 선망의 시선을 보내고 있다. 그녀의 오른쪽과 왼쪽에는 각각의 남자가 자리 잡고 있다. 흐릿한 사진이기에 누가 시인이고, 누가 남자인지 분간하기 어렵지만, 차림새로 보건대 거지의 배역은 이 장면에서 보이지 않는다고 판단된다. 즉, 김재석의 분석대로 거지는 이미 탑 안으로 들어간 이후의 장면이기 때문에 이 사진에는 나타나지 않는다고 판단할 수도 있고,[32] 처음부터 토월회가 거지의 배경을 삭제하고 공연했을 가능성도 배제할 수는 없다.

포즈를 통해 추론할 때, 열린 문에서 가장 멀리 떨어진 채 주머니에 손을 넣고 방관적인 자세로 서 있는 인물(사진 가장 왼쪽에 위치)이 '욕망

32 김재석, 「토월회의 창립 공연 연구」, 『한국극예술연구』 43집, 한국극예술학회, 2014, 68~69면.

이 충족된 자The Satisfied One'로 보인다. 그는 다른 인물과는 달리 문과 거리를 두고 있으며 안으로 들어가려는 제스추어를 취하고 있지도 않다. 그는 가급적 무대에서 멀리 떨어져서, 다른 사람들의 행태를 관찰하고 있다.

네 명의 인물은 각기 다른 자세로 무대 위에 위치하고 있다. 치마를 입고 무릎을 꿇은 소녀는 관객에게 등을 돌린 상태이고, 두 남자는 오른쪽 혹은 왼쪽에 서서 상반신을 반대로 비틀어 반쯤 몸을 돌린 상태를 유지하고 있다. 여자와 두 남자는 왼쪽부터 반쯤 일어서고, 무릎을 꿇고 앉고, 완전히 서 있는 높이 차이도 형성하고 있다. 그리고 욕망이 충족된 자는 무대 왼쪽으로 떨어져서 나머지 세 명과 다른 구도를 취하고 있다. 인물의 구도로 판단할 때, 무대의 넓이와 높이를 전반적으로 고려한 인물 배치였고, 높낮이의 시각 차이도 염두에 둔 동선이라고 할 수 있다.

이 무대 사진은 〈기갈〉의 '마지막 무대(장면)'로, 공연 당시 신비한 느낌을 자아냈다는 설명을 첨부하고 있다. 이러한 사진 설명을 참조하면, 이 장면에서 조명과 무대의 효과가 결합되어 나타났음을 알 수 있다. '광선의 응용'과 '배경의 색채의 조화'가 그것이다. 추정하건대 이 무대에서 결합되었다는 광선은 닫힌 문이 열리면서 쏟아져 나온 광선을 가리키는 것으로 보인다. 작품의 내용과 인물의 구도를 고려할 때, 문이 열리면서 내부에서 광선이 나오고, 이 광선에 매혹된 배역들이 시선을 그 방향으로 고정시키는 장면이 연출되었다고 여겨진다.

관객들이 이 장면에서 시선을 두어야 할 곳은 문 안쪽이다. 굳게 닫힌 채 열리지 않는 문의 내부는 관객들의 호기심이 머무는 곳이고, 작품의 주제가 최종적으로 자리 잡은 공간이다. 따라서 배우들은 문 안쪽을 향해 시선을 고정시켜 일종의 '몰아주기' 효과를 연출한 것이다. 물론 '욕망을 충족한 자'는 이러한 상황과는 다소 동떨어진 심리를 지니고 있겠지만, '욕망을 충족한 자'의 배역을 맡은 배우 역시 전체적인 시선 방향을 고려하여 무대 안쪽을 향한 시선에 동참하게 된다. 그래서 무대 위의 시선은 모두 한 점을 향하여 고정되고, 각각의 배우들을 바라보는 관객들도 배우들의 시선을 따라 무대 한 곳을 응시할 수 있게 된다.

블로킹Blocking의 목적은 다양하지만, 그중 "관객의 관심의 초점을 모으고 이를 적정하게 이동하는" 기능은 블로킹의 본질적 목적에 속한다.[33] 관객의 시선(초점) 이동은 '관객이 보아야 할 곳을 보도록 만드는 작업'에 해당하는데, 이러한 작업을 위해서는 전체 배우진의 통일된 연기력이 필요하다. 공연 중 관객 모두가 배우가 원하는 것을 보고 듣도록 할 수만 있다면, 배우는 자신의 목적을 어느 정도 달성했다고 할 수 있을 정도로 이러한 시선 이동은 중요하다.[34] 위의 장면에서는 이러한 블로킹의 목적(효과)이 분명하게 관찰되고 있는데, 이러한 목적을 수행하는 연기진의 움직임은 분명한 연출 콘셉트에 따른 것으로 파악된다. 분명, 이 장면에서 관객의 시선은 미지의 문 저쪽을 향해야 하고, 그 문 저쪽의 풍경을 상상하도록 유도되어야 한다.

토월회 〈기갈〉의 시선 유도 연기 기법은 적절한 것으로 여겨지며, 지금의 연출 상황을 고려해도 크게 뒤떨어지는 수법은 아니라고 판단된

33 김석만, 『인간의 마음을 사로잡는 연기의 세계』, 연극과인간, 2001, 146면 참조.
34 한국문화예술진흥원 간, 『연기』, 예니, 1990, 143면 참조.

다. 배우들도 이러한 연출 콘셉트를 이해하고 이를 적극적으로 수용하고 있는 것으로 판단된다. 욕망을 충족한 자의 표정은 나머지 배우들과 차별화되는 방관자로서의 인상이 살아 있고, 나머지 배우들의 표정에는 호기심 어린 표정이 서려 있다고 판단되기 때문이다.

한 장의 사진으로 토월회 공연 전체를 일별할 수도 없을 뿐만 아니라, 그것은 가능하지도 않다. 다만 이 한 장의 사진이 전체 연출 콘셉트에 대한 토월회의 부분적 입장을 보여줄 수는 있을 것이다. 토월회는 이 작품을 통해 인간의 다채로운 욕망과 이 욕망의 실현 불가능에 대해 말하려고 했다. 박승희는 행복은 "구한다고 얻어지는 게 아니고 너희들의 행복은 너의 각각 마음속에 있느니라 하는 공상적인 내용의 연극"이라고 이 작품을 요약한 바 있다.[35] '마음 속'이라는 공간을 강조하기 위해서는 추상적 공간을 무대 위에 표현할 수 있는 대체 공간이 있어야 한다. 닫힌 문 안의 공간은 처음에는 어떠한 욕망이든 실현될 수 있는 이상적인 공간이지만, 방관자인 '욕망이 충족된 자'의 일갈에 의해 어떠한 욕망도 실현될 수 없는 거짓의 공간으로 판명된다.

이러한 공간의 이중성은 마음의 속성과도 닮아 있다. 마음의 작용에 따라 어떠한 욕망도 실현될 수 있고, 어떠한 욕망도 소거될 수 있다. 이러한 이중성의 공간을 무대 위에 표현하기 위해서 그들은 높은 건물의 외형과, 위로 오르는 계단, 그리고 금빛이라는 현란한 색채를 사용했고, 그 문이 열리면서 가장 궁극의 지점을 엿볼 수 있는 장면으로 마지막 장면을 강조했다. 이러한 일관된 작품 해석은 연기와 연출에 일관성을 부

35 박승희, 「토월회이야기」, 『사상계』(1), 1963.5, 338~339면 참조.

여하고 관객의 관극 욕구를 자극하는 기능을 제고했다고 할 수 있다. 다시 말해서 연기의 최정점을 상정하고 이를 구현할 수 있는 해석 능력을 발휘한 경우가 〈기갈〉의 마지막 장면이었다고 볼 수 있겠다.

(4) **토월회 제2회 공연**– 〈카추샤〉, 〈알트 하이델베르크〉

토월회 2회 공연은 1회 공연에서 나타난 미학적 실패와 흥행 적자를 메우기 위한 공연이었다고 흔히 알려져 있다. 토월회는 1회 공연을 통해 무려 2400원의 손실을 입었고,[36] 제2회 공연을 통해 이를 만회하고자 했다. 그뿐만 아니라 토월회의 실추된 자존심을 바로 세우고 연극적 신념을 정립하기 위해서 각고의 노력을 기울인 무대였다고 할 수 있다. 그래서 전반적인 평가에서 토월회의 2회 공연은 성공적이었다는 찬사를 받기도 했다. 관객의 호기심을 자극하는 작품 선택, 세련된 무대장치, 주목받는 무대 의상 등으로 외적인 공연 여건을 충족한 것으로 평가되었다.

일단, 창립 공연의 배우 진용은 제2회 공연에서도 유지된다.[37] 다만 김기진, 연학년, 이제창 등이 제2회 공연을 탈퇴할 것을 공시한 상태였다. 제2회 공연에서 이월화는 토월회 연기의 중심으로 부상했고, 그녀의 상대역으로 안석주와 박승희가 출연했다. 이월화와 박승희는 제1회 공연 〈그 남자가 그 여자의 남편에게 어떻게 거짓말을 했나〉(일명 〈오로라〉)에서 상대역으로 호흡을 맞춘 이래, 다시 〈알트 하이델베르크Alt

36 「저주된 신극의 운명」, 『동아일보』, 1923.7.15, 6면 참조.

37 「토월회 2회 극」, 『조선일보』, 1923.9.10, 3면 참조; 「토월회는 조선극장에서 거(去) 십팔일부터 〈카쥬사〉를, 금일(今日)부터는 〈하이델베르히〉 상연」, 『조선일보』, 1923.9.22, 3면 참조.

Heidelberg〉에서 공자(박승희 분)와 주막 처녀 케티(이월화 분)로 무대에 서게 된 것이다.

이월화는 1회 공연에서 실패를 만회하면서, 토월회 공연의 중심으로 부상했는데, 그녀가 특히 주목받은 작품은 〈부활〉이었다. 제2회 공연의 전반부에서 〈부활〉이 상연되었는데, 이 공연에서 이월화는 카추샤 역을 맡았고, 안석주가 네프류도프 역을 맡아 출연했다.[38] 카추샤 역할로 이월화는 대중들에게 널리 알려졌고, 가장 주목받는 토월회 배우로 인정되었다.

다음으로, 제2회 공연의 무대미술에 대한 자료(증언)는 다음과 같다.

> 배경은 역시 원우전이 돈이 되는 대로 시작했는데 이번에야말로 대작을 구상하는 듯 조선극장이 벅적거렸다. 화가 이승만(李承萬)과 안석주(安碩柱)와 더불어 밤이 늦도록 궁전막 벽화를 그리기에 이주일이나 걸려 한 장을 그렸다.[39]

틀림없이 원우전은 2회 공연에서 배경막을 그렸다. 주변 정황을 참조하면, 원우전이 배경막의 전체 기획을 결정하고, 이승만과 안석주가 별도로 작업해서 한 작품의 배경막을 완성한 것으로 보인다. 2회 공연에서는 톨스토이의 〈부활(카추샤)〉(4막), 마이아 펠스타의 〈알트 하이델베르크〉(5막), 그리고 1회 공연 때 평이 좋았던 버나드 쇼의 작품을

---

38 박진, 「다재다능한 만년소년 석영 안석주」, 『세세연년』, 세손, 1991, 21면 참조; 「토월회 공연극, 대성황 중에 환영을 받아」, 『매일신보』, 1929.9.20, 3면 참조.

39 박승희, 「토월회 이야기」(1), 『사상계』 120호, 1963.5, 341면.

여주인공의 이름을 따서 〈오로라〉라고 개명하여 공연하였는데,[40] 이 중에서 〈부활〉을 개명한 〈카추샤〉는 토월회가 가장 기대를 걸었던 작품이다.

이러한 〈카추샤〉의 무대 정황은 다음과 같이 알려져 있다.

> 막이 열리니 러시아 시골집이다. 네퓨리도프와 카추샤의 사랑의 장면으로 장치는 이별을 하게 되는 청춘남녀의 애타는 씬이다. 여기에는 그 유명한 카추샤의 노래가 은은히 들려 관객은 비애에 복 바쳐 박수가 요란했다. 삼 막에 시베리아 눈 오는 벌판은 끝없는데 거기에 서 있는 외따른 집 앞에는 깜박거리는 희미한 불빛이 은은히 비친다. 이것은 톨스토이가 노린 외로운 인생의 길을 가리키는 등불이다. 카추샤와 공작의 마지막 이별의 장면이다. 공작은 카추샤에게 거절을 당하고 슬픔에 넘쳐 울고 떠난다. 세상의 행복도 꿈이련가 인생의 무상함을 느끼며 벌판에서 외로운 신세, 손을 합하여 기도를 올리는 카추샤의 정경을 아는지 객석에선 흐느껴 우는 소리와 우레 같은 박수로 막은 나렸다.[41]

토월회의 무대는 1회 공연 때부터 세인들의 탄성을 자아낸 바 있으며, 1회 공연 후에는 세트와 의상 분야에서 최고의 찬사를 받기도 했다. 1회 공연에서 재정적/미학적 실패를 경험했던 토월회는 2회 공연을 준비하면서 더욱 화려한 무대를 기획했다. 그 일차 결실이 〈카추샤〉이다.[42]

---

40 이두현, 『한국신극사연구』, 서울대 출판부, 1971, 128~129면 참조.
41 박승희, 「토월회 이야기」(1), 『사상계』 120호, 1963.5, 343면.

위의 회고를 토대로 〈카추샤〉의 무대를 재구할 수 있다. 먼저 1막은 러시아 시골집을 배경으로 네류리도프와 카추샤가 이별하는 장면을 그리고 있다. 두 연인이 헤어지는 장면에 음악이 삽입되고 있다. 박승희의 말대로 비애가 '복받쳐' 오르는 장면이지만, 무대 배치는 배우들의 연기 공간을 마련하는 데에 치중했다. 무대 분위기를 고조시키기 위해서 당대의 유행가 〈카추샤의 노래〉를 삽입한 점이 이채롭다.

3막의 무대배치는 1막의 배치를 뛰어넘는 상징성을 부여받고 있다. 잘 알려진 대로 토월회의 멤버들은 동경 유학생들로, 문학과 예술에 대한 관심과 조예가 상당한 지식인들이었다. 그들은 3막의 무대에서 '인생의 등불'로서의 '희미한 불빛'을 배치했다. 카추샤와 공작의 이별을

그림23 〈카추샤〉의 무대

42 김남석, 『조선의 여배우들』, 국학자료원, 2006, 43~44면 참조.

통해 홀로 걸어가야 하는 인생의 모습을 담으려고 한 것이다.

무대 배치는 이러한 의도에 부합되도록 설정되었다. 외딴집, 새어 나오는 희미한 불빛, 허허벌판에 남겨진 외로운 처지가 부각되었다. 인생의 허무함과 외로움을 구현하는 무대 배치라 할 수 있다. 조명 역시 깜빡이며 희미하게 새어 나오는 불빛을 표현하고 있다.

앞의 '궁전막' 작업 인용문에서 확인되듯, 원우전과 이승만, 안석주 등이 제2회 공연 무대디자인 작업에 참여하였다. 주변 정황을 참조하면, 원우전이 배경으로서의 궁전 벽화의 작업을 시작하고, 이승만과 안석주가 이에 참여하여 배경화(궁전 벽화)를 완성한 것으로 보인다.

이후 토월회는 〈카추샤〉를 레퍼토리로 삼아 여러 차례 재공연을 했을 뿐만 아니라, 이러한 〈카추샤〉 공연은 다른 극단에도 적지 않은 영향을 끼친 바 있다. 일단 토월회에서는 제2회 공연 이후, 제4회 공연(1924년 2월 21~29일)과, 제6회 공연 4회 차(1924년 6월 30일~7월 1일), 제13회 공연(1925년 5월 11~15일), 제32회 공연(1925년 9월 24~29일) 등에서 재공연하였다. 이중 제4회와 제13회 공연은 단독 공연이었다.

제32회 공연 사진이 남아 있어, 당시 토월회의 〈카추샤〉의 무대 정경을 확인할 수 있다.

그림 24~26의 공연 사진에 포착된 무대(정경)는 전반적으로 흐릿한 인상이다. 하지만 중요한 몇 가지는 구분이 가능하다. 우선 무대 하수 방향에는 두 사람이 앉아 있다. 두 사람은 남녀로 보이고, 서로를 쳐다보고 있다. 그 위로 창문 혹은 문으로 보이는 사각형의 밝은 면이 있다. 실내가 어두운 것으로 보이는데, 그 사각 면으로 빛이 들어오고 있다.

그 빛은 벽으로 보이는 그 옆 공간에 걸려 있는 사각형의 작은 물체를

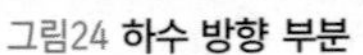

그림24 **하수 방향 부분**

그림25 **〈카추샤〉 장면**(전체)[43]

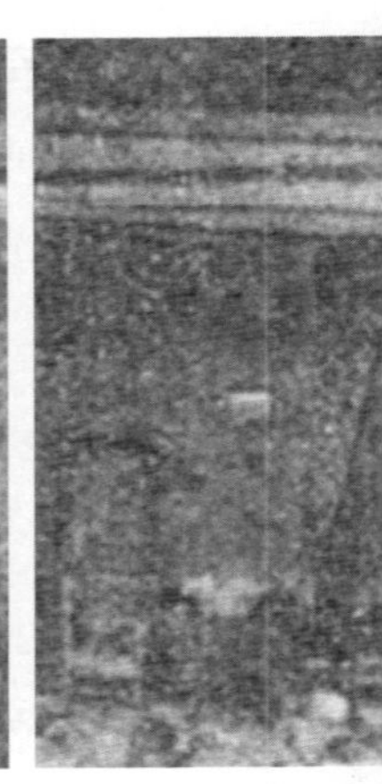

그림26 **상수 방향 기물**

빛나게 하고 있다. 만일 이 작은 사각형 물체가 액자라면, 빛이 들어오는 사각 면은 창이고, 그 옆은 벽면이며, 해당 무대는 벽으로 둘러싸인 방이 될 것 같다. 그리고 이러한 방에는 다양한 물건이 있을 수 있는 근거가 생겨난다.

무대 상수 부근에는 기물이 놓여 있다. 흐릿한 인상 때문에 나무인지, 구조물인지 구분이 되지 않지만, 그 밑에 일정한 영역에 다른 기물까지 함께 놓여 있는 대도구에 해당한다. 무대 중앙에도 사람 키 높이의 기물이 놓여 있다.

해상도가 높지 않은 사진으로 인해 이 풍경의 진위와 실체는 가려내기 힘들 것 같다. 하지만 〈카추샤〉의 연극 속에 오붓하고 고즈넉한 분

---

43 「사진은 〈부활〉 장면」, 『동아일보』, 1925.9.27, 5면. https://newslibrary.naver.com/viewer/index.nhn?articleId=1925092700209205008&editNo=1&printCount=1&publishDate=1925-09-27&officeId=00020&pageNo=5&printNo=1856&publishType=00020

위기를 만드는 장면이 들어 있으며, 빛과 어둠이라는 두 가지 이질적 요소를 통해 극적 분위기를 조율하려 한 흔적을 확인할 수는 있다.

한편, 제2회 공연에서 예상 외로 큰 인기를 끌면서 관객들의 대대적인 환영을 받은 작품이 하나 더 있었다. 그것은 무려 5막에 이르는 마이아펠스타의 〈알트 하이델베르크〉였다. 특히 이 작품에 대한 자료가 발굴되면서, 한층 상세하게 당시 무대장치(디자인)에 접근할 방안을 찾았다.

이러한 무대장치는 다음과 같은 기존 연구 성과와 결합할 여지가 있다. **그림 27**에서 〈알트 하이델베르크Alt Heidelberg〉의 궁전은 기둥과 궁전을 상징하는 벽화로 요약되어 표현되었다. 사진을 보면 격자형 바닥 위로 높게 솟은 굵은 기둥이 보인다. 벽에도 이러한 기둥의 잔영을 그려 넣어 열주가 늘어선 공간을 꾸며내려 한 흔적이 역력하다. 굵은 기둥이

그림27 **토월회 〈하이데베리크〉의 무대 장면**[44]

그림28 **〈하이델베리크〉의 세부 확대**(인물과 배경의 대조)

44 안석영, 「신극 의기 높을 때」, 『동아일보』, 1939.4.7, 5면.
http://newslibrary.naver.com/viewer/index.nhn?articleId=1939040700209205012&editNo=2&printCount=1&publishDate=1939-04-07&officeId=00020&pageNo=5&printNo=6330&publishType=00020

상승하면서 자아내는 열주의 이미지는 고답적이고 권위적인 공간의 형상을 조성하고 있다.

그리고 그 사이로, 세 사람이 앉아 대화를 나누고 있다. 언뜻 보아도 이 세 사람의 체격은 왜소하기 이를 데 없는데, 그것은 기둥이 주는 강력한 위압감으로 인해 더욱 격차를 보이는 왜소함이기도 하다. 토월회 미술팀은 이러한 차이를 분명하게 보여 주려고 했다. 이러한 정황은 박승희의 진술에서 확인되기도 한다.[45]

당시 무대를 묘사한 관련 기술을 살펴보자.

> 첫 막은 궁전이다. **막이 오르자 먼저 눈에 뜨인 것은 훌륭한 벽화로 된 장엄한 궁전**이다. 중앙에 높이 달린 문이 열리자 왕자의 박승희가 귀골다운 풍채로 떨치고 나왔다. 박사의 이백수와 국무대신 이소연의 정중한 경례가 있을 때 벌써 객석에서는 그날 이 위풍에 놀랐다. 하이델베르히 주막이 되자 학생들의 유쾌한 모습과 난폭한 장난이 있었고, 맥주를 마시고 '시절은 오월이요 인생은 청춘이다'란 흥겨운 노래가 뒤따랐다. 케데이란 역은 이월화로 주점에 있는 여자이다. 케데이는 학생들의 귀염을 받고 있다. **저 멀리 부자유한 궁전을 떠나** 이런 곳을 찾아온 왕자는 청춘을 노래하고 인생을 즐기는 자유로운 이 주막과 정이 든다. 왕자가 천진난만한 케데이를 사랑하게 되었을 때 식부관 역의 연학년이 왕자도 몰라보는 학생 놈이 보기 싫었다. 그러자 학생 역의 안석주가 대장이 되어 결투와 싸움이 벌어진다. 오막까지 끌어가는 동안에 객석에선 웃음과 눈물로 환희에 휩쓸려 어찌할 줄을 몰랐다.[46] (강조 : 인용자)

45 박승희, 「토월회 이야기」(1), 『사상계』 120호, 1963.5, 341면.
46 박승희, 「토월회 이야기」(2), 『사상계』 121호, 1963.6, 282면.

제2회 공연 〈알트 하이델베르크〉의 무대(배치)는 크게 두 부분으로 구분된다. 그 중 하나의 범주는 첫 막에 등장하는 궁전의 유형이다. 궁전으로서의 공간은 위엄을 갖춘 그림(궁전막)과 높은 기둥으로 표현되었다. 이 무대 공간의 이미지는 해당 공간에 거주하는 사람을 불편하게 만드는 억압적 요소를 극대화하고 있다.[47]

원작 소설과 각색 희곡에서도 이러한 특성은 발견된다. 칼스부르크의 황태자 칼 하인리히는 규율과 격식에 얽매여 살아야 하는 처지였다. 그는 궁전의 단조로운 생활에 권태를 느꼈고, 엄격하게 제약을 받는 감옥 같은 삶에도 염증을 느끼는 인물이었다. 칼 하인리히가 느끼는 억압은 공간적인 이미지로 구체화되어야 했으며, 이러한 형상화 작업은 높은 기둥과 단조로운 문양의 바닥으로 형상화되었다.

한편 이와 상반된 공간으로 배치된 '주막'에서는 이러한 궁전의 억압이 해소되고 있다. 칼 하인리히는 하이델베르크로 이동하면서(대학 입학), 이러한 억압으로부터 풀려나서 인간다운 삶을 영위하게 된다. 이때 칼 하인리히가 즐겨 찾으며 인간적인 교감을 나누는 공간이 주막이다. 주막은 서민들이 모여 사는 공간으로 상정되었고, 그 공간에서 사랑하는 여인 케이티를 만날 수 있었다.

〈알트 하이델베르크〉에서 주막은 '자유'와 '결투(싸움)' 그리고 '난장'이 허락된 공간이었다. 그래서 해방감을 만끽할 수 있는 공간으로 디자인되었다. 결국 이 주막이 작품의 주동적인 배경이 되고 있으며, 무대의 바닥 평면은 주막에 모여드는 사람들이 활동하는 공간으로 꾸며

47 김남석, 「최초의 무대미술가 원우전」, 『인천학연구』 7호, 인천대 인천학연구원, 2007, 6면 참조.

진다. 두 번째 범주에 해당하는 공간은 주막으로 술과 폭력 그리고 사랑이 난무하는 사적인 공간의 임지를 지닌다.

이러한 차이로 인해, 궁전은 이러한 자유와는 동떨어진 이미지를 강하게 담보하게 되며, 결과적으로는 위압적인 이미지마저 동반하게 된다. 앞에서 설명한 대로 무대 위에는 수직의 기둥이 늘어서 있고, 관객의 사이트 라인에서 상당한 면적이 가려져 있기 때문에, 궁전 내부 공간은 대단히 비좁은 인상을 준다. 게다가 등장한 인물들은 거대한 기둥에 눌려 왜소하게 보이고, 자유롭고 활달하게 이동할 수 있는 여유 자체를 박탈당한 상태이다.

이로 인해 다음과 같은 비판도 제기될 수 있었다.

> 배경에는 〈하에델베르허〉에 새로운 것을 보이라 하여 궁전 장면 같은 데 돈을 만히 들엿엇는데 지금 보면 가운데 기둥이 쓸데없는 것이래도 그때는 이것이 굉장하다고 하엿고 벽화 같은 것은 외국 명화를 모사하여 진실미가 화려하엿던 것은 사실이다.[48]

안석영은 궁전 장면에서 기둥이 '굉장하다'는 칭찬을 듣기는 했지만 실질적으로는 '쓸데없는 것'이었다고 회고하고 있다. 이러한 평가는 기둥이 가진 현실적인 쓸모를 상반된 시각에서 바라보았기 때문으로 풀이된다. 즉 공연 당시에는 무대디자인의 위용과 공간적 위압감이 〈알트 하이델베르크〉의 무대 이미지를 상승시켰고, 주막과의 대조를 통해 공

48 안석영, 「신극 의기 높을 때」, 『동아일보』, 1939.4.7, 5면.

간적 개성을 강화하였다면, 이로 인해 등장인물의 활동이 제약되고 인물의 연기가 위축되는 경향을 허세라고 볼 관점도 도출되는 셈이다.

이러한 안석영의 평가는 기둥이 지닌 의미를 분명하게 보여준다고 하겠다. 무대디자인에 대한 강력한 의지는 기둥과 공간의 분위기를 격상시켰지만, 상대적으로 이러한 무대 배치로 인해 배우들의 연기는 제약될 수밖에 없었던 것이다. 이것은 토월회 제2회 공연만의 사정은 아니었다. 사실 토월회 제1회 공연도 무대디자인으로서는 최상의 평가를 받았지만, 연기력으로는 그에 못한 평가를 받은 바 있었기 때문이다.

위의 무대 사진을 보면 기둥 뒤에는 벽화로 보이는 그림이 좌우에 걸려 있는 벽이 보이고, 그 벽 사이로 등퇴장이 가능한 문이 배치되어 있다. 벽에 걸린 그림이 원우전이 그리기 시작했다는 벽화로 보이는데, 일반적으로 나타나는 걸개그림보다는 훨씬 작은 인상이다. 그야말로 풍경을 보여 주는 역할보다는 궁전의 이미지를 꾸미는 역할에 치중한 그림이라 하겠다.

〈알트 하이델베르크〉의 무대에서 기둥과 함께 주목을 끄는 또 하나의 요소가 벽화이다. 그런데 사진으로는 벽화의 존재가 제대로 감지되지 않는다. 안석영의 설명을 빌리면, 그 벽화는 '외국 명화를 모사'한 것으로 '진실미가 화려하'였다고 하지만, 무대에서는 기둥에 가려 그 실체조차 제대로 드러내지 못하는 상황이었다. 다만 이러한 벽화는 그 사이에 있는 무대 기물에 집중하도록 만든다.

문이 실제로 열리고 그 사이로 등장인물이 등퇴장을 할 수 있었는지는 확실하지 않다. 하지만 거대한 문과 그 앞의 계단으로 인해 무대 평면은 높이 차를 드러내게 된다. 그리고 그 앞에 놓인 의자로 인해 사람들이 문-계단-의자-바닥의 높이감을 체현할 수 있다.

관객의 입장에서 보면 거대한 기둥이 좌우 대칭을 이루고 그 사이로 보이는 문(문기둥)과 벽화로 인해 궁전의 공간은 긴 회랑의 모습으로 포착될 수 있다. 그 회랑 사이에 앉아 있는 사람은 왜소하고 또 낮아 보일 수밖에 없다. 문 뒤의 형상이 최상의 권위를 보여준다면, 그 계단 아래 앉은 이들은 강압적인 훈육과 규칙을 상징화하고 있다. 이러한 질서 정연하고 단조로운 생활 터전은 결국 칼 하인리히의 삶과 정신을 옥죄는 역할을 해야 한다.

따라서 벽화가 지닌 위용은 비록 시각적인 차단물(기둥)로 인해 제대로 인지되지 못하는 단점을 지니지만, 유서 깊은 궁전의 이미지를 살려내면서 높은 기둥과 함께 정신적인 압박을 가하는 무대장치로 기능할 수 있었다. 결국 반쯤 가려진 그림, 굳게 닫힌 문, 높이감을 보여 주는 계단, 단조로운 문양의 바닥이 규칙적이고 폐쇄적인 궁전의 분위기를 형상화한다고 할 때, 기둥과 그림은 '쓸데없는' 장치일 수는 없는 셈이다.

이러한 궁전의 무대 배치는 활동적인 동선과 연기를 가로막는 기능을 한다. 배우들은 기둥을 피해서 걸어야 하며, 기둥 뒤의 공간에서는 연기를 수행할 수도 없다. 이러한 기둥의 배치는 다소 상식적이지 않은 연기 공간을 만들었지만, 주막에서 난장과 결투를 염두에 둔다면 두 공간의 극단적인 대조를 가능하게 하는 역할을 할 수 있다. 즉 폐쇄된 공간으로서의 궁전과, 개방적 영역으로서 주막이라는 이분(격) 무대 이미지가 형성되는 것이다.

〈알트 하이델베르크〉의 무대장치와 디자인은 이러한 양분된 공간의 특성을 살려내면서, 칼 하인리히가 받게 되는 정신적 압박감을 드러내는 데에 효과적이었다고 보아야 한다. 왜소한 인간들이 보이는 상대적인 크기는 정신의 문제를 다루면서도 고답적인 자세를 풀지 않는 인간(세상)에 대한 비판적 전언마저 함축하고 있었다고 해야 한다.

한편, 2회 공연을 기점으로 토월회의 주축 멤버들이 대거 탈퇴했다. 본래 토월회土月會는 박승희, 김기진, 김복진, 이서구, 박승목, 김을한, 이제창이 1922년 10월에 결성한 문예서클이었다. 연학년과 이수창이 가담하여 곧 9명으로 늘어났고, 객원 회원도 생겼다. 이들은 모두 동경 유학생으로 각자 전공이 달랐지만, 남다른 교분을 쌓고 있었다. 사교 모임을 빈번하게 열었는데, 보다 생산적인 활동을 하자는 제안에 따라 조직을 결성하고 연극 작업에 임했던 것이다.

2회 공연을 시작하면서 김기진, 연학년, 이수창 등은 이 공연을 마지막으로 토월회에서 탈퇴할 것을 선언했다. 2회 공연이 1회 공연에서 진 빚을 갚을 요량으로 치러졌기 때문에 의무감이 그들의 행보를 붙잡은 형국이었지만, 그들은 애초부터 연극과 다른 전공을 가지고 있어 연극에 관한 열정을 더 이상 지속하기가 쉽지 않았기 때문으로 풀이된다.[49] 그러나 박승희는 토월회를 탈퇴할 수 없었고 연극을 그만둘 수도 없었다.

2회 공연이 끝나고 주축 단원들이 탈퇴하자, 박승희는 자신을 중심으로 극단을 정비했다. 그러면서 원우전은 토월회를 이끄는 핵심 단원

49 제2회 공연 이후 탈퇴한 창립 단원들도 1926년 토월회 탈퇴파들과 다시 모여 '백조회'를 구성했고, 연학년 같은 경우에는 중앙무대를 경영하기도 했다. 이러한 행적은 이례적인 선택으로 간주될 수도 있겠지만, 다른 한편으로는 기존의 통념과는 달리 제2회 공연을 끝으로 토월회를 탈퇴한 이들도 연극에 대한 열정과 기대가 완전히 사그라진 상태가 아니라는 증거일 수 있겠다(「신극운동(新劇運動) '백조회(白鳥會)' 조직」, 『동아일보』, 1926.2.26, 5면 참조).

으로 부상하였다. 토월회는 점차 신극 수립이라는 목표를 잃고 상업극단으로 변모되기에 이르렀으며, 이를 위해서 체제와 조직을 정비하지 않을 수 없었다. 당시 토월회의 체제를 보면, 박승희가 총 경리總經理와 연출부 경리를 맡고, 문예부 경리를 홍노작, 출연부 경리를 이백수가 맡았다. 원우전은 미술부경리를 맡아 독립된 부서를 이끄는 책임자가 되었다.[50]

(5) 토월회의 여타 대표작들

토월회 창단 이후, 원우전의 행적은 분명하게 드러나고 있지는 않다. 각종 연극 관련 자료에서 그의 이력이나 활동 사항이 상세하게 발굴되지 않기 때문이다. 그는 토월회의 상임 무대미술가(배경 주임)로 활동하였을 것으로 비정되지만, 그 활동 내역이 충분히 밝혀질 정도로 상세한 근거는 확보되지 않고 있다.

그러던 차에 『매일신보』 1925년 4월 14일 자 기사 「춘풍에 자라가는 극단의 군성群星들」에서 그에 대한 기록을 발견할 수 있다. 이 기사에 따르면 토월회의 부활이 신년 벽두부터 연극계의 희소식으로 떠올랐다. 토월회는 광무대에서 깃발을 올리며 새로운 출발을 시작했다. 하지만 당시 기사에서 토월회에 대한 인식은 마냥 긍정적인 것만은 아니었다. 그러나 '배경'(무대)에 대한 칭찬은 상당했다.

일단, 당시 기사를 옮겨보겠다.

50 박승희, 「토월회 이야기」(2), 『사상계』 121호, 1963.6, 290면 참조.

처처에서 전해오든 꽃소식을 앞에 두고 오랫동안 적막하던 경성의 극단이 토월회의 부흥으로 다시 활기를 띠어온 것은 신년 벽두의 희소식의 하나이다. 이번 토월회가 광무대에서 깃발을 올린 것은 단순한 극단만이 아니라 그 사업의 중요한 목적이 차라리 극장 경영에 있음으로 아직 모든 설비와 심지어 행연하는 프로그램에까지 침중한 기분이 희박하고 마치 공기를 머금은 고무'뽈' 같이 뿌리를 잡지 못한 듯한 느낌을 주는 것은 사세에 피치 못할 일이어니와 **그중에도 언제나 쉬지 않고 영속적으로 진보되어 토월회의 막이 열릴 때마다 관중의 주목을 이끄는 것은 배경이다. 색채가 농후하고 점선이 후중(厚重)한 된 '교직크' 식의 야비한 배경만 보든 눈으로 보아 그러한지 알 수 없으나 그 표현 방법이 간단한 속에도 어디까지 고심 연구의 절정이 내보이는 것이 한층 더 보는 자를 기쁘게 하였다.** 더구나 이번 일회에 상연한 **'회생하든 날 밤'의 배경은 극히 간단한 방법으로 조선 온돌의 기분을 여실히 표현하여 산뜻한 재기를 내보였다.** 이 모든 점을 미루어보아 토월회의 배경 주임 원세하(元世夏) 군은 한갓 토월회뿐 아니라 반도극단의 한 보배라 할 것이다. **다만 아직도 빛을 맞추는데 배경 그림에 독특한 진수를 발휘치 못하여 그림과 무대 광선의 조화를 잃는 점도 없지는 아니 하나** 군의 천직에 대한 태도가 그 같이 침착할진대 머지않은 장래에 모든 결함을 없이 할 줄 믿는다.[51] (강조와 현대어 첨삭 : 인용자)

위의 기사에서 토월회의 배경(그림)은 극찬을 받고 있다. 이 기사의 필자는 다른 극단의 배경 그림은 낙후되어 있는데, 토월회의 원주임이 그린 그림은 그러한 후진성을 뛰어넘는 재기를 보여준다고 평가하

51 「춘풍에 자라가는 극단의 군성(群星)들」, 『매일신보』, 1925.4.14, 2면.

고 있다.

구체적으로 그 평가를 살펴보자. 기존의 연극 공연(작)의 배경(화)이 '덜된' 느낌을 주는 데에 반해 원우전이 제작한 배경(화)은 그 표현 방법이 간단함에도 그 안에는 고심한 연구의 흔적이 남아 있어 보는 이를 기쁘게 한다는 것이다. 특히 인근에 공연되었던 〈희생하든 날〉을 구체적인 예로 들어,[52] '조선 온돌의 기본을 여실히 표현하여 산뜻한 재기'를 내보였다고 상찬했다.

이러한 평가는 비단 위의 기사가 직접적으로 다루고 있는 〈회상하든 날 밤〉에만 해당하는 것은 아니다. 기사의 작성자는 토월회의 배경 그림이 간결한 방식으로 그려졌음에도 우수한 효과를 거두었다고 말하고 있다. 이러한 진술은 이후 원우전의 무대미술에서도 증명되는 특징이다. 원우전은 기본적인 도안을 중시하며 이를 통해 신속하고 간결한 전환을 꾀하게 된다. 결론적으로 이러한 무대미술에 대한 원우전의 생각은 젊은 시절부터 확고하게 그의 특징으로 자리 잡고 있었으며, 이를 통해 원우전의 무대디자인이 당대의 다른 무대(디자인)와 달라질 수 있었던 근본적인 이유임을 확인할 수 있다.

모름지기 무대디자이너라면 간결함을 중시하고 연구를 통해 무대디자인의 절정을 찾아내야 한다는 미학적 관점은, 당시 토월회의 배경 그림(배경화)을 평가하던 관점과 부합하는 면이 많다. 많은 이들이 토월회의 무대 작화나 세트는 축지소극장에 버금간다고 평가한 바 있기 때문

52 토월회의 〈희생하든 날 밤〉은 1925년 4월 10일부터 〈산서낭당〉과 함께 광무대에서 공연되었다(「토월회공연(土月會公演) 금 10일부터」, 『동아일보』, 1925.4.10, 2면 참조).

이다. 그리고 그 평가의 중심에 항상 원우전 주임이 있었다.

여기서 한 가지 새삼스럽게 확인해야 할 사안도 발견된다. 그것은 위의 기사가 토월회의 배경 주임을 '원세하'라고 칭한 사실이다. 그 시점까지 밝혀진 바에 따르면, 토월회의 배경주임은 원우전이었고, 원세하는 널리 알려지지 않은 인물이었다. 토월회의 '원우전'은 박승희에 의해 발탁된 인물일 뿐만 아니라, 박승희의 토월회에 깊게 관여한 인물이기도 하다. 박진은 박승희와 원우전이 절친한 술친구였음을 증언한 바 있다.[53] 또한, 박승희의 회고에 따르면, 원우전은 토월회의 회원들이 떠난 이후에도 박승희와 교류를 지속하고 있는 인물이었다.[54] 무엇보다 원우전이 미술부를 맡아 독립된 책임자로 임명된 것이 이를 증명한다고 하겠는데, 이러한 인물이 두 사람일 리가 없다. 그러니 위의 기사에서 새롭게 소개하고 있는 원세하는 원우전을 가리키며, 원우전은 당대의 비평가(신문기자)로부터 일류 무대미술가로 평가되고 있다고 추정할 수 있다.

하지만 위의 기사를 보면 원우전 무대의 단점도 적시되어 있다. 기사 작성자는 원우전의 무대에서 그림과 무대 광선이 조화를 잃는 점은 약점이라고 지적하고 있다. 이에 대한 상세한 설명이 부족해서 그 의미를 명확하게 파악할 수는 없지만, 무대그림에 조명이 비추면서 생겨나는 원근감이나 실제감이 부족했다는 뜻으로 일단 풀이된다.

그러나 이러한 단점에도 불구하고 원우전은 토월회 미술뿐만 아니라, 조선 연극의 무대미술계를 대표하는 미술가로 평가된다는 점은 확

53 박진, 『세세연년』, 세손, 1991, 22면 참조.

54 박승희, 「토월회 이야기」(2), 『사상계』 121호, 1936.6, 283~285면 참조.

실하다. 원우전에 대한 이러한 평가는 아직은 초보 단계를 벗어나지 못했던 당시 조선의 연극계에서 무대미술의 한 분야를 선구적으로 개척한 그의 공로와 실력을 인정하는 발언에 해당한다.

더구나 원우전은 이후 배경화와 무대 장치의 접합 면에 신경을 쓰고, 그 이음새가 도드라지지 않도록 신경을 쓴 무대디자인을 내놓는 작업에 주력했다. 후에 이에 관해 상술하겠지만, 이것은 일차적으로 그림(배경화)이 무대디자인으로서 이질적으로 보이지 않도록 하는 주요한 원인으로 작용한다. 훗날 그가 내놓은 작품 중에는 이러한 무대장치가 조명을 받아 신비할 정도로 정교한 인상을 자아내는 경우도 나타났다.

한편 구체적으로 1925년 당시 작품과 무대미술에 대해 살펴보자. 사실 1925년 토월회는 혁신을 내걸고 합자회사로의 전환을 선언한다. 광무대의 무대를 상설 무대로 삼아, 매일 공연을 하기로 결정한 것이다.[55] 이러한 체제 전환은 필연적으로 공연 레퍼토리의 신속한 공급을 전제할 수밖에 없다. 이를 위해 토월회는 신극만이 아닌 '조선 고대 소설과 전설의 각색'을 공식적으로 공표했고, 첫 번째 공연작으로 〈추풍감별곡〉을 예고하기까지 했다.[56]

이렇게 진행된 광무대 직영기 토월회 공연 중에서 특히 제11회 공연은 토월회의 공연 양상과 연기 방식에 대해 흥미로운 사실을 알려준다. 11회 공연은 총 네 개의 섹션으로 구분된다. 비극 〈이내 말슴 드러보시요〉와, 프랑스 연애 활극(2막), 제7회 공연에서 선보였던 〈승무〉의 재공연, 그리고 전금주 명창의 가야금 독주가 그것이다.[57] 당시 대중극의 일

55 「토월회 혁신」, 『동아일보』, 1925.3.31, 2면 참조.
56 「토월회 혁신」, 『동아일보』, 1925.3.31, 2면 참조.

반적 공연 관습대로 비극과 활극(대체로 희극)이 동시에 공연되었고,[58] 춤과 음악이 곁들여지는 일종의 변형된 막간[59]이 배치되어 있었다.

네 개의 공연 섹션 중에서 메인 공연은 비극인 〈이내 말슴 드러보시요〉이다. 이 작품의 경개는 다음과 같다. 주인공인 촌여자는 생계를 유지하기 위해서 노동을 하다가(여직공으로 취직한 것으로 추정됨) 불한당에게 강간을 당하고 불의의 임신을 한 후에 아이를 낳게 된다. 여인은 가난으로 인해 제 한 몸 건사하기도 쉽지 않은 처지였기 때문에, 결국에는 모유 부족으로 아이마저 병약해졌다. 비참한 아이의 몰골을 보다 못한 여인은 아이를 죽이고, 순사에게 찾아가 자기 죄를 자백하게 된다.[60]

아이를 죽이는 여직공 역은 복혜숙이 맡았고, 순사 역은 이백수가 맡았으며, 순사의 딸 역은 김숙희가 맡았다.[61] 아래의 공연 사진은 〈이내 말슴 드러보시요〉의 한 장면으로, 여직공이 순사에게 찾아간 장면으로 추정된다.

---

57 「토월회 제11회 공연 독특한 승무」, 『동아일보』, 1925.5.1, 2면 참조; 「토월회 제11회 공연」, 『동아일보』, 1925.5.3, 3면 참조.

58 당시 대중극(신파극)의 공연 순서는 인정극/비극/희극의 순서였다(고설봉, 『증언 연극사』, 진양, 1990, 23면 참조).

59 유민영의 경우에는 막간과 막간극의 효시로 토월회를 꼽지만, 그 시작을 제3회 공연 즉 동인제 극단이 해체되고 난 이후의 공연으로 소급하고 있다(유민영, 『한국근대연극사신론』(하), 태학사, 2011, 144면 참조). 특히 조택원이 제3회 공연에서 무용가극 〈사랑과 죽음〉에서 무대에 데뷔하면서, 연극이 아닌 무용으로서의 상연 예제가 본격화되었다. 유민영의 주장에 따르면, 이때 바이올린(홍재유), 플루트(박세면), 피아노(러시아 여인), 코넷(이왕직)으로 간단한 오케스트라를 구성했고, 조택원이 무용을 선보였다고 한다. 3회 공연부터 단초를 보였던 음악과 춤의 결합 양식은 광무대 직영기에 도달하면서 더욱 확대되었다(유민영, 「'토월회' 연극을 풍성케 했던 신무용 개척자 조택원(趙澤元)」, 『연극평론』 58호, 한국연극평론가협회, 2005년 5월호, 208~224면 참조).

60 「토월회 제11회 공연 독특한 승무」, 『동아일보』, 1925.5.1, 2면 참조.

61 「토월회 제11회 공연」, 『동아일보』, 1925.5.3, 3면 참조.

그림29 광무대 직영기 토월회 11회 공연작 〈이내 말슴 드러보시요〉의 자수 장면[62]

그림 29의 장면에서 순사는 여인의 자백을 듣고 그녀를 체포하게 되고, 멀리서 이 광경을 순사의 딸로 여겨지는 여인이 지켜보고 있다. 무대는 당시 조선의 가옥 구조를 재현하고 있다. 무대 세트로 마루가 설정되어, 찾아온 여인이 걸터앉을 수 있는 공간이 마련되었고, 순사는 앉아 있는 여인의 팔에 포승을 두르는 연기를 펼칠 수 있었다. 세 명이 한 무대에 등장하는 전형적인 삼각형 구도이지만, 이러한 높이 차이로 인해 관객은 사이트 라인sight line의 방해를 받지 않고 세 배우의 연기를 주시할 수 있게 된다.[63]

62 「토월회 제11회 공연」, 『동아일보』, 1925.5.3, 3면 참조.

앞선에 위치한 두 인물 중 한쪽은 앉고 다른 한쪽이 서면서, 관객들의 시선을 포승에 묶을 수 있었다. 이때 여인은 자신의 죄를 순순히 인정하는 듯 고개를 숙이며 팔을 앞으로 내밀고 있고, 순사는 경직된 표정으로 포승을 내려다보고 있다. 이 장면에서는 포승을 둘러싼 안타까운 사연이 맞부딪치도록 두 인물을 배치한 셈이다.

무대 안쪽에는 내부로 통하는 문이 있고, 그 문에 기대어 순사의 딸이 위치하고 있다. 순사의 딸은 저고리 고름을 눈에 가져가는 행동을 통해, 여인의 비극을 동정하고 있다. 그녀 역시 제3자의 입장에서 여인의 슬픔과 순사의 곤란함을 북돋우도록 배치된 인물이다. 세 사람의 시선은 포승줄을 향해 모여들고 있고, 세 사람 사이에 위치한 포승줄은 감상성을 자극하는 오브제로 주목된다.

이러한 무대 배치와 서사 구조 그리고 단편적으로 관찰되는 배우들이 취하는 연기는 이 작품이 당시 최루성 눈물을 자극하는 전형적인 작품임을 보여준다. 가난을 벗어나지 못하는 조선인의 숙명과, 비운의 여인이 겪어야 하는 가혹한 현실, 그리고 엄정한 사법 체계의 광경은 1930년대 중반 동양극장의 〈사랑에 속고 돈에 울고〉에서 홍도 체포 장면을 연상하게 만든다. 또한 1920년대 후반부터 1930년대에 걸쳐 토월회의 단골 레퍼토리로 부각된 〈혈육〉의 설정과도 그 일부 설정을 공유하고 있다.[64]

---

63 무대 공연에서 최적의 시야선(sight line)을 확보하는 작업은 극장 건축이나 무대 배치뿐만 아니라 배우의 연기나 연출 작업에서도 중요한 작업에 속한다.

64 박승희 창작 〈혈육〉은 여직공이라는 설정과, 남편 없는 자식을 출산하는 설정 그리고 아이가 죽음을 당하는 설정 등에서 유사하다. 박승희의 〈혈육〉 역시 남성적 폭력에 의해 황폐화된 여성의 삶을 다루었다는 점에서 사회적 관련성을 유추하게 하는

무대 설정은 그 자체로는 간단하다. 무대 설정에 비스듬히 마루와 섬돌을 갖춘 가옥이 재현되어 있고, 그 가옥의 후면은 무대 뒤로 설정된 방으로 통하고 있다. 방에 기댄 여인이 설득력을 갖는 것은 그곳이 숨겨진 여인들의 공간이기 때문이다. 반면 복혜숙이 연기한 여인은 그러한 전형적인 공간에서 벗어나 마루에 걸터앉아 있다. 이로 인해 그녀-여인의 전신은 효율적으로 연기에 전념할 수 있었다. 다시 말하면 그녀의 모습(전신)은 관객들에게 일목요연하게 노출될 수 있었고, 연기(가령 최루성 감정 표현)에 따라서는 관객들의 감정이입을 더욱 효율적으로 형성할 수 있었다.

실제로 복혜숙의 눈물 연기에 의해 조선의 관객들은 할 말을 잊고 여인의 사연에 숙연해 하면서, 동시에 현실을 억누르는 가난과 속박을 인지하고 관극자의 처지를 '여인의 처지'에 대입하라는 동일시의 압박을 경험하게 된다. 이러한 압박이 냉철한 이성을 통해 작용하지는 못한다 할지라도, 여인의 연기는 관객의 감상적 눈물을 자극하게 된다. 폭력적 남성에 의한 여성의 수난은 당대의 시대상과도 어느 정도 부합하기 때문이다.[65]

더구나 복혜숙의 인기는 당시 장안 최고를 점유하고 있었기 때문에, 그녀에 대한 동정심은 곧 최루성 눈물을 야기하는 자극제가 된다. 이러

작품이었다(김남석, 「1930년대 공연 대본에 나타난 여성의 몸과 수난 모티프 연구」, 『인문사회과학연구』 14권 2호, 부경대 인문사회과학연구소, 2013, 51~74면 참조).

65 이승희, 「한국 사실주의 희곡에 나타난 성의 정치학」, 『한국극예술연구』 17집, 한국극예술학회, 2003, 165~187면 참조; 양승국, 「1930년대 농민극의 딸 팔기 모티프의 구조와 의미」, 『한국 근대극의 존재형식과 사유구조』, 연극과인간, 2009, 159면 참조.

한 최루성 눈물 앞에서는 서사의 작위성(아이를 죽이고 순사를 찾아가 자수한다는 내용의 비현실성)은 간과되기 마련이었고, 감상적 슬픔이 관극 체험을 장악하게 된다.[66] 이러한 감상성은 대중극의 전형적인 공연 전략에 해당한다. 토월회는 광무대 직영기를 거치면서 최루성 눈물을 자아내는 연기를 필요로 하게 되었고, 이를 위해서 최루성 눈물을 자아낼 대본과 무대 그리고 배우(연기)를 요구하게 되었다.

이러한 종합적 효과를 위해서라도 무대장치는 복혜숙의 최루성 연기를 보완할 수 있는 무대여야 했다. 실제로 위의 무대는 평범하기 그지없는 형상에 불과하지만 당시의 연극적 정서를 감안하면 이러한 형상과 배치는 요긴했다고 볼 수 있다.

(6) 토월회의 〈춘향전〉과 무대 중앙으로 수렴하는 관극 시선

초기(창립 후~1920년 중반) 서구 번역극에 치중하던 토월회는 〈춘향전〉을 1925년 9월 10일에 시작하여 9일간(18일까지) 1차 공연을 시행했다.[67] 이 〈춘향전〉 공연은 큰 인기를 끌면서 장안의 관객들이 몰려드는 호황을 연출했는데, 토월회는 몰려드는 관객의 요구에 호응하여 재공연(2차 공연)에 돌입하였고, 재공연은 9월 30일부터 10월 6일까지 거의 8일간 연장 진행되었다.[68] 이로 인해 토월회와 그 인맥들은 〈춘향전〉 흥행에 대한 절대적 신뢰와 강한 자부심을 가질 수 있었다. 그래서 박진은 이후에도 토월회의 〈춘향전〉이 가장 앞선 공연이라는 믿음을

66 〈이내 말슴 들어보시요〉는 연일 만원사례를 기록하며 관객의 눈물을 짜냈다고 선전되었다(「토월회의 새연극 오늘밤부터 상연」, 『동아일보』, 1925.5.7, 2면 참조).

67 「〈춘향전〉 상연 토월회에서=금 십일 밤부」, 『동아일보』, 192.9.10, 5면 참조.

68 「토월회 〈춘향전〉 재연」, 『동아일보』, 1925.10.1, 5면 참조.

품고 있었고, 당시 성공에 대해 남다른 자긍심을 표출한 바 있다.

그가 회고록 형식으로 남긴 글들을 참조하면, 토월회의 〈춘향전〉이 '15일간 롱런'한 사실을 대단한 성공으로 기록하고 있고, 그 원인으로 '작품, 연출, 언어(대사), 장치'의 '리얼(함)'을 꼽고 있다.[69] 박진이 15일간의 롱런으로 표현한 이 〈춘향전〉 공연은 광무대에서 토월회가 고전의 현대화에 대한 일련의 천착(각색 공연)을 하는 계기로 작용했다.

광무대 직영기 토월회는 〈춘향전〉을 박승희가 편극(각색)하여 10막의 공연물로 만들었다. 당시 정황상 연출자는 박진으로 여겨진다. 박진은 이 정도 규모의 〈춘향전〉이 이전에는 없었으며 이후(그러니까 동양극장 청춘좌가 공연하기까지)에도 비슷한 사례가 드물었다고 회고한 바 있다. 더구나 이처럼 규모가 큰 〈춘향전〉(연극으로서의 〈춘향전〉)은 이후 극단들도 좀처럼 시행할 수 없었다는 뉘앙스를 강하게 풍기고 있는 셈이다.[70]

당시 〈춘향전〉의 무대 광경을 담은 사진이 일부 남아 있다. 당시 〈춘향전〉은 10막으로 공연되었는데, 그중에서 1막과 5막의 무대 사진이 남아 있다. 1막은 〈춘향전〉에서 남원부사였던 이몽룡의 동헌 행차 장면으로 여겨지며, 5막은 변학도가 춘향에게 수청을 강요하고 춘향이 이를 거부하자 형틀에 묶어 고문하는 장면에 해당한다.

토월회가 제작한 〈춘향전〉 1막(**그림 30**)의 공간적 배경은 '동헌'이다.

---

69 박진의 〈춘향전〉 회고에 대해서는 다음 글을 참조했다(박진, 「첫 공연 〈춘향전〉 대히트」, 『세세연년』, 세손, 1991, 39~41면; 박진, 「실패작 〈춘향전〉」, 『세세연년』, 세손, 153~155면).

70 토월회 〈춘향전〉의 배경과 관련 내용은 다음 논문 내용을 기본적으로 원용했다(김남석, 「동양극장 청춘좌에 승계된 토월회의 영향(력)에 관한 연구」, 『국학연구』 34집, 한국국학진흥원, 2017, 331~334면 참조).

〈춘향전〉의 서사가 도입되는 대목에서(초입) 동헌을 배경으로 삼았는데, 이러한 공간적 배경으로서 동헌은 5막(**그림 31**)에서도 동일하게 채택되었다. 이것은 〈춘향전〉의 플롯으로 인해 생겨난 동일 배경으로, 〈춘향전〉에서는 대표적인 무대 공간에 속한다고 하겠다.

그림30 **1925년 토월회 〈춘향전〉의 제1막**[71]

그림31 **1925년 토월회의 광무대 〈춘향전〉 제5막**[72]

당시 세트로 세워진 동헌 무대는 고건물(전통 가옥)의 전형적인 형태를 따르고 있다. 기둥으로 인해 정면의 풍경은 3칸으로 대분되고, 그 좌우에 방이 배치되어 있다. 양쪽 방에는 군졸들이 기립 자세로 서 있는데, 이를 통해 절도 있고 엄정한 관가의 기상을 구현하고자 했다.

가운데 칸에는 대청이 설치되었고, 그곳에는 관청의 최고 수장이 앉게 된다. 1막에서는 대청 중앙에 앉은 수장은 이몽룡의 부친으로 여겨지며, 제5막에서는 신관 사또인 변학도가 자세를 옆으로 한 채 앉아 있다. 변학도는 삐딱한 자세로 앉아 내정을 내려다보고 있는데, 그의 시선이 향하는 곳에서는 형틀이 놓여 있다.

71 「토월회 지방순회 1회 공연」, 『시대일보』, 1925.11.6, 3면.
72 「현대화된 〈춘향전〉」, 『동아일보』, 1925.9.16, 5면.

그림32 〈춘향전〉 제1막의 중앙 확대

그림33 〈춘향전〉 제5막의 중앙 확대

그림34 〈춘향전〉 시립한 군졸들

즉 5막에서는 높은 곳에 고압적인 자세로 앉아 내정을 바라보는 변학도와, 그의 시선이 닿은 곳에서 위치한 형틀이 무대 중심에 위치한다. 물론 이 형틀에 묶여 고문을 당하고 있는 이는 춘향이다. 춘향은 형틀에 간신히 앉아 몸을 가누지 못하고 있다.

흥미로운 점은 춘향의 시야가 객석을 등지고 있는 것이다. 즉 관아의 수장인 변학도는 형틀에 묶인 춘향을 바라보는 시선을 관객에게 노출하고 있고, 변학도를 향하는 춘향의 시선은 가누지 못하는 몸에 의해 내정 바닥을 향하고 있는 채 관객들은 춘향의 뒷모습을 지켜보도록 무대가 배치된 것이다. 그것은 형틀의 도전적인 위치로 인해 가능했다.

하지만 오히려 그녀의 완강한 뒷모습은 그녀가 처한 처지(수청 가용)에 맞서는 그녀의 의지를 표출하기에 적당한 자세일 수 있다. 형틀은 그녀의 완강한 뒷모습을 관객들에게 인상 깊게 바라보도록 만든다. 왜냐하면 다음 사진과 토월회 5막의 대결 구도는 자못 상당한 차이를 내포하고 있기 때문이다.

그림 35는 1956년 연변가극단이 제작한 〈춘향전〉에서 동일 대목을 포착한 공연 사진이다. 이 공연 사진을 보면 춘향의 얼굴이 객석을 향하고 있어, 관객들은 춘향의 결기를 직접 확인할 수 있다. 더구나 변학도 역시 춘향 옆으로 이동하여(단상을 내려와서) 비스듬히 서게 되므로, 관객들은 두 사람의 표정을 직접 확인할 수 있다.

그림35 **춘향**(신덕순 분)**을 다그치는 변학도와 집장사령**(허창석 분)[73]

이와 달리 토월회의 〈춘향전〉에서 춘향의 시선은 객석으로 향하기에 불편한 구도이다. 물론 춘향이 시선을 돌려 객석을 바라보는 일이 불편하기는 해도 이론적으로 불가능한 일은 아니다. 다만 몸조차 가누지 못하는 춘향이 그렇게 행동하기에는 적지 않은 무리가 가해질 수밖에 없기 때문에 부자연스러운 동선과 연기가 촉발될 것이다.

집장사령의 연기 역시 달라질 수밖에 없었다. 춘향의 뒷모습을 바라보는 집장사령의 얼굴은 분노와 폭력으로 얼룩져 있는데, 〈춘향전〉에서는 집장사령의 얼굴 역시 변학도를 향하고 있기 때문에 관객들에게 직접적으로 노출되지 않는다. 관객들은 집장사령들의 얼굴 표정이 아닌 그들의 뒷모습과 행동으로 연기를 감상해야 한다. 관객들은 연변

73 김남석, 『탈경계인문학(*Trans-Humanities*)』 13권 1호, 이화여자대 인문과학원, 2020, 130면.

〈춘향전〉에서 나타나는 집장사령의 경직되고 난폭한 모습을 구경할 수 없게 되는 셈이다.

이로 인해 토월회의 〈춘향전〉은 변학도의 비스듬한 시선과, 춘향의 보이지 않는 시선이 맞부딪치는 공연이 될 수밖에 없다. 결국, 관객들은 단호한 춘향의 뒷모습과, 비양심적인 변학도의 정면을 견주어 보도록 유도된 사이트 라인을 경험할 수밖에 없다. 이러한 배치는 다소 파격적이면서도 모험적인 것에 해당한다.

이러한 무대 배치와 인물 구도 하에서, 기본적으로 춘향은 고개를 들면 변학도를 마주 볼 수도 있다. 관객들은 형을 받은 춘향과, 그 형을 집행하도록 강제하는 변학도의 표정을 모두 볼 수 있으며, 그것도 일직선으로 연결된 사이트 라인sight line으로 직접적으로 비교할 수도 있다.

그들이 일직선에 위치하면서도 관객들에게 겹쳐지지 않은 이유는 높이때문이다. 이러한 일직선상에 변학도와 춘향이 위치하며 관객들의 시선을 집중적으로 수용하고 있다면, 그 좌우에는 관속들이 벌려 서면서 일정한 분산을 초래할 가능성을 함축하고 있다. 관속들은 자유롭게 흩어진 대형을 이루면서 고문 현장을 목격하는 군중으로도 표현되고 있다. 이를 통해 무대 곳곳을 자연스럽게 채우는 기능을 수행하는 동시에, 군중(관속)의 시선이 다시 향하는 중앙의 변학도와 춘향에게, 관객의 시선을 유도하는 역할도 겸하고 있다.

이처럼 토월회 〈춘향전〉은 삼분 구도로 배치된 동헌 세트를 배경으로 두고, 동헌 건물과 내정 사이의 높이 차를 이용하여, 중앙에는 변학도의 정면과 춘향의 후면(뒷모습)을 일직선상으로 정렬하고, 그 좌우로 관아 관속의 다양한 위치와 시선을 삽입하여, 넓이를 확보하면서도 중앙에 시선을 집중할 수 있는 동헌 세트(무대 장면)를 완성할 수 있었다.

무대 대도구에 속하는 형틀이 과감하게 관객을 등지고 놓임으로써 보이는 연기(변학도 표정)과 보이지 않는 내면 심정(춘향의 뒷모습)을 대조시키는 효과를 이끌어낼 수 있었고, 관객들은 변학도와 관헌들의 말과 표정을 통해 춘향의 내면 심리와 그 추이를 짐작하는 간접적인 시청 방식을 동원해야 했다.

이러한 형틀의 배치는 복잡한 동헌 안의 인물 배치와 시선 교차를 일정 부분 정리하면서, 분산될 수 있는 관객들의 시선을 궁극적으로는 중앙으로 수렴시키는 역할을 한다는 점에서 상당히 효과적인 무대 효과에 해당한다. 비교적 관아의 외형과 그 배치는 보편적인 형태에 해당하지만, 그 안에서 높이 차를 구현하거나 수장의 위치를 변화시킬 수 있는 단을 형성한 점도 사소하지만 효율적인 무대 효과에 해당한다.

결과적으로 토월회 〈춘향전〉의 5막은 춘향의 고문과 변학도의 잔혹함을 여실히 보여줄 수 있는 장면 구도를 지향했고, 그 장면 지향에서 무대 배치는 효과적인 장치로 기능했다고 할 수 있겠다. 그 이유는 주위의 산포된 인물들과 명징하게 대분되는 무대 중앙에 관극의 시야선을 모으고 유지할 수 있었기 때문으로 풀이할 수 있다.

(7) 칠면구락부 활동과 〈춘향전〉 무대의 '수완'

1927년 시점은 토월회로서는 개점 휴업 상태였다. 1926년 2월 공연 이후 별다른 공연과 활동을 재개하지 못하고 있었고, 원우전은 고려영화제작소의 미술장치 감독으로 거론되고 있었다.[74] 고려영화제작소가 미술감독으로 원우전의 참여를 희망하고 있었고, 류봉렬과 함께 스타우트를 위한 교섭이 진행되고 있다는 소식이 신문에 발표되고 있던 시점이었다.[75] 그만큼 원우전은 대외적으로 인정을 받고 있었지만,[76] 정작 그의 본거지인 토월회는 연극적 활동을 재개하지 못하는 곤경에서 벗어나지 못하고 있었다.

이 시점에서 원우전과 관련된 인천 연극의 동향이 감지된다.[77] 비록 토월회에서 활동은 아니지만, 1928년 칠면구락부에서 원우전의 행적과 활동은 주목되지 않을 수 없다. 일단 김양수에 따르면, 칠면구락부는 1925년 토월회의 인천 공연에 영향을 받아 창단되었는데,[78] 실제로 1927년에 토월회 찬조 공연이 진행된 바 있었다(**그림 36** 신문 기사).[79]

인천진흥회에서 회관 건축비 마련을 위해 1927년 4월에 '음악무도연극대회'를 개최했는데, 이 대회에 토월회의 주역이 참여하여 일종의 '찬조흥행'을 시행한 바 있다. 이때 〈장가들기 실허〉, 〈간난이의 설움〉, 〈산서낭당〉, 〈스산나〉 등의 토월회 레퍼토리가 대거 공연되었다. 만일 1927년 토월회 찬조 공연이 칠면구락부의 창단을 자극했다면, 토월회 찬조 공연 이듬해에 창립 공연을 시행한 칠면구락부의 사정은 대체로

74 「고려영화 〈유린(蹂躪)〉 촬영 류봉렬 씨와 원 씨도 참가」, 『매일신보』, 1927.9.6, 3면 참조.

75 원우전은 고려영화사의 영화 제작 작업 선전에 그 이름을 드러내고 있다. 원우전은 고려영화사가 의욕적으로 작품 제작에 나서는 시점에서 미술감독으로 거론되고 있다. 하지만 실제로 고려영화사에 입사하여 미술감독으로 활동하면서 영화 제작에 참여했는지는 밝혀지지 않았다(「고려영화사의 내용 충실」, 『조선일보』, 1927.9.6 참조).

76 원우전은 1930년 류봉렬 프로덕션(계명키네마)에 세트부 소속으로 활동하기도 했다(「계명키네마 제1회 작품 〈정의(正義)의 악마(惡魔)〉 촬영 불일(不日) 완료」, 『중외일보』, 1930.4.16, 3면 참조).

77 만일 원우전이 인천 출신이 아님에도 불구하고, 인천 태생이라는 발언이 힘을 얻었다면 그 이유는 이 시기 원우전의 활동이 인천을 중심으로 이루어졌기 때문으로 풀이된다.

78 김양수, 「개항장과 공연예술」, 『인천학연구』 1호, 인천학연구원, 2002, 175면 참조.

79 「인천연극음악(仁川演劇音樂)」, 『동아일보』, 1927.4.26, 4면.

당시 상황에 부합된다고 할 수 있다.

칠면구락부가 실제로 탄생한 시점은 1928년이다. 인천 출신 영화배우인 정암이 연출을 맡았고, 원우전은 무대장치(무대미술)를 담당했다. 당시 공연 작품은 〈춘향전〉과 〈승자와 패자(승리자와 패배자)〉The First and the Las였다. 〈춘향전〉이 조선의 전래 작품이며 최고 인기를 끄는 대본이라면, 골스워디John Galsworthy의 〈승자와 패자〉는 비교적 낯선 서구의 희곡으로 명작의 반열에 드는 번역극이었다. 실제로 〈승자와 패자〉는 1936년 극예술연구회의 제9회 정기공연작(중 하나)으로 공연되기도 했다.[81]

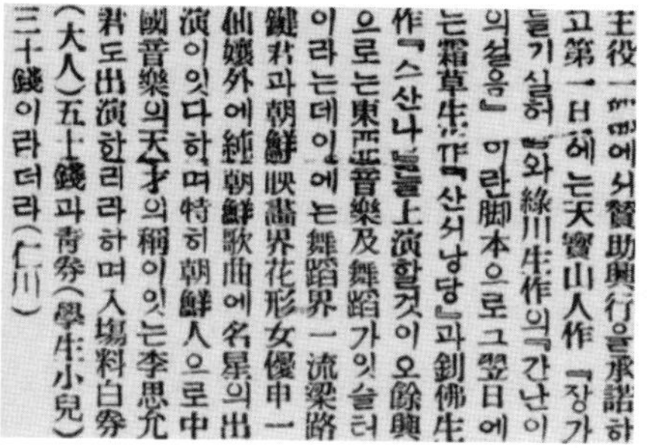

그림36 **토월회 찬조 공연**(1927년)

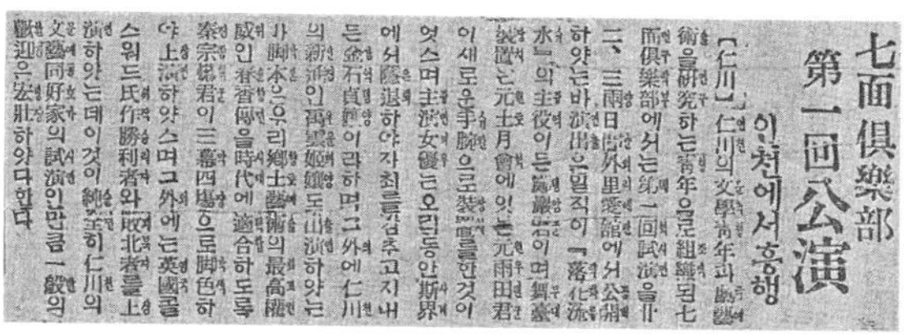

그림37 **칠면구락부 창립 공연**(1928년)

> 인천의 문학청년과 극예술을 연구하는 청년으로 조직된 칠면구락부에서는 제1회 시연을 22, 23 양일간 외리 애관에서 공개하얏는 바 연출은 일직이 〈낙화유수〉의 주역이든 정암군이며 무대장치는 원(元) **토월회에 잇는 원우뎐(원우전) 군이 새로운 수완으로 장치를 한 것이엇스며** 주연 여우는 오래동안 사계(斯界)에서 은퇴하야 자최를 감추고 지내든 김석정 양이라 하며 그 외에 잇천 신진인 우운희 양도 출연 하얏는데 각본은 우리 향토예술의 최고 권위인 〈춘향전〉을 시대에 적합하도록 진종혁 군이 3막 4장으로 각색하얏스며 그 외에는 영국 콜스워드 씨 작 〈승리자와 패배자〉를 상연하얏는데 이것이 순전히 인천의 문예동호가의 시연인 만큼 일반의 환영은 굉장하얏다 한다.[80] (강조 : 인용자)

80 「칠면구락부(七面俱樂部) 제1회 공연 인천에서 흥행」, 『매일신보』, 1928.6.25, 3면.

81 「극연(劇硏) 제9회 대공연」, 『동아일보』, 1936.2.28, 4면; 「극연 회원의 〈승자와 패자〉 연습 광경」, 『동아일보』, 1936.2.28, 5면.

원우전은 이 두 작품의 무대디자인을 담당했는데, '새로운 수완으로 장치'를 제작했다는 짧은 평가가 남아 있다. 사실 1일 다작품 공연 체제에서 한 회 공연으로 2~3작품을 연속으로 무대에 올리는 일은 드문 일은 아니었다. 하지만 〈춘향전〉이 3막 4장에 이르는 규모였기에, 이에 따른 장면의 수가 적지 않았을 것으로 보인다. 다시 말해서 원우전은 다수의 장면에 적합한 무대장치를 만들어야 했을 것으로 보인다.

또한 원우전은 단막극이기는 하지만 골스워디 작 〈승자와 패자〉의 무대장치도 담당했기 때문에, 이 공연은 적지 않은 부담이 작용한 공연이었다고 해야 한다. 따라서 그의 무대미술에 부가된 '새로운 수완'은 다수의 장면을 매끄럽고 신속하게 전환하는 방식을 뜻한다고 하겠다.

주목되는 점은 원우전이 무대미술을 담당했다는 〈춘향전〉이다. 〈춘향전〉은 1929년 9월(10~18일) 토월회에서도 공연한 작품이었고, 1936년 1월 동양극장(청춘좌)에서도 공연한 작품이었다.[82] 두 경우 모두 해당 공연의 자취가 남아 있다. 특히 토월회의 공연에 성공에 힘입어, 동양극장에서도 〈춘향전〉을 공연하였는데, 동양극장의 〈춘향전〉 역시 일정한 성공을 거둔 바 있다.[83]

토월회의 〈춘향전〉의 무대 배치와 그 효과에 대해서는 앞에서 이미 살펴본 바 있는데, 1925년 토월회 〈춘향전〉에 이어 원우전은 1928년 칠면구락부 〈춘향전〉에 참여함으로써 이러한 〈춘향전〉의 효과를 칠면구락부로 이전했을 것으로 추정된다. 동시에 원우전은 1936년 동양극

---

82 「예원근사편편(藝苑近事片片)」, 『동아일보』, 1936.1.31, 5면 참조.

83 〈춘향전〉을 비롯한 고전의 각색과 새로운 레퍼토리(화)에 대해서는 다음 저서를 참조했다(김남석, 『조선 대중극의 용광로 동양극장(1)』, 서강대 출판부, 375~379면 참조).

장 〈춘향전〉에 이르는 중계 위치의 공연을 시행함으로써, 더욱 변모된 〈춘향전〉의 무대 배치를 내놓을 수 있는 경험을 누적할 수 있었다.

1925년 토월회 〈춘향전〉과 1936년 동양극장 〈춘향전〉의 무대에서는 커다란 변화가 나타나는데(자세한 내용은 관련 대목에서 후술하겠음), 이러한 변화의 도정에 칠면구락부의 〈춘향전〉이 도사리고 있었다는 점은 특기할 만하다고 하겠다.

1928년 칠면구락부에서 수행한 〈춘향전〉의 공연 내역과 무대 효과에 대해서는, 지금으로서는 더 이상의 자료를 확보하지 못하고 있다. 다만 무대의 신속한 전환과 함께 무대 세트의 재활용에 비상한 수완을 발휘하곤 했던 원우전이라면, 〈춘향전〉 뿐만 아니라 〈승자와 패자〉의 동시 공연(1일 다작품 공연) 역시 염두에 둔 수완 좋은 무대 세트를 고안했을 것이라 짐작할 수는 있다고 해야 한다.

3) 토월회의 대표작 〈아리랑 고개〉

(1) 〈아리랑 고개〉의 무대장치와 대소도구

1929년에 초연된 〈아리랑 고개〉는 찬영회의 제의에 따라 활동을 개시한 토월회의 재기작이며, 이후 토월회뿐만 아니라 1920년대 조선의 대중극계를 대표하는 수작이었다. 당시 사교 모임이었던 찬영회는 『동아일보』나 『조선일보』, 『매일신보』 등의 주요 조선 계열 신문사 소속 기자들이 의기투합하여 결성한 모임이었는데,[84] 그 핵심 멤버였던 이서

84 「찬영회(讚映會) 조직」, 『동아일보』, 1927.12.9, 2면 참조.

구와 최상덕 그리고 정인익 등은 토월회와 직간접적인 교분을 맺고 있었다.[85]

더구나 이들 중 상당수는 평소 문화(계) 활동을 병행하였던 인물이었다. 이서구는 토월회에서 직접 활동하기도 했고, 훗날 최상덕은 1930년 동양극장에서 재직하게 된다. 당초 찬영회 주최 행사는 영화(외국)+무용(최승희)+연극(토월회)의 연계 공연을 추진했었다. 토월회 측은 단독 공연이 아니라는 사실에 다소 실망했으나 자신들에게 주어진 기회를 놓칠 수 없어 이 제안을 수락하였다고 술회하고 있다. 그리고 이 행사에 참여하기 위해 산뜻하고 의미 있는 1막 작품을 구상하다가, 〈아리랑 고개〉의 콘셉트를 발견할 수 있었다.

실제로 1929년 11월 2일 경 토월회는 조선극장에서 공연 활동을 재개하였다('부활공연').[86] 〈아리랑 고개(혹은 아리랑)〉는 1929년 11월 22일에 조선극장에서 무대화되었는데(희가극 〈여군도〉도 동시 공연),[87] 이 시점은 '부활공연' 4회 차에 해당한다.[88] 이어 〈아리랑 고개〉는 1929년 12월 5일부터 7일까지 실시된 찬영회 행사(공연)에서도 무대화되었다.[89] 이후 〈아리랑 고개〉는 1920년대 대중과 비평가들로부터 주목을 받으면서 1930년대 신극 진영(희곡 쓰기)에도 영향을 미칠 정도로 정전으로 취급되기에 이르렀다.[90]

---

85 박진, 「아리랑 타령에서 힌트 얻어」, 『세세연년』, 세손, 1991, 43면 참조.
86 「1일부터 '조극'에 열릴 토월회의 부흥공연」, 『중외일보』, 1929.11.2, 3면 참조.
87 「토월회에서 〈아리랑 고개〉 각색 상연」, 『중외일보』, 1929.11.22, 3면 참조; 「민요 〈아리랑〉을 각색 상연」, 『동아일보』, 1929.11.22, 5면 참조.
88 「민요 〈아리랑〉을 각색 상연」, 『동아일보』, 1929.11.22, 5면 참조.
89 「대성황 일운 찬영회 주최 무용, 극, 영화의 밤」, 『동아일보』, 1929.12.7, 5면 참조.
90 SH生, 「토월회의 공연의 〈아리랑 고개〉를 보고」(1~2), 『동아일보』, 1929.11.26~

연출가 박진은 토월회의 대표작으로 〈아리랑 고개〉(1929년 11월 21일~28일)를 꼽았다. 〈아리랑 고개〉는 당시 관객들에게 깊은 정서적 호응을 얻은 작품이었다. 많은 이들이 이 작품을 보면서 눈물을 흘렸다고 하며, 약 2년 후에(1931일 9월 10일~13일) 신불출에 의해 각색되어 신무대 창립 공연(개작 제목은 〈아리랑 반대편〉)으로 시행된 바 있을 정도로 당시 사람들에게 높은 인지도를 지닌 작품이었다.[91]

작품 주제는 집과 고향을 잃고 정든 마을을 떠나는 실향민의 아픔이다. 길용(이백수 분)과 봉이(석금성 분)는 수양버들 아래에서 사랑을 주고받는 연인이었다. 그들의 사랑은 단순히 남녀 간의 사랑만은 아니었다. 그들은 "이 땅을 기름지게 해서 잘 살아보자고 약속"했다.[92]

하지만 그들의 사랑은 위기에 봉착했다. 무대에는 폭풍이 불어오고, 두 연인은 일인日人 고리대금업자로부터 빚 독촉을 받기 시작했다. 일인 고리대금업자는 길용에게 빚을 갚지 않으면 땅과 집을 빼앗겠다고 협박했고, 힘이 없는 길용은 일인의 등살에 못 이겨 마을을 등지게 되었다. 길용이 노랑 수건으로 머리를 동여매고, 흑립을 쓴 아버지와 함께, 마을을 떠나려고 하자, 마을 사람들은 모두 섭섭해 하면서 무대에 늘어섰다.

길용은 마지막으로 신세 한탄을 하고, 흙을 움켜쥐며 통곡을 터뜨렸다. 이어 봉이가 달려 나와, 떠나는 길용을 잡고 울었다. 봉이는 길용이 떠나는 광경을 지켜보면서, "나를 두고 가는 임은 십리도 못가서 발병

27, 5면 참조.

91 김남석, 「신무대 연구」, 『우리어문연구』 26집, 우리어문학회, 2006, 72면 참조.

92 박진, 『세세연년』, 세손, 1991, 49면.

난다"는 〈아리랑〉의 가사를 읊조렸다. 이를 기화로 마을 사람들의 울음이 터지고, 무대뿐만 아니라 객석까지도 '눈물바다'가 되었다. 이 작품의 마지막 이별 장면은 노래와 울음이 범벅이 되고, 무대와 객석이 벌집을 건드린 듯 어수선했다고 한다. 봉이는 땅과 집과 연인과 고향을 빼앗긴 사람들의 눈물을 대변하는 역할이었다.

박진의 회고를 참조하면, 당시 윤성묘(길용 아버지 역)는 마을 사람들과 헤어지는 장면에서 흙을 끌어안고 비통하게 통곡을 하는 연기를 해야 했다. 그런데 박진은 자신이 지시해서 무대 위에 흙을 놓아두지 않았음에도, 윤성묘가 이미 무대에 올려져 있던 흙을 소품으로 사용했다고 증언하고 있다. 정황으로 판단하건대, 원우전이 배우들의 연기를 위해 무대 위에 흙을 준비했던 것으로 보인다. 이 작품의 무대장치와 배경 그리고 조명은 원우전이 담당했기 때문이다.

> 막이 열리면 무대는 농촌이다. 멀리 산과 들이 보이고 오곡백과가 무르익었다. 상수(上手;항해 우편)에는 맑게 흐르는 냇가에서 처녀 7~8명이 빨래를 한다. 처녀들 머리 위에는 수양버들가지가 휘늘어져 있고 냇물을 가로질러 다리가 있다. 그 다리를 건너면 이끼 낀 바위를 끼고 치받아 올라가는 굽은 길이 있다. 하수(下手;항해 좌편)는 우거진 숲인데 그 숲을 지나면 마을이 있는 것으로 설정이 되었다. 이 장치와 배경은 원우전이 했다.(중략) 조명의 기술과 기기의 발달은 지금의 비할 바가 못 되지만 제법 색 제라징지를 써서 기분을 냈었다.[93]

93 박진, 『세세연년』, 세손, 1991, 48면.

이 작품의 결말은 정착지(하수의 마을)를 떠나야 하는 길용 부자父子와 마을 사람들이 헤어지는 장면이다. 길용 부자가 마을을 떠나는 길은 무대 동선을 감안했을 때, 상수에서 냇물 위의 다리를 건너 치받아 올라가는 굽은 길이다. 길용과 길용 부친(윤성묘 분)이 이 길을 걸어 마을 사람들과 헤어지는 동선이 만들어지는 셈이다.

박진은 길용이 다리를 건너 비탈길을 가려고 할 때 봉이의 대사가 나오도록 연기 지시했다고 회고한 바 있다. 원우전의 무대장치는 그 길을 보여줄 수 있도록 설정되어 있다. 원우전은 조명 작업에도 관심을 기울여 제라징지를 써서 무대 분위기를 내기 위해서 노력했다고 한다.

박진이 말하는 '제라징지'는 '젤라틴gelatin'을 말하는 것 같다. 젤라틴은 조명기구에 부착하는 필터(색지)로, 조명의 4대 조건 중 하나인 착색수단着色手段, Color media에 해당한다. 원우전이 무대미술가이면서, 동시에 조명을 아우르는 작업을 했던 것이다.

여기서 박진의 지적은 앞에서 행해진 원우전의 단점과 연관시켜 생각할 수 있다. 『매일신보』기사는 원우전 무대의 아쉬운 점으로 그림(무대)과 무대광선(조명)이 조화롭지 못함을 지적한 바 있었다. 그러나 〈아리랑 고개〉에서는 색조명을 사용할 정도로 무대조명에 신경을 쓰고 있다. 이는 원우전이 자신의 단점을 인식하고 이를 수정해 나갔음을, 즉 무대와 조명을 종합하는 총체적인 무대효과를 염두에 두고 있었음을 증명한다고 하겠다.

〈아리랑 고개〉는 장안의 사람들을 조선극장으로 끌어들여 '눈물바다'를 만든 공연으로 기억되고 있다. 비록 일대 소란(신간회 청년 간부 김무삼의 난입)으로 인해 중단되기는 했지만, 상업극단으로 변모한 이후 토월회가 최고의 성공(흥행)을 거둔 공연이었다. 그 공연의 성과 뒤에는 적절한 무대장치가 뒷받침되었음을 확인할 수 있는데, 이것은 원우전의 공로로 돌려져야 할 것이다.

〈아리랑 고개〉에 대해 보다 정교하게 살펴보아야 할 필요가 있다. 다행히 〈아리랑 고개〉에 대한 박진의 회고와 관련 극평이 남아 있어, 그 대강의 내용을 정리할 수 있다.[94] 전체 내용을 편의상 장면으로 구분하여 칭하고, 각 장면의 구성 방식과 중심 내용을 정리해 보면 〈표 2〉와 같다.

〈표2〉

장면 번호	출연(배역과 배우)	장면 요약	비고
무대 배경	—	무대(배경)는 농촌으로, 상수에는 냇가(수양버들과 다리)가 펼쳐져 있고, 하수에는 숲이 우거져 있는데 그 숲을 건너면 마을이 있는 것으로 설정	상수는 마을 바깥으로 통하고 하수는 마을 안쪽으로 통하는 길목으로 무대 공간을 설정
장면 1 (도입)	7~8명의 여인들, 서사(심영 분)	동네 처녀들이 빨래를 하는 광경을 배경으로 백발의 노인이 책을 들고 나와 서사(序詞) 낭독	상수에 7~8명의 처녀들(남색 치마 저고리로 통일) 등장 / 서사 역할의 심영은 일종의 해설자로 등장
장면 2	길용(이백수 분), 봉이(석금성 분)	길용과 봉이의 연애(밀어를 주고받으며 장래를 맹세)	두 주인공의 등장 / 농촌을 풍요롭게 가꾸자는 약속
장면 3	고리대금업자 일본인	일본인 옷차림의 인물이 등장하여 길용을 찾으며 묵은 빚을 채근	긴장감 고조(폭풍)
장면 4	아첨꾼과 일본인	백의를 입고 다니는 사람이 등장해서 일인에게 아첨하고 길용의 집으로 퇴장	일본인과 아첨꾼의 긴밀한 협력 관계 제시
장면 5	애향(愛鄕)하는 노인 (이소연 분)	마을을 사랑하는 노인이 등장해서 일본인과 아첨꾼의 간계를 비통하게 여기다가 마을의 땅을 지키겠다는 수호 의지를 표명 / 마을 처녀들과 대화	애향자의 등장

94 이후 장면 요약과 구체적 진술은 다음의 글을 주로 참조했다(박진, 「울음바다가 된 조선극장」, 『세세연년』, 세손, 1991, 48~50면 참조).

장면 번호	출연(배역과 배우)	장면 요약	비고
장면 6	마을 사람들 다수(일본인, 길용, 길용 부친(윤성묘 분), 봉이 부친(박제행 분), 동리 사람들)	일인에 의해 쫓겨나는 길용 부자 묘사/ 길용 부친의 신세 한탄 / 마을 사람들의 동정과 슬픔	'몽둥이를 든 일인 → 봇짐을 진 길용 → 찌그러진 흑립을 쓰고 바가지를 매단 길용 부친 → 동리 사람들' 순서로 등장 / 무대를 가득 메운 조선인들과 1명의 일본인을 대조하여 묘사
장면 7	봉이	봉이의 등장과 울음	봉이는 무대에 뒤늦게 등장하여 길용과의 이별 장면 연출 / 슬픈 감정 표출
장면 8 (결말)	합창	다리를 건너 마을 바깥으로 향하는 길용에게 봉이는 노래를 부르고(후렴은 동리 사람들과 처녀들), 이에 대해 길용은 화답을 한다.	노래의 화답을 통해 여운 창출 / 폐막

먼저 무대 배치를 살펴보자. 일반적으로 무대는 깊이(객석에서 멀고 가까움)에 따라 무대 전면downstage, 무대 중앙, 무대 후면upstage으로 나뉘고, 다시 넓이(배우의 시점에서 좌우 방향)에 따라 무대 좌측stage left(상수 방향), 무대 중앙, 무대 우측stage right(하수 방향)으로 나뉘어서, 무대는 총 9개의 영역으로 구획될 수 있다(〈표 3〉).[95]

〈아리랑 고개〉의 대략적인 무대 동선을 위의 표에 대입하면 다음과 같다. 빨래터는 UL에 위치하니, 도입부에서 빨래하는 처녀들은 UL 혹은 LC를 점유했을 것이다. 장면 1의 서사(책 낭독)는 C나 DC에서 이루어졌을 것이고, 장면 2의 밀회 대목에서 길용과 봉이는 UR에서 등장해서 C와 DC 인근을 넓게 사용했을 것이다. UR에 우거진 숲(마을로 통하는 길)이 배치되었기 때문에 길용과 봉이의 퇴장은 UR 방향으로 이루어졌을 가능성이 높고, 장면 4에서 아침꾼 역시 길용의 집을 찾아간다고 했

95 한국문화예술진흥원 간, 『연기』, 예니, 1990, 46~47면 참조.

〈표3〉 **무대의 구획**

UR(upstage right) : 숲 배치	UC	UL(upstage left) : 냇가와 다리 배치
RC	C(center)	LC
DR(downstage right)	DC	DL(downstage left)

↗ ↑ ↖

관객(석) 시선

으니 역시 UR 방향으로 퇴장했을 것이다.

이후 장면 6에서 길용과 부친은 UR(RC)에서 등장해 UL(다리)로 이동했을 것이고, 마을 사람들 역시 같은 방향에서 나와 C 부근에 멈추었을 것이다. 봉이는 RC 혹은 C에서, UL쪽(마을 바깥으로 향하는 다리 위치)을 바라보면서 노래를 불렀고, 거꾸로 길용은 UL 혹은 LC에서 봉이를 바라보고 노래를 불렀다. 이렇게 되면 등장인물의 시선 방향이 무대 좌우로 맞서게 되는데, 무대 좌측stage left에서 무대 우측을 향한 시선은 떠나는 자의 복귀의 염을 담고 있고, 무대 우측에서 좌측으로 향하는 시선은 떠나보내는 자의 슬픔을 주로 담게 된다. 무대 오른쪽에는 동네 사람들이 도열하여 밀집된 형태를 이루었고, 무대 왼쪽에는 이향하는 사람들의 동선이 배치되어 성글고 텅 빈 형태로 제시될 것이다(장면 6에서).

따라서 전반적으로 무대의 오른쪽은 등장인물의 등퇴장이 빈번하고 밀집도가 높아 개인당 공간 점유 면적이 작아질 것이고, 무대 왼쪽은 등장인물의 등퇴장이 간헐적으로 일어나면서 밀집도가 낮아 개인당 공간

점유 면적이 컸을 것이다. 그러니까 무대 우측은 빽빽하고, 무대 좌측은 성근 인상을 주게 된다. 마을 처녀들이 만일 무대 좌측에 배치되었다면, 이러한 무대의 균형감과 중압감을 해소하는 기능도 담당했을 것으로 여겨진다. 실제로 그녀들은 코러스 역할을 맡아 많은 장면에서 무대에 등장했을 가능성이 있는데, 만일 그렇다면 무대의 좌우 균형을 맞추는 기능까지 담당했을 것으로 판단된다.

장면 1에서 연출자 박진은, 서사 역할을 당시 견습생 중에서 두각을 나타내고 있었던 심영에게 맡겼다. 심영은 백도포를 입고 백띠를 매고 통천관을 쓰고 마른 신을 신은 노인으로 분장했는데, 이러한 노인의 행색은 일상인의 자연스러운 복장이라고 할 수 없었다. 이렇게 등장한 노인은 "4천여 년 백의민족이 살아온 이 땅 3천리 강산은 단군 시조가 이룩한 터전"으로 시작하는 서사序詞를 읊조리는 역할을 수행했다. 서사 중에는 "아리랑 고개가 어디메오리까 2천만 가슴마다 3천리 굽이굽이마다 아리랑 고개 아닌 곳이 있으리까?" 같은 감상성 짙은 대사[96]도 포함되어 있었다.

연출자 박진은 서사를 배치하여 관객들에게 대강의 내용을 암시하면서 동시에 조선 민족이 지닌 당시 현실에 대한 감정(울분과 박탈감)을 미리 자극해 두려는 의도를 감추지 않았다. 따라서 심영은 중립적인 서사가 아니라, 작품의 정서를 관객들에게 직접 이입하는 연기를 수행해야 했다. 또한, 심영은 극 중 인물과는 다른 행색으로 등장하여 작품 속의

96 1920년대 신극과 신파극의 대사는 그 이전의 전통극이나 고대소설의 대사에 비해 구어적이고 일상어투로 변한 것은 사실이나, 여전히 감상적이며 과장된 대사 혹은 독백이나 직접 설명이 두드러진 상태였다(김숙경, 「근대극 전환기 신파극과 신극의 관련 양상 연구」, 『한국연극학』 28호, 한국연극학회, 2006, 149~150면 참조).

배역과 구별되는 역할임을 보여 주어야 했다. 현대적 개념으로 따지면 해설자(내레이터)에 해당하고, 고대소설을 읽어주었던 전기수傳奇叟의 역할과도 유사하다고 하겠다.[97] 배우 심영의 연기는 중립적이기보다는 감정적이었어야 한다는 추정을 가능하게 한다.

장면 2는 길용과 봉이의 연애 장면이다. 두 사람은 주인공으로 이 작품의 가장 중요한 서사축을 담당하는 인물들이다. 중요도에 맞게 토월회를 대표하는 남자배우 이백수가 길용 역을 맡았고, 이월화/복혜숙에 이어[98] 토월회의 중심 여배우로 떠오른 석금성이 처녀 '봉이' 역을 맡았다. 석금성은 토월회의 여배우 계보를 잇는 3세대 대표 여배우로 볼 수 있는데, 그녀는 이 작품을 통해 토월회에서 배우 입지를 강화할 수 있었다.

두 사람의 밀회 장면에 대한 상세한 설명은 발견되지 않고 있다. 다만 장면 2는 이후 장면 3과 그 성격상 대비되는 장면이어야 했다. 따라서 장면 2는 풍요롭고 안정된 분위기를 구현해야 하며, 이후 장면 3의 위기감과 극한적인 대조를 이룰 수 있는 장면 구축이 필요하다고 하겠다. 장면 2에서 두 사람의 연기는 행복감의 절정을 보여줄 수 있어야 했다. 또한 장면 2에서 두 사람은 개인적인 행복뿐만 아니라, 농촌의 어려움을 타파하고자 하는 미래에 대한 낙관적인 꿈도 함께 보여 주어야 했다.

장면 3에서는 장면 2의 평화로운 분위기를 해치는 연기가 요구되었다. 일본인 역할을 맡은 이는 알려져 있지 않지만, 해당 배우는 일인 복

---

97 토월회는 광무대 직영기부터 고전의 현대화 작업에 주력해 왔다. 그 결과 〈추풍감별곡〉뿐만 아니라 〈춘향전〉과 〈심청전〉을 무대에 올렸고, 고전의 각색작인 〈이 대감 망할 대감〉을 공연한 바 있다.

98 「토월회 여배우 이월화 극단 떠나 기생생활」, 『조선일보』, 1928.1.5, 5면 참조.

장으로 등장해서 "길용이, 네가 오늘 당장 빚을 안 갚으면 땅과 집을 빼앗는다"는 '야료'를 부려야 했다. 연출자 박진은 이 장면에서 '폭풍이 불기 시작한다'고 말한 바 있다. 이 말의 속뜻은 장면 3에서 폭풍 같은 긴장감이 몰려들면서, 전前 장면의 꿈과 희망이 무산되는 이미지를 생성해야 한다는 의미로 해석된다.

장면 4는 장면 3과 밀접하게 관련되는 장면이다. 이미 등장한 일본인을 따라 조선인으로 보이는 '흰옷 입은 사람'이 등장하여, 긴밀한 대화를 나눈다. 대화의 내용은 일본인을 향한 조선인의 아첨이 주를 이룬다. 조선인은 일인에게 아첨하여, 길용에게서 소작권을 빼앗으려 한다. 장면 4는 일본인에 협력하는 조선인(소수)을 보여 주어, 반대로 일인에 대항하는 조선인(다수)을 구분해 내는 역할을 한다. 즉 같은 마을에도 변절자가 있기 마련이고, 이러한 변절자의 성향으로 볼 때, 길용은 일인에 대항해서 조선의 땅을 지키는 충직한 조선인을 대변하는 인물이다.

장면 5에서 또 하나 주목되는 요소는 코러스 역할[99]을 하는 동네 처녀들의 등장과 연기이다. 동네 처녀들은 막이 열릴 때 무대 상수의 냇가(UL)에 배치되어 있었고, 장면 1의 서사(노인)의 등장 시에도 무대를 지키고 있었다. 그래서 장면 5에서 등장이 퇴장 후의 등장이 아니라, 무대에서 계속적인 존속을 의미할 수도 있다. 비록 장면 2~4에서까지 무대

99 코러스의 역할은 다양하게 분류될 수 있지만, 공통적으로 배우로서의 역할, 노래와 합창, 시각적 율동, 분위기와 극적 효과의 고양 등을 담당한다(이만희, 「그리스 코러스 기능의 전복－솔로르사노의 〈신의 손〉을 중심으로」, 『이베로아메리카연구』 20(1), 서울대 라틴아메리카연구소, 2009, 23~24면 참조; 박우수, 「코러스의 극적 기능－〈헨리 5세〉의 경우」, 『*Shakespeare Review*』(1), 한국셰익스피어학회, 2009, 61~62면 참조).

에 남아 있었다는 근거는 발견되지 않았지만, 그녀들의 역할을 코러스로 간주한다면 불가능한 설정만은 아니라고 하겠다. 어쨌든 처녀들은 장면 5에서 애향자의 말 상대(자)로 등장했고, 애향자의 울분을 표출하는 역할을 수행했다.

따라서 동네 처녀들은 '빨래하는 여인들'이라는 무대 배경에서 출발해서, 등장인물의 생각을 이끌어내는 코러스 역할을 수행했다고 판단할 수 있겠다. 더구나 그녀들은 남색 치마저고리로 복색을 통일하는 바람에, 낱낱의 개인이 아니라 뭉뚱그려진 하나의 개체로 보이도록 유도되었다. 그렇다면 전술한 대로 코러스 처녀들이 장면 2~4까지도 무대 위에 남아 있을 가능성을 상정할 수도 있다. 그녀들은 등장인물이기도 했지만 무대 배경이기도 했기 때문에, 일인의 야료(장면 3)나 아첨꾼의 아첨(장면 4)을 자연스럽게 목격할 수 있고, 나아가 아첨꾼의 계략을 민중(애향자)에게 전달하는 증인 역할을 수행할 수도 있기 때문이다(장면 5).

더구나 그녀들이 입었다는 남색 치마저고리는, 장면 1에서 흰옷을 입은 서사 역이나, 장면 3에서 일본옷을 입은 일인이나, 장면 4에서 흰옷을 입도록 지정된 아첨꾼의 복색과 여러모로 대조되지 않을 수 없다. 이후 장면 6에서는 흑립을 쓰는 길용 부친과도 색상의 차이를 보인다고 하겠다. 이러한 색상의 차이는 인물 간의 경계 혹은 캐릭터의 입장을 부각하는 기능을 수행했다. 정리하면 동네 처녀들은 도입부부터 결말부까지(장면 6에서는 동네 사람들로 출연) 무대 위에서 상존하는 코러스였을 가능성을 상정할 수 있겠다.

장면 6은 통합 장면이다. 장면 2~5까지 등장했던 인물들이 이 장면에서는 한자리에 모이게 된다. 연출자는 등장인물의 순서를 제시하고 있다. 가장 먼저 등장하는 인물은 일본인으로 손에 몽둥이를 들고 위압적인 자세를 연기해야 했다. 그 뒤를 따라 봇짐을 진 길용이 나오고, 그 다음으로 흑립을 쓴 길용의 부친이 나온다. 길용 부자는 먼저 등장한 일인에 의해 마을에서 쫓겨나는 행색을 연기해야 했다.

마을 사람들의 대거 등장으로 인해 장면 6은 몹씬mob scene의 성격을 띠었다. 마을 사람들 중에는 빨래하는 처녀들과, 애향자 노인, 그리고 봉이 부친[100]이 포함되어 있었다. 물론 일본인 고리대금업자와 아첨꾼 변절자도 포함되어 있었을 것이다.

장면 7에서 봉이는 외따로 등장한다. 무대에는 이미 등장한 마을 사람들이 가득했기 때문에, 그녀의 등장은 다수의 등장과 변별되는 효과를 겨냥했다. 그녀의 등장이 가장 마지막에 이루어지도록 동선이 짜였고, 마을 사람들이 보는 앞에서 그녀와 길용의 작별이 이루어지도록 두 사람의 자리를 마련하기 위해서였다. 사랑하는 청춘 남녀는 석별의 정에 슬픔을 가누지 못하는 연기를 수행해야 했다.

장면 8은 이 작품의 마지막 장면에 속한다. 실제로 박진은 장면 8이 폐막과 맞물려야 한다고 설명한 바 있고, 회고를 통해 막 내림의 정경을 기술한 바 있다.[101] 마지막 장면은 길용의 퇴장에서 촉발된다. 무대 상수에 설치된 다리를 건너 길용이 퇴장하려고 하면, 마을에 남게 되는 봉이가 노래를 부른다. 노래는 이 작품의 창작 모티프가 된 민요 〈아리랑〉이다.

봉이의 선창은 "나를 두고 가는 임은 십리도 못 가서 발병난다"는 민

100 호혜여인, 「토월회의 공연 〈아리랑 고개〉를 보고」, 『중외일보』, 1929.11.26 참조.
101 박진, 「아리랑고개와 광주학생사건」, 『세세연년』, 세손, 1991, 51면.

요 〈아리랑〉의 구절이었고, 이러한 선창에 이어 후렴구 "서산에 지는 해는 지고 싶어지며 임을 두고 가는 나는 가고 싶어 가나"를 마을 사람들과 처녀들이 불렀다. 후렴구의 가사는 〈진도아리랑〉 혹은 〈산타령〉 등에 삽입되는 가사로, 떠나는 자가 화답하는 형식을 이루고 있다.

장면 1~8은 주요 인물의 등퇴장에 의해서 구획되었고, 이러한 구획 방식은 박진의 기술(회고)에서부터 그 단초를 드러내고 있다. 다시 정리하면 박진은 이 작품을 인물의 등퇴장에 의해 구획된 장면으로 기억하고 있으며, 이렇게 구획된 장면들은 무대의 구성 혹은 사건의 진행과 긴밀하게 맞물려 있다.

처음 무대에는 배경의 일종으로 빨래하는 처녀들이 등장하고, 이후 서사→길용과 봉이→일본인→아첨꾼→애향인→마을 사람들 다수→봉이 순서로 인물이 등장한다. 이러한 인물의 등장은 일정한 목적과 효과를 겨냥하고 있다. 대강의 내용을 정리하면, 전체 개요 설명→평화로운 분위기 조성(길용과 봉이)→몰려오는 위기감의 표현(일본인과 아첨꾼)→핍박당하는 민중들의 모습 제시(애향인과 마을사람들)→저항의 상징으로서 인물 제시(길용 일가와 봉이)→주제를 암시하는 결말(합창)의 순서이다.

연극에서 주요 사건의 흐름은 각 장면에서 연기의 목적을 분명하게 제시하여, 연기자로 하여금 메인 액션main action을 수행하도록 종용하기 마련이다.[102] 서사는 선동적인 목소리와 자세가 필요했고, 일본인과 아첨꾼은 적대적인 분위기를 생성시켜야 했으며, 길 떠나는 길용 일가와

102 김석만, 「극적 행동의 이해와 분석방법 연구」, 『한국극예술연구』 5집, 한국극예술학회, 1995, 329~330면 참조.

그들을 둘러싼 민중은 핍박당하는 억눌린 자의 모습을 관객들에게 상기시킬 수 있어야 했다. 봉이는 연약하지만 저항의 불길을 촉발하는 역할을 수행해야 한다.

관객들은 각 장면에서 새롭게 등장하는 인물들을 통해, 이러한 정서와 효과를 전달받을 수 있어야 한다.[103] 이를 위해 연기자들은 자신이 등장하는 장면의 흐름을 인지하고 있어야 한다. 그리고 등장인물들은 작품의 전체적인 흐름과 정조를 고려하여 자신들의 등장 목적을 이해하고, 그에 부합하도록 연기해야 한다.

무대미술은 이러한 연기의 목적을 분명하게 이해하도록 도울 수 있어야 했다. 〈아리랑 고개〉의 무대미술은 무대 자체를 크게 잠식하지 않는 상태로 배우들이 연기하기에 적합하도록 돕고 있다. 그러니까 무대의 대부분은 비워져 있고, 이러한 빈 공간은 배우들이 등퇴장과 이동 경로 그리고 무대 균형을 바로잡는 중요한 척도로 활용되었다. 무대를 비움으로써 그 무대에서 연기하는 배우들의 움직임을 가속화하는 역할을 했으며, 그 내부에 분할과 대립의 묘를 살릴 수 있는 여지를 함축할 수 있었다. 토월회 공연에서 〈아리랑 고개〉가 대표작으로 선정된다고 할 때, 이러한 균형과 조화를 향한 무대 창출은 그동안 토월회 공연이 누적된 결과라고 할 수 있겠다.

(2) 〈아리랑 고개〉의 무대와 코러스

이제 무대장치와 연기 영역을 바탕으로 코러스의 활동을 집중적으로

103 자클린 나카시, 박혜숙 역, 『영화배우』, 동문선, 2007, 156~163면 참조

분석해 보자. 1920년대 연극의 코러스(연기와 동선)을 살필 수 있는 경우는 흔하지 않은데, 〈아리랑 고개〉는 흔하지 않은 경우에 해당한다. 이것은 무대 배치와 대소도구의 활용 그리고 장면의 구성에 대한 정리로 인해 가능할 수 있었다.

〈아리랑 고개〉의 전체적 장면 전개(플롯의 흐름)에서 빨래하는 여인들은 코러스와 배역 연기자로 출연하고 있다. 코러스로서 빨래하는 여인들이 등장하는 장면은 장면 1과 장면 5 그리고 장면 8이다. 빨래하는 처녀들, 즉 동네 처녀들이 코러스로 기획되었다는 사실은 다음과 같은 회고에서도 그 근거를 찾을 수 있다.

> 그럼 우선 아리랑 고개는 어디에 있느냐? 그렇다. 방방곡곡 3천리 고갯길이 다 아리랑 고개다. 5대 산 10대 강에 흐르는 맑은 물이 모두 그 고개를 넘는 이의 눈물이다. 자 서사(序詞)를 쓰자. 그다음에 간단한 **아주 간단한 플로트를 세운다.** 왜 간단하냐? 우리의 비애는 땅을 빼앗겼고 그리고 그 땅에서 쫓겨나게 되었으니 극 내용이 그 이외에 다른 아무것도 없다. 등장인물도 복잡할 게 없다. "나를 두고 가는 님은 십리도 못가서 발병이 난다"했으니 **총각이 있고 처녀가 있다.** 일인에게 쫓겨나는 것이니까 **일인 고리대금업자가 있어야 하고** 나라도 민족도 모르고 저 하나 잘 살자는 **친일파가 득실거리니 그런 인물도 있어야 한다.** 총각과 처녀는 불같은 사랑을 주고받으나 바가지를 차고 떠나야 하니 이별을 해야 하고 그 뒤를 따른 갓을 **신주 다음으로 소중하게 하는 아버지도 있어야 한다.** 그리고 죽음을 무릅쓰고 **이 땅에서 안 떠난다는 애향자도 있어야 하고** 내일이면 밀려날망정 **오늘은 제 땅에 머물러 있는 동리사람도 있어야 한다.** 이래서 아주 간단한 줄거리의 1막극은 성립됐다.[104] (강조 : 인용자)

박진은 〈아리랑 고개〉가 '간단한 플로트'로 창작된 작품이라고 회고하면서, 등장 인물별로 그 특징을 소개하고 있다. 박진이 언급한 등장인물을 순서대로 정리하면, "서사序詞→총각과 처녀→일본인 고리대금업자→친일파→아버지→애향자→동리 사람"이 된다. 이러한 인물 순서는 대체로 위의 장면 흐름과 일치한다. 그런데 이러한 인물 유형에 빨래하는 처녀들, 즉 동네 처녀들은 빠져 있다는 점을 주목할 필요가 있다. 결국 박진은 주요 인물을 구상하는 과정에서 처녀들은 포함시키고 있지 않은 셈이다.

언뜻 보면, 동네 처녀들이 가장 근접한 인물 유형은 '동리사람'인 것처럼 여겨진다. 하지만 박진은 다른 글에서 '동리사람과 처녀들'이라는 표현을 통해[105] 두 인물 그룹이 완전히 동일한 그룹이 아니라는 언질을 남겨둔 바 있다. 그렇다면 빨래하는 처녀들을 비롯하여 작품 곳곳에 등장하는 처녀들은, 일인 다역을 수행할 수 있고 배역상의 공백을 메울 수 있는 코러스로 판단될 수밖에 없다.[106]

이러한 장면(들) 흐름에서 장면 1은 대중극의 대표적인 개막 방식 중 하나로 구상되었다. 플롯이 본격적으로 진행되기 이전에 '빨래하는 처녀들'이 등장하여 무대장치를 제외한 나머지 연기(무대) 영역을 폭넓게 차지하고, 무대가 가득 찬 극적 인상을 자아내는 효과를 연출했다. 또한, 장면 1에서는 '서사'(序詞, 일종의 내레이터)도 등장하여야 했기 때문

104 박진, 「아리랑 타령에서 힌트 얻어」, 『세세연년』, 세손, 1991, 44~45면.
105 박진, 「울음바다가 된 조선극장」, 『세세연년』, 세손, 1991, 50면.
106 빨래하는 여인들은 〈아리랑 고개〉가 태양극장 창립 공연으로 재공연되었을 당시에도 주요한 배역으로 무대에 등장했다. 당시 공연에서는 김연실이 처녀들 중 한 사람을 맡았다(『동아일보』, 1932.1.27 참조).

에, 빨래하는 처녀들은 무대 공간의 분리를 수용하면서 내레이터 영역과의 공존을 모색해야 했다. 그리고 내레이션이 진행되는 동안에는 그 내용을 암묵적으로 보조하는 역할도 담당해야 했다.

이러한 빨래하는 처녀들의 임무는 극적 배역으로서 임무가 아니라, 플롯의 진행을 보조하고 전사pre-history를 구현하는 연극적 장치에 더 가깝다고 해야 한다. 그런데 〈바람 부는 시절〉에서도 이러한 유사한 기능이 나타나고 있다. 빨래하는 처녀들과 유사한 등장 방식을 고수하는 '동리 처녀와 순이'는, 개막 이후 가창을 통해 해당 서사 진행에 요구되는 필수 정보를 우선 전달하는 기능을 수행한다. 그 이후 인물들 사이의 대화(수다)를 통해, 본격적인 플롯 전개에서 요구되는 정보를 추가하고 이러한 정보를 관객들에게 전달하는 역할을 맡는다.

이러한 도입+전달 방식은 이미 〈아리랑 고개〉에서 그 활용 방식이 확인된 바 있다. 게다가 '코러스+서사序詞'를 활용한 오프닝 씬(도입 장면) 축조 방식은 1936년 동양극장 청춘좌의 공연작인 〈명기 황진이〉를 통해서도 확인되는 사안이기도 하다(〈명기 황진이〉는 다음 장에서 상세하게 논구하기로 한다). 그러니까 〈아리랑 고개〉(1929년) →〈명기 황진이〉(1936년) →〈바람 부는 시절〉(1940년)은 시간적 연속성을 지닌 채 일정한 관련성을 보이고 있다. 더구나 이 세 작품이 토월회 계열(청춘좌는 토월회 인맥으로 주도한 구성한 전속극단이었고 아랑은 그러한 청춘좌의 변형이었다)이었다는 점을 감안하면, 이러한 시간적 연속성은 인맥상의 연속성으로도 확대될 수 있겠다. 게다가 이 세 작품은 기본적으로 연출자 박진, 무대장치가 원우전이라는 스태프상의 공통점도 공유하고 있다. 간략하게 부기하면, 토월회는 〈아리랑 고개〉 시절부터 코러스+서사序詞의 방식을 이미 선보인 바 있고, 이들을 모母 집단으로 하는 청춘좌 역시 동일한 방식으로 〈명기 황진이〉의 오프닝을 구성한 바 있는데,[107] 이러한 연속성이 결국 〈바람 부는 시절〉에도 반영된 것이다.

한편, 이 마을 처녀들이 코러스 역할을 맡았다는 사실을 보다 분명하게 증명하는 근거는 장면 5에서도 찾을 수 있다.[108] 장면 5에서 핵심 등장인물인 애향자愛鄕者는 삶의 터전(고향 혹은 국가의 상징)을 지키고 그 가치를 강변하는 인물로 상정되었다. 이러한 성격 구축으로 인해 애향자는 조선인들의 대변자에 속하는데, '그-애향자'가 대변하는 민중들 그러니까 조선 인민들에 해당하는 극적 주체(들)가 '마을 처녀들'이다.

실제로 〈아리랑 고개〉 무대 공연에서는 애향자(노인)가 마을 처녀들과 대화를 나누는 설정이 실현된 바 있다.[109] 그(녀)들 사이의 대화는 이 작품의 주제의식을 강조하기 위한 극작/연출의 의도가 지나치게 생경하게 포함되어 있었기 때문에, 이러한 대화가 어색한 인상을 자아낼 수도 있었다. 리얼리즘 입장의 극작/연기 메소드로는 부자연스럽게 느껴질 여지가 상당하기 때문이다. 하지만 그러한 위험 가능성에도 불구하고, 〈아리랑 고개〉의 작가들(극작가 박승희와 연출가 박진)은 애향자(노인)의 강변(설교)을 고지식하게 삽입하여 고향(국가)을 잃은(혹은 잃을) 실향자(망국민)의 처지가 가급적 부각되도록 장면을 구상하였다.

107 김남석, 「무대 사진을 통해 본 〈명기 황진이〉 공연 상황과 무대장치에 관한 진의(眞義)」, 『한국전통문화연구』 18호, 전통문화연구소, 2016, 23~25면 참조.

108 장면 5에서 애향자와 처녀들(코러스)의 역할과 의미에 대해서는 다음의 논문을 참조했다(김남석, 「1920년대 극단 토월회의 연기에 대한 가설적 탐구」, 『한국연극학』 53호, 한국연극학회, 2014, 19~22면 참조.

109 윤갑용, 「토월회의 〈아리랑 고개〉를 중심 삼고(중)」, 『동아일보』, 1929.11.30, 5면 참조.

애향자가 '고향을 지키는 자'라는 의미와 조선인의 권리를 대변하는 자라는 숨은 의도를 효과적으로 전달하기 위해서는, 조선인 마을을 빼앗긴(상실한) 현실 정황에 대해 비판적으로 저항하는 감정(격정적 반응)을 동반할 필요도 있었다.[110] 작가들은 이러한 저항적 주체로서의 애향자를 통해, 조선 관객에게 전달하고자 하는 숨은 작의를 전달해 낼 수 있었다. 이렇게 형성된 애향자라는 인물형은 조선 민중의 일원이면서 동시에 민중을 선도하는 인물의 전형으로 부각될 수 있었고, 극적 분위기의 쇄신도 주도할 수 있었다.

애향자의 연기 양식과 출연 의의(필연성)를 보완하고 그 효과를 극대화하기 위하여, 장면 5에서는 코러스 역할[111]을 수행할 수 있는 인물들의 등장(와 그에 부합하는 연기)이 전략적으로 요구되었다. 코러스들은 장면 1에서 화평한 분위기를 끌어내는 역할을 이미 수행한 바 있었기 때문에, 장면 3~4를 통해 비관적으로 전락한 농촌의 참상을 복구하기 위해서라도 재등장이 필요하지 않을 수 없었다. 그러니 장면 5에서 등장하는 마을 처녀들은 장면 1에서 동네 처녀들과 동일한 인물 그룹이 되어야 한다.

개막 장면으로 거슬러 올라가 보자. '그녀들-처녀들'은 상수 부근(무대 왼쪽)에 설정된 '냇가'에 배치되어 있었고, 일종의 내레이터序詞가 동일 무

110 한국문화예술진흥원 간, 『연기』, 예니, 1990, 57~58면 참조.

111 코러스의 역할은 다양하게 분류될 수 있지만, 공통적으로 배우로서의 역할, 노래와 합창, 시각적 율동, 분위기와 극적 효과의 고양 등을 담당한다(이만희, 「그리스 코러스 기능의 전복－솔로르사노의 〈신의 손〉을 중심으로」, 『이베로아메리카연구』 20(1), 서울대 라틴아메리카연구소, 2009, 23~24면 참조; 박우수, 「코러스의 극적 기능－〈헨리 5세〉의 경우」, 『*Shakespeare Review*』(1), 한국셰익스피어학회, 2009, 61~62면 참조).

대에 등장해도 퇴장하지 않고 연기 공간을 분할하면서 공존한 바 있었다. 이러한 여인들이 다시 등장하여 애향자와 긴밀하고 격정적인 감정 토로를 이어가는 것은 극의 흐름을 해치지 않으면서도, 장면 5의 효과를 극대화하는 기능을 구현할 수 있는 묘책이 아닐 수 없었다. 그러면서 그녀들-코러스들은 '서사'序詞와도 공존할 수 있었고, 주제 전달자로서의 배역(애향자)과도 대화할 수 있는 양면적 속성을 구가할 수 있었다.

이러한 코러스의 등장 방식을 〈바람 부는 시절〉의 코러스의 등장 방식과 비교해 보자. 〈바람 부는 시절〉에서 1경의 오프닝과, 2경의 중반부에 등장하는 동리 처녀들과 그 위상도 이러한 등장 방식과 기본적으로 유사했다. 공연 시작(개막)으로서 1경(오프닝)에서 등장 방식이 〈아리랑 고개〉의 장면 1의 그것에 대응한다면, 핵심 사건이 전개된 이후 일종의 서사상의 전환(점)을 맞이하는 순간(〈바람 부는 시절〉의 2경 중반)의 재등장은 그와 동일한 순간(위치)에 해당하는 〈아리랑 고개〉 장면 5의 재등장과 그 의미가 다르지 않기 때문이다. 사건 전개의 순서대로 본다면, 1929년 무대화 된 〈아리랑 고개〉의 코러스 등장 위치(연극 도입부과 핵심 전환점)는, 근본적으로 1940년 〈바람 부는 시절〉의 창작 상의 위치(개막 직후와 전환(막)으로서 활막 2경)에도 적용되었다고 할 수 있다. 이러한 동일 위치(극적 위상)의 중복성과 그 역할 유사성은 일제 강점기 대중극 흐름에서 토월회 일맥이 선도했던 공연 양식이 연극계로 전파 확산되면서, 극작가로서의 임선규나 연출자로서의 박진 혹은 공연 주체로서의 극단(아랑) 제작 의도가 이러한 생각(코러스 관련 형식 장치)을 공유했기 때문으로 풀이할 수 있겠다.

장면 1과 장면 5를 통해, 이러한 코러스의 역할을 보다 세분하여 고찰할 여지도 확인할 수 있다. 공연 대본은 남아 있지 않지만, 그녀들의 등장 방식에서 일정한 패턴이 확인되기 때문이다. '그녀들-코러스들'은 여타의 등장인물들과 차별화된 움직임과 연기 영역을 형성한 채, 주로 무대에서 시각적 효과를 유발하는 역할에 주력한다. 이러한 시각화의 요인은 몇 가지 측면으로 나누어 분석될 수 있겠다.

앞에서 언급한 대로, 서사序詞(내레이터)와 함께 등장하여 무대 속 서사 공간(작품 속 가상 세계)과 관객의 관람 공간(현실의 객석)을 연결하는 매개자 역할을 한다는 점이 그 첫 번째 시각화의 요인이다. 코러스는 〈아리랑 고개〉의 가상공간으로서 '마을'에 일종의 점이지대를 형성하여 관객들의 시선이 침투할 수 있는 중간 영역을 확보하는 기능을 수행한다. 그녀들은 그 자체로도 무대의 활동적 이미지를 배가시키지만, 때로는 그 영역을 다른 이들에게 할애하면서 공간적 분리나 공존을 추동하는 역할을 수행한다. 특히 장면 1에서는 토월회부터 사용되던 '서사(내레이터)'을 활용할 수 있는 기회를 생성하는 기능을 한다는 점에서, 그녀들의 극적 위상은 매개자의 그것과 동일하다.

장면 5를 통해 확인한 대로, 그녀들은 애향자로 대변되는 등장인물과 대화를 통해, 상대 배역의 의의를 배가하려는 의도를 수행한다. 애향자와 처녀들의 대화는 플롯의 흐름을 지연시키고 극적 분위기를 어색하게 만드는 부정적 결과도 생성한다. 하지만 이러한 부자연스러움을 감수하면서까지 그녀들은 애향자의 내적 심리, 심저의 은폐된 주장을 끌어내는 역할을 수행해야 했다. 고전주의Classicism 연극의 컨피던스처럼, 그녀들은 상대역이 없거나 결여된 인물들의 내적 발화를 자극하는 역할을 담당한다.

이 경우 처녀들은 서사序詞와 공존할 때와는 다른 방식으로 무대에서 활동해야 했다. 그녀들의 움직임을 뒷받침 할 수 있는 필수적인 자료(근거)는 아직 없지만, 남색 치마저고리로 복색을 통일한 점은 무대에서 움직임을 일정 부분 설명하는 요인이 될 수 있다. 애향자와는 복색에서 분간이 되며, 애향자가 입었을 것으로 보이는 노인복과 변별되는 색채감을 보일 것이기 때문이다. 집단의 이미지를 형성하면서, 그러한 집단의 내부에서 생성된 애향자의 모습을 감싸는 형국을 전개했을 것으로 보인다.

코러스의 집단적 이미지를 확인할 수 있는 근거는 남아 있다. 〈아리랑 고개〉의 클로징 장면을 포착한 사진에는 그녀들이 형성했던 도열과 손짓으로서의 움직임이 담겨 있다.

그림38 **1929년 토월회 〈아리랑 고개〉**(12월 5~6일)[112]

인용된 사진은 〈아리랑 고개〉의 종결부 장면(위의 장면 구성으로 하면 '장면 8')으로, 핍박 속에 마을을 떠나야 하는 길용 부자의 모습과 이를 전송하는 이들의 이별 풍경을 보여 주고 있다. 무대 오른쪽(상수)에는 마을 바깥off stage으로 향하는 출구(다리)가 설정되어 있는데, 길용 부자는 이 다리를 건너 이향하려 하고 있다. 무대 중앙과 왼쪽(하수)에는 길용 부자를 전송하는 이들로 빼곡한 상태이다. 전송하는 이들은 고개를 길용 부자 방향으로 돌린 채, 무용적인 손짓을 곁들여 떠나는 이에 대한 슬픔과 안타까움을 표현하고 있다.

이러한 두 그룹 사이에는 기묘한 대조가 드러난다. 두 그룹 사이에는 시선의 방향이 다르고, 높이의 편차도 존재한다. 무대에서 객석을 향하는 연기와, 객석을 등진 채 돌아선 모습의 풍경도 자못 대조적이다. 남자와 여자라는 성별상의 분리도 나타나고, 복색의 대조 효과도 고려하지 않을 수 없다. 비록 흑백 사진이기 때문에 의상의 색상은 구별되지 않지만 남색이었다는 코러스의 모습을 감안하면, 무대 좌측의 남색 대 무대 우측의 흰색 복색의 대조가 두드러졌을 것으로 여겨진다.

이러한 시각적 효과는 대조적 이미지를 형성하고 그 이미지는 떠나는 이와 전송하는 이의 입장을 재조명하는 역할을 부여하고 있다. 세부적인 장면까지 고려하면, 장면 8은 장면 6부터 이어진 이별 장면의 연속선에서 가장 끝에 위치하는 장면이다. 장면 6에서 일본인→길용 부자→동리 사람들이 차례로 등장하고, 이어지는 장면 7에서 봉이(가창) 마저 등장한 이후, 위의 장면에 해당하는 장면 8에 도달한다.

112 「〈아리랑 고개〉 무대면」, 『동아일보』, 1929.12.4, 5면.

장면 8에서 무대 하수와 중앙을 점령한 인물들은 장면 6에서부터 등장한 마을 사람들이다. 이들 대부분이 여인들로 구성된 까닭은 동네 처녀들과 그 역할이 겹쳐지기 때문으로 풀이된다. 빨래하는 처녀들의 등퇴장 노선만 놓고 본다면, 장면 1에서 빨래하는 처녀들이 장면 5에서 애향자와 화답하는 역할을 맡은 코러스로 활약한 이후, 장면 6 이후에는 마을 처녀들(부녀자들)로 그 역할을 이어가고 있는 것이다. 사진에서 손을 흔들며 길용 부자를 바라보고 있는 여인들은 마을 처녀들 혹은 그녀들의 분신(배역)에 해당한다고 하겠다.

> (윤성묘가 맡은 길동 아버지는 : 인용자) 제 땅 제 집을 빼앗기고 떠나야 하는 신세타령을 하고 작별하는 이 말 저 말 중에 자기 아버지, 할아버지 산소 부탁을 구슬푸게 한 다음, 나(박진 : 인용자)는 지시한 바 없는데 어느 틈에 흙 두어 줌을 무대에 놓아두었다가 주저 앉으며 이 흙을 버리고 어디로 가느냐고 통곡을 하면서 흙 한 줌을 쥐어 가슴에 안는다. 여기서 참고 견디는 울음이 터져 나오기 시작한 것이다. 그러자 봉이(석금성 분 : 인용자)가 뛰어나와 길용이를 잡고 운다. 그렇다고 안 떠날 수 없는 길용이다. 길용이가 다리를 건너 비탈길로 가려할 때 봉이는 **"나를 두고 가는 임은 십리도 못 가서 발병난다"고 울면서 노래른 한다. 동리 사람들과 처녀들은 후렴을 받는다. "서산에 지는 해는 지고 싶어 지며, 임을 두고 가는 나는 가고 싶어 가나"하고 노래를 부른다.** 애끓어 우는 남녀, 따라 우는 동리사람, 객석은 벌통 쑤신 듯 엉엉 소리에 지붕이 날아갈 지경이었다.[113](강조 : 인용자)

113 박진, 「울음바다가 된 조선극장」, 『세세연년』, 세손, 1991, 49~50면.

장면 6~8에서는 타령, 울음, 독창과 합창이 어우러지고 있다. 특히 합창에서 선창은 길용의 애인인 봉이가 부르고, 후렴은 마을 사람들(처녀들)이 부르도록 선후가 결정되어 있었다. 처녀들이 부른 후렴은 "서산에 지는 해는 지고 싶어 지며, 임을 두고 가는 나는 가고 싶어 가나"였다. 선창하는 봉이의 마음을 어루만지는 이 후렴은 코러스(의 가창)의 역할에 부합하는 노래라고 할 수 있다.

이 노래를 계기로 하여, 마을 사람들로 등장해 있던 처녀들은 코러스의 중요한 기능인 가창에 적극 참여하며 봉이와의 시청각적 분할을 드러내고 있다. 구상 단계부터 토월회의 〈아리랑 고개〉는 민요 〈아리랑〉에 착안하여 그 내용을 각색한 경우였다.[114] 그러니 착상 시점부터 음악적 정조와 선율 그리고 그 안에 내재되어 있는 의미(가사)를 염두에 두지 않을 수 없었다고 해야 한다. 삼천리 조선 강토를 마을이라는 공간으로 상징화하여, 그 안에서 평온하게 살지 못하고 쫓겨나는 사람들(실향민들)을 국가를 잃은 조선인의 처지에 비유한 점도 이러한 착상에서 연원했다. 이러한 착상을 북돋우기 위해서 음악적 공감대를 강하게 견지할 수 있는 〈아리랑〉을 테마 곡으로 선정했다.[115]

이러한 음악적 기반은 무대 공연 중에도 여러 형태로 표출된다. 작품에서 길용 역을 맡은 이백수도 노래(창)를 불렀고, 봉이 역을 맡은 석금성도 결말에서 〈아리랑〉을 불렀으며, 출연 배우들 전원이 마지막에서 노래를 합창했다.[116] 코러스들만 노래를 부른 것은 아니지만,[117] 후렴을

114 「민요 〈아리랑〉을 각색 상연」, 『동아일보』, 1929.11.22, 5면 참조.
115 박진, 「아리랑 타령에서 힌트 얻어」, 『세세연년』, 세손, 1991, 43~45면 참조.
116 SH생, 「토월회의 공연의 〈아리랑 고개〉를 보고 일」(1), 『동아일보』, 1929.11.26, 5면 참조.

부르는 민중의 이미지는 코러스의 그것에서 연원했다는 점에서, 〈아리랑 고개〉의 처녀들은 합창의 코러스 역할도 수행했다. 이러한 합창대 역할은 〈바람 부는 시절〉의 동리 처녀들(코러스)과 동일한 역할에 해당한다. 더구나 〈아리랑 고개〉의 코러스들은 그동안 추정만 하고 있었던 집단적 움직임으로서의 안무가 존재했다는 사실을 증빙하고 있다. 거꾸로 말하면, 이러한 안무의 가능성은 〈바람 부는 시절〉에도 적용되었을 것으로 여겨진다.

토월회의 〈아리랑 고개〉는 본격적인 악극류의 작품은 아니었다.[118] 토월회는 자신들이 음악극을 시도했다고 실토한 바 있지만, 〈아리랑 고개〉를 그러한 음악극 범주에 포함시키지 않았고, 당대의 다른 평론가들도 이러한 입장을 반박하지 않았다. 하지만 토월회는 분명히 무대 공연에서 코러스를 운영하고 독창과 합창을 결부하여 삽입가요(안무 포함)를 동반하는 작품을 생산한 바 있다. 이러한 결론을 더 끌고 가면 〈아리랑 고개〉의 삽입가요 〈아리랑〉은 결말 이외의 장면에서도 가창되었을 가능성을 완전히 배제할 수 없다. 그렇다면 그 노래는 코러스에 의해 가창되었을 것이며, 그 위치는 코러스가 등장하는 장면 1과 장면 5로 추정할 수도 있을 것이다.

〈아리랑 고개〉의 코러스는 매개자, 대화자, 가창자의 역할로 변신했고(장면의 필요에 따라), 기본적으로는 시각적 움직임을 통해 자신들의 연

117 독창을 제외하고는 전체 출연진이 노래를 불렀고 관객들과 스태프들도 이 노래를 따라 부르면서 공연장은 일대 감정의 격류를 경험해야 했다(박진, 「아리랑고개와 광주학생사건」, 『세세연년』, 세손, 1991, 50~51면 참조).

118 토월회는 연극 작품에 '노래를 섞어서'하려는 시도는 선구적으로 펼친 바 있다(박진, 「노래와 춤과 재담 섞인 연극」, 『세세연년』, 세손, 1991, 57~59면 참조).

기 영역을 확보했다. 서사序詞와의 공존, 인물과의 대화, 독창자와의 음악적 교류는 청각적 요소를 활용하여, '아리랑 고개'로 상징화 된 조선인 마을에 감도는 불안과 저항의 기류를 보여 주는 데에 주된 기여를 하고 있다고 할 수 있다. 이러한 기여는 무대를 채우고, 연기 영역을 할당하고, 배역의 의미를 부각시키고, 소리와 움직임으로 감정을 동요시키는 전반적인 조율자의 역할과 하등 다르지 않았다고 할 수 있다.

2. 토월회 이후 원우전의 활동 사항

1920년대 조선 연극(계)에서 원우전은 위명은 점점 상승했다. 그가 보기 드문 무대디자이너로서 활동하는 측면도 강했지만, 그가 속한 극단 토월회의 위상과 인기가 상당했기 때문이다. 더구나 토월회 회원과 관련 단원들은 점차 연극계로 퍼져나가 주요 배우와 스태프가 되었고, 그에 따라 원우전과 협연하고 무대장치가로서 협력을 요구하는 극단(단원)들도 증가했다.

더구나 1930년대에 들어서면서 토월회는 실질적으로 활동을 중단하고 그 일맥으로 볼 수 있는 극단들이 명멸하며 1930년대 전반기에 활동을 개시했다. 그중에는 창립 공연이나 그 이후 몇 차례 공연으로 수명을 다한 극단도 다수였는데, 그러한 극단일수록 인력 부족으로 무대장치가 원우전의 도움을 절실히 필요로 했다. 실제로도 원우전은 숱한 극단에서 '초청'을 받았고, 그들의 창립 공연에 참여하면서 '단원'으로 인정 받기도 했다. 자연스럽게 그의 행적은 1930년대 전반기 대중극단의 주요 행보와 일치하게 된다.

가령 조선연극사-연극시장-신무대로 이어지는 취성좌 인맥의 극단들의 공연에 참여했을 뿐만 아니라, 토월회에서 발원하여 신흥극장, 중외극장, 태양극장 등에서도 주요 핵심 인력으로 대우받았다. 이처럼 그는 토월회와 취성좌라는 두 인맥을 넘나들며, 1930년대 전반기 활동을 펼친 바 있으며, 1935년에 동양극장이 건립되자 역시 동일한 취지로 무대미술부로 초청되어 1930년대 후반기를 마치게 된다.

동양극장 역시 토월회 인맥이 바탕이 된 청춘좌와, 취성좌 인맥(특히 신무대)이 결성한 호화선(희극좌와 동극좌 결합)이 주축을 이루면서 전속(좌부)극단으로 경쟁한다고 할 때, 1930년대 원우전의 행적은 두 계열을 통합적으로 운영할 수 있는 경영 방식의 선례를 보여 주었다고도 할 수 있겠다.

1) 1930년 원우전의 활동과 조선연극사의 〈대장깐의 하로〉

1930년 4월 원우전은 영화사 계명키네마의 세트부 소속으로 활동에 돌입한다. 당시 계명키네마는 〈정의의 악마〉라는 작품을 촬영하고 있었고, 원우전은 이 작업에 참여하여 영화 제작에 필요한 세트를 제작하고 있었다.[119] 1927년 고려영화제작소(고려영화협회) 섭외 관련 소식이 기사화된 적이 있었는데,[120] 1930년 계명키네마 소속 활동은 결국 원우

119 「계명키네마 제1회 작품 〈정의(正義)의 악마(惡魔)〉 촬영 불일(不日) 완료」, 『중외일보』, 1930.4.16, 3면 참조.

120 「고려영화 〈유린(蹂躪)〉 촬영 류봉렬 씨와 원 씨도 참가」, 『매일신보』, 1927.9.6, 3면 참조.

전이 영화계에서도 활동했다는 명백한 근거가 된다.

홍미로운 점은 계명키네마의 정체이다. 계명키네마는 1927년 당시 고려영화제작소에서 원우전과 동시에 스카우트하려고 했던 류봉렬이 중심이 되어 창립한 영화사였다.[121] 당시 류봉렬은 첫 작품으로 〈춘향전〉을 제작하려다가 중단하고, 계명키네마사를 창립하여 〈정의의 악마〉 제작에 도전했다.[122] 〈춘향전〉은 원우전에게 익숙한 작품이었던 만큼, 류봉렬에게 원우전은 반드시 필요한 무대 디자이너였을 것으로 짐작된다.

하지만 〈춘향전〉의 제작이 중단되자, 원우전은 계명영화사에서 다시 재작하는 〈정의의 악마〉에 참여했다. 당시 원우전이 스태프로 참여했던 〈정의의 악마〉와 관련된 스틸 사진이 남아 있다. 〈정의의 악마〉에는 이원용을 비롯하여 박훈, 박천도, 이정옥, 전송죽 등이 출연했다.

〈정의의 악마〉의 스틸 사진(좌측)에는 인물 등 뒤로 위치한 좁은 문과 그 문 뒤 정원으로 여겨지는 내부 풍경이 흐릿하게 포착되어 있다. 세 사람이 이 좁은 문을 따라 원근감 있게 늘어서 있는데, 이러한 배치는 원근감과 함께 좁은 공간을 효과적으로 부각하고 있다.

1930년 8월 12일부터 시작된 조선 연극사 공연에 원우전이 참여하였다.[123] 조선연극사는 1929년 12월 21일에 창단되었으므로,[124] 이 시점은 창단 이후 8개월 정도 지난 시점에 해당한다. 이때 조선연극사는 체제를 정비하면서 새로운 진용을 발표했는데, 원우전은 장치부 담당

121 「계명키네마 제1회 작품 〈정의(正義)의 악마(惡魔)〉 촬영 불일(不日) 완료」, 『중외일보』, 1930.4.16, 3면 참조.

122 「계명키네마 제1회작으로 〈정의의 악마〉 방금 촬영 중」, 『조선일보』, 1930.4.16, 5면 참조.

123 『매일신보』, 1930.8.12, 1~2면 참조; 『조선일보』, 1930.8.12, 7면 참조.

124 『매일신보』, 1929.12.21, 2면 참조; 『조선일보』, 1929.12.21, 3면 참조.

그림39 **원우전 참여 〈정의의 악마〉**[125]

그림40 **〈정의의 악마〉의 한 장면**[126]

으로 소개되었다. 원우전은 조선연극사의 장치부 전속으로 소개되었다. 이러한 소개에 따르면, 원우전은 이때 조선연극사에 정식 스태프로 활동했던 것으로 보아야 한다. 다만 원우전이 조선연극사에서 구체적으로 담당한 작품과 그 장치에 대해서는 구체적으로 밝혀져 있지 않다.

1931년 6월 시점에서 조선연극사 공연 작품으로 진행된 〈대장깐의 하로(하루)〉는 원우전 무대 제작으로 추정되는 작품이다. 정황상 원우전이 무대장치를 맡을 수밖에 없는 상황이었고, 그의 특징과 개성도 묻어나오는 무대 세트였다.

125 「계명키네마 제1회 작품 〈정의(正義)의 악마(惡魔)〉 촬영 불일(不日) 완료」, 『중외일보』, 1930.4.16, 3면.

126 「계명키네마 제1회작으로 〈정의의 악마〉 방금 촬영 중」, 『조선일보』, 1930.4.16, 5면.
http://cdb.chosun.com.oca.korea.ac.kr/search/pdf/i_archive/read_pdf.jsp?PDF=19300416205&Y=1930&M=04

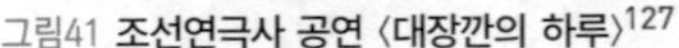
그림41 **조선연극사 공연 〈대장깐의 하루〉**[127]

그림42 **〈대장깐의 하루〉 공연 사진**[128]

〈대장깐의 하로〉는 편시춘 작, 강홍식 연출로 1931년 6월 9일부터 조선극장에서 공연된 조선연극사 제작 작품이었다. 〈대장깐의 하로〉는 강홍식, 변기종, 신불출, 지계순, 나품심 등 10명 이상 등장하는 공연으로, 당시 신문 기사를 참조하면 작품 내용상 지난 세상의 가치를 상징하는 대장간을 공간적 배경으로 삼은 작품이었다.

> 세상이 변함을 따라 시대를 일혀버린 대장깐! 그를 직히고 잇는 대장깐의 주인 영감－몸은 늙엇으나 마음은 청춘이다 찬연하든 녯꿈을 추억하며 닥쳐오는 압일은 바라다 볼 때에는 오즉 시들어가는 청춘을 부여잡고 시름 업이 흐르는 눈물! 그러나 희망은 잇다! 미래를 맛혀줄 이 땅의 싹－우리의 어린이들－우리의 희망은 오로지 이것이엇다.[129]

127 「〈대장깐의 하루〉 향토극 전1막」, 『매일신보』, 1931.6.9, 5면.

128 「편시춘 작 〈대장깐의 하로〉」, 『동아일보』, 1931.6.9, 4면. https://newslibrary.naver.com/viewer/index.nhn?articleId=1931060900209204012&editNo=1&printCount=1&publishDate=1931-06-09&officeId=00020&pageNo=4&printNo=3754&publishType=00020

이러한 내용을 바탕으로 위의 공연(무대) 사진을 검토하면, 해당 공간이 대장간이라는 점을 확인할 수 있다. 무대 중앙에는 갓을 쓴 노인이 서 있는데, 이 노인이 주인영감으로 판단된다. '몸은 늙었지만 마음은 청춘'이라는 설명처럼, 그는 부지런히 일하고 있는 것으로 보인다. 그의 주변에 몰려든 사람이 이를 증명한다. 즉 노인을 중심으로 하여, 대장간에 몰려드는 사람이 붐비는 장소를 공간적 배경으로 삼고 있다.

〈대장깐의 하로〉는 아직 관련 대본이 발굴되지 않았지만, 전 1막의 구조를 감안할 때 무대장치는 위의 사진 속 장치가 전부인 것으로 보인다. 즉 막의 변화가 없기 때문에 공간적 이동은 없다고 보아야 하며, 시간적 분화 역시 크지 않은 것으로 보인다. '하루'라는 시간을 상정하면서 시간의 비약이나 이동이 크게 필요하지 않게 되었기 때문이다.

전체적으로 무대 정경은 간략해 보이지만 공간적 정합성과 특이성을 압축적으로 표현하는 데에 성공했다. 무대 후면에 있는 문을 열고 들어가면 대장간 내부 공간과 통한다고 설정한 것으로 보이며, 숨겨진 내부 공간을 공개하지 않고도 대장간의 특성을 드러냈다는 점에서 주목되는 무대이다. 다양한 특성을 감안할 때, 이 작품은 원우전의 창작 아이디어가 투영된 작품으로 여겨진다.

특히 위의 우측 사진을 참조하면 무대와 조명이 결합되었을 때, 무대 후면 대장간 입구와 함께 담장의 개입이 두드러진다는 점을 확인할 수 있다. 특히 무대 후면에 담장 형식으로 걸쳐진 배경화를 제외하고는 대부분 자유로운 동선이 가능한 무대 면이 펼쳐져 있다. 이와 함께 인물들

129 「〈대장깐의 하루〉 향토극 전1막」, 『매일신보』, 1931.6.9, 5면 참조.

의 그림자가 드리워진 벽면이 인상적으로 제시될 수 있다.

여러 가지 정황을 판단하건대 원우전의 아이디어와 솜씨가 투영된 무대디자인으로 여겨진다. 하지만 이 무대디자인이 원우전이라는 직접적인 증거는 찾기 힘들다. 1931년 6월 시점에서 조선연극사에서 그의 행적이 명확하게 확인되지 않기 때문이다.

기록상으로 원우전은 1930년 8월 이후[130] 조선연극사 장치부 소속으로 활동했으며, 이러한 활동은 1933년 다시 확인되기도 한다.[131] 따라서 원우전은 1931년 6월 무렵에도 조선연극사 공연을 수행했을 가능성이 매우 크다. 그렇다면 위의 무대장치는 원우전의 제작이며, 적어도 그의 책임 하에 제작된 세트일 가능성이 농후하다.

2) 신흥극장 창단과 홍해성과 만남 – 현대화된 공포와 음산한 무대

원우전은 1930년 8월 이후 시점에서 조선연극사에서만 전속으로 활동한 것은 아니었다. 오히려 원우전은 이 시점에서 다른 단체에도 소속된 것으로도 확인된다. 1930년 10월에는 토월회의 회원들이 조직한 신흥극장(〈모란등기〉)에 참여했으며,[132] 여기서 '미술부' 담당으로 소개되었다.

물론 신흥극장이 임시 극단의 성격이 강했고, 한 작품 공연 이후에 해산되어 유명무실한 직책이기는 했으나 문예부 소속 홍노작과 최승일,

130 『매일신보』, 1930.8.12, 1~2면 참조.; 『조선일보』, 1930.8.12, 7면 참조.
131 『매일신보』, 1933.5.2, 8면 참조.
132 「신흥극장 〈모란등기(牧丹燈記)〉」, 『동아일보』, 1930.11.5, 5면 참조.

배우부 소속 이백수와 이소연 그리고 박제행 등과 함께 신흥극장의 조직도를 결성했다는 점에서 1930년 10월 원우전의 소속은 신흥극장이기도 했다.[133] 이후에는 신흥극장 작업을 통해 홍해성과 인연을 맺고, 이화여전 행사(〈벚꽃동산〉)에 다시 참여하여, "관객의 흥미를 여지 업시 무대로 끌엇"다는 호평을 받은 바 있다.[134]

홍해성은 신흥극장이 결국 태양극장이 되었다고 주장하기도 했으나,[135] 엄밀하게 말해서 신흥극장은 홍해성의 참여가 두드러진 극단이었고, 태양극장은 박승희를 중심으로 한 구 토월회의 상업적 부활로 보아야 할 것이다. 하지만 원우전을 중심으로 두 극장을 볼 때 일종의 연계성을 지니고 있었으며, 원우전은 신흥극장을 통해 홍해성과 협연의 계기를 만들었고 이러한 인연은 1935~6년에 동양극장으로 이어졌으며, 토월회-태양극장을 통해 박승희 등과 교류하면서 토월회 일맥의 무대장치를 담당하는 이력을 이어나갈 수 있었다.

홍해성과 원우전이 만나게 된 인연과 그 경과를 보다 상세하게 살펴보자.[136] 홍해성은 당시 연극인으로서 드물게도 일본 축지築地 소극장에서 배우로 활약하던 인물이었다. 하지만 은사 겸 연출자였던 오사나이 가오루小山內薰가 죽자, 그는 1930년 6월 조선으로 복귀하고자 했다. 조선에서 위명이 높았던 홍해성은 극단을 창단하고 싶다는 포부를 밝혔고, 그의 뜻에 따라 '신흥극장新興劇場'이 조직되었다.[137]

---

133 「촉망되는 신극단 신흥극단(新興劇團) 출현」, 『동아일보』, 1930.10.23, 5면 참조.
134 「대성황 일운 '극(劇)하는 밤'의 첫 날」, 『동아일보』, 1930.11.30, 5면 참조.
135 「이땅 연극의 조류(완)」, 『동아일보』, 1939.3.17, 5면 참조.
136 홍해성과 원우전의 만남과 인연에 대한 내용은 다음 논문을 참조했다(김남석, 「최초의 무대미술가 원우전」, 『인천학연구』 7호, 인천대 인천학연구원, 2007, 221~222면 참조).

신흥극장은 1930년 10월 22일 정식 발족했는데, 이백수, 박제행, 심영, 석금성, 원우전 등 토월회를 이끌던 멤버들이 대거 참여했다.[138] 〈모란등기〉는 1930년 11월 11일 7시 단성사에서 창단 작품으로 공연되었다. 당시 기사를 보면 신흥극장은 "조선의 신극 운동에 새로운 '에폭크'를 그으려는 의지 아래 모인" 극단이었다고 소개되었고, 〈모란등기〉는 "중국의 유명한 전등신화를 현대극화"한 작품으로 설명되었다.[139] 이러한 현대극화 작업은, 후술할 무대디자인에서도 어느 정도 확인되는 사안이다.

또한, 홍해성의 역할(연출)과 원우전의 역할(무대장치)은 배우들에 대한 소개와 별도로 언급되고 있다. 이러한 소개 방식은 원우전의 무대 효과에 거는 기대가 상당했으며 원우전의 가세가 직접적인 홍보 효과가 되고 있다는 사실을 의식하고 있음을 보여 준다. 원우전은 토월회 회원이자 무대미술가로 해당 분야에서 전문성을 인정받고 있었고, 조선 무대에서는 낯선 '신인 홍해성'에 대한 연극적 신뢰를 보완하는 역할을 맡고 있다. 아무리 홍해성이 축지소극장 출신이고 일본에서도 상당한 훈련과 경험을 쌓은 연극인(연출가)이라 할지라도, 당대 조선 관객의 시선에서는 '신인'에 불과한 상황이었기 때문이다.[140]

출연 배우의 면모를 보면 심영, 홍도무, 이호영, 박제행, 이아소, 최방

137 고혜산, 「신흥극장의 첫 공연 〈모란등기〉 인상기-보고 듣고 생각나는 대로(1)」, 『매일신보』, 1930.11.13.

138 『매일신보』, 1930.10.25.

139 『매일신보』, 1930.11.5 참조.

140 『조선일보』는 홍해성을 노골적으로 '신인'으로 지칭했다(「극단 신흥극장 제1회 공연」, 『조선일보』, 1930.11.4, 5면 참조). 이러한 표현이 횡행할 만큼, 당시 관객은 홍해성에 대해 잘 알지 못하는 상태였다.

식, 이백수, 백영, 석금성, 강석제, 김연실, 김선초, 이선웅, 이순근, 박창재, 강석연 등이었다.[141] 당시 중국영사관과 재경중국인총상회에서 공연에 필요한 의상, 소도구, 음악 등을 지원하기도 했으나 기대만큼의 성과를 거두지는 못했다. 그 원인으로 일본 실정에 맞게 번안한 작품을 직역한 점, 제작자 홍해성의 우유부단한 태도와 연출 미숙, 배우들의 연기력 부족이 지적되었다.[142]

신흥극장은 단명한 극단이었다. 따라서 신흥극장에서 원우전의 활동 중 크게 주목되는 바는 없다. 원우전은 토월회 인맥과 밀접한 관계를 맺으며 활동하다가, 축지소극장에서 배우로 활약하다 귀국하여 연극계의 주목을 받던 홍해성과 연극 작업을 같이 하게 된 계기가 만들어진 것이 특기할 만하다고 하겠다. 두 사람의 인연은 그다음 작품으로도 이어졌다.

홍해성은 신흥극장 창단 공연에서 기대만큼의 연출력을 보여 주지 못했다. 이를 만회하는 측면에서 홍해성은 이화여고 기청문학회 '극하는 밤' 행사에 연출로 참여했다.[143] 상연 작품은 체홉의 〈벚꽃동산〉이었고 원우전은 무대장치로 합류했는데, 이 행사는 대성황을 이루었다[144] 〈벚꽃동산〉은 재미있게 연출되어 〈모란등기〉에서 손상된 체면을 만회할 수 있었다.[145]

당시 원우전이 제작한 〈모란등기〉의 무대장치의 전모는 **그림 43**과 같다.

141 『조선일보』, 1930.11.12.

142 서연호, 「연출가 홍해성론」, 서연호 · 이상우 편, 『홍해성 연극론 전집』, 영남대 출판부, 1998, 340면 참조.

143 『동아일보』, 1930.11.27.

144 『동아일보』, 1930.11.30.

145 김연수, 「1930년의 조선연극계」, 『매일신보』, 1931.1, 1~2면 참조.

그림43 〈모란등기〉 무대 사진[146]

무대는 전반적으로 현대적 색채를 강하게 풍기고 있다. 조명에 의해 명암이 분산되면서 이러한 인상이 살짝 퇴색하기는 하지만, 벽돌로 쌓은 벽면은 강한 빛으로 오히려 그 형체가 으스러져 보이고, 그 옆에 내부로 뚫린 문은 짙은 음영을 드리우면서 음산한 느낌마저 조성한다.

배우들은 어두운 문을 등지고 서서 그림자를 길게 끌거나, 벽면 귀퉁이에 앉아 강한 빛을 얼굴에 받고 있다. 무대 한쪽에 서 있는 나무도 인상적이다. 일반적인 무대 배치에서는 선호하지 않는 자리에 나무가 위치하고 있다. 어떻게 보면 나무를 심기 위하여 벽과 담장을 'ㄱ' 자로 이

146 「여배우 언파레이드 일(一) 연극편」, 『동아일보』, 1931.6.13, 4면. http://newslibrary.naver.com/viewer/index.nhn?articleId=1931061300209204010&editNo=1&printCount=1&publishDate=1931-06-13&officeId=00020&pageNo=4&printNo=3758&publishType=00020

어붙인 느낌마저 풍긴다. 이로 인해 이 나무는 무대의 연기 영역을 축소시킬 수 있는 위치를 점유할 수 있었고, 벽면과 담이 만나는 지점에 작은 귀퉁이와 음지를 만드는 역할도 수행할 수 있었다.

이러한 음지는 무엇보다 〈모란등기〉가 드리우는 음산한 분위기를 강조하는 기능을 담당한다. 전체적으로 명/암이 분명한 무대는, 귀퉁이에 심어진 나무로 인해 더욱 기괴한 인상을 자아내는데, 이러한 효과는 악귀의 등장과 무관하지 않다. 특히 나무 밑에 앉아 있는 노인과 그 옆에 흐릿한 인상의 인물을 주목하면 이러한 기괴함은 일종의 공포감으로 전이될 가능성을 농축하고 있다. 그 공포감은 원작 〈모란등기〉가 지닌 기이함과 섬뜩함에서 유래한다.

〈모란등기〉는 부여경符麗卿이라는 악귀로 인해 발생한 일련의 소동을 그린 작품이었다. 죽은 귀신인 부여경은 미녀의 모습으로 변신하여 교서생喬書生을 유혹하였고, 교서생은 부여경의 미모에 반해 애정행각을 일삼았다. 이러한 두 사람을 발견한 이웃 노인(옆집)은, 부여경이 호심사湖心寺에 버려진 시신의 혼이라는 사실을 교서생에게 알리고 멀리할 것을 당부했다. 하지만 교서생은 노인의 충고를 귀담아 듣지 않고 결국 변을 당하고 만다. 호심사 근처를 지나던 교서생이 호심사 내에 비치된 부여경의 관에서 죽은 채로 발견된 것이다. 이후 악귀가 된 두 연인은 세상에 출몰하는데, 길가에서 이들을 만난 사람은 중병에 걸리는 액운을 당하고 만다. 교서생까지 악귀가 되어 세상을 어지럽히자 현묘사 위법사는 철관도인이 속세로 나와 두 악귀를 처단하도록 계략을 꾸민다. 산중에서 수도에만 전념했던 철관도인이었지만, 악귀의 만행을 두고 볼 수만 없어 탈속한 삶을 버리고 속세로 나와 악귀를 체포하여 저승으

로 압송한다.[147]

홍해성은 축지소극장 레퍼토리였던 〈모란등기〉를 선택하여 그로테스크한 정조와 공포를 북돋으려 한 것으로 보인다. 더구나 그는 현대화된 〈모란등기〉를 만들었는데, 이로 인해 무대장치는 과거 중국이나 일본의 그것을 그대로 수용해야 할 필요는 없어졌다. 그 결과 위의 무대처럼 현대적 분위기가 가미된 집(정원)을 공간적 대상으로 창조할 수 있었다.

그림44 **하수 방향 노인**

그림45 **음지에 위치한 두 사람**

그림46 **조명을 받아 음침한 이미지를 풍기는 나무**

그중에서도 앞에서 살펴본 나무 밑 정경은 특히 주목을 끈다. 왜냐하

147 윤채근은 이러한 〈모란등기〉의 주제를 "사랑이라는 '자아 혼란'이 과도한 욕망과 결합됐을 때 폭력이 되고 마침내 도덕의 경계를 벗어난다는 교훈"으로 파악하고 있다(윤채근, 「『전등신화(剪燈新話)』의 악귀(惡鬼)와 초월(超越)의 윤리－〈모란등기(牡丹燈記)〉를 중심으로」, 『일본학연구』 51집, 단국대 일본연구소, 2017, 64~65면 참조).

면 앉아 있는 노인 옆에 비스듬히 모습을 드러낸 한 인물 때문이다. 이 인물은 정황상 〈모란등기〉의 악귀로 보이며, 여성 악귀일 경우 부여경으로 짐작된다. 즉 부여경이 음지에 출몰했고, 그 옆에 한 남자를 바라보고 있는 구도가 연출된 것이다.

위의 장면은 〈모란등기〉에서 인간이 악귀와 대면하는 광경을 그린 장면으로 보인다. 만일 이때의 앉아 있는 남성이 노인이 아니었다면, 부여경이 교서생을 유혹하는 장면으로 풀이할 수 있지만, 상대 남자가 노인이라는 점에서 오히려 철관도인이 악귀 부여경을 대면하는 장면으로 보는 편이 온당해 보인다.

그런데 〈모란등기〉 원작에서는 산에서 내려온 철관도인이 신령한 군졸을 풀어 악귀(부여경, 교서생, 금련)를 잡아들이고, 그들을 저승으로 압송하는 재판을 개최하는 설정이 나타난다. 실제 연극에서도 이러한 장면을 구사했는지는 확인할 수 없지만, 현대화된 연극의 구도를 감안할 때 부여경의 출몰은 더욱 긴장감을 불러일으키는 대결 구도로 나타났을 가능성이 크다고 하겠다. 위의 공연 사진에 한정하여 말한다면, 포착된 장면은 공포감을 극대화하고자 하는 의도를 피력하고 있어, 악귀와의 대결을 그리려 했다는 심증을 뒷받침하고 있다.

이러한 공포감과 극적 긴장감을 북돋우기 위해 조성한 무대는. 극도로 제한된 영역(조명)을 제외하면 전반적으로 어둠으로 물들어 있다. 무대(디자이너)와 조명(가)은, 공연에 음산한 분위기를 더하고 빛과 어둠의 대립을 격화하여 인물 내면에 존재하는 심리적 잔영을 강조하기도 했다. 어두운 통로, 그 통로에서 걸어나온 듯한 노인, 그리고 그 노인의 그림자가 걸친 출입구는 역시 음산하고 기괴한 인상을 북돋우고 있다.

그래서 〈모란등기〉의 무대는 벽면, 담, 그리고 나무가 들어차서, 전체적으로 비좁은 인상을 풍기고 있으며, 여기에 조명마저 음지를 조성하여 배우의 연기와 심리를 압박하는 형국을 창조해 내었다. 시간적 배경을 귀신이 활동하는 밤으로 설정하였기 때문에 어둠은 불가피하게 표현되어야 할 연극적 요소이기는 했지만, 이러한 객관적 상황을 차치하더라도 무대와 조명의 효과는 전반적으로 배우들의 연기 영역을 제어하는 역할을 담당한다. 특히 어둠에 묻혀 특정 부분만 밝게 빛나는 무대는 연기 공간 이외의 지역에 관극 시야선sight line이 닿지 않도록 신경 쓴 흔적을 내보이고 있다.

이러한 어둠 속에서 한 사람은 구부정하게 몸을 구부린 채 착잡하게 정면을 응시하고 있고, 앉은 사람은 입을 벌려 말을 하며(주문을 외우고) 현 상황을 장악하려는 의지를 피력하고 있다. 전반적으로 앉은 사람이 말을 하고, 구부정하게 선 노인이 이를 엿보는 형국으로 정리될 수 있는데, 이러한 두 사람의 노력은 결국 노인 옆에 웅크린 인물(악귀로 추정)과 관련이 있는 것으로 보이다.

이때 출연 배우들은 조명으로 좁혀진 연기 구역preforming area을 의식하고 이에 합당한 연기를 수행해야 한다. 그러니까 그들은 활발하게 움직일 수 없는 자세이고 이로 인해 해당 장면에서는 넓은 동선을 요하지 않기 때문에, 집중된 조명과 좁혀진 공간만으로도 충분하다고 판단되고 있다.

무엇보다 앉아 있는 노인과 그 옆에 웅크린 존재 사이에서 발생하는 극적 긴장감을 감안하면, 원작에서는 철관도인이 군졸을 보내 악귀를 체포하는 것으로 설정되어 있으나, 연극에서는 직접 악귀와 대면했을 가능성을 배제할 수 없다고 해야 한다. 만일 이러한 추정이 가능하다면 위의 사진은 옆집 노인으로 보이는 구부정한 자세의 인물(위법사로 추정)과 위법사가 추천한 철관도인(앉은 사람)이, 악귀(부여경)와 대면하고 징치하는 사건을 포착한 장면으로 이해할 수 있겠다. 실제 공연에서는 이러한 상황을 조성하면서 극도의 공포감을 가중시키고자 했으며 이로 인해 악귀 형상의 인물이 도인(앉은 노인) 옆에 자리를 잡는 동선이 생성될 수 있었다.

이처럼 1930년 한 해로만 한정해도, 원우전은 적지 않은 극단에서 활동하며 무대디자인을 담당한 바 있다. 1930년 11월에는 조선음률협회 제1회 공연에 무대미술가로 참여했다. 이 공연에 "특별히 무대의 효과를 위하"여 초빙된 원우전은, "각 연주 악곡에 적응한 배경과 배광配光들 새로운 시험을 하게 되어 다만 음악뿐만 아니라 광과 색이 가티 일치하야 찬연한 예술의 도취경"을 이룰 것이라는 기대를 모았다.[148]

이러한 평가에서 원우전이 음악 행사에 배경을 도입하고 이에 적절한 조명 효과를 곁들여서 청취 수준의 감상을 넘어설 수 있는 무대 환경을 도입하려 했다는 점을 확인할 수 있다. 원우전의 이력에서 국악계 혹은 국극계와 적지 않은 관계를 맺게 되는데, 이러한 초기 평가는 그 이유를 가늠하게 한다. 단순하게 청취하는 위주의 공연을 넘어서려는 음악계에서, 시각적, 물리적 감상을 가능하게 하는 원우전의 무대디자인은 반드시 고려해야 하는 주요 요건이었다고 해야 한다.

한편, 원우전과 홍해성의 만남은 조선연극사에서도 이어졌다. 원우

148 「조선음률협회(朝鮮音律協會) 제1회 공연」, 『동아일보』, 1930.11.16, 5면 참조.

전이 조선연극사 연극에 다시 참여한 사실을 명확하게 확인할 수 있는 시점은 1933년 5월이다. 이때 조선연극사는 파격적으로 연출가 홍해성을 스카우트한 바 있다. 1933년 5월 2일부터 박영호 작·홍해성 연출 〈개화전야〉(전 2막)와, 마춘서 번안·전기단 작곡 희가극 〈파는집〉(전 1막)이 공연되었는데, 조선연극사는 광고를 통해 '무대총지휘 홍해성'과, '무대장치 원우전'을 특별 소개하고 있다.[149] 이러한 광고는 그다음 주(차) 공연 광고인 1933년 5월 6일부터의 공연 광고에서도 동일하게 나타나고 있다.[150]

여러 극단 공연에 참여하던 원우전이 홍해성과 함께 조선연극사 공연에 다시 참여한 것으로 추정된다. 다시 말해서 그 이전까지의 활동에도 불구하고 원우전은 홍해성과 함께 조선연극사에 다시 가담하게 되었거나, 아니면 중단했던 활동을 재개한 것으로 이해될 수 있다.

3) 연극시장 공연 활동과 빈약한 무대디자인 – 〈폐허에 우는 충혼〉과 〈며누리〉

연극시장은 1931년 1월 31일 단성사에서 저녁 공연을 시작으로 공식 출범하였다. 당시 공연 상황을 보면, 김용호 작 양극洋劇 〈태양의 거리〉(일명 〈뽈까의 배노래〉)에서 문수일·서일성·김영숙이 주연을 맡았고, 하석조 작 비극 〈세속을 떠나서〉에서 이경설·하지만이 주연을 맡았으며, 이경설 편 고속도레뷰희가극 〈처녀구악부〉에서 성출과 이경설이 주연을 맡았다.[151]

149 『매일신보』, 1933.5.2, 8면 참조.
150 『매일신보』, 1933.5.5, 8면 참조.

연극시장은 조선연극사의 이경설과 임서방 등이 주축이 되어 설립한 단체였는데, 이채롭게도 토월회 계열에서 활동하던 서일성이 합류했다. 서일성은 토월회에서 데뷔해서 연극시장으로 이적한 경우이다.[152] 서일성과 함께 토월회 계열에서 활동했던 인물로 '원우전'을 들 수 있다.[153]

원우전은 연극시장의 창단 멤버로 소개되고 있다.[154] 이후 원우전은 1931년 2월 13일부터 4일간 '연극시장 첫 공연 제4주 최종주간'에서 무대장치를 맡았다. 그가 장치를 맡은 작품은 박영호 작 양극 〈지옥〉(1막 3장, 〈태양의 거리〉의 자매 편), 박영호 작 비극 〈북관의 야화〉(1막3장), 김영환 작·서정 작곡 희가극 〈보재기귀신〉이었다.[155]

비록 신문 광고를 통해서는 1주 차(창립 공연)와 4주 차(최종 주간)에만 원우전이 장치를 맡았음을 확인할 수 있으나, 실제로는 1주 차~4주 차까지 원우전이 무대장치를 맡은 것으로 짐작된다. 그사이 광고를 보면 주로 주연 배우와 대본 작가 그리고 연출가의 이름만 명기되고 스태프의 이름은 일괄적으로 빠져있기 때문이다. 당시 광고에서 무대 주요 스태프 이름이 명기되는 경우는 드물었는데, 이러한 경향은 1930년대 거의 모든 대중 극단의 광고에서 보이는 일반적인 관례였다. 오히려 연극시장 4주차 공연에서 원우전의 이름이 명기된 것이 예외적인 사례라 할

---

151 『매일신보』, 1931.1.31, 4면 참조; 『조선일보』, 1931.1.31, 5면 참조.

152 김남석, 「배우 서일성 연구」, 『현대문학의 연구』 27호, 한국문학연구학회, 2005, 169~171면 참조.

153 연극시장과 원우전의 기본적인 관계에 대해서는 다음 논문의 내용을 참조했다(김남석, 「최초의 무대미술가 원우전」, 『인천학연구』 7호, 인천대 인천학연구원, 2007, 223~225면 참조).

154 『매일신보』, 1931.1.31, 4면 참조; 『조선일보』, 1931.1.31, 5면 참조.

155 『매일신보』, 1931.2.13, 7면 참조; 『조선일보』, 1931.2.14, 5면 참조.

수 있다.

원우전이 다시 연극시장 광고에 등장하는 시점은 1934년 8월 9일 공연에서이다. 이 시점은 연극시장이 실질적으로 붕괴되고 난 이후, 새로운 방향을 모색하며 제기를 준비하는 시점에 해당한다. 당시 공연에는 박제행, 서월영, 심영, 황철, 장진, 김연실 등이 출연했는데, 이러한 멤버 구성은 토월회 인맥을 따른 구성이라고 할 수 있다. 이때 무대장치가로 원우전이 나선다는 광고가 삽입되어 있다.

후술하겠지만 원우전은 조선연극사 전속 장치가의 신분이면서도 연극시장(출범시)을 거쳐, 문외극장, 서울무대 등에서 무대장치를 맡은 바 있다. 그러다가 다시 연극시장 부활 공연에 참여한 것인데, 이때의 연극시장은 이미 과거와는 사뭇 다른 상태였다. 즉, 연극시장의 구성원들이 원우전이 오랫동안 함께 활동해 온 토월회 인맥들로 대거 채워져 있는 상태였다. 특히 이 시점에서 이 인맥이 중시되는 이유는 이 단원들이 대부분 청춘좌를 비롯하여 동양극장으로 편입되기 때문이다.

원우전은 토월회 인맥의 계열 극단과 밀접한 상관관계를 맺으면서 활동하면서, 다른 한편으로는 일찍부터 취성좌 계열과 인연을 맺어 왔다. 원우전은 조선연극사의 전속 무대장치가였는데, 그 라이벌 극단인 연극시장에서 창단 멤버이자 무대장치가로 소개되고 있는 점은 이채롭다. 그만큼 원우전의 활동 범위가 넓었고, 초창기 연극에서 그가 무대미술가로 차지하는 비중이 컸다고 할 수 있다.

연극시장 작품 가운데 무대(미술)를 확인할 수 있는 작품으로 〈폐허에 우는 충혼〉과 〈며누리〉가 있다. 우선 〈폐허에 우는 충혼〉의 경우를 보자. 연극시장은 1931년 6월 14일 단성사에서 이서구 작 〈폐허에 우는 비극〉을 공연하였다. 이 작품은 대원군 시대의 조선의 쇄국 정책과 외세의 침입을 다룬 작품으로 다시 장르 구분으로는 사극이었으며, 결말의 구도에 따라서는 비극으로 구분된 공연이었다. 그래서 당시 신문 기사에서는 '사비극史悲劇'이라는 장르명을 부기했다.

이 작품을 사극의 관점에서 바라보면, 소재 선택과 그 문제점을 확인할 수 있다. 이서구의 〈폐허에 우는 충혼〉은 발표 연대로부터 '60년 전'을 시간적 배경으로 삼았고, 이로 인해 1866년 발생한 '병인양요'가 극적 사건으로 부각될 수 있었다. 하지만 이 작품에서 병인양요는 극적 제재로 온당하게 부각되지 못했고, 이로 인해 관객들은 극 중 사건을 이해하는 데에 적지 않은 어려움을 겪어야 했다. 서사의 측면으로 볼 때, '병인양요'라는 역사적 사건의 차용은 조선에 들어온 프랑스 배를 타기 위해 주인공 조상철이 밀항을 서두르게 만드는 설정에 그치고 말았다. 정작 병인양요가 극 중 현실(1860년대)로서 조선과 맺게 되는 관련성에 대해서는 깊게 천착하지 못했다. 더욱 큰 문제는 병인양요라는 과거의 사건을, 당시 1930년대 현실의 전사로 인지시키는 데에 성공하지 못했다는 점이다. 역사극에서 '과거'는, 현실적 정황과의 밀접한 관련 아래에서 '선택'되어야 했다. 우연적인 선택이 아니라, 전략적인 선택의 일환으로, 과거가 소환되고 무대에 재현되어야 하는 것이다. 하지만 이 작품에서 병인양요가 어떻게 1930년대 조선의 현실과 연계될 수 있는지, 혹은 병인양요가 어떻게 1930년대 조선의 어려움에 비유될 수 있는지에 대해, 별다른 극적 장치가 마련되지 못했다. 따라서 이서구가 이 작품을 쓰면서, 60년 전 서구(프랑스)의 조선 침입과, 1930년대 일본의 조선 점령을 유비적 관계로 설명하는 데에 실패했다는 결론을 이끌어낼

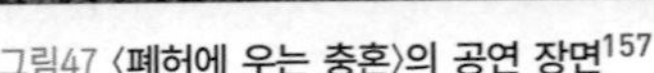
그림47 **〈폐허에 우는 충혼〉의 공연 장면**[157]

그림48 **육혈포를 겨눈 옥군**

수 있다.[156]

그림 47~48의 포착 장면은 소년과 포졸의 대립을 다루고 있는 장면이다. 상수 방향에 서 있는 소년은 '옥군'이라는 이름을 지닌 소년으로, '조상철'이라는 우국지사의 아들이다. 반면 하수 방향에 서 있는 포졸은 대원군의 천주교 탄압 정책을 수행하고자 조상철의 집에 침입하였다. 포졸은 상철을 포박하여 압송하려고 했지만, 상철이 꺼낸 총으로 인해 주춤거리다가, 결국 상철과 박투를 벌이게 된다. 이때 소년 옥군이 떨어진 총을 잡아 포졸을 겨누고, 상철은 거의 붙잡혔던 상황에서

---

156 사극으로서 〈폐허에 우는 충혼〉에 대한 분석은 다음의 글을 참조했다(김남석, 『조선의 대중극단과 공연미학』, 푸른사상, 2013, 41면 참조).

157 「이서구 작 사비극(史悲劇) 〈폐허에 우는 충혼〉」, 『동아일보』, 1931.6.14, 4면. https://newslibrary.naver.com/viewer/index.nhn?articleId=1931061400209204014&editNo=1&printCount=1&publishDate=1931-06-14&officeId=00020&pageNo=4&printNo=3759&publishType=00020

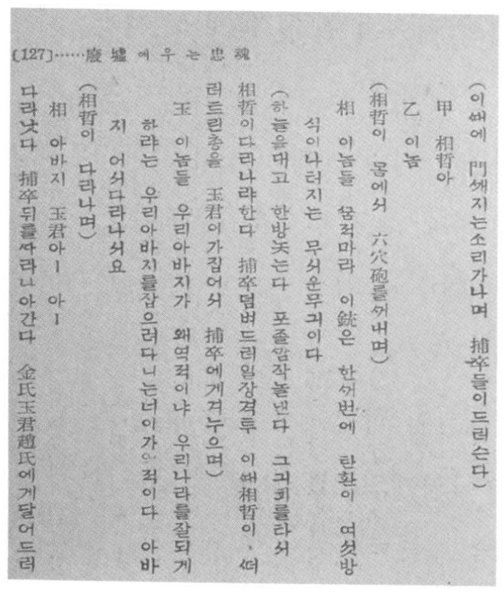

[127]……廢墟에우는忠魂

(이쌔에 門쌔지는소리가나며 捕卒들이드러슨다)
甲 相哲아
乙 이놈
(相哲이 몸에서 六穴砲를쒀내며)
相 이놈들 꿈적마라 이銃은 한써번에 탄환이 여섯방
식이나터지는 무서운무긔이다
(하늘을대고 한방놋는다 포졸깜작놀낸다 그긔회를타서
相哲이다라나랴한다 捕卒덤벼드러일장격투 이쌔相哲이, 써
러트린총을 玉君이가집어서 捕卒에게겨누으며)
玉 이놈들 우리아바지가 왜역적이냐 우리나라를잘되게
하랴는 우리아바지를잡으려다니는너이가역적이다 아바
지 어서다라나서요
(相哲이 다라나며)
相 아바지 玉君아ㅣ 아ㅣ
다라낫다 捕卒뒤를따라나아간다 金氏玉君趙氏에게달어드러

(이때에 문 깨지는 소리가 나며 포졸들이 드러슨다).

갑(포졸) 상철아

을 이놈

(상철이 몸에서 육혈포를 꺼내며)

상(철) 이놈들 꿈쩍마라 이 총은 한꺼번에 탄환이 여섯 방식이 터지는 무서운 무긔이다.

(하늘을 대고 한방 놋는다 포졸 깜작 놀낸다 그 긔회를 타서 상철이 다라나랴 한다. 포졸 덤벼드러 일장격투 **이때 상철이 떠러트린 총을 옥군이가 집어서 포졸에 겨누으며**)

옥(군) 이놈들 우리 아바지가 왜 역적이냐 우리나라를 잘 되게 하랴는 우리 아바지를 잡으려 다니는 너이가 역적이다 아바지 어서 다라나서요.

(상철이 다라나며)

상 아바지 옥군아- 아-

다라낫다 포졸 뒤를 따라 나아간다 김 씨 옥군 조 씨에게 달어드러

그림49 **〈폐허에 우는 충혼〉에서 육혈포로 조상철을 구하는 옥군**[159](강조 : 인용자)

헤어나와 밖으로 도망갈 기회를 잡게 된다. 위의 장면은 포졸과 상철의 박투搏鬪 중에, 옥군이 피스톨(육혈포)을 겨누고 포졸을 위협하는 상황을 포착하고 있다. 상수 방향 소년의 손에 들려 있는 것이 총, 즉 육혈포였다.[158]

이러한 상황에서 무대디자인은 극 중 상황을 사실적으로 재현하고 있지 않다. 장면 사진에는 흐릿한 걸개그림(배경화)이 간략하게 걸려 있

158 이 장면 이후 육혈포는 옥군의 손에서 조상철의 손으로 넘어가기 때문에, 위의 무대장면(사진)은 육혈포를 겨눈 옥군의 연기로 특정될 수 있는 장면이라고 하겠다(이서구, 〈폐허에 우는 충혼〉, 『신민』 68호, 신민사, 1931.7, 127~129면 참조).

159 이서구, 〈폐허에 우는 충혼〉, 『신민』 68호, 신민사, 1931.7, 127면. https://nl.go.kr/NL/contents/search.do?srchTarget=total&pageNum=1&pageSize=10&kwd=+%ED%8F%90%ED%97%88%EC%97%90+%EC%9A%B0%EB%8A%94+%EC%B6%A9%ED%98%BC#viewKey=CNTS-00048027192&viewType=C&category=잡지/학술지&pageIdx=1

고, 등장인물의 뒤로 전통 가옥의 기단만 설치되어 있다. 본래 이 작품의 공간적 배경인 '가난한 상인의 집'을 충실하게 재현하지 않았던 것이다. 해당 장면의 이전에는 대문이 깨지는 소리와 함께 세트의 변환이 예비될 수 있었는데, 이러한 장치도 설치하지 않은 것으로 보인다.

이로 인해 긴박한 장면이고 육체적 충돌이 예비된 사건이었음에도 불구하고 다소 모호하게 장면이 처리되고 사건에서 파생되는 긴장감이 약화되는 인상을 남기고 있다. 다시 말해서 이 장면에서 포졸과 상철, 포졸과 옥군, 그리고 포졸과 상철의 가족 사이에 일어나는 대결 구도가 허무하게 처리될 우려도 증폭되었다.

이 작품이 국가 부흥의 꿈을 안고 외국의 문물을 활용하고 그 기술을 연구하여 조선의 발전을 이루고자 했던 기성세대의 꿈이 배신자(복선)에 의해 무너지고, 쇄국정책과 외국인 탄압 정책으로 조선의 중흥 기회를 막고 있는 구 정권(대원군)의 실책이 폭로되는 상황을 겨냥한다고 할 때,[160] 허약한 무대 정경은 시대적, 사회적, 문화적 배경을 보여 주는 데에 한계를 드러낸다고 하겠다.

흥미로운 점은 이러한 무대장치의 효과와 개요를 감안할 때, 1931년 6월 〈폐허에 우는 충혼〉의 무대디자인은 원우전 제작으로는 보이지 않는다는 점이다. 원우전의 무대에서는 특징적인 무대미학이 발현되는 경우가 대다수였고, 극도의 사실감을 담보하는 경우도 많았는데, 위의 무대는 상징적인 의미도 실제적인 이미지도 담보하지 못하기 때문이다.

이것은 〈폐허에 우는 충혼〉이 공연되었을 시점과 관련이 깊다. 이 무

160 김남석, 「연극시장 연구」, 『한국문학이론과 비평』 31집, 한국문학이론과비평학회, 2006, 194면 참조.

렵(1930년 6월 4일~) 연극시장은 단성사를 사용하면서, 1931년 6월(1일~) 조선극장을 사용하기 시작한 조선극장과 경쟁적으로 공연을 올리고 있었다.[161] 연극시장으로서는 새로운 작품을 다듬을 시간도 부족했고, 실제로 원우전을 활용할 여력도 없어 보였다. 자연스럽게 무대장치의 정교함이나, 무대디자인의 완성도를 기대하기 어려운 상황이었다고 해야 한다.

연극시장 공연의 또 다른 사례로 〈며누리〉를 꼽을 수 있다. 〈며누리〉는 1931년 6월 9일 단성사에서 연극시장에 의해 초연된 작품이었다.[162] 시간상으로 보면, 〈며누리〉는 〈폐허에 우는 충혼〉보다 5일 일찍 상연된 한 주 앞선 공연이었다.

任曙昉作「며누리」의 한場面【團成社 上演】

그림50 **임서방 작 〈며누리〉 한 장면**[163]

그림51 **〈며누리〉의 타 신문 게재 장면**(동일 광경)[164]

161 김남석, 「조선연극사의 공연사 연구」, 『민족문화연구』 44호, 고려대 민족문화연구원, 2006, 129~134면 참조.

162 『매일신보』, 1931.6.9, 7면 참조.

163 「임서방 작 〈며누리〉의 한 장면(단성사 상연)」, 『매일신보』, 1931.6.10, 5면. http://211.43.216.33/OLD_NEWS_IMG3/MIN/MIN19310610y00_05.pdf

164 「가정극 〈며누리〉 상연」, 『조선일보』, 1931.6.10, 5면.

〈며누리(며느리)〉는 6월 4일부터 새롭게 시작된 연극시장의 단성사 공연에서 제1주 차 〈동백꽃〉(6월 4일~)에 이어, 제2주 차(6월 9일~)에 공연된 공연작이었다.[165] 단성사 공연 이전에 순회공연을 다녀온 연극시장은 대규모 신작을 포함한 공연 일정을 발표하고,[166] 6월부터 8월에 이르는 장기 공연 일정을 소화하기 시작했다.

> 가정극 〈며느리〉 상연
>
> — 9일부터 연극시장에서
>
> — 대중 본위의 극단 연극시장이 시내 단성사에서 흥행한 뒤로 매일야 성황이라는데 9일부터 임서방 작 '며느리' 상영하리라 하는 바 **현대 조선 가정을 풍자한 희곡**이라 한다.[167] (강조 : 인용자)

신문 기사에서는 현대 조선 가정을 배경으로 한 연극(희곡)이라고 했지만, 실제 무대는 편액과 마루 등을 갖추고 있는 전통 조선집의 정경을 표현하고 있다. 또한 등장인물의 복색과 두건 그리고 자세 등에서도 과거 조선 양반 가정의 풍취가 드러나고 있다. 물론 무대 상수 방향에서 보이는 건물 일부는 서양식 건축 양식도 곁들이고 있다. 이른바 조선 집과 서양식 건물의 혼합이 부분적으로 이루어진 구도인 것이다.

이러한 가정집의 내부 구도는 동시대의 무대디자인에서도 낯설지 않

---

http://cdb.chosun.com.oca.korea.ac.kr/search/pdf/i_archive/read_pdf.jsp?PDF=19310610205&Y=1931&M=06

165 『매일신보』, 1931.6.13, 7면 참조.

166 「연극시장 공연」, 『매일신보』, 1931.5.31, 5면 참조.

167 「가정극 〈며누리〉 상연」, 『조선일보』, 1931.6.10, 5면.

그림52 **동양극장 호화선의 〈고아〉**(무대 사진)[168]

그림53 **동양극장 청춘좌의 〈행화촌〉**(무대 사진, 1937년)[169]

게 확인된다. 이후 동양극장 무대디자인을 통해 상세하게 확인하고 논구하겠지만, 다음과 같은 디자인은 조선의 전통 가옥 형상과 분위기가 짙게 남아 있는 경우에 해당한다.

이러한 조선 가옥의 분위기에 벽돌 혹은 담장 내지는 정원 풍경을 삽입하면, 이른바 조선+서양(문화주택) 절충식 가옥 구조와 형태를 재현할 수 있다.

그림 54 〈애원십자로〉의 상수 방향은 마루, 창살, 가구 등으로 조선의 분위기가 물씬 배어나고 있고 해당 연기 영역에 위치한 등장인물들의 복색과 태도(여인들이 앉은 무릎 앉아 자세)도 이러한 공간적 이미지를 강조하고 있다. 반면 하수 방향에는 벽돌로 쌓은 담장, 서구식 정원이 결

168 「극단 '호화선' 소연 〈고아〉(이운방 작)의 무대면(舞臺面)」, 『동아일보』, 1937.12.19, 4면.
http://newslibrary.naver.com/viewer/index.nhn?articleId=1937121900209104006&editNo=2&printCount=1&publishDate=1937-12-19&officeId=00020&pageNo=4&printNo=5860&publishType=00010

169 「〈행화촌(杏花村)〉의 무대면(동양극장소연)」, 『동아일보』, 1937.10.23, 5면 참조.
https://newslibrary.naver.com/viewer/index.nhn?articleId=1937102300209105005&editNo=2&printCount=1&publishDate=1937-10-23&officeId=00020&pageNo=5&printNo=5803&publishType=00010

그림54 **동양극장 청춘좌의 1937년 8월 〈애원십자로〉**(무대 사진)[170]

합하여 현대 주택의 일면을 드러내고 있으며, 해당 영역에 머무는 인물들은 양복과 원피스, 남녀가 자유롭게 내외하는 태도 등으로 현대 주거 공간의 인상을 구현하고 있다.

이 무대는 두 개의 문화와, 이질적인 이미지, 그리고 혼합적 의식이 함께 공존하는 공간으로 꾸며졌다. 연극시장의 〈며누리〉도 이러한 기미와 암시를 드러낸 무대를 선보였다. 하수 방향에는 창호지 문살 문양의 전통적 가옥 구조가 그대로 노출되어 있고, 상수 방향에는 변화된 공간 구조를 곁들인 별채가 상징적으로 마련되어 있다.

〈며누리〉의 무대가 이러한 전통+서구(서양) 주택의 절충 구도를 본격적으로 보여 준 것은 아니지만, 현대적 가정을 꾸미면서도 오히려 전통적 가옥 구도를 이입한 점은 주목되지 않을 수 없다. 1930년대 조선의 현실에서, 전통 가옥은 새로운 문물과 가옥 구조 그리고 나아가서는 정신적 세계에 이르기까지, 서로 다른 문화와 사상의 이질적 접합과 혼

170 「연예(演藝) 〈애원십자로〉의 무대면」, 『동아일보』, 1937.8.3, 6면. https://newslibrary.naver.com/viewer/index.nhn?articleId=1937080300209106003&editNo=2&printCount=1&publishDate=1937-08-03&officeId=00020&pageNo=6&printNo=5722&publishType=00010

란스러운 공존을 보여 주는 상징적 중심이자 표본으로서의 척도였기 때문이다.

연극시장의 무대디자인에 대한 자료는 전반적으로 빈약하다. 하지만 〈폐허에 우는 충혼〉의 빈약함과 〈며누리〉의 연계성은 상기해야 할 특징으로 여겨진다. 비록 원우전의 이력과 직접적인 관련성을 찾기 어렵지만, 이러한 무대장치는 전반적으로 인상적인 시도로 여겨진다.

다만 당시만 해도 무대장치에 대한 더 진전된 인식이 부재했고, 완성도 있는 공연을 위한 혁신적인 개혁 의지도 부족한 것만은 부인할 수 없는 사실이었다. 만일 이 작품이 원우전의 솜씨였다면 그것은 1920년대 토월회에 비해 더 나은 무대미학을 추구하지 못했던 1930년대 전반 조선 연극계의 현실을 보여 주는 증거로도 볼 수 있다.

4) 중외극장에서 활동과 '조명'에 대한 지적

1931년 12월 18일 중외극장은 한상묵 안 〈선로공부의 죽엄〉(2막)을 기화로 하여 창단되었다. 개막 공연에서는 불면귀 작 〈밋친놈〉(1막), 백면생 안 〈사람조흔형리〉(전 1막), 이운방 작 〈사랑이 깁허갈 때〉(1막) 등을 공연하였다.[171]

중외극장은 박제행, 박창환, 하지만, 서일성, 윤봉춘, 전일, 이정항, 심영, 신카나리아, 김선영, 김선초 등의 진용으로 짜여져 있었다.[172] 이러한 멤버들의 면면을 보면, 주로 토월회 계열의 배우였음을 확인할 수

171 『중앙일보』, 1931.12.18, 2면 참조.
172 『매일신보』, 1931.12.17 참조.

있다. 그렇다면 원우전의 가담은 이미 예측된 것이라고 할 수 있는데, 원우전이 중외극장에 가담했음을 확실하게 알려주는 광고는 제2주 차 공연에서 나타난다.

2주 차 공연은 불면귀의 〈신혼여행〉(전 1막 3장), 도무 안 〈알뜰한 친구〉(전 1막), 백면생 안 〈외로운 기〉(전 1막2장)였다. 연출은 창랑인, 장치는 원우전이었다. 중외극장 역시 단명한 극단이었다. 하지만 중외극장을 시작으로 해서, 토월회 구 멤버들은 새로운 극단들을 계속 창립해간다. 그때마다 무대장치(가)는 원우전이 도맡아 수행한다.

그렇다면 중외극장 창립 공연의 무대장치는 누가 맡았겠는가. 정확한 자료는 없지만, 원우전이 맡았다고 추정할 수 있다. 원우전이 아닌 다른 장치가가 창립 공연에서 무대장치를 하고, 곧바로 다음 공연에서 원우전으로 교체했다고 보기 힘들기 때문이다. 다음의 지적은 1회 공연 무대장치(조명과 소도구 포함)와 관련된 평자들의 지적이다.

> 照明에 對하야 室內의 光線을 萬一最初부터 침침한 照明을 하얏든들 全體氣分에 効果는 勿論 燈盞에 불을 켜기 前이나 後에나 밝기가 맛찬가지란 物理學的 矛盾도 免하엿슬 것이다 또 눈 오는 밤의 하늘 빗은 그 鮮明하고 燦爛한 天色도 不自然하얏다[173]

조명과 관련지어 부자연스러웠다는 지적을 하고 있다. 처음에는 조명이 어두웠어야 할 상황이었고, 그다음 등잔불이 켜지면 밝기(명도)의

173 극예술연구회동인 합평, 「중외극장 제1회 공연을 보고」, 『조선일보』, 1931.12.20, 5면 참조.

차이가 나타나야 하는 상황이었다는 것이 그 판단 근거였다. 아마 당시 무대는 처음부터 밝게 설정되었고, 등잔불이 켜지는 상황이 발생한 이후에도 조명 변화가 없어 세심하게 무대 분위기를 살피지 못했던 것으로 보인다. 눈이 오는 밤의 하늘빛이 너무 선명하고 찬란한 것도 어색했다는 지적이다.

평자는 방안에는 꺼져가는 등잔 빛이 약하게 존재해야 하고, 바깥은 검게 탄 듯한 하늘빛을 배경으로 하얀 눈이 떨어져야 한다는 주장을 펴고 있는데, 결국 무대장치가(조명 담당자)는 이러한 효과를 주의 깊게 반영하지 못했다는 비판을 하고 있는 것이다.

자료의 부족으로 인해, 과연 평자의 주장대로 연출되어야 할 상황인지는 판별할 수 없다. 하지만 평자의 지적은 논리적으로 수긍되는 측면이 적지 않다. 가령 밝기의 변화나, 의미의 중첩 여부는 일관성 있는 지적으로 여겨지기 때문이다. 따라서 원우전의 중외극장 무대 작업은 무대장치와 조명 효과에서 허점을 드러낸 경우라고 일단 판단할 수 있겠다.

5) 토월회의 부활과 태양극장의 창단

1932년 1월 원우전은 재만동포 위문 공연인 '연극과 무용의 밤'에 참여하였다. 이 행사에 토월회가 참여했기 때문에(최승희 무용과 함께), 자연스럽게 토월회 공연의 무대 제작에 참여한 것이다. 원우전은 토월회의 공연뿐만 아니라 최승희 공연에서도 무대장치와 조명 작업을 맡았다.[174]

이후 토월회는 태양극장으로 변신했고,[175] 미나도좌에서 1932년 2월

6일부터 〈항구는 소란하다〉로 창단 공연을 개최하고,[176] 이후 3월 16까지 〈아리랑〉, 〈나무아미타불〉, 〈애곡〉(이상 2회 차), 〈사랑의 죽음〉, 〈요부〉, 〈국교단절〉(이상 3회 차), 〈이대감 망할대감〉, 〈카추샤〉(이상 4회 차), 〈월요일〉, 〈마데오〉, 〈짙어가는 가을〉(이상 5회 차), 〈과도기의 애화〉, 〈엉터리 김주부〉, 〈울며 겨자 먹기〉 등을 연속적으로 공연하며 무려 10회 차 공연을 시행했다.

태양극장의 레퍼토리는 상당 부분 토월회 시절 재공연작이었다.[177] 토월회 공연 당시 무대 제작을 담당했던 원우전에게는 익숙한 작품이 아닐 수 없었다. 원우전은 창립 당시부터 창단 단원으로 합류했고, 염유일, 전일 등과 함께 무대장치부에 속한 단원이었다. 원우전의 활동은 제2분기에도 이어졌고,[178] 1932년 7월 6일부터는 〈춘향전〉 공연에 참여했다.

> 태양극장 〈춘향전〉 상연
>
> 7월6일부터 시내 제일극장에서
>
> 요사히 시내 단성사에서 연일 성황리에 공연을 맛치인 토월회의 개명 극

---

174 「재만동포위문 연극과 무용의 밤」, 『동아일보』, 1932.1.27, 2면 참조.

175 「극영화 : 새로 조직된 태양극장 미나도좌에서 음력 설에 공연」, 『매일신보』, 1932.2.6, 5면 참조.

176 『중앙일보』, 1932.2.3.

177 창립 공연에서 제5회 차 공연에 이르는 레퍼토리 중에서 기 공연작의 비율이 상당히 높았다. 이러한 기 공연작의 비율은 제6회 차 공연 이후에 점차 감소했다(김남석, 「1930년대 대중극단 '태양극장'의 공연사 연구」, 『현대문학이론연구』 51집, 현대문학이론학회, 2012, 88~92면 참조).

178 「태양극장 제2회 공연 새로운 진용과 새로운 레파토리로」, 『매일신보』, 1932.6.26, 5면 참조.

단 태양극장에서는 우리들이 가진 조선 향토 예술품 중에서 가장 위대한 작품인 〈춘향전〉 전 10막을 사정에 의하야 오는 7월6일부터 시내 제일극장에서 상연할 터인데 **원악이 거대한 작품인 만치 연출 방법이나 무대장치와 의상 가튼 것도 재래에 보지 못하든 새로운 맛을 보히리라 하며** 특히 각 권번에서도 기생들의 응원 출연도 잇슬 테이고 명창의 부르는 노래도 극 중의 대사와 똑가티 진행되리라 하는데 **이 〈춘향전〉 전편을 상연하기는 7년 전에 광무대에서 토월회가 처음으로 상연하엿고** 이번이 두 번째라 하며 개막 시간은 오후 7시부터이라 하더라[179](강조 : 인용자)

1925년 토월회의 춘향전을 바탕으로 1932년 태양극장의 〈춘향전〉이 재공연되었다. 극단 이름이 다르고 시대가 다르지만, 두 〈춘향전〉은 같은 뿌리를 가진 작품으로 10막의 체계나 각색자(연출자)가 동일한 공연이었다. 물론 원우전 역시 동일한 무대장치가로 참여했고, 세상에는 거의 알려지지 않았으나 원우전으로서는 토월회, 칠면구락부에 이어 세 번째 극단에서 맞이하는 〈춘향전〉이었다(영화 제작을 포함하면 네 번째 제작). 이후 〈춘향전〉은 태양극장의 주요 레퍼토리로 활용된 바 있다.[180]

이 〈춘향전〉은 10막에 이르는 대작으로, "연출 방법이나 무대장치와 의상 가튼 것도 재래에 보지 못하는 새로운 맛 보여 주"겠다는 포부를 앞세운 공연이었다.[181] 이러한 포부는 토월회(광무대)에서의 성공을 재

179 「극단 태양극장(太陽劇場) 〈춘향전〉 상연」, 『동아일보』, 1932.7.6, 5면.
180 「태양극장의 일본순업(日本巡業)」, 『동아일보』, 1933.5.29, 4면 참조.
181 「극단 태양극장 〈춘향전〉 상연」, 『매일신보』, 1932.7.6.

현하고자 하는 의지의 표명이었으며, 7년 전 기억을 통해 성공에 대한 확신을 품고 시작한 재연이기도 했다.

태양극장의 공연 연혁을 살펴보면 크게 3분기로 나눌 수 있고, 1분기는 1932년 2월~3월, 2분기는 1932년 6월~8월, 3분기는 1933년 5월~1935년 1월(1933년 5월~1934년 2월, 1934년 5월, 1935년 1월로 세분)에 걸쳐 있다.[182] 이러한 활동 시기는 원우전이 태양극장 공연에 참여하는 시기를 알려주는 지표이기도 하다. 원우전은 1930년대 전반기, 그러니까 대략 1932년~1935년 사이에 태양극장 공연에 참여하면서도, 그 휴지기에 다른 극단과 단체에 소속되거나 혹은 공연을 돕는 역할을 이어갔다. 그로 인해 그의 활동 영역은 더욱 다양화될 수 있었다.

이러한 측면에서 주목되는 태양극장 공연이 있다. 이 공연이 주목되는 이유는 원우전의 불참이 예상되는 상태에서 치러진 공연이었기 때문이다. 태양극장 1936년 울산 공연 당시 무대미술을 살필 수 있는 자료가 발굴되었다. 비록 간단한 사진이고, 그 내역을 제대로 확인하기 어렵지만, 이 사진은 1936년까지 태양극장이 그 수명을 이어갔고, 단출하나마 무대 공연에서 무대장치를 사용했다는 사실을 알려준다.

그림 55와 **그림 56**은 1936년 1월 18~20일에 개최된 울산 공연의 상황을 포착하고 있다. 1936년 1월 20일은 음력 12월 26일에 해당한다. 그러니까 이 공연은 음력 기준으로 세모 무렵에 열렸으며, 음력 정월 1일인 1월 24일(양력) 인근에서 개최된 공연이었다.

당시 태양극장은 명맥을 유지하는 수준으로 여겨진다. 특히 이 시점

---

182 김남석, 「1930년대 대중극단 '태양극장'의 공연사 연구」, 『현대문학이론연구』 51집, 현대문학이론학회, 2012, 105~107면 참조.

그림55 **태양극장 울산 방문 공연 당시 무대 장면**[183]

그림56 **무대 부분 확대**

에서 태양극장에는 박진과 원우전이 함께하지 않았을 가능성이 크다. 박진은 태양극장 창립 시 박승희와 결별했으며, 원우전은 새롭게 창립된 동양극장에서 활동하고 있었기 때문이다.

더구나 1936년 1월 24일(음력 구정)에 동양극장 청춘좌는 신창극 〈춘향전〉(최독견 각색, 2막 8장)을 공연했기 때문에(당시에는 이운방 작 〈슬프다 어머니〉와 함께 1일 다작품 공연), 1월 20일 즈음은 그 연습과 공연 준비로 분망했을 것으로 짐작된다. 원우전이 청춘좌 〈춘향전〉의 무대를 설계하고 필요한 걸개그림을 그렸기 때문에, 태양극장 공연에 신경을 쓸 여력이 없었을 뿐만 아니라, 원우전은 동양극장 소속으로 전담 활동을 해야 했기 때문에, 타 극단 업무를 도울 형편도 아니었던 셈이다. 이렇게 당시 상황을 정리하면, 1월 18~20일 공연에서 태양극장이 사용했던

183 「울산 '애독자 위안의 밤' 성황」, 『동아일보』, 1936.1.23, 3면. https://newslibrary.naver.com/viewer/index.nhn?articleId=1936012300209103007&editNo=2&printCount=1&publishDate=1936-01-23&officeId=00020&pageNo=3&printNo=5442&publishType=00010

간략한 걸개그림은 원우전의 솜씨나 전력을 다한 무대장치로는 판단하기 어렵다고 해야 한다.

실제로도 위의 걸개그림을 살펴보면, 조악한 인상을 남기고 있다. 1930년대 후반 동양극장이 선승 시스템을 활성화하기 이전까지,[184] 대중극단의 순회공연은 난관과 적자로 점철되기 일쑤인 어려운 행보였다. 배우들의 도주(이적)와, 공연 무산, 적자 흥행 그리고 극단 해체 등으로 극단의 존립마저 위태로운 경우가 적지 않았다. 따라서 태양극장의 울산 순회공연 역시 어려운 환경하에서 간략한 공연 장치만을 사용했을 가능성을 배제할 수 없다.

하지만 위의 사진에 포착한 배경화는 지나치게 단순할 뿐만 아니라, 미학적 상징을 담지 못한 경우이다. 나무로 여겨지는 기둥 모양의 장치물을 세우고 그 주변을 감싸듯 두른 백포장에 불과하며, 아무리 긍정적으로 평가해도 그 백포장에 나무 그림을 그린 걸개그림이라 하겠다. 이러한 무대장치는 극적 효과나 배우 연기에 도움을 주기는커녕 연극적 상상력을 오히려 해칠 수 있는 역효과를 불러일으킬 수 있다.[185]

태양극장의 이 울산 공연은 역으로 원우전의 조력을 받지 못하거나 상대적으로 열악한 상황에 있는 지역 순회공연 시, 심각하게 대두되는 연극적 일루전의 침해 현상을 증명한다. 비록 위의 작품과 그 내용을 가

184 김남석, 『조선 대중극의 용광로 동양극장』(2), 서강대 출판부, 2018, 107~123면.
185 태양극장이 공연한 울산의 극장은(구)울산극장으로, 이 극장은 역전에 위치한 창고극장이었다. 이 극장의 설비는 매우 열악하여 당시 울산에서도 새로운 극장의 출현을 염원하는 여론이 비등하고 있었다(「울산극장 문제」, 『동아일보』, 1936.4.9, 4면 참조; 김남석, 「울산의 지역극장 '울산극장'의 역사와 문화적 의의 연구」, 『울산학연구』 10호, 울산학연구센터, 2015, 7~84면).

능하지 못하겠지만, 적어도 무대장치는 해당 공연의 미학적/연극적/공연적 효과를 반감시키기에 충분한 열악함을 보여 주고 있다.

6) 문외극단에서 활동 내력

취성좌의 대표였던 김소랑은 취성좌에서 조선연극사가 분화되고 대다수 극단원이 이에 합류하면서, 졸지에 극단과 대표직을 잃어버리고 말았다. 비록 그는 부인인 마호정과 함께 삼천가극단에 입단하였으나, 악극이 아닌 연극에 대한 희망을 포기하지 않고 있었다. 그러던 차에 신불출과 함께 새로운 극단을 조직할 기회가 생겼다. 이에 신불출이 중심이 되고 김소랑이 장로가 되어 만들어진 단체가 문외門外극단이었다.[186]

당시 신문 기사에는 이 극단과 관련하여, "조선연극에서 끊임없는 노력을 하여 오든 신불출 군과 역시 신극 운동에 많은 노력을 하여 오든 김소랑 군은 이번에 종래 극계와는 아조 상관이 없든 문외의 인물들을 망라하여" 문외극단을 만들었다고 소개하고 있다.[187] 두 사람은 극단의 중심과 장로가 되어 연극 흥행에 만전을 기하겠다는 포부를 펼친 바 있다.[188]

이처럼 문외극단의 단원은 김소랑과 신불출을 비롯하여 성광현, 이원재, 나품심, 윤백단, 이정희 등이었고, 안종화는 연출자로, 장치 담당 원우전도 김운선(장치가)과 함께 창단 단원에 그 이름을 올리고 있다.[189]

---

186 『매일신보』, 1932.12.14, 3면 참조.

187 「문외극단 조직 김소랑 신불출 씨 등 연극계의 화형이 중심」, 『중앙일보』, 1932.12.10, 2면.

188 「극영화(劇映畫)」, 『매일신보』, 1932.12.14, 3면 참조.

1932년 12월 16일 조선극장에 올려진 개막작은 3작품으로 모두 신불출의 창작이었다. 슬픈 이야기 〈만주의 지붕밋〉(전 1막), 옛날이야기 〈사생결단〉(전 1막), 기막힌 이야기 〈섯달대목〉(전 1막)이 그것이다. 세 작품의 무대장치는 원우전이 맡았다.[190]

문외극단은 단명한 극단이었다. 총 3회 차 공연을 하고 해산했는데, 2회 차와 3회 차 공연에서도 원우전이 무대장치를 도맡았는지는 확실하지 않다.[191] 하지만 공연 상황과 전후 시간으로 볼 때, 원우전이 무대장치가의 역할을 수행했다는 점은 분명해 보인다.

7) 서울무대와 신무대 가담

1933년 10월 4일 밤 조선극장에서 개막 공연을 올린 서울무대 역시 문외극단과 비슷한 전철을 밟았다. 김소랑과 강홍식, 장진, 박고송, 김옥라, 나품심, 김교성, 전경희, 남방설, 김옥자를 단원으로 창립된 이 극단도 2회 차 공연을 끝으로 해산되었다.[192]

원우전은 창단 단원(진용)으로 소개되지 않고, 창단 공연의 무대장치가로만 소개되었다. 당시 원우전을 소개하는 문구는 "무대장치 朝劇전속 원우전"이었다. 다시 말해서 원우전은 '조선연극사'의 전속 장치가로 서울극단 창단 공연에 참여했다는 뜻이다. 당시 원우전이 장치를 맡은 작품은 백연 작 양극 〈마샤－의 무덤〉(전1막)과 역시 백연 작 〈자매〉

189 「새로 조직된 문외극단(門外劇團)」, 『동아일보』, 1932.12.15, 2면 참조.
190 『매일신보』, 1932.12.16, 2면 참조.
191 『매일신보』, 1932.12.20, 8면 참조; 『매일신보』, 1932.12.24, 8면 참조.
192 『매일신보』, 1933.10.5, 2면 참조.

(전 2막) 그리고 청해 작 희극 〈남자냐 여자냐〉(전 1막)이었다. 백연은 이운방이고, 청해는 신불출이었다. 정리하면 서울극단은 문외극단과 마찬가지로 김소랑, 신불출, 강홍식 등 과거 취성좌의 구성원이 다시 뭉친 경우였다. 원우전은 이러한 극단의 창단 활동에 가담했던 것으로 확인된다.

객원 무대장치가로 원우전이 가담한 극단 중에는 신무대도 포함된다. 원우전은 신무대 동기 제1회 대공연의 타이틀을 건 1933년 11월 22일부터의 단성사 공연에서 장치가로 소개되고 있다. 당시 작품은 4작품이었다. 김용호 작 비극 〈암흑暗黑〉(전 2막), 왕평 작 스켓취 〈총각의 우승〉, 임서방 작 극 중극 〈무대에 재생하는 그늘〉, 김용호 작 희극 〈내란〉(전 1막)이었는데, 원우전이 이 작품들의 무대장치를 맡은 것으로 소개되었다.[193]

1933년 12월에는 극단 황금좌가 결성되는데, 원우전은 창단 멤버이자 미술부 책임자로 공표된다.[194] 황금좌는 성광현이 대표로 결성한 단체였는데, 토월회 맥락에서 주로 활동한 원우전과는 비교적 인맥상으로 중첩되는 영역이 희귀한 극단이었다. 하지만 황금좌 역시 극단의 정상적인 활동과 창단 과정에서 인력 충원을 감안하며, 원우전의 초빙과 활동을 필요로 하지 않을 수 없었다. 따라서 원우전의 경우에 따르면, 극단의 계파나 인맥의 차이에도 불구하고 원우전의 가입 폭은 더욱 확장되는 추세라고 할 수 있겠다.

---

193 『매일신보』, 1933.11.22, 8면 참조.

194 「극단 황금좌(黃金座) 결성 중앙공연(中央公) 준비중」, 『동아일보』, 1933.12.23, 3면 참조.

원우전은 1930년대 전반기에 다수 극단의 창단 혹은 전속 장치가로 활동했다. 그가 활동한 극단은 주로 토월회 계열의 극단이거나 취성좌 계열의 극단이었다. 특히 조선연극사의 전속 장치가로 인식되면서도, 라이벌 극단인 연극시장이나 신무대의 장치를 맡은 사실은 이채롭다. 또한 취성좌에서 조선연극사가 갈라지면서 외따로 떨어진 김소랑 일행과도 같은 극단에서 작업을 했다는 점은 특기할 만하다.

이러한 현상은 두 가지로 정리된다. 하나는 원우전의 대외 관계가 원만해서 두루 신임을 받았다는 점이다. 실제로 고설봉은 원우전의 성격이 원만했다고 증언하고 있다. 다른 하나는 당시 원우전을 필요로 하는 단체들이 많았다는 점이다. 원우전은 토월회 공연을 위해 발탁된 이래 주로 토월회 배우들과 동인을 이루면서 극단에 가담했지만, 그의 실력과 무대미술가로서의 희소성 때문에 그를 필요로 하는 극단은 단순히 토월회에 국한되지 않았다.

1930년대 초반에 들어서면 토월회의 힘은 위축되고 조선연극사/연극시장/신무대로 이어지는 구 취성좌 계열 극단의 영향력이 확대되면서 두 그룹은 상호 영향 관계를 형성했는데, 이때 원우전은 두 그룹 사이의 중개 혹은 중립 세력을 형성하게 한 것으로 보인다. 이것은 원우전의 희소성 내지는 가치가 범 조선연극계에 두루 통용되고 있었음을 증명한다고 하겠다.

3. 동양극장에서 활동과 참여 공연들

일제 강점기 대표적인 무대장치가 원우전은 '동양극장 무대미술의 책임자'로 재직했다(1935년 동양극장 창설 무렵부터 1939년 아랑 창설 직전까지). 고설봉의 증언에 따르면, 원우전은 무대의 배경화를 혼자 그렸고, 연필로 디자인한 무대 도면을 동양극장의 도구사들에게 넘겨 세트를 제작하도록 한 다음, 제작된 세트의 마무리 작업(가령 도색)을 직접 수행하는 제작 방식을 고수했다.

또한, 원우전은 무대미술가(무대장치가)로서 주관(작업의 주체성)이 뚜렷했기 때문에, 공연 시 무대 디자이너로서의 주장을 관철하는 것으로 유명했다. 그래서 나중에는 동양극장 측에서도 원우전의 작업 방식을 존중하고, 비용 문제를 차치하면서까지 그의 요구를 모두 들어주었다.[195] 그만큼 원우전은 무대미술 분야에서 장인으로서의 자신의 생각과 입지를 지킨 연극인이었다.

이러한 원우전의 성향과 작업 스타일을 참조했을 때, 원우전이 무대장치를 제작하던 시절 동양극장 무대미술상 아이디어가 그에게서 연원하는 경우가 허다했고 높은 무대미술의 성취 역시 그가 작업한 결과에 해당하는 경우가 많았다. 그는 1920년대부터 토월회 출신 연극인들과 밀접한 관련을 맺으며 활동했기 때문에, 토월회 인맥으로 구성된 청춘좌의 무대 작업에 더욱 적극적으로 참여하는 성향이 높았다.[196]

---

195 고설봉, 『증언 연극사』, 진양, 1990, 137~138면 참조.

196 원우전의 행보는 토월회 일맥의 행로와 대체로 일치하는데, 그중에서도 박진의 행적과 매우 깊은 연관성을 지니고 있다. 박진은 동양극장을 대표하는 연출가였고, 토월회 시절부터 청춘좌의 단원들과 밀접한 관련을 맺고 연출을 한 연극인이었다. 다시

원우전의 작업과 관련지어 주목되는 연출가가 또한 박진이다. 현대 연극에서도 연출가와 무대미술가(무대장치가)는 각자의 경계를 나누는 것이 쉽지 않을 정도로 상호 긴밀한 영향 관계를 형성하는 경우가 많은데,[197] 근대극 성립기 박진과 원우전은 이미 이러한 유사한 관계를 형성하고 있었다. 원우전은 토월회(1920년대)나 태양극장(1930년대 전반기)에서 이미 박진과 협력 작업을 시행해왔고, 1930년대 동양극장(주로 청춘좌)과 1940년대 초반 아랑에서도 박진과의 작업을 계속 이어갔다. 심지어 두 사람은 아랑에서 탈퇴하여 동양극장으로 돌아오는 일련의 행보도 동일하게 수행했다. 그러니 두 사람은 완성되지도 않은 대본의 무대를 미리 부탁하고 준비할 정도로(〈단종애사〉) 서로의 연극관과 작업 스타일에 대해 면밀하게 파악하고 있었다. 1939년 8월 무대장치가로서는 이례적일 정도로 원우전이 청춘좌를 탈퇴한 사건도, 그 이면에는 토월회 인맥의 이동이라는 전제가 깔려있었다고 보아야 한다.

오해하지 말아야 할 점은 원우전이 청춘좌뿐만 아니라, 호화선(성군)의 무대제작에도 참여했으며, 심지어는 동양극장을 대관했던 예원좌 등의 극단에서도 무대장치를 맡았다는 사실이다.[198] 다시 말해서 원우전은 청춘좌의 무대미술만을 담당했다고 주장하는 것은 아니며, 이렇게 주장하는 것은 그 자체로 오류이다. 다만 청춘좌를 비롯한 동양극장 무

말해서 연출가 박진의 작품들은 대부분 원우전의 무대장치를 활용했다고 할 수 있다. 이러한 박진/원우전 조합은 아랑으로 이어졌으며, 아랑 이후에도 즐겨 나타나고 있다.

197 권현정, 「1945년 이후 프랑스 무대미술의 형태 미학」, 『한국프랑스학논집』, 한국프랑스학회, 2005, 215면 참조.

198 원우전은 1942년 11월(20~26일) 예원좌 동양극장 공연인 〈향항의 밤〉(소원 작, 김춘광 연출, 3막 5장)의 무대장치를 맡았다.

대미술이 성립되는 과정에서 대부분의 작품은 원우전의 손을 거쳐야 했으며, 그의 감독 하에서 승인되어 공표되었다고 보아야 한다는 사실을 미리 전제해야 한다는 것이다. 다만 1939년 동양극장 단원들이 대거 탈퇴하여 극단 아랑을 창단할 때[199] 원우전 역시 동양극장에서 일시적으로 퇴사했으므로, 1935년 12월(12일) 청춘좌 창립 공연부터[200] 1930년대 공연 작품에 나타나는 무대디자인의 특성을 논할 때 그의 역량과 입지를 염두에 두고 살펴보아야 한다고 전제하고자 한다. 그중 1920년대부터 원우전의 직간접적인 주도 하에 창출된 〈춘향전〉 무대미술의 연관성과 차이점에 대해 집중적으로 살펴보고자 한다.

1) 청춘좌의 레퍼토리 〈춘향전〉

(1) 신창극 〈춘향전〉의 모색을 통한 새로운 변화 가미

창립 주간 이후 재개된 청춘좌 공연에서 〈춘향전〉은 거의 메인 공연작의 규모(다막)와 위상(주연 배우 배치)을 차지했다.[201]

다음의 표를 주목하면, 최독견 각색 〈춘향전〉은 1936년 1월 24일 시작된 청춘좌 공연에서 중시된 작품임에 틀림 없다. 다만 대중극단 공연에서 해당 회 차의 가장 핵심 공연을 기본적으로 비극 장르에 두는 관례를 감안한다면, 청춘좌는 비극 〈슬프다 어머니〉와 함께 〈춘향전〉을 모

199 박진, 「아랑소사」, 『삼천리』 13권 3호, 1941.3, 201~202면 참조.

200 「제1회 공연 중인 청춘좌」, 『조선일보』, 1935.12.18, 3면 참조.

201 청춘좌의 〈춘향전〉을 중심으로 이와 관련된 무대미술적 맥락에 대한 탐구와 그 결과는 다음 논문의 성과를 기본적으로 원용했다(김남석, 「동양극장 〈춘향전〉 무대미술에 나타난 관습적 재활용과 독창적 면모에 대한 양면적 고찰」, 『현대문학이론연구』 66집, 현대문학이론학회, 2016, 33~56면)

〈표4〉

시기와 공연 회 차	장르와 작품	출연과 배역
1936.1.24~1.31 청춘좌 제2회 공연 (1.24일 구정)	신창극 최독견 각색 〈춘향전〉(2막 8장)	춘향-차홍녀, 몽룡-황철, 향단-김선영, 방자-심영, 운봉-서월영, 장님-박제행
	비극 이운방 작 〈슬프다 어머니〉(전 2막)	혜순-남궁선, 영신-김선영, 만수-서월영, 덕룡-복원규, 홍길-박제행
	희극 구월산인(최독견) 작 〈칠팔 세에도 연애하나〉	연출-홍해성, 이운방 무대장치 조명-정태성

두 강조하는 프로그램을 내세웠다고는 할 수 있다. 그럼에도 출연진에서 차홍녀-황철 조합이 〈춘향전〉 춘향-몽룡 역할로 출연하고 있는 상황으로 판단하건대, 공연의 초점이 〈춘향전〉에 모아진 점은 인정된다고 하겠다.

이러한 상황에서 주의 깊게 인정해야 할 사항은, 훗날 회고에서 강조되는 것처럼 재개된 청춘좌 공연이 〈춘향전〉만을 위한 공연 회 차는 아니었다는 점이다. 청춘좌는 엄연히 1일 3작품 공연 체제를 유지하고 있었고, 〈춘향전〉에 버금가는 비극 작품도 배치하고 있었다. 이러한 공연 상황은 〈춘향전〉에 대한 조심스러운 탐색에서 비롯되었다고 판단해야 할 사항이다. 1920년대 토월회와 1930년대 초반 태양극장에서 성공을 목도하고 이끌었던 박진이었지만, 달라진 공연 환경하에서 〈춘향전〉의 위상을 어떻게 상정할지에 대해 확신할 수 없었다고 해야 한다. 과거에 이 작품에 쏟아졌던 찬사와 대중의 관심이, 청춘좌라는 비극 전문극단에서 성공마저 저절로 보장한다고는 장담할 수 없었기 때문이다.

박진은 과거 공연과 달라진 변화를 추구해야 했다. 박진은 회고집 『세세연년』에서 이러한 압박감을 우회적으로 피력한 바 있고, 가장 가시적인 변화로 당나귀의 등장을 시도했다.[202] 하지만 이러한 표면적 변화 이면에 도사린 변화도 존재했다. 그것은 장르상의 혼합이었고, 무대미술상 변혁이었다.

이처럼 동양극장에서 〈춘향전〉의 공연 상황(토월회 일맥으로서는 재공연)은 무언가 변화를 동반하는 것이어야 했고, 적어도 과거의 반복적인 레퍼토리나 공연 관행으로부터 벗어날 수 있는 것이어야 했다. 이러한 궁리와 방안 중 하나가 '신창극'이라는 장르의 도입이었다. 박진은 고관대작의 자제였기 때문에, 당시 조선성악연구회에 가담하고 있는 명창 혹은 국창들과 교류가 상당했다. 왕궁에서 박진의 아버지를 만났던 판소리 명창(국창)들이 박진을 도련님이라고 불렀다는 일화에서 이러한 관계는 암시되어 있다. 국창들도 박진으로부터 예술가 대접을 받는 것에 흡족한 눈치였다.

박진은 이러한 친분(관계)을 긍정적으로 활용하여 조선성악연구회의 판소리꾼들을 섭외하고 동양극장 무대 뒤에서 무대 배음背音으로 기용하였다. 그러니까 황철이나 차홍녀 그리고 심영 등이 〈춘향전〉의 배역을 근대적으로 연기하고 필요한 지점에서 조선성악연구회 창자들이 필요한 가창을 삽입하는 형태로 신창극 〈춘향전〉을 공연했던 것이다.[203] 신창극이란 다름 아닌 무대 배우들의 행위 연기와, 무대 뒤편 창자들의 소리 배음이 연계된 장르적 혼합이었다고 해야 한다.

(2) **청춘좌 〈춘향전〉**(1936년 1월 24일~31일)**의 '비틀린' 무대와 '와선형' 구도**

청춘좌 〈춘향전〉에서 질적인 변화를 이끈 또 다른 요인은 무대디자

202 박진, 「실패작 〈춘향전〉」, 『세세연년』, 세손, 1991, 153~155면 참조.
203 고설봉, 『증언 연극사』, 진양, 1990, 41면 참조.

인에서 찾을 수 있다. 1936년 1월 〈춘향전〉 공연은 동양극장 최초의 공연이었고 청춘좌로서도 이전에 시행한 적이 없는 의욕적인 기획 공연이었다. 이에 따라 청춘좌의 정예 단원인 차홍녀(춘향 역), 황철(이몽룡 역), 심영(방자 역), 서월영(운봉 역), 박제행(장님 봉사 역) 등이 주요 배역을 맡아 무대에 출연했다.

공연 성과는 성공적이었다. 〈춘향전〉 공연은 관객들의 성원에 힘입어 두 차례나 공연 기간을 연장하였고, 당초 4일이었던 공연 일정이 그 두 배인 8일로 늘어났다.[204] 이것은 〈춘향전〉을 만드는 남다른 각오와 갱신 시도 때문이었다. 연출가 박진은 토월회 시절의 〈춘향전〉을 능가하고 싶어 했고(능가해야 한다고 믿었고), 그에 따라 무대 위에 당나귀를 실제로 등장시키는 광한루 장면을 구성했다.[205] 비록 당나귀가 무대에서 놀라는 바람에 소기의 성과를 달성하지는 못했지만, **그림 57**의 공연 사진은 박진이 구상했고 당시 무대장치가였던 원우전이 실현했던 〈춘향전〉 무대 배치를 엿보게 한다.

『조선일보』에 수록된 이 두 무대(공연) 사진은 2막(8장)으로 구성된 〈춘향전〉의 공간적 배경을 확인하도록 돕고 있다. 동양극장(청춘좌)의 〈춘향전〉이 다름 아닌 2막으로 구성되었다는 것은 이 작품이 크게 두 개의 공간을 필요로 했다는 뜻이다. 왜냐하면 청춘좌 공연에서 '막'은 공간적 배경의 변화를 주로 의미하기 때문이다.

예를 들어, 1936년 8월에 청춘좌가 공연한 〈명기 황진이〉는 4막 5장으로 구성되었는데, 각 막은 공간적 변화에 따라 독립된 공간적 배경을

204 「청춘좌 공연의 〈춘향전〉 대성황」, 『조선일보』, 1936.2.1, 6면 참조.
205 박진, 『세세연년』, 세손, 1991, 154~155면.

그림57 **동양극장 청춘좌의 1936년 1월 〈춘향전〉**(무대 사진)[206](상/하)

지니고 있다. 그래서 서막은 길이가 상대적으로 짧았음에도 불구하고 '병부다리'라는 독립된 무대장치를 필요로 했기 때문에 독립된 막으로 구성되어야 했다. 반면 2막은 시간상의 진행으로 인해 총 2장으로 이루

206 「청춘좌 공연의 〈춘향전〉 대성황」, 『조선일보』, 1936.2.1, 6면.

어져야 했는데, 각각의 장이 상당한 분량을 지니고 있음에도 불구하고 두 장이 공히 '황진의 집'을 동일한 공간적 배경으로 삼게 된다. 당연히 별도의 막으로 구성되지 않고 장으로만 분별되었다.[207]

그림 57의 사진 중에서 아래 사진은 춘향의 취조 장면으로 추정되는데, 동일한 공간을 포착한 1936년 9월 공연 사진과 비교해 보자.(**그림 58**)

두 사진을 비교할 수 있는 근거는 두 공연 사진이 동일한 공간적 배경을 바탕으로 하고 있기 때문이다. 좌측 사진은 1936년 1월 신창극 〈춘향전〉에서 '동헌'으로 묘사된 장면이고, 우측 사진은 1936년 9월(24~29일) 조선성악연구회에서 공연한—동양극장 무대미술부가 제작한—'동헌' 장면이다. 1936년 9월 조선성악연구회의 공연은 1936년 1월 신창극에 배음背音을 위해 출연했던 판소리 창자들이 자신들의 음악적

1936년 1월 청춘좌의 〈춘향전〉에서 '동헌' 무대 1936년 9월 조선성악연구회 〈춘향전〉에서 '동헌' 무대[208]

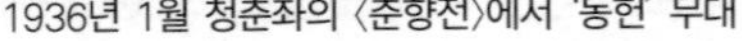

그림58 **동양극장에서 공연된 두 〈춘향전〉의 동헌 무대**

207 「여름의 바리에테(8~10)」, 『매일신보』, 1936.8.7~9일, 3면 참조.

208 「가극 〈춘향전〉 초성황의 제1일」, 『조선일보』, 1936.9.26, 6면 참조.

특색을 살려 창극 형식으로 시행한 공연이었다. 1936년 1월 신창극 〈춘향전〉 출연 경험은 판소리 창자들로 하여금 창극 공연을 시도해야 한다는 자극을 주었고, 동양극장은 이러한 판소리 창자들의 공연을 후원하여 창극을 공연할 수 있도록 도왔으며, 그 와중에 무대장치가 원우전이 무대디자인을 맡았다. 그러니 좌의 무대 사진과 우의 무대 사진은 태생적으로 공통점이 많고 주요한 특질이 유사하다는 제작상의 공통성을 지니고 있다.

좌측 동헌 사진은 2막의 주요 공간이 되었고, 이로 인해 다양한 배역들이 여러 개의 장에서 활동할 수 있는 공간을 폭넓게 함축하고 있어야 했다.[209] 실제로 동헌 중앙에 마련된 대청마루에는 여러 사람이 좌정하고 있고, 대청마루 앞 섬돌 옆에는 관리(아전)로 보이는 실무자가 시립하고 있다. 이러한 배치는 고을 원님이 정사를 볼 때 관례적으로 시행되는 구도이다. 또한 형체가 분명하지는 않지만 무대 중앙에 앉아 있는 인물(섬돌 위)은 '여인'으로 판단된다(좌).

한편 우측 사진은 원님과 아전의 좌정/시립구도가 이와 비슷하고, 섬돌의 위치와 대청 좌우 공간의 대칭성이 역시 유사하며, 심지어는 계단을 오르는 인물의 존재와 형상도 매우 흡사하다. 이러한 비교를 통해 좌측 사진은 변학도의 생일 장면이며, 마찬가지로 이몽룡이 단상을 올라 변학도의 생일잔치에 참여하는 장면임을 알 수 있다.[210]

---

209 2막이 몇 개의 장으로 이루어졌는지는 확인되지 않지만 1장에 포괄할 수 있는 장의 개수가 적다고 할 때 2막은 상대적으로 많은 장을 담아낼 수 있어야 했다.

210 1936년 9월 〈춘향전〉 공연에 대해서는 다음 논문을 참조했다(김남석, 「조선성악연구회 〈춘향전〉의 공연 양상」, 『민족문화논총』 59집, 영남대 민족문화연구소, 2015, 231~232면).

이 장면의 유사성과 공간성에 의존하여 좌측 사진을 판단한다면, 변학도 생일에 춘향을 문초하는 사건에서 요구되는 무대 사진으로 판정할 수 있다. 특히 〈춘향전〉의 배역표를 보면, '운봉'(서월영 분)이 주요 배역으로 등장하고 있다는 것을 알 수 있는데, '운봉'은 변학도의 생일 잔치에 초청된 운봉 고을의 수령을 가리킨다.

2막이 변학도의 생일잔치를 중심으로 한 관헌(동헌)이라면, 1막은 '광한루' 장면으로 보아야 한다(**그림 57**의 상). 우선, 무대 사진에 나타난 공간이 누각 혹은 독립된 가옥과 비슷하고, 도령 옷을 입은 남자가 서 있는 것으로 판단되기 때문이다. 또한『조선일보』무대 사진 중 위의 것(상)은 기화요초가 만발한 풍경을 무대 내에 포함시키고 있다(나무와 꽃을 무대에 배치하는 것은 원우전의 장기). 또한 건물이 높은 계단 위에 건축되어, 멀리 내려다볼 수 있는 시야를 확보하고 있다. 즉 일반적인 가정집이 아니라, 정자나 누각처럼 보이도록 건물을 배치한 것이다.

더구나 건물 위에 오른 사람은 전형적인 도령의 옷차림을 하고 있고, 계단을 내려가는 인물은 하인의 복장을 하고 있다. 주변 정황을 감안할 때, 무대 사진 상上은 광한루의 정경으로 보아야 한다. 첫 회 공연에서 놀란 나귀가 무대에 오르지 못하고 객석으로 뛰어내리는 바람에, 나귀는 이후 공연에 등장하지 못했다고 했는데, 나귀가 없는 정황도 무대 사진과 일치한다고 하겠다.

박진의 회고에 따르면, 1936년 〈춘향전〉에서 광한루 장면은 주요 장면으로 설정되어 준비된 장면이다. 당시 박진이 기록으로 남겨놓은 당시 무대 설명을 보자.

이도령이 광한루에 갈 때 '판소리'에는 나귀 치장이 한바탕 굉장하니, 진짜 당나귀를 등장시키려고 장안을 헤맨 끝에 생(生)나귀 한 놈을 픽업하게 되었다. 그래 이놈을 세내어 한 달 가량이나 잘 먹이고 길들였다. 사람의 배역은 이미 이도령에 황철, 춘향에 차홍녀, 방자에 심영, 이렇게 정해 놓고 공연할 이도령·방자와 그 나귀가 서로 친숙하도록 매일 맹훈련을 했더니 아주 지기지간(知己之間)이 되었다. 살도 찌고……. 막이 올랐다. 관객들은 여전히 많았다. **광한루가 원우전의 솜씨 있는 배경으로 "적성(赤城) 남침('아침'의 오기 : 인용자) 날의 늦은 안개 띠어 있고 녹수(綠水)('綠樹'의 오기 : 인용자)의 저문 봄은 화류동풍(花柳東風) 들어 있다"는 낭만이 주르르 흐르는 무대를 재현시켜 놓았다.**[211] (강조 : 인용자)

박진은 〈춘향가〉에서 1막 무대가 이도령이 광한루에 올라 사방을 둘러보며 그 경치를 찬탄하는 장면을 위한 무대였다고 술회하고 있다. 특히 이도령의 감탄조 대사인, "광한루에 덥석 올라 사면을 살펴보니 경개가 매우 좋다. 적성 아침 날의 늦은 안개 끼어 있고, 녹색의 나무 사이로 저문 봄은 화류동풍에 둘러 있다"는 구절(대사)에 걸맞은 무대를 원우전이 솜씨 있게 재현한 셈이다. 이러한 표현은 비록 구체적으로 무대장치를 설명한 것은 아니지만, 원우전이 무대장치를 비틀린 전각으로 꾸며낸 이유를 상징적으로 시사하고 있다는 점에서 주목된다.

사실 동양극장의 〈춘향전〉 무대만을 놓고 판단한다면, 이 무대장치의 특색을 제대로 판단하기 어려울 것이다. 이에 〈춘향전〉을 음악극으

211 박진, 『세세연년』, 세손, 1991, 154~155면.

로 공연한 또 다른 단체의 공연 모습을 비교하여 살펴보자.

전체 공연 풍경

무대 풍경 확대(분할)

그림59 **경성오페라의 악극 〈춘향전〉**[212]

1937년 9월(23일) 경성오페라(스타디오)는 악극 〈춘향전〉을 부민관에서 공연하였다.[213] 경성오페라스타디오는 1937년 8월 15일부터 30일까지 호남 지역을 순회하는 공연 일정을 소화한 이후에 9월 22~23일 양일간 부민관에서 공연하였다. 이 공연에 대한 자료가 충분하게 남아 있지 않아, 당시 경성오페라스타디오가 시행한 공연에 대해 세부적으로 판단할 근거는 희박하다.

다만 이 공연은 연극이나 판소리(창극) 공연은 아니었고 조선의 〈춘향전〉을 서양 오페라 형식으로 변환하여 공연을 시도한 경우였다.[214] 이

---

212 「악극 〈춘향전〉의 공연 광경」, 1937.9.25, 7면.
https://newslibrary.naver.com/viewer/index.nhn?articleId=1937092500209106010&editNo=2&printCount=1&publishDate=1937-09-25&officeId=00020&pageNo=6&printNo=5775&publishType=00010

213 「침묵 중의 음악계는 후진양성에 주력」, 『동아일보』, 1938.1.3, 10면 참조.

214 「오페라스다디오 직속 '오페라'좌 창립」, 『동아일보』, 1937.7.31, 6면 참조.

과정에서 여러 문제와 난황이 이어졌지만, 결국 박영근의 노력으로 상연에 성공할 수 있었다.[215] 비록 그 내용과 형식에 대해 분명하게 알려져 있지는 않지만, 공연 정경에서 포착된 무대장치는 상당한 주목을 끈다.

그러니까 이 〈춘향전〉의 경우, 무대장치의 극명한 차이를 보여준다는 점에서 주목할 공연이 아닐 수 없다. 부민관의 무대 상수 방향에는 두 그룹의 사람이 위치하고 있다. 무대 후면에는 남녀가 단 위에 앉아 있고(한 그룹), 그 앞쪽으로 여인과 앉은 사람이 떨어져 위치하고 있다(다른 그룹). 두 그룹은 따로 떨어져서 무대를 점유하고 있는데, 무대 후면 그룹의 인물 뒤로는 간단한 무대장치가 세워져 있고, 무대 전면 그룹의 인물들에게는 별다른 장치가 주어져 있지 않다.

이러한 극명한 차이는 아무래도 이 작품이 전체적으로 무대장치에 특별한 주목과 관심을 기울이지 않았다는 사실을 간접적으로 보여준다. 더구나 현재 무대 사진에 포착된 무대장치는 매우 조악한 것으로 보이는데, 사실성이나 상징성을 담보한 무대장치라기보다는 인물들이 위치한 공간을 간략하게 보여 주기 위한 표식에 가깝다.

이러한 가정도 할 수 있는데, 무대 전면 두 사람은 판소리 창자와 고수의 흔적을 보이고 있고, 그들의 가창 속에서 재현되는 이야기가 무대 후면 서사로 구현되고 있을 수 있기 때문이다. 이러한 무대 배치는 매우 파편화된 일부 장면에 불과하기 때문에, 부분적인 판단으로만 유효하겠지만, 청춘좌의 화려한 무대와 연기를 고려한 장치와 비교할 때 매우 빈약한 무대장치라는 사실은 크게 변함이 없다고 해야 한다.

---

215 「경성음악스타디오 주최 악극(樂劇) 〈춘향전〉 상연」, 『동아일보』, 1937.9.16, 7면 참조.

다음으로, 동양극장 청춘좌 〈춘향전〉의 또 다른 특색인 배경화에 대해 살펴보자.

그림60 **동양극장 청춘좌의 1936년 1월 〈춘향전〉**(무대 사진)(상)**에서 배경화**(걸개그림)**와 무대장치 부분 확대**[216]

그림 60은 무대 사진(상)에서 원우전이 혼자 그렸다는 배경화(부분)이다. 원우전은 배경화(걸개그림)를 그려 넣어 '녹색의 나무 사이로 저무는 봄'의 풍경을 배경으로 삼고자 했다. 더구나 멀리 산 그림자가 윤곽을 드러내고 있고 그 위에 나무 한 그루가 심겨 있는 풍경은 이후 청춘좌의 주요한 무대 배치와 일맥상통한 풍경이라 하겠다. 그림 전면에는 나무로 보이는 기물들이 들쑥날쑥하게 그려져 있고, 멀리 있는 나무는 이와 달리 작게 그려져 원근감을 드러내고자 했다. 특히 원우전은 걸개그림과 실제 장치의 접합 지점에 신경을 쓰면서, 원경과 근경의 자연스러운 연계를 중시여기는 스타일의 작업을 시행한 바 있다.[217]

216 「청춘좌 공연의 〈춘향전〉 대성황」, 『조선일보』, 1936.2.1, 6면.

이러한 원우전 무대미술의 전반적 특징은 1936년 1월 공연에서도 확인되고 있다.

하지만 〈춘향전〉 걸개그림은 1937년대 청춘좌 무대미술에서 나타나는 걸개그림과 본질적인 차이가 있다. 그것은 걸개그림의 비중과 중요도가 반감되었다는 점이다.

그림61 **동양극장 청춘좌의 〈외로운 사람들〉**(1937년 7월 7일~14일)[218]

그림62 **동양극장 청춘좌의 〈남아행장기**(男兒行狀記)〉(1937년 7월 22일~26일)[219]

1937년 원우전이 주도한 청춘좌 무대미술의 걸개그림 활용 사례[220]

위의 두 배경화는 청춘좌가 선보였던 대표적인 무대장치로, 호수가 있는 별장의 풍경과 광활한 평야의 느낌을 자아내는 데에 걸개그림을

217 김남석, 「동양극장 발굴 자료로 살펴본 장치가 원우전의 무대미술 연구」, 『동서인문』 5호, 경북대 인문학술원, 2016, 126~131면 참조.

218 「청춘좌소연(靑春座所演) 〈외로운 사람들〉 무대면(동양극장에서)」, 『동아일보』, 1937.7.9, 6면.
https://newslibrary.naver.com/viewer/index.nhn?articleId=1937070900209106008&editNo=2&printCount=1&publishDate=1937-07-09&officeId=00020&pageNo=6&printNo=5697&publishType=00010

219 「〈남아행장기(男兒行狀記)〉의 무대면」, 『동아일보』, 1937.7.25, 7면.
https://newslibrary.naver.com/viewer/index.nhn?articleId=1937072500209107009&editNo=2&printCount=1&publishDate=1937-07-25&officeId=00020&pageNo=7&printNo=5713&publishType=00010

220 김남석, 「동양극장 발굴 자료로 살펴본 장치가 원우전의 무대미술 연구」, 『동서인문』 5호, 경북대 인문학술원, 2016, 126~131면.

사용한 대표적인 사례이다. 사람들이 들어서면서 걸개그림의 상단은 비교적 원근감에서 멀리 있는 풍경을 구현하는 역할을 하고 있고, 걸개그림의 하단은 배역을 연기하는 인물들과 맞닿으면서 가까운 풍경을 묘사하는 데에 집중하고 있다. 특히 걸개그림은 무대 위의 실제 기물과 자연스럽게 접합되면서, 원/근의 느낌을 실제적인 형상으로 바꾸는 안정감도 구현하고 있다.

이처럼 1937년 동양극장 무대미술에서는 걸개그림이 무대 위 장치(기물)에 의해 가려지지 않았다. 원경으로 펼쳐지는 풍경은 객석 어디에서도 광활한 느낌을 자아낼 정도로 시원하게 펼쳐져 있다. 하지만 1936년 1월 〈춘향전〉의 무대는 걸개그림 자체가 돌출한 전각과, 그 밑을 잇는 다리에 의해 시각적으로 부분 차단당한 상태이다. 물론 원경으로서의 산세와 나무의 형태가 관객들에게 완전히 은폐되는 것은 아니다.

다만 무대의 중심은 하수 쪽으로 비틀려 세워진 전각의 모서리 부분이며, 무대 중앙을 가로지르는 다리였다. 그렇다면 걸개그림은 이러한 전각과 다리가 미처 처리하지 못하고 있는 부분, 즉 여백으로서의 빈 공간을 메우는 역할에 치중하고 있다. 이러한 걸개그림은 나무와 산세의 형세로 인해 〈춘향전〉의 분위기에 합치되는 점만 예외로 한다면, 무대장치의 부분만을 담당하고 있는 셈이다.

이 무대(디자인)에서 가장 주목되는 사안은 좌우대칭의 파괴이다. 하수 쪽으로 기울어진 전각은 무대를 정면으로 응시하는 데에 불편할 정도로 시각적으로 비틀려 축조되었다. 그래서 배우들은 전각의 정면에 서면 객석 중앙을 볼 수 없게 된다. 무대 위에서 배우들이 시선을 편안하게 객석으로 보낼 수 없는데, 이로 인해 움직임도 단조로움을 피할 수 있게 된다.

누각 위의 도령은 아래로 뛰어 내려가는 방자를 바라보는데, 이때 신체는 객석을 향하면서도 머리(시야)는 움직이는 방자를 사선으로 주시하게 된다. 그리고 이러한 신체와 시야의 불일치(비틀린 각도)는 무대와도 평행을 이루지 못한다. 이러한 무대 배치는 끊임없이 객석으로 향하는 사이트 라인sight line에 맞추어 신체와 시야를 변동해야 하는 임무를 배역에게 주지시키는 구조를 형성하고 있다.

아래로 움직이고 있는 방자의 동선도 흥미로운 관찰을 불러일으킨다. 방자는 높은 곳에서 낮은 곳으로 움직이고 있지만, 무대 위에서는 하수에서 상수 방향으로(무대 오른쪽에서 왼쪽으로) 이동하고 있다. 이러한 동선은 관객들에게 단조로운 움직임이 가져올 수 있는 관습적인 편안한 관람을 방해한다. 방자의 움직임은 높이의 증감을 수평의 이동으로 바꾸고 있으며, 그 역시 곧 다리를 건너는 움직임으로 바뀌면서 무대상에서 후퇴(무대 전면에서 후면으로)를 예고한다.

그러니까 1막 광한루 무대에서는 배우들이 단조로운 직선으로 움직이거나 편안하게 앞을 내다보는 시선 자체가 웬만해서는 이루어질 수 없다. 객석 우측 관객의 사이트 라인sight line을 저해하면서까지 무대장치가 하수 쪽에 치우치게 조성되면서, 결과적으로 배우들이 상투적으로 움직일 수 있는 여지가 제거되었다. 배우들은 계단을 오르거나 다리를 건너거나 등/퇴장할 때도, 여러 각도에서 달라지는 자신의 신체와 시야를 의식하며 연기하지 않을 수 없었다. 이러한 무대 배치는 예외적이고 이질적인 특성을 지니고 있었다.

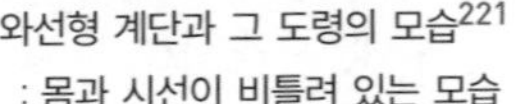

와선형 계단과 그 도령의 모습[221]
: 몸과 시선이 비틀려 있는 모습

누각 앞에 놓인 다리를 건너는 방자의 모습[222]
: 무대를 수평으로 가로지르는 동선이 생겨남

그림63 **동양극장 청춘좌의 1936년 1월 〈춘향전〉**(무대 사진)(상)**에서 누각과 평면 부분 확대**

이처럼 광한루 무대는 일단 조형적인 측면에서 새로운 인상을 형성한 경우이다. 동일한 〈춘향전〉의 무대라고 할지라도 2막의 동헌 무대나, 1936년 9월 〈춘향전〉의 무대, 혹은 청춘좌가 이후에 공연하게 되는 사극류 무대와 큰 변별점을 보이고 있다. 이러한 무대들은 좌우 배치가 동일하고, 일반적 형태의 단이 마련되어, 그 위에 대청마루와 난관이 배치된다는 점에서 구도적으로 크게 동일한 형태였다. 그러니까 관습적인 무대의 공통점은 무대 면에서 수직 수평으로 설치된 세트와, 좌우 균형을 고려한 대칭성이라고 요약할 수 있겠다.

하지만 〈춘향전〉 무대 사진(상)의 광한루는 관습적인 대칭성과 반복

221 「청춘좌 공연의 〈춘향전〉 대성황」, 『조선일보』, 1936.2.1, 6면.
222 「청춘좌 공연의 〈춘향전〉 대성황」, 『조선일보』, 1936.2.1, 6면.

성에서 벗어난 무대디자인을 선보인다. 광한루 무대는 이러한 관습적인 균형과 대칭을 파괴하고 있고, 역동적이고 변화무쌍한 동선과 시야를 요구하는 비틀린 무대로 제작되었다. 대칭적인 무대장치가 인물의 유형화된 배치(좌우로 벌려서며 시립하는 형태의 인물 배치)만을 허용한다고 할 때,[223] 한쪽으로 틀어지며 지어지는 바람에 무대 자체에 나선형螺旋形 곡선미가 생성된 광한루의 무대는 인물의 동작과 기립에 상당한 변화를 가져올 수밖에 없었다. 그러다 보니 기존의 무대가 요구하는 인물의 상투적 배치를 시행할 수 없게 되었고, 이 작품에서 방자와 이도령은 경직된 대칭성을 벗어나 연기의 활력을 꾀할 수 있게 된다.

원우전은 이러한 만곡성彎曲性을 더욱 제고하기 위해서 섬돌과 마루를 평행하게 배치하지 않았고, 광한루 아래의 평면 바닥 면에 직사각형의 경직된 구도를 대입하지 않았다. 반달 모양의 모래, 모양이 다른 섬돌, 간격이 다른 대청마루는 전체적으로 부채꼴 모양을 형성하면서 율동감과 심리적 여유를 창출하는 데에 일조했다. 이러한 공간에서 배우들의 연기는 관행적인 무대 배치에서 탈피하여 자유로울 수 있으며, 이를 바라보는 관객의 유연한 관극 욕구도 살아날 수 있었다.

무대에서 안정감은 보통, 수평과 수직의 만남을 통해 이루어진다. 수평은 지상을, 수직은 중력을 시사하는데, 무대 면이 중력을 지지하면서, 수직과 수평이 무대 면에서 만나게 되는 것이다.[224] 그래서 직사각형의 건축물은 수직의 무게감 혹은 중력을, 수평의 지지선(바닥 면 혹은 수평적

223 노승희, 『해방 전 한국 연극 연출의 발전 양상 연구』, 동국대 박사논문, 2004, 22~49면.

224 권용, 「현대 공연예술의 연출방법, 연기양식, 무대미술의 시각적 분석」, 『드라마논총』 23집, 한국드라마학회, 2004, 84~85면 참조.

기단)으로 안전하게 떠받치고 있다는 인상을 준다. 그래서 좌우 대칭 구조가 이러한 안정감을 강화한다는 사실을 부인하기는 어려울 것이다. 그래서 역으로 비틀리면서 와선형渦旋形으로 쌓아 올린 건축물의 경우에는 수직의 힘을 안전하게 떠받칠 수평의 면이 충분하지 않다는 인상을 생성하게 되고, 건물의 자유 곡선은 유연함이나 일탈을 보여준다는 점에서 안정감보다는 상대적으로 역동성을 강조하는 효과를 가져올 수밖에 없다.

그렇다면 광한루 장면에서 무대장치의 목표는 안정감이 아닌 역동성, 즉 변화가능성에 맞추어진 것이다. 필연적으로 '광한루' 장면이 '생동하는 봄'과, '남녀 간의 격동하는 관심(감정)'을 표현하는 장면이어야 한다고 할 때, 이러한 역동성은 장면의 목적에도 부합된다고 하겠다. 더구나 방자의 불안정한 무대 연기 — 가볍고 경망스럽게 까부는 형태의 움직임과 연기 — 도 이러한 무대의 이미지와 무리 없이 합치된다. 위의 사진(상)에서 방자의 움직임이 역동적으로 보이는 것도 이러한 무대의 비틀린 곡선과 대체로 어울리기 때문이다. 결과적으로 1936년의 〈춘향전〉이 관객에게 호소력을 가질 수 있었던 이유 중에 이러한 무대디자인과 이에 어울리는 인물의 동선이 큰 몫을 했음을 실질적으로 확인할 수 있다.

(3) 높이 차를 이용하는 동양극장 무대미술의 한 방식

청춘좌의 〈단종애사〉(이광수 원작, 최독견 각색, 박진 연출, 1936년 7월 15일~21일)는 동양극장 초기 레퍼토리 가운데에서도 단연 주목되는 작품이다. 그 이유는 몇 가지로 나누어 살펴 볼 수 있다. 우선, 이 작품은 청춘좌 공연 최초로 한 작품만을 단독 공연한 경우에 해당한다(1일 1작품 공연). 〈단종애사〉 이전 청춘좌 공연에서뿐만 아니라, 동극좌나 희극좌

공연에서도 1일 2~3 작품 공연이 관례적으로 시행되고 있었다.[225]

사실 〈단종애사〉 이후에도 대부분의 청춘좌 공연은 여전히 1일 2~3 작품 체제로 치러졌다. 그래서 〈단종애사〉는 동양극장 역사상 최초로 1일 1작품을 공연한 경우에 해당할 뿐만 아니라('조선성악연구회'의 공연은 제외), 역사적으로 예외적인 공연에 속한다고 하겠다. 심지어 동양극장 최고의 화제작이었던 〈사랑에 속고 돈에 울고〉도 1일 2작품 공연 체제 하에서 치러졌다는 점에서,[226] 〈단종애사〉의 선구성은 그 의미가 혁혁하다고 하겠다.

또한 〈단종애사〉는 막간을 없앤 최초의 동양극장 공연 사례로 알려져 있다. 1일 1작품을 공연하고 막간을 생략하는 공연 체제는 동양극장 연출부(특히 홍해성)의 본원적인 지향 목표였는데, 비록 〈단종애사〉 이후에 이러한 공연 체제를 일관되게 유지하지는 못했다고 할지라도, 적어도 〈단종애사〉에서만큼은 막간을 생략하는 과감한 공연 체제를 선보였다.[227]

이러한 공연 체제가 가능했던 것은 기본적으로 〈단종애사〉가 대규모 출연진이 동원된 대작이었기 때문이다. 〈단종애사〉는 총 15막 17장의 대형 연극으로, 당시 동양극장의 전속극단인 청춘좌뿐만 아니라 희극좌와 동극좌 단원이 총 동원되어야 캐스팅이 완료될 정도의 대작 규모였다.[228] 등장인물만 100여 명에 달했기 때문이다.

당시 주요 배역은 "문종 역-황철, 단종 역-윤재동, 수양대군 역-

225 김남석, 「동양극장의 극단 운영 체제와 공연 제작 방식」, 『조선의 대중극단과 공연미학』, 푸른사상, 2014, 287~291면 참조).

226 임선규 작 〈사랑에 속고 돈에 울고〉는 1936년 7월 23일부터 31일까지 공연되었는데, 희극 낙산인 작 〈헛수고했오〉(2장)과 함께 공연되었다.

227 고설봉 『증언 연극사』, 진양, 1990, 69면 참조.

228 박진, 『세세연년』, 세손, 1991, 158~159면 참조.

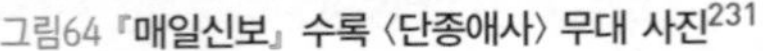
그림64 『매일신보』 수록 〈단종애사〉 무대 사진[231]

그림65 『조선중앙일보』 수록 〈단종애사〉 무대 사진[232]

서월영, 황보인 역－박제행, 김종서 역－변기종, 정인지 역－하지만, 한명회 역－유현, 권필 역－한일송, 양정 역－박창환, 성삼문 역－심영, 신숙주 역－김동규, 박팽년 역－임선규, 왕비 역－차홍녀"[229] 등이었다. 동양극장의 전체 인력이 〈단종애사〉에 총력을 기울인 만큼, 무대장치부 역시 예외가 될 수 없는 공연이었다. 당연히 원우전은 이 공연에서 무대 제작의 중추 역할을 맡았다.[230]

그림 64~65의 두 사진은 〈단종애사〉의 무대를 포착한 것으로, 이 작품과 무대미술에 대한 중요한 사실들을 알려주는 중요한 자료이다. 위 두

229 「〈단종애사〉 청춘좌 제 이주공연(第 二週公演)」, 『매일신보』, 1936.7.19, 3면 참조; 「연예 〈단종애사〉」, 『조선중앙일보』, 1936.7.19, 1면 참조.

230 정황으로 볼 때 동양극장의 〈단종애사〉는 최독견에 의해 새롭게 각색되어 공연되었지만(박진, 「〈단종애사〉 이야기」, 『세세연년』, 세손, 1991, 158~159면 참조), 역사적으로 보면 이광수 원작 〈단종애사〉의 번안이 더욱 먼저 시행된 극단은 태양극장이었다. 태양극장은 1933년 5월(26일 경성 출발) 일본 순회공연을 준비하면서(대판, 경도, 동경) 〈단종애사〉의 각색작 〈공포시대〉를 〈춘향전〉, 〈아리랑(고개)〉, 〈요부〉 등과 함께 주요 공연 목록에 포함시켰다(「조선극의 일본 진출」, 『조선일보』, 1933.5.26, 2면 참조.

개의 사진은 비단 무대 구도만 같은 것이 아니라, 근본적으로 동일한 장면을 포착하고 있다. 단지 카메라(사진)의 각도가 약간 상이하여, 왼쪽 무대 사진은 부감high angle의 각도로 무대와 인물을 포착하고 있고, 오른쪽 무대 사진은 거의 평각平角으로 무대와 인물을 포착하고 있다.

『매일신보』에 수록된 좌측 사진은 인물의 행동과 거리를 객관적으로 살필 수 있게 해준다. 마치 2층 객석에서 바라보듯 전체 인물의 배열과 구도를 조망할 수 있다. 반면 우측 『조선중앙일보』 무대 사진은 1층의 일반 관객이 바라보는 각도에 해당한다. 인물들의 거리는 눈높이에서 무화되고, 인물들의 표정과 움직임이 가깝게 보이는 효과를 거두고 있다.

하지만 이러한 효과는 대체적으로 관객의 것이기보다는, 카메라의 그것에 가깝다. 다만 이로 인해 무대에 마련된 단(마루)이 어떠한 기능을 하는지를 효과적으로 살필 수는 있다. 즉 관객들은 〈단종애사〉의 인물 배치를 바라볼 때, 무대 위에 마련된 단(마루)의 높이에 따라 인물들의 모습과 구도를 구분할 수 있다. 특히 『조선중앙일보』 무대 사진은 단이 없을 경우, 관객의 시야에 펼쳐지는 평면성을 극복하기 어렵다는—그러니까 단이 없을 경우 단(마루) 위의 배우와 무대 바닥면의 배우 사이의 거리감이 대폭 줄어들고 만다는—사실을 역으로 확인시킨다. 그렇다면 무대 단(마루)이 관객들의 시야를 열어주고, 인물 사이의 겹침(가림) 효과를 해소해 주고 있음을 새삼 확인할 수 있다. 그래서 동양극장의 1936년 〈단종애사〉 무대 세트에서 '단'에 의한 높낮이 차이는, 무대 구

231 「〈단종애사〉 청춘좌 제 이주공연(第二週公演)」, 『매일신보』, 1936.7.19, 3면 참조.
232 「연예 〈단종애사〉」, 『조선중앙일보』, 1936.7.19, 1면 참조.

도의 기본적인 중심을 이루고 있었다. 1936년 1월 공연에 이어 1936년 7월 공연에서도 이러한 단의 역할은 변함없이 확인된다고 하겠다.

또한 사진에 등장하는 인물의 복색으로 판단할 때, 무대는 왕궁 즉 궁궐 내부를 표현한 것으로 판단된다. 좌우에 시립한 신하들은 고위 관료들로 보이며, 의자(옥좌)에는 나이 어린 인물이 앉아 있는 극적 정황을 표현하고 있다. 이 작품에 윤재동이 아역으로 출연(단종 역)하여 큰 인기를 끌었다는 관련 증언을 참조할 때[233] 옥좌에 앉아 있는 이는 단종으로 판단된다.

그렇다면 무대 왼쪽(상수 방향)에 위치하면서 가장 화려한 복색을 하고 있는 인물이 수양대군으로 보인다. 수양대군은 단종의 가장 가까운 곳에 위치하고 상대적으로 꼿꼿한 자세를 유지하면서, 위협적인 존재로 부상한 자신의 캐릭터를 표현하고 있다. 무대 정황은 양위를 요구하거나 단종을 압박하는 형세이며, 이를 표현하기 위해서 왕은 높은 단 위에 위치하고 신하(수양대군)는 한 단 아래에서 왕을 쳐다보는 동선(시선)을 형성하고 있다.

다만 이러한 극적 정황을 북돋우기 위해 무대장치를 고풍스러운 궁궐 내부를 보여 주려는 의도를 지닌 설정으로 꾸미고자 했지만, 실제 무대장치는 이러한 의도를 충분히 뒷받침하지 못하고 다소 어색하게 마련된 상태이다. 궁궐이라고 보기에는 현실감이 부족해 보이기 때문이다. 그렇다면 그 이유는 무대 전환과 관련이 있어 보인다.

당시 무대제작부 상황을 참조하면, 15막 17장에 달하는 〈단종애사〉

233 고설봉, 『증언 연극사』, 진양, 1990, 69면 참조.

는 필연적으로 빈번한 세트 전환이 필요했고 이를 효과적으로 수행하기 위한 다양한 모색이 한층 절실하게 요구된 상태였다. 더구나 〈단종애사〉는 일반적인 공연 작품에 비해 거의 3배에 이르는 막 수를 지니고 있었다. 따라서 무대장치가로서는 많은 막에 적용될 수 있는 공통 공간을 설계하고 이를 중심으로 막 전환을 구상할 수밖에 없었을 것이다.

그런데 규모 면에서 1/3에 불과한 4막 5장의 〈명기 황진이〉(〈단종애사〉의 다음다음 공연 회 차 메인 작품)조차도, 공용 세트를 만들어 때로는 '황진이 집'으로, 때로는 '지족암'으로 변환한 흔적이 나타난다.[234] 그렇다면 그 세 배 규모에 달하는 막과 장을 가진 〈단종애사〉에서 이러한 변환은 피할 수 없는 선택이었을 것으로 보인다. 즉 공연 사진 속의 무대 세트는 비단 궁궐로만 사용되는 단독 세트이기보다는 여러 장면에 두루 통용될 수 있는 세트였을 가능성이 매우 높다.

다른 사례로, 세트 제작과 관련하여 눈길을 끄는 증언을 참조할 수 있다. 박진은 〈단종애사〉 공연 계획을 세우고 최독견에게 집필(각색)을 맡겼으나, 시일이 워낙 촉박하여 정해진 기일까지 공연 대본이 완성되기 어려운 상황에 처하고 말았다.[235] 다급해진 박진은 이 작품의 장면 수가 15~16개에 이른다는 정보를 미리 최독견으로부터 알아내어, 미리 무대장치부에게 제작을 의뢰했다.[236] 공연 대본이 완성되지도 않은

234 「여름의 바리에테(10)」, 『매일신보』, 1936.8.9, 3면 참조.

235 〈단종애사〉는 토월회 일맥이었던 태양극장에서 이미 공연한 바 있는 작품이었다. 당시 공연작 제목은 '공포시대'로 일본 공연작으로 선정된 작품이기도 했다(「조선극의 일본 진출 〈춘향전〉 〈단종애사〉 등으로 태양극단 일행이 26일 경성 출발」, 『조선일보』, 1933.5.26, 2면 참조). 1933년 태양극장 공연에 박진이 참여했는지 여부는 확실하게 밝혀지지 않았으나, 평소의 친분과 연계 활동 내역을 감안할 때 〈단종애사〉의 공연 여부는 숙지하고 있었다고 보아야 한다.

상태에서, 동양극장 무대장치부는 대략적인 장면 구상만으로 무대 제작에 들어간 셈이다.

그러다 보니 여러 개의 장면에서 기본적으로 활용될 수 있는 세트를 구상하는 것은 당연해 보인다. 현재 남아 있는 무대 사진은 이러한 '공통 무대(공용 세트)'에 해당한다고 여겨진다. 이 공간은 궁궐이면서도 동시에 사가私家이기도 해야 할 것이고, 어쩌면 귀향처일 수도 있기 때문이다. 따라서 한 장면으로서 감당해야 할 궁궐 공간으로서의 실감은 아무래도 떨어질 수밖에 없었다. 대신 공통 무대(세트)는 무대장치를 부분적으로나 전면적으로 재활용하여 장소 재현의 경제적 측면을 제고하는 효과를 거둘 수 있다. 실제로 많은 대중극에서 공간적 배경을 줄이고 장소 재현의 횟수를 격감시키려는 노력을 다양하게 모색한 바 있다.[237]

그래서 위 무대 사진만 놓고 본다면, 〈단종애사〉 무대미술은 평범했다고 볼 수도 있다. 이 작품이 '궁중생활 묘사'에 뛰어났다는 평가에 어울리는 무대 세트로 판단하기도 어렵다.[238] 권력의 상하 관계를 표현하기 위한 단(마루) 정도가 설치되었다는 점이 작품 설정과 부합될 뿐, 무대미술에서 별다른 개성이 발견되지 않기 때문이다.

무대장치의 평범함은 비단 시각적인 자극의 결여로만 나타나는 것은 아니다. 무대장치가 좌우대칭의 정형성을 보이고, 단과 바닥이라는 기본적인 구도를 띠게 되면서, 무대 전체가 평면성을 벗어나지 못하는 결과를 낳았다. 무대의 평면성은 무대 좌우 축만을 배우들의 기본적인 이

---

236 박진, 『세세연년』, 세손, 1991, 158~159면 참조.

237 이영석, 「신파극 무대장치의 장소 재현 방식」, 『한국극예술연구』 35집, 한국극예술학회, 2012, 26~27면 참조.

238 고설봉, 『증언 연극사』, 진양, 1990, 69면 참조.

동 축으로 삼는 결과와 필연적으로 연결된다.[239] 결국 단조롭고 상투적인 배우의 움직임과 이동만이 허락되는 셈이다. 섬돌 아래 늘어서 있는 신하들의 대칭적이고 상투적인 위치가 바로 그러한 단조로움의 대표적인 사례라고 하겠다.

(4) 1936년 8~9월 또 다른 〈춘향전〉의 등장과 동일 발상의 무대

이제, 〈춘향전〉과 연접한 다른 무대디자인을 비교해 보자. 1936년 8월(14일~22일) 최독견 각색으로 공연된 동양극장(청춘좌) 〈춘향전〉의 무대는 여러모로 〈단종애사〉(1936년 7월 15~21일) 무대와 흡사했다. 이러한 흡사한 결과는 동양극장이 〈단종애사〉의 무대 발상을 〈춘향전〉에서 재활용했기 때문이다.

〈단종애사〉의 무대는 기본적으로 섬돌을 전후로 무대 전면(평면)과 무대 후면(단)으로 분리되고, 무대 후면에 세워진 세트 좌우 대칭의 동헌(궁궐) 건물이다. 건물 중앙에는 마루가 있고, 좌우에는 방 모양의 공간이 자리 잡고 있는데, 이 방의 내부 구조는 공개되지 않는 형태이다. 이러한 무대 배치는 인물들의 고정된 동선(위치)을 선험적으로 강요하고 만다. 통상적으로 중앙에는 높은 신분의 인물(왕 혹은 원님)이 앉고, 신분이 이에 미치지 못하는 이들은 단하에 내려 시립하는 형태로 위치한다. 1936년 8월 〈춘향전〉 역시 크게 다르지 않다. 1936년 7월 〈단종애사〉의 세트는 1936년 8월 〈춘향전〉의 그것과 동일한 발상과 구조로 제작되었다고 해야 한다.

---

239 노승희, 『해방 전 한국 연극 연출의 발전 양상 연구』, 동국대 박사논문, 2004, 22~49면.

『조선중앙일보』 수록 〈단종애사〉
1936년 7월 공연의 무대 사진[240]

『조선중앙일보』 수록
〈춘향전〉 1936년 8월 공연의 무대 사진[241]

그림66 **〈단종애사〉와 〈춘향전〉 공연의 무대 비교**

더욱 근본적인 관찰 지점은 이러한 세트가 모두 1936년 1월 〈춘향전〉의 동일 대목으로 수렴된다는 사실이다. 1936년 1월 〈춘향전〉의 동헌 장면을 다시 보자.

그림67 **동양극장 청춘좌의 1936년 1월 〈춘향전〉**(무대 사진)(상)[242]

240 「연예 〈단종애사〉」, 『조선중앙일보』, 1936.7.19, 1면 참조.

241 「청춘좌 공연, 〈춘향전〉 딸을 팔아 딸을 사다니」, 『조선중앙일보』, 1936.8.18, 4면 참조.

242 「청춘좌 공연의 〈춘향전〉 대성황」, 『조선일보』, 1936.2.1, 6면.

1936년 1월 〈춘향전〉의 무대 세트는 섬돌을 중심으로 단상/단하 구조, 단상 건물의 좌우 대칭 구조, 인물의 좌정과 시립 구도의 면모에서 1936년 7월 〈단종애사〉와 1936년 8월 최독견 각색 〈춘향전〉의 연원을 보여 주고 있으며, 결과적으로는 1936년 9월 조선성악연구회 〈춘향전〉(무대디자인)으로도 이어지고 있다.

1936년 9월 24일 〈춘향전〉의 공연 상황(**그림 68**)을 포착한 좌측 사진은 이몽룡이 단상으로 오르는 정경을 보여 주고 있다.[243] 주목되는 것은 이때 동헌의 전경인데, 단상의 건축물과 건축물의 좌우 대칭, 단 위에 좌정한 인물들과 그 가운데 위치한 수장(변학도)의 모습이 그 동안 동양극장 무대장치와 일맥상통한 속성을 담보하고 있다.

1936년 9월 24일 조선성악연구회 〈춘향전〉의 공연 상황(첫 공연일)[244]

1936년 9월(24~28일) 조선성악연구회 〈춘향전〉의 한 장면(연습 정경)[245]

그림68 **1936년 9월 조선성악연구회 〈춘향전〉의 무대 배치와 배우 연기**

243 해당 사진과 장면에 대한 자세한 분석은 다음의 논문을 참조했다(김남석, 「조선성악연구회 〈춘향전〉의 공연 양상」, 『민족문화논총』 59집, 영남대 민족문화연구소, 2015, 230~232면 참조).

1936년 1월 신창극 〈춘향전〉의 무대(동헌)는 1936년 전반기를 지나면서 동일한 형태의 공간을 조성하는 기본적인 발상으로 활용되어 유사한 무대 배치를 다수 양산했고, 결국에는 1936년 9월 〈춘향전〉의 무대(동헌)로 다시 재현된 셈이다. 그렇다면 〈춘향전〉 동헌 장면의 전형적인 구도를, 위의 특성을 지니는 일련의 장면에서 추출할 수 있을 것이다.

동양극장 무대미술부는 동헌 혹은 궁궐 등의 권위 있는 옛 건축물을 〈춘향전〉이나 사극류에서 재현할 때, 섬돌을 중심으로 한 높이 차를 기본적으로 적용했고 이로 인해 앉고 서는 인물들의 좌정/시립 구도가 연기의 측면에서 자연스럽게 틈입 강요되고 있었다. 건축물은 기본적으로 좌우 대칭을 띠고 있었기 때문에 정형적인 인상을 주기 일쑤였고, 그로 인해 건축물의 안정감이 부각되거나 무대 중앙이 돋보이는 연기 공간으로 부상할 수 있었다. 신분이 높은 이가 그 중앙에 앉아 객석을 내려다보는 인물 연기는, 이러한 전형적 무대 구조에서 관습적으로 나타날 수밖에 없는 연기 패턴이었다.

더 넓게 보면, 이러한 무대 세트는 당시 대중극단들이 무대 공간을 구성할 때 일반적으로 사용하는 세트라고 할 수 있다. 동양극장의 무대미술부 역시 별다른 고민 없이 〈단종애사〉의 무대 세트를, 〈춘향전〉의 무대 세트로 응용하여 재활용했다고 볼 수 있다. 더 나아가서는 〈춘향전〉의 고가 양식을 사극류의 고가에 대입했고, 다시 이러한 고가는 상

---

244 「가극 〈춘향전〉 초성황의 제1일」, 『조선일보』, 1936.9.26, 6면 참조.

245 「개막의 5분전! 〈춘향전〉의 연습」, 『조선일보』, 1936.9.25, 6면 참조; 「성연(聲硏)의 〈춘향전〉 1막」, 『조선일보』, 1936.10.3, 6면 참조.

투적 재현을 거쳐 조선성악연구회의 창극 〈춘향전〉에도 무리 없이 대입되었다.

더구나 이러한 무대 컨셉의 응용과 디자인의 활용은 당시로는 그다지 문제될 것이 없었다. 그만큼 동양극장 작품(공연) 사이의 유사성이 강했고, 심지어는 공연 작품 중에는 과거 대중극단의 공연물에서 발상을 확보한 경우도 있었다. 따라서 이러한 유사성에 의거해 무대장치부는 기본적인 무대 도안 혹은 세트를 준비 제작하는 관행이 남아 있었다고 볼 수 있다. 더구나 〈단종애사〉와 〈춘향전〉의 공연 일자가 인접해 있어, 이전에 만든 무대 세트의 기초 도안이나 형해 같은 기본적인 재료를 사용하는 부수적인 효과도 강력하게 작용했을 것으로 판단된다.

(5) 무대장치의 발상과 무대 구조의 반복

1936년 1월에서 9월에 이르는 기간 동안 나타난 동양극장의 '고택 무대디자인'이 상호 연계하여 형성하고 있는 동질성은 주목을 요한다. 기본적으로 동양극장의 무대디자인이 귀한 상황에서 발견되는 자료이기에 발견되는 자료마다 으레 관심을 끌게 마련이기도 하지만, 다른 한편에서는 그 내부를 관류하는 주요 특질(이른바 공통점)이 동양극장의 무대 특질을 일정 부분 해명하기 때문이다.

더구나 무대 구도의 재활용 혹은 발상의 반복이 배역의 연기에도 영향을 미칠 정도로, 상투적인 패턴의 공연물을 초래할 위험을 증대시킨다는 점에서 더 근본적인 물음을 던질 수 있다. 각론에서 열거한 자료들은 이러한 관습적인 무대디자인의 실현을 증거하고 있다. 전술한 대로, 〈단종애사〉의 각색 대본이 정리되지도 않은 상태에서도 이미 박진은 무대미술(무대장치)을 준비하는 조치를 취할 수 있었다. 그만큼 무대미술이 요식적인 절차로 전락했을 가능성을 상정할 수 있으며, 어쩌면 과거 태양극장 시절 동일 공연 작품을 공연한 전례에서 유사한 디자인을 미리 확보했을 가능성도 배제할 수 없다.

하지만 더욱 강력하게 작용한 요인은 무대장치의 관습에서 찾을 수 있다. 빠른 시간 내에 작품을 공연하기 위해 무대미술의 관습적 재활용은 기본적인 준비 요건에 해당했을 가능성이 매우 높다. 무대디자인을 조속히 시행하고 이를 무대에 준비하는 일은 시일이 소요되므로, 5일 안팎의 신작 2~3작품을 동시에 준비해야 하는 무대미술부로서는 창조적인 측면에만 매달리기 힘들었을 것이다.

거꾸로 익숙한 무대는 적지 않은 준비 기간 절감 효과를 가져 올 수 있다. 관습적으로 반복되는 무대(디자인)는 배우들에게 시각적으로 그리고 체감적으로 익숙한 무대일 수밖에 없다. 그로 인해 전형화 된 연기와 대사를 수월하게 적용할 수 있다. 연출자에게도 이러한 익숙한 무대는 다양한 편의성을 제공할 수 있다. 인물들의 전체 구도는 정형적으로 마련될 수 있고, 배우들이 익숙한 무대 하에서 관습적인 연기를 펼치는 데에 소요되는 시간도 줄어들 수 있다. 가령 조속한 시간 내에 장면을 연출해야 하는 박진에게 이러한 편의성은 은근히 도움이 될 수 있었다. 박진이 자신을 편극자로 내세우는 까닭도, 이러한 급박한 제작 과정에서 연출자의 입장을 넘어 대본의 마무리와 작품의 조속한 공연에 적지 않은 조력을 투여했기 때문으로 풀이된다.[246]

---

246 박진은 기본적으로 동양극장 문예부 소속으로 활동하기도 했다.

앞에서도 말한 대로, 이러한 제작 방식은 미학적인 실패, 즉 창조성의 결여를 초래할 위험 또한 제고한다. 그러나 결과만 놓고 본다면, 〈단종애사〉나 〈명기 황진이〉 혹은 조선성악연구회의 1936년 9월 〈춘향전〉은 처참한 실패작으로 거론되는 작품들은 아니었다. 오히려 동양극장의 전성기를 이끄는 주요한 작품 중 하나로 꼽히고 있으며, 관객들의 반응(인기)도 상당했던 것으로 기록되어 있다.

다만 미학적 실패를 거론하기 힘들다고 해서, 이러한 동양극장 작품들에 흐르는 상투성이 무마되는 것은 아닐 것이다. 여기서 다시 동양극장 최초의 〈춘향전〉을 돌아볼 필요가 있다. 토월회에서 〈춘향전〉의 성공을 이미 목도한 박진은 나귀를 동원하는 준비까지 하는 등 과거 공연과의 차별화에 나섰고, 1936년 1월 동양극장(청춘좌) 첫 공연에 변화를 도모하고자 노력했다. 〈춘향전〉이 당대의 인기작이었고 숱한 성공 신화를 거둔 작품이었기에, 흥행에 안전할 수 있는 기존의 방식 — 더구나 토월회의 성공 사례를 염두에 둔다면 — 을 가능한 한 그대로 도용할 수 있었음에도 불구하고 박진의 연출 시도는 변화를 가미하는 방향으로 바뀌었다.

하지만 박진은 자신의 시도가 오히려 실패했고, 창조성의 가미가 무모한 시도로 끝났다고 판단하고 있다. 더욱 중요한 점은 다시 이러한 무모한 시도를 하지 않겠다는 경험을 얻었다고 술회한 점이다. 결과만을 놓고 본다면 이러한 성급한 판단이 〈춘향전〉의 다른 변화 가능성마저 일소한 것인 아닌가 한다. 특히 아쉬운 것은 〈춘향전〉의 또 다른 무대가 지니고 있는 창조성이 사장된 점이다.

지금까지 발굴된 자료에 의거하면, 1936년 1월 신창극 〈춘향전〉의 광한루 무대는 대단히 참신하다는 평가를 이끌어 낼 정도로, 그 이후에도 무대 제작 관습에서 벗어난 독창성을 지니고 있었다. 좌우대칭에서 벗어나 역동성을 강조한 구조, 높이를 활용하면서도 입체적인 연기가 가능한 배치는, 이도령과 방자 그리고 추후에 등장할 춘향에 이르기까지 흥미로운 동선과 신체 연기를 가능하게 했다.

비록 단편적인 사진이지만 이도령의 비틀린 신체 연기 모습이나 방자의 수평적인 움직임이 가능했던 것도 이러한 무대장치에 힙입은 바 크다. 정형적인 좌우대칭이 파괴되면서 배경화가 지나치게 강조되지 않은 점도 관객들의 시각에 상당한 영향을 끼쳤을 것으로 판단된다. 그럼에도 이러한 창조성은 이후 무대 배치 — 적어도 사극류의 고택 설정 — 에서 분명하게 현현되지 않는다. 오히려 2막 '동헌'류의 고정적 무대디자인으로 반복되어 사용되었다는 점만이 분명하게 확인될 따름이다.

이러한 현상을 동양극장 상연 〈춘향전〉 무대(디자인)의 반복성(관습성)과 창조성(독창성)으로 일단 정리할 수 있을 것이다. 이러한 정리는 반복성이 가중될 수밖에 없는 이유가 짧은 준비 기간과 과중한 업무에서도 연원할 수 있지만, 의외로 배우들의 정형화된 연기와 변화 없는 연출을 중시하는 연출(제작)자의 입장에서 촉발된 것일 수 있음을 또한 시사한다고 하겠다. 계속되는 공연 일정을 소화해야 하고 과중한 업무와 경제적 필요를 절감해야 하는 입장에서는 무대 제작과 배치의 요령 있는 선택과 집중은 또한 필수적인 작업이었을 것이다. 동양극장이 창조성과 새로움 그리고 미학적 모험과 완성도에 대한 집착만 앞세울 수 없었던 상업극장이었다는 점도 또한 중요한 요인으로 작용했을 것이다. 이러한 상업성을 염두에 둔 무대배치이기에 현실적으로 공연의 안정성을 가져오는 중요한 계기가 된 것도 부인할 수 없는 것처럼 말이다.

(6) 〈춘향전〉의 내적 맥락과 외적 흐름으로 본 무대디자인

1936년 1월부터 9월까지 동양극장에서 공연된 〈춘향전〉과 일련의 사극류 작품의 내적 맥락을 살펴보면서 동시에 이와 관련된 외적 흐름을 논구할 필요가 있다. 그것은 이러한 맥락이 형성하는 중요한 무대적 요인 때문이다.

더구나 이 시기의 공연이 주목되는 이유는 몇 가지로 간추려질 수 있다. 일단, 이 시기는 동양극장이 새로운 도약을 위해 극단의 저력을 결집해야 하는 시점에 해당한다. 1936년 1월 시점은 청춘좌의 생성기이자 동양극장의 창립 시점이므로 〈춘향전〉은 청춘좌와 동양극장의 배우 진영과 연기력을 시험하는 일종의 실험장이 될 수밖에 없었다.

시간이 흘러, 1936년 5~8월에 이르는 시점은 동양극장과 청춘좌의 성세기로 접어드는 시점에 해당한다. 이 무렵 청춘좌는 〈단종애사〉→〈사랑에 속고 돈에 울고〉→〈명기 황진이〉를 거치면서 당대 여타 극단과 상설 극장을 능가하는 인기 극장으로 떠올랐고, 일약 청춘좌는 문제작을 연거푸 공연하는 최고의 대중 극단으로 인정되기에 이르렀다.

그러면서 동양극장은 1936년 8월 〈춘향전〉(청춘좌)을 공연하고, 1936년 9월에는 조선성악연구회 〈춘향전〉을 공연하는 일종의 공연 상의 연계성을 형성해 나갔다. 이러한 공연 맥락에서 주목되는 점은, 의외로 〈춘향전〉의 무대장치에서 찾을 수 있다. 동양극장에서 개막된 〈춘향전〉들은 상호 연계되며 하나의 연속적인 흐름을 이루게 되고, 이러한 연속적인 흐름은 〈춘향전〉의 내적 일관성뿐만 아니라 동양극장 연극의 주요한 특색을 담보하게 된다.

다른 각도에서 보면, 청춘좌의 〈춘향전〉은 비단 '1930년대만'의 산물은 아니다. 1936년 1월 〈춘향전〉의 모델은 토월회 연극의 〈춘향전〉에 직접적인 기원을 두고 있다. 청춘좌가 토월회의 인적 구성을 전폭적으로 수용하면서 창단된 극단이었고, 무엇보다 토월회의 수뇌 중 하나였던 박진이 청춘좌를 운영하면서 전체적으로는 동양극장 레퍼토리를 공급하는 업무를 관할하고 있었기 때문이다.

이러한 박진에게 1920년대 토월회(광무대 직영)의 흥행 신화를 이룩했던 〈춘향전〉은 놓칠 수 없는 주요한 레퍼토리였다. 토월회는 1925년 〈춘향전〉의 흥행 신화를 1932년이라는 시공간에서 태양극장을 통해 시험한 바 있었는데, 이 역시 당초의 기대를 무너뜨리지 않는 공연 실적을 가져온 왔다는 기억을 지니고 있었다.

1936년 1월 구정 무렵은 과거의 흥행 신화를 다시 쓸 수 있는 절호의 기회였고, 실질적으로 작품 공급 자체도 원활한 시점이 아니었다. 청춘좌가 일정한 극단 반열에 오르기 위해서는 극단의 역량을 집적하여 대대적으로 그 성과를 알릴 기획 작품도 필요했다. 이러한 기회를 읽은 박진은 〈춘향전〉 공연을 기획했다. 그는 이 공연을 기획하며 과거 토월회의 공연에서 연원한 인기 확보의 계기로 삼고자 했지만, 동시에 미학적 새로움을 추구하는 실험의 장으로 이를 변화시키고 싶기도 했다. 이러한 그의 의도는 나귀의 등장과 비틀린 무대 그리고 신창극 장르의 도입 등으로 가시화되었다.

하지만 이후의 〈춘향전〉에서 이러한 새로운 변화의 가미는 크게 우위를 점하지 못했고, 무대장치를 통해 본 〈춘향전〉 공연은 일련의 패턴을 반복하는 고답적인 한계를 벗어나지 못하고 말았다. 그러니까 무대장치가 일률적으로 고정되기 시작하면서, 간혹 추가되는 새로운 발상마저 무화시키는 결과를 낳고 만다. 이에 따라, 1936년 1월 신창극 〈춘향전〉의 동헌 무대가 1936년 7월 〈단종애사〉, 1936년 8월 〈춘향전〉 재공연, 1936년 9월 조선성악연구회의 〈춘향전〉에서 무대디자인이 어떠한 상투성을 반복하게 되는지 실례를 중심으로 주의 깊게 살펴볼 필요가 있다.

무대장치의 반복적 특성은 비단 시각적 상투성만 양산하는 것이 아니다. 무대장치의 일률성은 연기자들의 고정된 상투적 자세, 연출자들의 관습적인 인물 배치, 나아가서는 세트의 재활용 같은 폐습에서 작품 해석과 인식의 경직된 틀까지 좌우하는 결정하는 폐해를 초래할 수 있다.

1936년 9월 이후 〈춘향전〉 공연 시마다, 조선성악연구회는 장면마다 적지 않은 변화를 추구했고 이로 인해 창극으로서의 새로운 면모를 보인 점이 인정되지만 무대장치는 동양극장 무대미술부의 협조를 받으면서 오히려 상투적인 측면으로 기울어지는 인상을 남겼다. 이에 대한 연구는 향후 더욱 진행되어야 할 사항이지만, 이러한 반복성은 무대미술과 관련된 동양극장의 내적 조건과 그 맥락에서 연원한 것만은 분명해 보인다.

다만 동양극장 공연이 비단 내적 맥락만으로 결정되는 공연이었던 것은 아니다. 동양극장 〈춘향전〉의 기원이 토월회와 태양극장을 거치면서 형성된 것이었던 것처럼, 또한 〈단종애사〉도 태양극장의 레퍼토리(당시 제명은 〈공포시대〉)로 이미 만들어져 공연된 전력이 있는 것처럼, 동양극장의 적지 않은 레퍼토리들은 1920~30년대라는 동시대의 연극적 환경(조선의 다른 대중극단들과 상호 영향 관계)에서 착상/기원한 것들이었다. 이러한 영향 관계는 동양극장이 외부적 흐름을 내부의 맥락으로 끌어들이는 데에 무심하지 않았으며 어떤 측면에서는 적극적이었음을 확인할 수 있다.

이러한 대표적인 작품이 〈춘향전〉이었던 것이다. 〈단종애사〉가 이광수의 원작을 바탕으로 했고, 〈명기 황진이〉가 박종화의 원작을 바탕으로 각색된 작품이라는 점도 이러한 이해를 돕는 근거가 될 것이다. 그렇다면, 이제 이러한 외적 수용을 통한 외부 환경과의 접목이 가지는 필연적 발상을 정리할 필요가 있다.

외적 흐름과 재원을 활용하면 할수록, 과거의 것으로부터 탈피할 수 있는 새로운 요소 즉 구태로부터 벗어날 수 있는 미학적 참신함을 동반하지 않을 수 없었다. 동양극장 〈춘향전〉은 토월회의 〈춘향전〉으로부터 연원했지만 결코 동일한 작품이 되어서는 안 되었다. 또한 동시대의 다른 상투적인 요소로부터 벗어나야 하는 의무도 지니고 있었다. 1936년 청춘좌 〈춘향전〉의 와선형 누각과 수평적 무대 배치는 그러한 필연적 발상에서 탄생한 귀한 사례에 속한다.

이는 동시대의 관객으로부터 인기와 지지를 얻는 방식을 차용하되 한 걸음 진전된 공연을 만들어야 한다는 제작 신념이 남아 있는 상태에서, 비록 부분적이지만 이러한 신념이 생산한 결과(물)라고 할 것이다. 다만 안타까운 점은 이러한 참신함이 부각되지 못하고 오히려 공연 제작의 급박한 일정으로 인해, 그리고 조속한 제작을 요구하는 극단의 내부 사정에 의해 점차 소멸한 것으로 보인다는 점이다. 〈춘향전〉은 점차 수공업적 완성도를 자랑하는 작품이 아니라, 반복적 생산과 조속한 공정 그리고 익숙한 제작을 가능하게 하는 기본적 재료로 취급되어 갔다.

2) 〈명기 황진이〉의 무대 복원과 디자인 분석

고설봉은 원우전이 더운 여름날 시행된 한 공연(〈명기 황진이〉)에서 창의적인 아이디어를 발휘하여 폭포를 설계했다고 증언한 바 있다. 이러한 증언은 차후에 별도로 검증을 요하는 사항이지만, 〈명기 황진이〉가 폭포의 장려한 무대디자인으로 주목받은 작품이었다는 사실만큼은 분명하게 증언한다고 하겠다.

(1) 구획된 공연 공간과 엇갈린 시선 효과

발굴된 사진을 통해 볼 때, 〈명기 황진이〉의 오프닝 장면에서 무대의 구조는 아래의 사진과 같다. 가장 주목되는 풍경은 무대 위로 물이 흐르고 있다는 점이다. 원우전은 무대 위로 물이 직접 흐르도록 장치를 설계했다. 무대 뒤편에서 흘러나오는 물은 무대를 수직으로 가로지르며 객석 방향으로 흘러내렸고, 이렇게 흐르는 물은 처녀들이 빨래하는 갯가를 자연스럽게 만들었다. 사진 속에서 세 처녀는 그 물을 이용하여 빨래하는 연기를 수행하고 있다.

그림 69에 인용된 〈명기 황진이〉의 서막 사진을 보자. 무대는 물리적으로 크게 두 부분으로 나누어진다upstage/downstage. 무대 뒤 편upstage에는 다리가 배치되어 있는데, 이 다리로 인해 무대 앞 편downstage과 높이 차가 생겨나기 때문이다. 다리는 '송도 광화문 밧(밖) 병부다리(병부교)'로 설정되었고,[247] 다리 밑에서 빨래를 하는 공간(DC)이 다리(UC)와 자

그림69 **무대 사진 1 : 서막 '송도병부교하**(松都兵部橋下)'[249]

연스럽게 분리되었다.[248]

그런데 다리 아래 공간은 다시 두 부분으로 세분될 수 있다. 빨래하

247 이 '병부교'는 〈명기 황진이〉의 원작에서 설정한 공간적 배경이다(박종화, 〈황진이의 역천〉, 『월탄박종화문학전집(11권)』, 삼경출판사, 1980, 294면 참조; 박종화, 〈삼절부〉, 『한국작가출세작품전집(1)』, 을유문화사, 1976, 25~26면 참조). 이 글에서는 박진의 기록과 『매일신보』 신문 기사의 기록을 참조하여(「여름의 바리에테(8)」, 『매일신보』, 1936.8.7, 3면 참조), 〈명기 황진이〉의 원작을 박종화의 소설 〈삼절부〉(후대의 개작본 〈황진이의 역천〉)로 전제한다. 이 원작의 설정을 인용할 시에는 '박종화 전집' 형태로 1980년 삼경출판사에서 발간된 〈황진이의 역천〉을 기저 판본으로 삼았으며, 1976년에 발표된 〈삼절부〉는 이 기저 판본과의 비교를 통해 주요한 참고 자료로 활용하고자 했다.

248 무대에서 연기 영역은 크게 9등분으로 이해되고 있다(한국문화예술진흥원 간, 『연기』, 예니, 1990, 46~47면 참조). 이 글에서는 무대 9등분 구획을 수용하여 필요할 때마다 약칭으로 지칭하기로 한다.

면서 황 소년과 연기(시선)를 주고받아야 하는 여인들의 물리적 공간이 그 하나이고, 무대에 재현된 공간 밖에서 작품의 진행을 돕는 서사가 위치한 연극적 공간이 다른 하나이다. 결국 〈황진이〉 서막의 무대는 세 부분으로 나뉜다. 다리 위의 황 소년의 이동 공간, 냇가 처녀들의 빨래터, 그리고 서사 진행을 위해 등장하는 서사의 연극적 공간이 그것이다.

당시 무대 설명에 따르면, 무대 뒤로는 '멀리 만월대의 울창한 송림'이 배치되었고, 계절적 배경은 봄으로 설정되었다. 봄은 만물이 소생하고 남녀가 자유롭게 거리를 돌아다니는 풍광을 연출하기에 적당한 시점이었다. 원작에 따르면, 봄이 오자 순박한 처녀들이 봄옷을 만들려는 의도로 빨래터로 모여들었는데, 이때 소과사마방小科司馬房에 급제하여 진사에 오른 '황 소년'이 병부교를 지난다.[250] 처녀들이 빨래터로 모여들고, 소년 재사(진사)의 발걸음이 거리로 나오는 시점을 '만남의 시점'으로 삼은 것이다.

빨래터와 냇물의 조합은 원작에서 묘사한 활달하고 명랑한 분위기를

UR(upstage right)	UC	UL(upstage left)
RC	C(center)	LC
DR(downstage right)	DC	DL(downstage left)

↗ ↑ ↖

관객(석) 시선(을 통해 본 무대 분할도)

249 서막의 내용과 무대 사진은 다음의 자료를 참조했으며(「여름의 바리에테(8)」, 『매일신보』, 1936.8.7, 3면 참조), 〈명기 황진이〉에 대한 기존 논의를 기본적으로 참고했다(김남석, 『조선 대중극의용광로 동양극장』(1), 서강대 출판부, 2018, 395~404면 참조).

250 박종화, 〈황진이의 역천〉, 『월탄박종화문학전집(11권)』, 삼경출판사, 1980, 294면 참조.

자연스럽게 형성할 수 있었고, 관객들에게는 서사의 개연성 있는 진행을 납득시키는 무대적 장치로 기능할 수 있었다.

> 왼쪽 언덕으로 황 소년이 나타났습니다. 양반의 아들다운 위엄 있고 천천한 걸음(으로) 다리를 건너서 잠깐 뒤를 돌아보소 발음 멈추고 섰습니다. 무대 바른편으로 서사(序辭) 읽는 사람(심영 분)이 나타나서 황 소년과 현금의 연분 그리고 황진의 일생을 암시하는 서사를 읽습니다.(…중략…) 서사가 끝나자 다리 밑에서 빨래하는 처녀 두 사람이 벌떡 일어나서 황 소년이 사라진 곳을 바라보고 가슴을 안으며 "아이 참 잘 두 생겼다"(…중략…) "이제 그만 들어가자" "그래 넌 안 갈련?" 한 사람의 처녀가 현금(왼쪽에서 빨래하는 처녀)을 바라보고 뭇습니다.[251]

병부교 위로 나타난 남자가 '황 소년(황철 분)'인데, 그는 미래에 '황진이의 부친'이 되는 인물이다. 반면 다리 밑에는 빨래하는 처녀들이 등장하는데,[252] 박진은 이 빨래하는 처녀들을 '표랑漂娘'으로 지칭했다.[253] 무리를 지어 빨래하는 2명의 표랑이 황 소년을 연모하게 되는 처녀들이고, 외따로 떨어져 빨래하는 처녀가 황 소년과 사랑에 빠지는 여인이다.

외따로 떨어진 처녀[254]는 처음에는 황 소년을 제대로 보지 못하고 빨

251 「여름의 바리에테(8)」, 『매일신보』, 1936.8.7, 3면.

252 연출가 박진은 총 네 명의 표랑을 무대에 기용했고, 표랑 1을 남궁선, 표랑 2를 한은진, 표랑 3을 김소영이 맡았으며, 진현금 역을 차홍녀가 맡았다고 기록하고 있다(박진, 「지족 역을 진짜 녹여버린 황진이 역」, 『세세연년』, 세손, 1991, 156면 참조). 하지만 실제 무대에서 표랑은 세 사람이었고, 이 세 표랑 중에는 두 처녀와 마주 앉아 홀로 빨래를 하는 현금이 포함되어 있었다.

253 원작에서는 '표랑'의 한자를 '漂浪'으로 표기하고 있다.

래만 하는 여인으로 설정되는데, 이러한 행동으로 인해 오히려 황 소년의 관심을 끌게 되고, 결국에는 두 사람은 사랑에 빠지는 사이가 된다. 황 소년과 사랑에 빠지는 이 여인이 '(진)현금'(차홍녀 분)으로 미래에 '황진이의 모친'이 되는 인물이다.

무대 정황을 세부적으로 파악해 보자. 황 소년이 다리 위로 지나가면, 정황상 두 처녀는 황 소년의 풍모를 흠모의 시선으로 쳐다보게 된다. 황 소년의 동선(upstage에서 이동)이 UR(오른쪽)에서 UL(왼쪽)로 이동하게 되고, 처녀들('downstage' 혹은 'LC에 인접한 Center'에 위치)의 시선은 'Left'에서 'Right'를 바라보게 되므로, 두 인물군의 시선은 자연스럽게 마주칠 수 있게 된다.

게다가 황 소년의 위치와 처녀들의 위치는 무대의 높낮이 차에 의해 명확하고 간결하게 나누어지므로, 처녀들의 연정을 담은 시선이 자연스럽게 '우러러 보는 각도'(카메라의 low-angle shot, 앙각仰角)를 형성할 수 있었다. 앙각은 피사체를 크게 보이도록 유도하여 대상을 흠모하고 존중하는 느낌을 형성한다.[255]

하지만 이러한 처녀들의 연정에도 불구하고 황 소년의 시선은, 오히려 자신을 쳐다보지 않는 진현금을 주목하게 된다. 처녀들의 반대편에 있는 진현금은 무대상에서 RC에 인접한 Center에 위치하게 되면서, 황 소년의 시선을 연극적으로 자연스럽게 인지하지 못하는 자리를 확보하고 있다. 그러니 황 소년의 시선이 계속해서 진현금을 향하는 것이 가능

---

254 인용 기사에서는 이 처녀의 위치를 '왼쪽'으로 표기했는데, 이것은 객석에서 바라볼 때 방향을 의미하므로 이 논문에서 사용하는 무대상의 위치로 환원하면 오른쪽(right, DR)에 해당한다.

255 죠셉 보그스, 이용관 역, 『영화보기와 영화읽기』, 제3문학사, 1991, 144~147면 참조.

해진다. 그러다가 두 처녀가 퇴장하고 난 이후에 진현금과 황 소년은 무대 아래에서 만나게 되고 두 사람의 인연이 시작된다. 따라서 시선 교환은 처녀들이 보내는 시선과 황 소년이 진현금에게 보내는 시선이 엇갈리면서 조성된다고 하겠다.

〈삼절부〉에서 이 부분을 참조해도, 황 소년과 진현금의 만남이 엇갈린 시선에 의해 추동된다는 점을 확인할 수 있다.

> 황은 어린 듯 저도 모르게 나귀 등에서 선뜻 내려 걸음을 멈추고 돌난간에 기대서서 시냇물을 굽어본다. **황이 이렇게 다리 아래를 내려다볼 때 저편에서도 이편을 바라다본다.** 세상일을 좋게만 보는 **성(性)이 싹트는 소년소녀들이었다.** 검은 갑사복건에 옥색도포를 입고 나귀 등에 우뚝 탄 미소년을 볼 때 굴리지 않으려는 **처녀들의 추파는 어느덧 소년의 몸으로 옮겨진다.**
>
> "참 잘 생겼다."
>
> "옥골선풍이 바로 신선 같다."(…중략…)
>
> 버들 밑에는 단 하나 동무도 없이 빨래만 흔들고 있는 처녀가 하나 있었다. **황은 한 식경이나 이 여자에게 눈을 보냈다.** 대꾸하는 **추파를 받으려 그는 애를 썼으나 저편에서는 옆도 보지 않았다.**(…중략…) 해가 저무니 빨래꾼들은 하나씩 둘씩 다 돌아갔다. 다만 한 사람 수양버들 밑에는 어여쁜 아까 그 처녀가 남은 빨래를 짜고 있었다.
>
> "여보, 길가는 사람이오. 목이 마르니 물 한 박만 주구료."[256](강조 : 인용자)

256 박종화, 〈황진이의 역천〉, 『월탄박종화문학전집(11권)』, 삼경출판사, 1980, 295~296면.

위의 설정은 〈명기 황진이〉의 설정으로 치환되어 표현되었다. 다만 〈명기 황진이〉에서 구체적인 사건을 엮어 사건을 진행하기보다는, 두 사람의 부딪치는(대면하는) 시선을 따라 암시적으로 사건을 진행하는 방식을 중용한 점이 가장 큰 특색이라 하겠다.

원작에서 인물들의 시선은 위/아래, 이편/저편으로 교차되며 선망과 호기심을 담아내기 시작하고, 급기야는 성性적 의미를 담은 야릇한 시선까지 포함하게 된다. 연극 〈명기 황진이〉는 이러한 시선의 교차와 서사의 흐름을 병부교 높이를 활용하여 연극적으로 표현하였고, 이를 관객들에게 시각적 장면으로 공개하는 방식을 선택했다.

그 과정에서 '냇물을 바라보는 황 소년의 시선' →'황 소년을 바라보는 처녀들의 시선' →'진현금을 주시하는 황 소년의 시선' →'황 소년의 시선을 인지하지 못하는 진현금의 태도'가 서로 엇갈리면서 무대 공간에는 엇갈린 시선의 동작선이 생겨난다. 이러한 동작선은 때로는 신체적 움직임과 어울리면서 연극적 효과를 자아낸다. 결국 엇갈린 시선은 황 소년이 Downstage로 이동해서 직접 진현금을 찾아오는 설정으로 정리되는 것이다.

황 소년의 접근이 극적 효과를 발하기 위해서는 그의 진중성이 먼저 제시되어야 했다. 서두에서 황 소년은 과거에 급제한 젊고 뛰어난 재사로 등장하여, 그에 걸맞은 행동 양식을 보여 주어야 했다. 이때 황 소년의 걸음걸이는 느리고 침착하게 연기되어야 한다고 주문되었다. 이 작품에서는 황진이가 양반 출신이라는 점이 특별히 강조되는데, 이러한 특징을 뒷받침하기 위해서라도 그의 부친인 황 소년부터 양반이었다는 점(출신)이 부각되어야 했다.

황 소년과 대면하게 되는 빨래하는 처녀들은 두 부류로 나뉜다. 하나는 황 소년을 흠모하여 쳐다보는 처녀들이고, 다른 하나는 빨래에 심취하여 처음에는 황 소년을 인지하지 못하는 여인이다. 후자의 여인은 하수 방향에 위치한(DR) 처녀인 '(진)현금'으로, 친구들이 빨래터를 떠날 때 홀로 남았다가 때마침 돌아온 황 소년과 만나 가약을 맺는 여인이다. 이 진현금의 딸이 황진이인 셈이다.

이로 인해 여인들의 영역인 Donwstage는 진현금/처녀들의 영역으로 분리되는데, 여기에 또 하나의 분리 요소가 개입한다. 그것은 처녀들과 서사 역의 분리에서 연원한다. 박진에 따르면 서사 역을 맡은 배우는 심영이었는데, 무대상에서 심영의 위치는 무대 왼쪽 전면('DL', 객석에서 바라보았을 때 박진이 묘사한 '바른편'에 해당)이었다.

심영은 박진이 연출한 작품에서 '서사' 역할을 맡은 전력이 있었는

황 소년의 위치와 걸음걸이
(무대 사진 1-1)
그림70 **황철 분**

처녀들의 배치와 빨래 연기
(무대 사진 1-2)
그림71 **왼쪽 여인 진현금**(차홍녀 분)

서사의 모습과 이미지
(무대 사진 1-3)
그림72 **심영 분**

데, 그 작품이 토월회 1920년대 대표작이었던 〈아리랑 고개〉였다. 〈아리랑 고개〉에서 심영은 백 도포, 백 띠, 통천관, 마른 신을 착용한 노인으로 분장하여 등장한 바 있었다. 특히 주목되는 바는 '커다란 책'을 들고 등장하여 무대 중앙에서 서서 서사序詞를 읽는 행위였다.[257] 위 공연 사진에도 이러한 차림새와 유사한 서사가 등장하고 있다. 〈명기 황진이〉에서 서사 역(심영 분)은 역시 흰 도포에 흰 띠를 매었고, 갓을 쓰고 양반의 신발을 신은 모습으로 등장했다. 물론 커다란 책에 해당하는 문서(책)를 들고 있는 모습도 흡사했다.[258]

사실 서사의 모습만 유사한 것이 아니었다. 〈명기 황진이〉와 마찬가지로 〈아리랑 고개〉에서도, 수양버들 아래 처녀들이 등장하여 빨래를 하는 장면(서사 장면과 함께)으로 막이 올랐다는 공통점이 발견된다. 구체적으로 말하면, 박진은 〈아리랑 고개〉의 오프닝 씬에서 처녀들이 '빨래 방망이질을 하기도 하고 헹구기도 하고 쥐어짜기도' 하는 연기를 삽입했다.[259]

〈명기 황진이〉 오프닝에 설정된 빨래하는 처녀들의 모습은 원작에도 나타나는 설정이기 때문에, 오로지 〈아리랑 고개〉의 영향을 받은 것이라고만은 단정할 수 없다(1936년 4월에 광고된 〈반도의 무희〉에서도 이와 유사한 사진을 사용하고 있어, 이러한 사진이나 장면 구도가 당대에 보편적인 것이었

257 박진, 「울음바다가 된 조선극장」, 『세세연년』, 세손, 1991, 48면 참조.

258 서사가 담당한 역할은 관객들에게 작품의 배경을 설명하고 사전에 이해하도록 돕는 역할로, 기본적으로 원작의 시대적/공간적 배경과 사건의 도입부를 무대 위에서 읽어주는 작업에 해당했다. 서사의 내용은 『매일신보』 기사로 소개되어 있는데, 이 기사에 수록된 내용은 원작 소설의 두 번째 단락에 해당하는 프롤로그에 해당한다(박종화, 〈황진이의 역천〉, 『월탄박종화문학전집(11권)』, 삼경출판사, 1980, 294~295면 참조).

259 박진, 「울음바다가 된 조선극장」, 『세세연년』, 세손, 1991, 48면 참조.

그림73 **다리 밑에서 빨래하는 모습**(신흥영화사 <반도의 무희>)[260]

그림74 **〈명기 황진이〉**

음을 확인할 수 있다). 다만 빨래터에 처녀들뿐만 아니라 서사를 함께 배치하여 오프닝을 진행하는 수법은, 원작에서는 나타나지 않는 구성 방식이다. 따라서 박진은 원작 〈황진이의 역천〉의 도입부를 〈아리랑 고개〉의 도입부와 유사한 방식으로 이끌면서(편극/연출 박진[261]), 과거의 성공 사례를 참조하여 오프닝을 구성하려 했음을 확인할 수 있다.

---

260 『매일신보』, 1936.4.8, 6면.
http://www.bigkinds.or.kr/OLD_NEWS_IMG3/MIN/MIN19360408y00_06.pdf

261 박진은 자신이 〈명기 황진이〉를 각색 혹은 편극했다고 회고를 통해 밝힌 바 있다(박진, 「지족 역을 진짜 녹여버린 황진이 역」, 『세세연년』, 세손, 1991, 156면 참조). 이것은 공식적으로는 최독견이 각색을 맡았다는 증언과는 배치되는 발언이 아닐 수 없다(고설봉, 『증언 연극사』, 진양, 1990, 59면). 다만 1936년 당시 동양극장 전속작가 시스템은 완비되지 않은 상황이었기 때문에, 최독견이 1차 각색한 대본을 2차 각색하거나 공연 연습 중에 편극 형식으로 바꾸어 연출할 여지는 충분하다고 본다. 이러한 측면에서 '박진'을 편극자(연출자)로 인정하고 넓은 의미에서 각색 과정에 관여한 인물로 간주하고자 한다. 왜냐하면 박진은 자신이 직접 박종화의 작품 사용을 허가받았다고 술회하고 있으며, 이미 태양극장 시절에 이 작품이 공연되었다는 사실을 감안하면 박진이 일찍부터 이 작품의 기획과 각색 그리고 연출 전반에 관여한 흔적을 농후하게 찾을 수 있기 때문이다.

이렇게 본다면, 동양극장 〈명기 황진이〉는 토월회 인맥의 성공 작품 중 하나였던 〈아리랑 고개〉와 근본적으로 동일한 시작 방식을 고수한 작품이다. 다른 점이 있다면, 무대 후면에 황 소년이 등장하고 있다는 점(무대 영역이 세 부분으로 분리된 점)과, 〈명기 황진이〉에서는 실제 물이 흐르는 빨래터를 조성하고 연기했다는 점이다. 이러한 측면에서 연출가 박진은 〈명기 황진이〉를 무대화하면서, 과거 〈아리랑 고개〉를 통해 성공을 거둔 바 있었던 시작opening 방식을 도용했지만 이를 한 단계 진화시키려고 했으며, 무대장치를 맡은 원우전이 실제 물을 가미하여 그 차이점을 부각시켰다고 정리할 수 있겠다.

그러니까 박진은 〈아리랑 고개〉의 성공 요인을 〈명기 황진이〉에 효과적으로 접목하고자 하면서도, 동시에 황 소년과 물을 가미하여, 무대의 영역을 크게는 세 부분(황 소년/처녀들/서사)으로, 세분하면 네 부분(황 소년/표랑 둘/진현금/서사)으로 확대할 수 있었다. 여기에 원우전이 장치가로 참여하여 병부 다리 밑을 흐르는 실제 냇물을 무대에서 실현함으로써, 이러한 연기 공간을 더욱 효과적으로 분할할 수 있는 계기를 갖출 수 있게 되었다. 그러니까 무대 3분 영역의 계기이자 과거 무대(〈아리랑 고개〉)와의 근원적인 변별점은 시내(물)의 도입이었고, 그로 인해 다리 위의 공간, 빨래터, 그리고 서사가 등장하는 영역(DL)이 자연스럽게 분리될 수 있었다.

무대 공간이 분리되자 각 영역에서 개별적으로 이야기(연기 공간에 따른)가 진행될 수 있는 무대 조건이 형성되었다. 황 소년은 유람 나온 양반의 행색으로 다리 위를 천천히 걸어야 했고(나름의 사연을 지니고 양반가의 시작을 암시하며), 빨래터에서는 현금을 포함한 처녀들이 일상의 일과 대로 빨래를 해야 했으며(마을 처녀들의 관심을 모을 정도로 황 소년의 인기가 대단했다는 사실을 보여 주며), 서사는 황 소년과 처녀 현금의 인연을 관객들에게 알려주어야 했다(두 사람 모두 특출한 외모와 성격을 지닌 인물이라는 점을 알려주며).

(2) 무대 분할과 서사 진행을 추동하는 숨은 동력으로서 물

대분된 세 개의 영역은 한동안 각자의 방식대로 이야기를 진행시켜야 했기 때문에, 무대는 상호 분리 독립된 연기 영역을 설정할 필요가 있었다. 다리 위의 공간과 빨래터는 자연스럽게 높이에 의해 분리되었고, 빨래터와 서사의 영역은 물에 의해 분리되었다. 원우전과 동양극장 무대장치부는 비단 다리를 만드는 것에 그친 것이 아니라, 그 다리 아래로 물이 흐르도록 하여 무대장치의 입체감을 더하였다.

무대 사진을 보면, 처녀들 사이로 흐르는 물의 형상이 뚜렷하게 인지된다. 무대 배경으로 지정되었다는 만월대의 풍경은 제대로 인지되지 않고 있고 폭포의 행색도 배치되지 않은 것으로 판단되지만, 무대 뒤편(UC)에서 흘러와 병부다리를 통과하여 무대 앞쪽으로 흐르는 물의 모습은 유독 선명하게 포착되고 있다.

이렇게 무대 면을 흐르는 물은 관객들에게 탄성을 자아내기에 충분했다. 더구나 공연 시점이 더운 여름이었기에[262] 이러한 물의 흐름은 청량감을 선사하며 관극의 매력으로 강도 높게 작용할 수 있었다.[263] 동시

262 〈명기 황진이〉는 1936년 8월 1일에서 7일까지 동양극장에서 청춘좌 제4주 공연으로 시연되었다. 당시 이 작품은 박종화 작 최독견 각색 박진 연출(편극)의 4막 5장의 작품으로 무대에 올랐고, 이운방 작 비극 〈애욕〉(2막)과 화산학인(이서구) 작 〈신구충돌〉(2장)과 함께 공연되었다.

에 이 물로 인해 무대는 유기적인 움직임을 확보할 수 있었다. 다리 위upstage의 느린 걸음걸이, 무대 아래(평면)로 흐르는 물(UC → C → DC)과 이 속도를 활용한 빨래(질), 그리고 서사의 낭독이 어우러져 일종의 리듬감을 형성할 수 있었기 때문이다.

더구나 무대 위 움직임은 관객들의 시각과 청각을 고루 자극하는 역할을 한다. 여러 층위의 움직임(황 소년의 움직임/빨래질 소리/물의 흐름과 소리/서사의 낭독)이 어우러지면서 역동적이면서도 다각적인 감각적 자극을 생성할 수 있었다. 이러한 감각에의 충동은 연극이 지니는 오래된 강점 중 하나이며, 그중에서 물의 움직임과 소리는 극적 배경(음)을 넘어 일종의 물리적 오브제로 기능할 수 있는 매혹적 요소였다. 이러한 물의 도입과 성공으로 이 공연은 동양극장 성공작 중에서도 특별한 공연으로 남을 수 있었다.

이처럼 무대에 도입된 물은 무대 공간을 구획하고 각자의 영역(인물과 서사)을 분할하는 기준이 되었으며, 이렇게 구획 분할된 공간에는 서로 다른 배우들이 자리를 잡고 개성적 역할을 수행할 수 있었다. '황철'과 '심영' 그리고 '차홍녀'는 동양극장(청춘좌)을 대표하는 배우로, 1930년대 후반에 가장 주목받은 연기 조합(황철과 차홍녀)이자 경쟁 관계(황철과 심영)를 형성하고 있던 배우들이었다. 동양극장 관객들은 이러한 일류 스타들의 움직임과 연기를, 흐르는 물이라는 독특한 상황과 함께 비교 관찰할 기회를 얻은 것이다.

고설봉은 〈명기 황진이〉의 서막, 즉 개막 직후에 관객들이 감탄을 했

263 고설봉은 이 작품이 공연되면 관객들이 일제히 탄성을 질렀고 감탄을 금하지 못했다고 기록하고 있다(고설봉, 『증언 연극사』, 진양, 1990, 59면 참조).

다고 증언했는데,[264] 그 이유는 단순히 물 때문만은 아니었다. 흐르는 물도 그 자체로 감탄을 자아냈겠지만, 더욱 중요한 이유는 흐르는 물과 연기 공간의 세심한 구획 그리고 그 연기 공간에 출연한 배우의 면면과 개성적 역할 연기가 종합되었기 때문이었다. 비록 고설봉의 증언처럼 금강산 풍경과 구룡폭포라는 실체는 무대 위에 반영되지 않았지만(적어도 서막에서는), 흐르는 물의 이미지는 관객들에게 시각적 자극을 주기에 모자람이 없었다.

이제 서막의 상황을 전체적으로 정리해 보자. 〈명기 황진이〉의 공간적 배경(서막)은 송도(개성) 만월대를 배경으로 삼은 병부다리와 빨래터였다. 여기에 흐르는 물의 이미지가 결합되어, 시각적 이미지의 원천으로 작용하였고, 이후의 막에서는 구룡폭포의 경쾌함으로 다시 한번 무대 위에 재현될 수 있는 토대를 마련했다. 서막의 시내는 앞으로 나타날 폭포의 근원으로 마련되었으며, 일종의 정보 통제를 통하여[265] 이후 막에서 관객들의 감탄을 자아낼 목적으로 예비된 물이었던 것이다.

(3) 남녀의 만남과 이별, 그 동선動線으로서의 무대

〈명기 황진이〉의 2막은 흥미로운 무대장치를 보여 주는 장면이다. 먼저 관련 무대 사진을 보자.(**그림 75**)

---

264 고설봉, 『증언 연극사』, 진양, 1990, 59면 참조.

265 서사 양식에서 관객에게 주어지는 정보를 통제하여 일종의 효과를 거두는 것은 서술 전략으로 흔하게 발견된다. 영화에서는 이러한 구성 전략을 점진노출(slow disclosure)이라고 한다(스테판 샤프, 이용관 역, 『영화구조의 미학』, 영화언어, 1991, 125~126면 참조). 이러한 점진노출은 시각적 장면을 중시하는 연극에서도 충분히 활용 가능하다.

그림75 **무대 사진 2 : 2막 황진(黃眞)의 집**[266]

2막 '황진의 집'은 두 개의 장으로 나누어져 있다. 1장은 '황진의 집'에 몰래 침입한 불청객 청년을 다룬 장이고, 2장은 이 청년('총각', 유현분)이 죽어 장사를 지내는 장이다. 기본적으로 2막 1장과 2막 2장은 동일한 장소를 무대 배경으로 삼지만, 시간상의 추이가 개입되어 2막 2장은 가을의 시점으로 변경된다.

이 중 **그림 75**의 공연 사진은 몰래 침입한 불청객 청년을 다룬 2막 1장이다. 무대 오른쪽(RC)으로 청년의 모습이 선명하게 드러나고 있다. 일단 2장을 먼저 설명하면, 황진이를 흠모하던 청년이 죽고 그의 상여가 황진이의 집 앞에 도착하자 상여가 움직이지 않는다. 이를 의아하게 여긴 사람들을 대신하여 황진이가 자신의 치마를 관 위에 덮도록 허락하

266 「여름의 바리에테(9)」, 『매일신보』, 1936.8.8, 3면 참조.

자 그제야 관이 움직였다는 일화[267]를 구현한 장이다.

원작 소설에서 이 대목을 찾아보면 다음과 같다. 관이 움직이지 않는 황당한 사건은 상여를 맨 청년의 친구들이 극성을 떨며 일부러 꾸며낸 사건이었다. 그러니까 총각이 상사병에 걸려 고생한다는 소식을 듣고도, 총각의 딱한 사정을 모른 척한 황진이에 대한 친구들의 복수였던 것이다. 하지만 이러한 복수심을 알 리 없는 황진이는 이 사건을 겪으면서 '이 쇠를 녹이고야 말 총각의 정염'에 그대로 감동하고 만다.

한편 청년의 죽음은 황진이로 하여금 결국 자신의 불행한 처지('절름발이 양반')를 새삼 자각하도록 만들고, 차라리 총각의 배필로 사느니만 못한 현재의 상황에 대해 반감을 종용한다. 이에 황진이는 자신의 치마를 총각의 상여로 보내 스스로 정조를 훼손하고, 과거와 다른 가치관을 가진 여자로 변모한다.

이러한 원작 소설의 상황은 2막의 2장에서는 거의 그대로 수용되지만, 2막의 1장 그러니까 총각과 황진이의 만남을 다룬 장에서는 원작의 설정이 가감되어 수용된다. 가장 민감하게 변화하는 지점은 총각이 황진이를 만나지 못하는(단지 담장 바깥에서 일방적으로 바라보기만 하는) 설정에서 탈피하여, 황진이를 만나러 직접 월담을 하는 설정이 가미된 점이다.

---

267 이 일화가 가장 먼저 나타난 문헌은 『송도인물지』였다. 이 문헌에는 나아가지 않는 상여와, 치마를 덮어주는 황진이 일화가 기록되어 있다. 이러한 기이한 행적은 후대 박종화의 소설에서는 상여꾼들의 고의적인 장난으로 변형된다. 그뿐만 아니라 이웃집 총각의 상사와 죽음은 후대의 황진이 관련 소설에서 주요한 모티프로 활용되는데, 이러한 소설적 설정의 기원으로 이태준의 〈황진이〉를 꼽는 것이 일반적이다(임금복, 「새로 쓴 〈황진이〉 연구」, 『돈암어문학』 17집, 돈암어문학회, 2004, 271~272면).

그러니까 상사병을 앓게 된 청년은 죽기 전에 황진이를 찾아가 만나는데, 이러한 만남을 다룬 장이 2막의 1장이다. 위에 인용된 무대가 바로 이러한 '만남' 장면을 담고 있다. 2막의 내용을 비교적 상세하게 기록한 기사에서는 청년의 침입과 황진이 여종의 놀람 그리고 황진이와의 대면을 상세하게 기록하고 있다.[268] 즉 원작에서 먼발치에서 황진이를 만나 상사병에 빠지는 청년의 삽화가, 공연 대본에서는 청년의 도발적인 잠입으로 변형된 것이다.

이것은 아무래도 시각적 구현을 중시하는 공연에서 자연스럽게 요구하는 설정에서 기인한다. 연극적으로 청년이 황진이를 만나지 못하는 사건을 극화하는 것은 관객의 주목을 받을 요소가 적을 수밖에 없고, 또한 실제로 극화하기에도 어려움이 적지 않았다고 해야 한다. 담장 바깥에 머물면서 황진이와 차단된 총각의 행동만을 보여 주는 극적 행위는 시각적인 답답함을 창출할 가능성이 크기 때문이다. 따라서 황진이와 청년의 대면을 무대에서 기획하고 구현한 것은 자연스러운 선택이라고 해야 한다.

변화된 설정을 구현하기 위해서는 청년이 뛰어넘어야 하는 담장이 배치되어야 했다. 청년이 죽기를 각오하고 '황낭자'를 만나기 위해 이 담장을 넘어 황진이의 거처로 침입했다는 설정을 충족하기 위해서이다. 불청객 청년을 처음 발견한 이는 여종으로, 위의 무대 사진에서는 청년의 맞은편 그러니까 무대 상수 방향(LC, left center)에 여종이 위치하고 있다. 여종은 놀라 황진이에게 도둑이 들었다고 고하고, 당황한 청년은

268 「여름의 바리에테(9)」, 『매일신보』, 1936.8.8, 3면 참조.

자신이 도둑이 아니라고 답한다.

위의 사진에서 청년이 한 손으로 머리를 긁적이며 계면쩍어 하는 인상은 이때의 정황을 대변하고 있다. 청년은 자신이 도둑이 아니라고 해명하고, 죽기 전에 황진이를 보고 싶어 하는 자신의 마음을 알아달라고 읍소한다. 이러한 서사적 상황은 위의 사진에 명징하게 드러나고 있다.

이러한 대면에서 황진이 역할을 맡은 여배우의 위치는 주목된다. 이 여배우는 마루에 서서(UC) 청년을 내려다보고 있는데, 그로 인해 위엄에 찬 황진이의 분위기를 체현하려는 의도를 짙게 드러낼 수 있었다. 실제 대사에서 황진이는 처음에는 "야밤에 남의 집 담을 넘으니 도적인가?"라고 점잖게 물었고, 그다음에는 "그러면 무슨 연고로 월장을 하여 들어왔나?"라고 다시 예의를 갖추어 묻고 있다. 즉 황진이(의 연기)는 계속해서 점잖은 표정과 태도를 유지하면서도, 청년을 아랫사람으로 하대하고 온정을 베푸는 상전의 위치를 유지해야 한다. 그러기 위해서는 높이의 차이가 나는 무대 공간이 유효하다고 할 수 있다.

서막에서도 그러했지만, 무대 위에서 높이 차는 여러 설정을 편안하게 이끄는 기반이 된다. 서막에서 황 소년과 여인들의 신분 차와 내밀한 감정의 결을 보여 주는 데에 무대의 높이가 일조했다면, 2막(1장)에서는 황진이와 총각의 입장과 감정의 차이를 보여 주는 데에 무대의 높이가 효과를 발휘하고 있다.

다음으로, 〈명기 황진이〉의 3막 제목은 '유수留守의 산정山亭'이다. 황진이는 2막에서 공언한 대로 기생이 되어 살아가고 있다. 원작의 설정에 따르면, 황진이는 청년의 상여에 자신의 치마를 덮어준 이후에 스스로 기생이 되었다. 자색을 탐하는 많은 선비재사들과 공경대부들이 그녀를 원했지만, 그녀는 도도한 품성을 견지하며 자신이 선택하는 특별한 남성들에게만 몸을 허락하고자 했다.

이러한 원작의 설정은 각색작에도 유효하게 적용되어, 3막 '유수의 산정'에 모인 양반들은 너도나도 황진이를 보기에 애쓰게 된다. 황진이는 이러한 바람을 무시하고 천천히 나타나며 도도한 품성을 잃지 않는다. 그럼에도 재치와 계교로 양반들의 비난을 사지 않고, 오히려 양반들을 놀려 주어 그들 스스로 화가 나서 잔치를 폐하도록 유도했다. 다시 말해서 황진이는 스스로 홀로 남는 방식을 알고 있었고, 이로 인해 홀로 남아 소세양을 만나게 된다.

박진의 기록에 따르면 3막에 등장하는 인물은 송유수 외에도 김 판서, 윤 참판 등 주로 고위 관리였다.[269] '송유수'는 김동규가 맡았고, '김 판서'는 박제행이, 그리고 '윤 참판'은 서월영이 맡았다.[270] 이들 배우들은 황철과 심영 다음의 조역을 주로 담당하는 배우 진용으로, 희극적인 연기와 노역 혹은 악인 역할 내지는 군중 씬mob scene에 장점을 가진 연

---

269 박진, 「지족 역을 진짜 녹여버린 황진이 역」, 『세세연년』, 세손, 1991, 156면 참조.

270 원작 소설에서 '유수'는 '송도(개성)유수'를 가리키는데, 송도유수는 황진이에게 벽계수에 대한 유혹을 부탁하는 인물이다. 이러한 원작 소설의 설정까지 각색 대본에 포함되어 있는지는 지금으로서는 확인할 수 없지만, 송도유수가 마련한 자리에서 황진이와 소세양뿐만 아니라 황진이와 벽계수가 헤어지는 장면이 공연되었을 가능성을 함부로 배제할 수는 없다. 송도유수 역시 황진이와 교류한 양반 문인으로 기록되어 있는 인물이다(장시광, 「황진이 관련 자료」, 『동방학』 3집, 한서대 동양고전연구소, 1997, 308~400면 참조). 다만 1976년 을유문화사 〈삼절부〉에는 '벽계수' 관련 에피소드 자체가 설정되어 있지 않다(박종화, 〈삼절부〉, 『한국작가출세작품전집(1)』, 을유문화사, 1976, 29~31면 참조). 이러한 정황은 최초 〈삼절부〉에 벽계수 관련 삽화가 삽입되어 있지 않았을 가능성을 높여주며, 그렇다면 〈명기 황진이〉에도 벽계수 삽화는 등장하지 않았을 가능성이 농후하다고 하겠다. 따라서 〈명기 황진이〉 공연사항을 기록한 주요 배역표에 벽계수 역할을 맡은 인물이 등장하지 않는 까닭도 이해될 수 있다.

기자들이었다. 특히 박제행과 서월영은 콤비를 이루면서 각각 희극적인 연기와 악역을 주로 담당하곤 했다.

소세양을 역을 맡은 사람이 심영이라는 점은 동양극장 청춘좌의 배우 구조에서 기인하는 당연한 결과이다. 소세양은 황진이가 스스로 몸을 허락한 인물로, 김 판서나 윤 참판과 달리 황진이가 인정한 인물이며 이에 따라 극 중 비중이 높은 인물이다. 이러한 소세양 역은 청춘좌를 대표하는 주연 배우의 몫일 수밖에 없다. 황철이 4막의 지족선사 역을 맡았다면, 3막의 소세양 역은 심영에게 돌아가야 했다. 심영은 서막의 서사를 맡고 난 이후 3막에서 소세양으로 출현하게 된다.

3막의 도입에서 고위 관리들이 북적거리다가 퇴장하면, 3막의 무대에는 소세양과 황진이만 남게 된다. 황진이가 사랑했던 두 번째 남자(첫 번째 남자는 '이웃 청년')가 소세양이다. 특히 그녀가 기생이 되고 나서 사람다운 사람을 만나지 못했는데, 오직 소세양만이 그녀의 존경과 사랑을 받을 만한 인물이라고 할 수 있다. 하지만 황진이는 이러한 소세양을 떠나보내야 한다. 그래서 3막의 공간적 배경 '산정山亭'은 이별의 장소가 된다.

〈명기 황진이〉는 2막과 3막에서 헤어지는 남자들의 에피소드를 중심으로 사건을 전개하고 있다. 3막의 무대 사진은 발견되지 않았지만, 2막을 감안할 때 산정을 만들고 이를 통해 군중 장면mob scene에서 두 명의 장면two shot으로 변경했을 것으로 판단된다. 무대 배치의 변화는 실질적으로 확인되지 않지만, 4막의 무대 배치와 상당히 유사했을 것으로 보인다. 그만큼 동양극장 무대미술팀은 이 작품에서 무대 배치의 일관성을 보여 주고 있다. 그 논리를 따라가 보자.

(4) 무대 세트의 가감/변형과 공간 배경의 이동/변모

〈명기 황진이〉 4막의 배경인 '지족암'은 시사하는 바가 큰 무대이다. 그것은 4막의 무대가 2막의 무대와 밀접한 관련성을 지니고 있기 때문이다. 이러한 정황을 인정한다면, 2막-4막의 연관성에서 3막만 배제된다고 단정하기 어렵다. 더욱 세분된 극적 정황을 파악하기 위해, 4막의 무대 배치와 배경 공간에 대해 먼저 살펴보자.

그림76 **무대 사진 3 : 4막 지족암**(知足庵)[271]

4막에서 가장 먼저 눈에 띄는 것은 흐르는 물, 쏟아지는 폭포이다. 황진이 전설에서 물, 연못, 폭포는 밀접한 관련을 맺는 경우가 적지 않다. 가령 **그림 77**과 같은 사진은 일제 강점기 명승지에 내려오는 황진이 관

271 「여름의 바리에테(10)」, 『매일신보』, 1936.8.9, 3면 참조.

그림77 **황진이 전설이 묻어 있는 연못**(기담)[272]

련 설화(전설)의 단면을 보여준다.

이러한 연못 이미지는 지족선사와의 일화와 특히 강하게 연관되었는데, 이러한 이미지를 무대에서 적극적으로 구현하기 위하여 무대(옆)에 인공 폭포를 실현하는 무대장치를 설치한 것이다. 이러한 무대장치는 무대디자인상 혁신에 해당한다.

실제로 4막에서 마련된 세트는 해당 막의 공간적 배경이기도 한 산속 암자를 구현하고 있다. 이 절에는 '지족 화상知足和尙'이 살고 있었기에, 해당 절의 이름은 '지족암'이었다. 뜻을 푼다면 '족함을 알고 있는' 도가 높은 승려가 머무는 곳이라는 의미를 지니는 공간이다. 원작을 참조하면, 지족화상은 수양 경력이 높은 승려로 당대의 성불로 칭송받고 있었으며, 화담과 함께 당대의 도학자로 추앙받는 인물이었다. 당연히 지족선사가 머무는 지족암은 도학의 의미를 구현하는 공간으로 인정되고 있었다.

하지만 무대 공간으로서의 '지족'은 실제 내용과는 상반된 의미를 지니게 된다.[273] 그것은 황진이가 방문하여 벌인 일련의 행위 때문이었다. 박

---

272 「황진이의 목욕하던 비취경(翡翠鏡) 가튼 기담」, 『조선일보』, 1938.8.17, 3면. http://cdb.chosun.com.oca.korea.ac.kr/search/pdf/i_archive/read_pdf.jsp?PDF=19380817003&Y=1938&M=08

273 황진이 설화와 관련 창작 소설에서 지족선사는 남성 훼절자의 대표적인 전형이자 허

진은 이 작품의 연출을 맡으면서, 여주인공 '황진이' 역할을 동양극장 최고 인기 여배우인 차홍녀에게 맡기지 않았다. 그는 훗날의 회고에서, 관례대로만 했다면 황진이 역은 응당 차홍녀에게 돌아가야 했겠지만, '뭇남자를 녹이는 데는 간하고 요절한 웃음이 많이 필요'했기 때문에 지경순이 더욱 적격이었다고 그 이유를 밝히고 있다.[274] 뒤집어 말하면 황진이 역할은 요염하고 간드러진 연기를 요하는 역이었기 때문에, 이러한 연기에 약점을 드러내는 차홍녀를 기용하지 못하고, 상대적으로 연기(진)에서 낮은 비중을 보이는 지경순을 발탁했다는 대답이다.

연출자 박진의 대답은 시사하는 바가 적지 않다. 당시 동양극장 여자배우 연기 구도를 정리하면 주연 차홍녀, 조연 남궁선, 한은진, 김소영으로 나눌 수 있고, 지경순은 아직은 그 밑의 비중을 지닌 여배우에 해당할 때이다. 차홍녀라는 그늘에 가려 있기는 하지만 여배우 2진을 형성하는 남궁선, 한은진, 김소영은 큰 인기를 모을 수 있는 여배우였고, 실제로 1930년대 후반에 들어서면 남궁선은 중앙무대의 여자 주연으로, 한은진은 영화 〈무정〉의 주인공 역으로, 김소영은 1940년대 조선을 대표하는 여배우로 변모하며 조선의 연예계를 대표하게 된다.

그럼에도 당시 세 여배우는 표랑 역할이나 기생 역할에 머물러야 했고, 비교적 젊고 연기 경력이 짧은 지경순이 황진이 역할을 수행했다.

위와 위선의 종교인으로 설정되고 있다(윤분희, 「'황진이 이야기'의 의미 생성과 변모」, 『우리말글』 34집, 우리말글학회, 2005, 158~159면 참조). 이러한 대표적인 화소는 박종화의 소설에도 활용되었고, 각색 과정에서 〈명기 황진이〉의 연극적 정점으로 수용되었다. 특히 황진이의 뇌쇄적인 몸매를 관객들에게 노출할 수 있는 적절한 기회를 제공하는 삽화였기 때문에, 동양극장 측은 적극적으로 이 삽화를 수용했다.

274 박진, 「지족 역을 진짜 녹여버린 황진이 역」, 『세세연년』, 세손, 1991, 156~157면 참조.

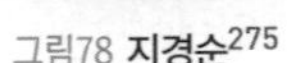

그림78 **지경순**[275]

그림79 **영화 〈장화홍련전〉**(1936년) **의 지경순 이미지**[276]

그림80 **영화 〈사랑에 속고 돈에 울고〉**(1939년)**의 차홍녀 이미지**[277]

그림81 **차홍녀**[278]

이것은 황진이 역할 중 비교적 까다로운 4막에서의 연기 때문이었다. 4막에서 황진이는 노출이 심한 연기를 수행해야 했고, 그녀의 몸매와 외모는 이를 감당하기에 적격이었다. 이러한 4막의 연기는 무대 공간과 밀접한 상관성을 갖고 있다.

4막에서 황진이는 면벽 수양을 하는 지족을, '간사한 웃음'과 '춤과 노래' 그리고 '아양'과 '뇌쇄적인 몸매'로 유혹해야 했다. 실제 지족 역을 맡은 황철(1인 2역 수행)은 지경순의 연기에 뇌일혈에 걸릴 정도로 아찔한 유혹을 받았다는 일화가 전해질 정도로 당시 노출 수준은 파격적이었다. 또한 박진은 지경순의 신체적 요염함이 관객들을 대거 끌어 모아 만원사례를 초래했다고 자체 분석한 바 있다.[279] 실제로 〈명기 황진이〉의 광고를 참조하면, 동양극장 측이 자리가 없어 돌아가는 관객에게

275 「지경순(池京順)과 4군자」, 『조선일보』, 1939.8.6, 4면 참조.
276 한국영화데이터베이스, http://www.kmdb.or.kr/vod/
277 한국영화데이터베이스, http://www.kmdb.or.kr/vod/
278 「눈물의 명우(名優) 차홍녀(車紅女) 양 영면」, 『조선일보』, 1939.12.25. 2면.
279 박진, 「지족 역을 진짜 녹여버린 황진이 역」, 『세세연년』, 세손, 1991, 156~157면 참조.

별도의 양해를 구할 정도로 이 공연이 각광을 받았다는 사실을 확인할 수 있다.[280]

이러한 진술과 관련 정보를 활용하여, 4막의 공간에 대해 논구해 보자. 일단, 4막의 공간 규모는 '황진이'(역을 맡은 지경순)가 활달한 동선을 구사할 수 있는 규모(암자의 내부 크기 측면에서)를 갖추고 있어야 한다. 이러한 전제는 지경순(황진이 역)이 춤을 추거나, 상대 역인 지족선사를 유혹하기 위해서 그 주변을 움직일 수 있는 절대 공간이 요구되기 때문이다. 아무리 지족화상이 고정된 자세(면벽)로 연기에 임한다 하더라도,[281] 황진이 역의 배우가 노래를 부르고 춤을 출 수 있는 공간은 적지 않은 면적을 필요로 할 수밖에 없다. 게다가 황진이 역을 맡은 지경순은 얇은 속옷만 입은 채 지족 옆에 눕는 연기를 수행해야 했는데,[282] 이를 위해서는 제법 넓은 공간의 방(안)이 마련되어야 했다.

하지만 위의 무대 사진으로 확인되는 지족암의 크기는 이러한 활달한 동선을 확보한 크기는 아니었다. 더구나 황진이 역할의 요염한 이미지를 전달하는 데에, 무대와 관석의 거리가 지나치게 멀었다고 해야 한다. 사실과는 다소 차이가 있을지라도, 황진이가 자유롭게 움직이고 그녀의 시각적 자극을 강하게 전달할 수 있는 무대 공간이 창출되었어야

280 「〈명기 황진이〉」, 『동아일보』, 1936.8.7, 2면.

281 박진은 지족선사가 처음에는 '벽만 향해서 참선만 하는' 자세를 유지해야 했다고 기술한 바 있다(박진, 「지족 역을 진짜 녹여버린 황진이 역」, 『세세연년』, 세손, 1991, 157면 참조).

282 원작에서 황진이는 잠을 자는 척하면서 자신의 신체를 드러내고 이를 바탕으로 지족화상을 유혹하여 파계시키고 있다. 따라서 황진이가 누울 수 있는 공간과, 몸을 뒤척이고 움직일 수 있는 간격이 필요했다고 추론해야 한다. 물론 〈명기 황진이〉에서는 원작의 설정을 넘어 춤추고 노래하는 연기도 포함되었기 때문에, 더욱 확대된 공간이 필요했다고 보는 것도 타당하다고 볼 수 있다.

4막의 지족암

2막의 황진이의 집

그림82 **2막과 4막의 무대 배경 비교**

했는데, 4막의 무대는 이러한 요구를 충족하지 못했다. 다시 말하면 지족암 내부 공간은 내부적으로는 비좁고 객석과는 지나치게 멀리 떨어져 있다는 인상을 지울 수 없다. 이것은 내부 공간 즉 지족암 자체의 구현에 상대적으로 소홀했다는 결론을 남긴다. 그렇다면 그 이유는 무엇이었을까. 2막과 4막의 무대 배경을 비교하면 그 해답을 찾을 수 있다.

동양극장 측은 지족암을 무대 배경으로 표현하기 위해, 몇 가지 변화를 도입했다. 일단 4막에는 무대 뒤편으로 나무(숲)가 우거져 있고 2막에서 황진의 집이었던 공간이 절로 변모해 있다. 그러니까 2막의 '황진이 집'에서 무대 하수 쪽 장독대와 담장이 사라지고, 무대 상수(방향)에 위치했던 문(혹은 곳간)을 덮어 가린 상태로 4막의 지족암이 만들어진 것이다.

그러니까 4막의 무대 지족암은 처음부터 독자적으로 형성된 무대가 아니라, 2막의 세트를 변형하여 만들어진 무대라고 하겠다. 그러다 보니

2막에서 주로 황진이가 연기하는 내부 공간 — 전술한 대로 이웃집 청년과 여종은 단 아래에 위치하고 황진이만 홀로 마루에 위치 — 을, 4막에서는 황진이와 지족선사 — 그것도 황진이의 활달한 동선과 연기 공간이 필요한 설정 — 가 함께 연기하는 공간(크기)으로 전면 수용할 수밖에 없었다. 2막에서는 황진이 독립 위치와 정태적 연기에 적당했던 공간이, 4막에서는 변화된 설정으로 인해 비좁고 옹색하게 수용될 수밖에 없었다.

2막과 4막의 무대 사진을 세밀하게 비교하면, 4막에서 무대 위에 설치된 '단'(지족암)의 *크기*를 확장한 흔적을 찾을 수 있다. 그러니까 2막에서 황진이 집으로 사용되던 무대의 앞부분에 직사각형 단을 덧댄 흔적이 있는데, 이것은 무대 *크기*를 넓히려는 의도로 파악된다. 이러한 확장 의도는 황진이의 동선(춤추고 눕고 뒤척일 수 있는)과 관련이 깊다. 하지만 이러한 확장에도 불구하고 지족암은 현실적으로 충분한 면적을 확보했다고 할 수 없다. 이러한 상황은 2막의 무대를 4막에서 재활용하면서 생긴 근원적인 한계를 숨기지 못하고 있다.

이 무대를 제작한 원우전은 무대 전환과 세트 변화에 신속하게 대응하는 무대장치가라고 알려져 있었다.[283] 그는 여름 시점의 배경을 겨울 시점의 배경으로 순식간에 전환할 정도로, 무대에서 시간 이동이나 무대 배경의 급속한 전환에 능숙한 무대장치가였다. 이러한 장치가가 2막과 4막의 무대를 근본적으로 동일한 세트를 활용하여 전환한다는 기본 착상을 실행하는 것은 그다지 낯선 일이 아니었다.[284] 2막과 4막을 비교

---

283 「무대미술 담당자 원우전」, 『증언 연극사』, 진양, 1990, 137~138면 참조.
284 더구나 이러한 효과를 극대화하기 위해서는 3막 역시 이러한 기본 구도에 종속되어야 한다.

하면, 〈명기 황진이〉에서 담장과 월동문 그리고 장독대를 치우고 부엌을 가려 집을 정자로 바꾸는 순발력을 발휘하여 이러한 기본 착상을 무대화했음을 실증적으로 확인할 수 있다.

그 결과 황진이의 집(2막)은 집 같은 인상이 덜했고, 산사(4막)는 고즈넉한 분위기를 드러내지 못했다. '집'이라고 보기에는 엉성했고, 절이라고 보기에는 기품 있는 이미지가 충분하지 못했다. 이러한 차질이 빚어진 근본적 원인은 장면 전환에 따른 무대장치(재활용)를 고려했기 때문이었다. 즉 무대장치를 신속하게 변화하면서 — 더 정확하게 말하면 무대장치가가 이 네 번의 변화에 신속하고 능률적으로 대응하기 위해서 — 네 번의 다른 공간을 묘사해야 하는 임무에 주력했기 때문이다.

남아 있는 무대 사진을 통해 2막과 4막을 비교하면 원우전이 무대장치를 부분적으로 조합해서, 필요시 새로운 공간을 창조하는 일에 집중했음을 알 수 있다. 그러한 측면에서 이 작품의 아이디어는 상당히 창의적이고 또 경제적이었다. 하지만 이것만으로 원우전의 장치가 스스로 빛을 발할 수는 없었다. 그의 창의력은 뛰어났지만, 그 결과 지나치게 무대 회전에만 집중했고 공간 자체가 드러내는 적절성을 올곧게 구현하는 데에는 장점을 제대로 발휘할 수 없었기 때문이다.

(5) 〈명기 황진이〉 무대장치의 정점으로서 '폭포'와 '흐르는 물길'의 기원

비록 〈명기 황진이〉의 무대장치가 각 막(서막/2막/4막)마다 적절성의 측면에서 다소의 편차를 내보이고 있기는 하지만, 그럼에도 불구하고 무대장치상의 변화가 부각하고 또 강조하는 한 부분이 존재했다. 이러한 부분으로 인해 편차와 다소간의 문제를 보완할 수 있었다. 그것은 무

그림83 **서막의 전체 정경**(병부교)

그림84 **2막의 정경**(황진이의 집)

그림85 **4막의 정경**(지족암)

그림86 **4막 지족암의 우측**(하수) **폭포 확대**

대 하수 쪽 뒤편 배경을 이루는 작은 '폭포'이다.

4막 무대 사진으로 보면, 이 폭포는 숲 사이에 나지막하고 소담하게 걸려 있다. 이 폭포를 상세하고 유기적으로 관찰하기 위해서, '서막'의 정경과 '2막과 4막'의 풍경, 그리고 '폭포' 부분 확대 사진을 비교할 필요가 있다.

서막의 '병부교' 세트를 제거하면, 2막과 4막의 '숲'이 보이는 정경이 드러나도록 처음부터 배치되어 있었다. 결론적으로 〈명기 황진이〉의 무대는 산(숲)을 배경으로 한 폭포를 병부교로 감추고 서막을 시작했고, 2막에서는 이 폭포를 담장으로 감추며 기밀을 유지하다가, 4막에 이르러서야 비로소 폭포의 실체를 드러내는 구조를 취하고 있는 셈이다. 그렇다면 서막에서 흐르는 시냇물은 병부교 뒤에 감추어져 있던 폭포의 물을, 무대 위로 흐르도록 하여 연출한 효과라고 하겠다. 결국 병부교는 폭포를 감추면서도, 그 물길을 활용하기 위한 이중 고안 세트였다고 할 수 있다.

2막에서도 이러한 감춤 효과는 이어졌다. 전술한 대로 2막과 4막은 상수와 하수의 일부 기물을 감추거나 치움으로써 변형되지만, 기본적으로 동일한 구조를 지니고 있다. 전술한 대로, 2막은 월동문과 담장으로 무대 하수 쪽 뒤 배경(UR, upstage right)을 가리고 있는 형국이었는데, 4막이 되면 이러한 배경이 제거되고 그 안에 숨어 있던 폭포가 자연스럽게 모습을 드러내는 무대 배치였다. 서막에서부터 무대장치의 핵심을 이루던 '흐르는 물'이, 궁극에는 '쏟아지는 물'의 형태로 무대 위에 재현된 셈이다.

무대 사진만으로는 물(길)의 형태를 완전하게 파악할 수는 없지만, 연극사 관련의 진술(고설봉의 증언)을 참조하고 서막에서 '물의 배치'를 감안하면, 4막에서 폭포는 실제로 재현되었다고 보아야 한다. 사진 속 폭포는 육안으로 보아도 물줄기가 선명하고, 고설봉의 증언에서도 "무대 바닥에 구멍을 뚫어 놓고 물이 흐르도록 했는데 무대 밑에 가 있던 몇 사람이 흘러내린 물은 계속 밖으로 퍼내야 했다"는 기록이 발견되고 있다. 이 폭포는 정황상 무대 위에서 실현되었을 조건을 충분히 갖추고 있다.

따라서 〈명기 황진이〉의 무대상 폭포는 실제로 재현되었고 그에 따르는 부대 효과를 충실히 수행하여 이 작품을 인기작으로 만드는 요인이 되었다는 연극사의 진술이 사실임을 확인할 수 있다. 다만 연극사에서 기술된 것처럼 〈명기 황진이〉의 폭포를 구룡폭포로 간주할 근거는 발견되지 않는다.

〈명기 황진이〉의 배경이 개성(송도)이기 때문에 금강산과는 물리적 거리 차가 있을 수밖에 없고, 4막의 직접적인 배경이 되는 지족암(지족선사의 거처)이 금강산에 있다는 근거가 발견되지 않기 때문이다. 오히려 지족선사가 기거하는 지족암은 개성 천마산 청량봉 아래에 위치하며, 원작에서도 이러한 설정을 수용하고 있다.[285] 실제로 황진이 관련 설화에서 지족암은 30년 면벽을 하던 지족선사의 거처로 알려져 있으며, 후대의 다른 소설에서도 이러한 설정은 일관되게 유지되고 있었다.

따라서 고설봉의 증언에 착오가 있든지, 아니면 이러한 증언을 청취하고 정리한 장원재의 착오에 의해 〈명기 황진이〉의 '폭포'가 '구룡폭포'로 오인되어 기술되었을 가능성이 훨씬 농후하다고 하겠다. 다만 이러한 착오나 오기에도 불구하고, 〈명기 황진이〉의 '폭포'와 원우전의 금강산 스케치 속 폭포의 풍경은 대단히 흡사하고, 그 기원의 동일성(동일 작가, 같은 착상)을 상정하는 데에 큰 무리가 없어 보인다.

---

285 박종화, 〈황진이의 역천〉, 『월탄박종화문학전집(11권)』, 삼경출판사, 1980, 307면.

> 지족을 쓰러뜨린 황진이는 천하에 인물 없음을 탄식했다. 황진이는 천마(天摩)의 거룩한 영봉(靈峰)을 우러르며 파계된 지족화상을 뿌리치고 울적한 마음에 산천의 절승(絶勝)이나 찾으려 하여 짚신 감발로 다시 동으로 성거산을 향하고 떠났다.(…중략…) 굽어 서으로 송악을 바라보고 굽이쳐 흐르는 예성강 물빛을 보니 새삼스럽게 산천은 옛인 양한데 사백 년 기업이 한마당 꿈임을 탄식하지 않을 수 없었다. 진이는 길이 하늘로 향하여 휘파람을 불었다. 다시 발을 돌이켜 박연폭포를 찾았다.[286] (강조 : 인용자)

따라서 〈명기 황진이〉의 폭포는 구룡폭포가 아니라 박연폭포였다. 원작에서 지족을 파계시킨 황진이는 서화담을 찾아가는데 그 도중에 만난 폭포가 박연폭포였다.

이제, 〈명기 황진이〉의 무대를 전체적으로 정리해 보자. 〈명기 황진이〉 4막의 무대 배치는 분명 원우전의 특성을 담보하고 있지만, 작품 어디에서도 구룡폭포의 흔적을 찾기 어렵다. 가장 관련성이 높은 장면이 서막과 4막인데, 서막은 폭포가 아닌 개울(시내)이 중심을 이루고 있었고, 4막에 지족암에 걸린 폭포가 무대 하수 뒤편에 설치되어 있었다. 앞에서 정리한 대로 서막의 물줄기는 무대 하수 뒤편에 설치된 폭포로부터 연원했지만, 이 폭포가 드러나는 장면은 4막으로 그 이전까지는 폭포의 존재를 감추고 있는 무대 배치였다.

〈명기 황진이〉 4막의 폭포는 일단 원우전의 무대 스케치와 유사한 구도를 보이는 것은 사실이지만, 정황상으로 '구룡폭포'가 될 수 없으

286 박종화, 〈황진이의 역천〉, 『월탄박종화문학전집(11권)』, 삼경출판사, 1980, 311쪽.

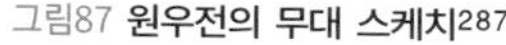

그림87 **원우전의 무대 스케치**287

그림88 **〈명기 황진이〉 4막 폭포 부분**

며, 원작과 각종 정황을 고려할 때 이 폭포는 박연폭포여야 합당하다는 결론을 얻을 수 있다. 따라서 원칙적으로는 원우전 스케치에 등장하는 (상)팔담의 풍경을 직접 구현한 폭포로도 보기 힘들다. 다만 이 과정에서 원우전의 금강산 스케치 상팔담 풍경 속 폭포와 유사한 폭포의 형태와 그 기원을 확인할 수는 있다.

이러한 폭포의 형태는 아래 실경과 비교했을 때, 여러 측면에서 금강산 만폭동 정경과 흡사하다고 판단된다. 따라서 위의 원우전 스케치가 만폭동 일대의 풍경과 그 이미지를 차용한 것임을 다시 한번 확인할 수 있다. 이처럼 원우전의 무대 스케치는 금강산 만폭동 폭포와 유사하고 실제로 그 광경을 실사한 것으로 보이지만, 막상 〈명기 황진이〉에 수용될 때에는 박연폭포의 형상을 대체하여 무대장치로 제작된 것으로 여겨진다.

287 원우전의 이 무대 스케치는 금강산 '팔담'의 풍광을 담은 스케치로 판단되고 있다(김남석, 「새롭게 발굴된 원우전 무대 스케치의 역사적 맥락과 무대미술의 특징에 관한 연구」, 『한국연극학』 56호, 한국연극학회, 2015, 334면 참조).

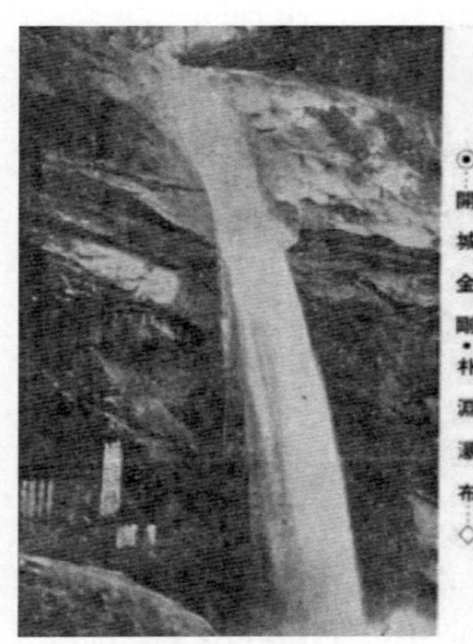

그림89 **1930년대 박연폭포의 실경**
(신문 사진)[288]

그림90 **금강산 구룡폭포 실경**
(신문 사진)[289]

그림91 **금강산의 만폭동**
(신문 기사)[290]

흥미로운 점은 이러한 박연폭포의 형상 역시 원우전의 무대 스케치와 닮았다는 점이다. 그러니까 무대 스케치와 만폭동 정경이 닮았고, 이러한 정경은 박연폭포와도 유사성마저 담보하고 있었던 것이다.

원우전은 동양극장 시절 이미 금강산의 스케치를 활용하여 무대장치를 구현한 바 있다. 이를 확실하게 증빙하는 작품은 1937년 5월에 공연된 〈내가 사랑하는 사람들〉이었다. 하지만 이 작업 이전부터 이미 일련의 스케치를 작성했고[291] 이를 활용하여 무대장치를 만들 수 있었다는

288 「개성 금강・박연폭포」, 『동아일보』, 1937.8.15, 5면. https://newslibrary.naver.com/viewer/index.nhn?articleId=1937081200209102004&editNo=2&printCount=1&publishDate=1937-08-12&officeId=00020&pageNo=2&printNo=5731&publishType=00010

289 「강원도의 납량지(納涼地)(4), 금강산의 구룡폭(九龍瀑)」, 『매일신보』, 1913.8.17, 1면.

논리적 근거를 확보할 수 있다. 이러한 주변 정황을 종합하면, 동양극장 시절 원우전(무대미술팀)이 금강산과 일련의 풍경을 활용하여 무대장치를 만드는 일은 그렇게 어려운 일이 아니었으며 그러한 사례도 있었다고 해야 한다.

따라서 원우전과 무대미술팀이 비록 팔담(만폭동)의 폭포를 직접적으로 〈명기 황진이〉에 대입하여 무대장치로 구현한 것은 아니지만, 그 팔담의 풍광을 원형으로 삼아 새로운 작품의 중요한 배경—즉 박연폭포의 형상으로 삼아[292]—으로서 폭포를 구현하는 데에 일정 부분 성공했다고 할 수 있다. 지금으로서는 이러한 제작 과정의 비밀이 잘못 노출되어 고설봉의 증언이 생겨난 것으로 보인다. 이것이 〈명기 황진이〉에 숨겨진 폭포이자 드러난 물길의 기원으로서의 무대장치의 기원이었다.

(6) 동양극장의 〈명기 황진이〉의 탄생 과정과 무대화의 진의眞義

한국 문학사에서 황진이 관련 설화는 오래 전부터 각종 문헌에서 발견되고 있다. 그녀에 관한 초기 기록은 17세기 전반까지 거슬러 올라가는데, 『성옹지소록』(1611년)이나 『어우야담』(1622년) 혹은 『송도기이』(1631년) 등에 이미 그 흔적이 남아 있다.[293] 이러한 황진이 담론은 근대 시기

290 「강원도의 납량지(納凉地)(3), 금강산의 만폭동(萬瀑洞)」, 『매일신보』, 1913.8.16, 1면.

291 원우전이 남긴 일련의 금강산 연작 스케치는 다양한 형태로, 산과 호수, 폭포와 계곡, 그리고 암자 등의 금강산 풍경을 담고 있다.

292 박종화의 원작을 참조하면, 지족화상을 파계시킨 황진이가 찾아간 곳이 박연폭포이며, 성거산에 웅거하고 있는 서화담이었다. 〈명기 황진이〉에서 서화담이 등장했고, 관련 일화가 사건화되었다는 근거는 발견되고 있지 않다.

293 우미영, 「'황진이' 담론의 형성 방식과 여성의 재현」, 『한국문학이론과 비평』 28집, 한국문학이론과 비평학회, 2005, 168~169면.

이후에도 끊임없이 이야기(서사물 혹은 소설)로의 변모를 겪게 된다. 아무래도 그 시초는 1929년 2월호 한용운의 〈천하명기 황진이〉[294]였는데, 이 글이 수록되고 다음 호에도 관련 서사가 이어서 연재되면서 일제 강점기 조선인의 마음에 황진이 설화는 다른 형태의 서사물로 변형되기 시작했다.

1920년대부터 확산된 '황진이 서사' 창작(각색) 움직임은 박종화의 〈삼절부〉로 이어지며 정식 소설로 변모하기에 이르렀다.[295] 박종화의 이 작품을 읽은 박진은 1936년 8월에 〈명기 황진이〉로 소설을 각색하여 동양극장 무대에 올렸다. 비록 공연 대본은 남아 있지 않지만, 당시 신문 기사와 관련 사진을 종합할 때 원작의 설정에 충실했던 공연이었음을 확인할 수 있었다.

당시 문단 상황을 보면, '황진이'와 관련하여 주목할 점도 발견된다. 1936년 6월 2일부터 『조선중앙일보』에서는 이태준의 〈황진이〉를 연재하기 시작했는데(1936년 9월 4일 중단, 1946년 8월 동광당서점에서 출간), 동양극장이 〈명기 황진이〉를 무대화하는 시점인 8월 1일에도 이 연재는 계속되고 있었다.[296] 이태준의 〈황진이〉는 황진이 소재 서사물 중에서도 주목되는 작품인데, 연재 시점에서 영향력 — 그러니까 관객들의

294 한용운, 〈천하명기 황진이〉, 『별건곤』 18호, 1929.1, 43면 참조.

295 대부분의 연구자들은 1930년대 황진이 서사의 모태를 제공한 작가가 이태준으로 단정하고 있으며, 박종화의 〈삼절부〉를 공식적으로 인정하지 않고 도리어 1950년대 〈황진이의 역천〉을 이태준 소설 〈황진이〉의 후속 작품으로 보는 견해를 취하고 있다(김병길, 「'황진이' 설화의 역사소설화와 그 계보」, 『동방학지』 147권, 연세대 국학연구원, 2009, 492면 참조; 임금복, 「새로 쓴 〈황진이〉 연구」, 『돈암어문학』 17집, 돈암어문학회, 2004, 268~269면 참조).

296 김종호, 「황진이 소재 서사의 궤적과 이태준의 〈황진이〉」, 『우리문학연구』 42집, 우리문학회, 2014, 191~193면 참조.

호기심 고조와 관람 분위기 형성—은 상당했던 것으로 알려져 있다. 그러니 동양극장 측으로서는 이태준의 〈황진이〉는 일종의 호재였다. 〈황진이〉를 읽고 있는 독자들을 잠재적 유효 관객으로 만들 호재였기 때문이다.

비록 박진은 박종화 소설을 모본母本으로 삼아 각색(편극)이 단행되었다고 술회하고 있으며, 실제로 공연 당시 신문에 게재된 관련 기사에서도 박종화 작품과의 유사성이 강도 높게 나타나고 있는 것이 사실이지만, 그럼에도 불구하고 1930년대(1936년)에 형성된 '황진이 서사'의 인기와 영향에서 무한정 자유로울 수만은 없었다. 다시 말해서 박진과 동양극장의 공연 전략에 '황진이 서사'의 유행과 친숙도는 매우 중요한 고려사항이었다.

이러한 황진이 서사의 정점이 이태준의 〈황진이〉가 되는 과정은 1930년대 중반 이후 가속화되는 신문들 간의 경쟁에서 그 기원을 찾을 수 있다. 특히 비교적 인지도나 재원 면에서 열세였던 『조선중앙일보』는 이태준의 소설을 통해 신문 독자의 확보와 영향력의 증대를 도모하고자 했다.[297] 이러한 주변 상황과 의도로 인해, 1930년대 조선의 문단에서는 황진이 관련 서사가 제법 큰 비중을 차지하며 중요한 소재이자 모티프로 자리 잡게 된다.

현재 박종화의 초기작 〈삼절부〉의 내용과 출처는 명확하게 확인되지 않고 있다.[298] 단 박종화가 1955년에 수정하여 간행한 〈황진이의 역천〉

297 김종호, 「황진이 소재 서사의 궤적과 이태준의 〈황진이〉」, 『우리문학연구』 42집, 우리문학회, 2014, 205~206면 참조.

298 우미영은 〈삼절부〉가 1935년 8월에 발표되었다고 기록하고 있지만, 이 최초 발표 지면을 실제로 확인하기 어렵다고 토로한 바 있다(우미영, 「'황진이' 담론의 형성 방식

이 그 초기작의 위용과 변화를 거의 대부분 수용하고 있다고 전문 연구자들 사이에서 공인하고 있다. 이러한 정황상의 근거에 따라 박종화가 전집으로 정리한 후대의 판본 〈황진이의 역천〉을 〈삼절부〉의 대체 판본으로 삼을 수 있다고 판단했다.[299] 『매일신보』에 게재된 〈명기 황진이〉 공연 대본의 일부 대사와 전체 설정이 〈황진이의 역천〉의 그것들과 매우 흡사하고, 영향 관계를 강력하게 형성하고 있다는 관찰 역시 이러한 판단의 중요한 근거로 작용했다.

이러한 판단을 바탕으로, 〈명기 황진이〉의 각색 과정을 되돌아보면 다음과 같다. 1936년 작품난을 겪던 동양극장 측 박진(연출가)은 "월탄이 어느 잡지에 서너 페이지 써 놓은 황진이의 얘기를 본인에게 승낙을 받고" 자신이 각색(편극)해서 공연 대본으로 만들었다고 토로한 바 있다(공식적인 각색자는 최독견). 이때 '서너 페이지 써 놓은 황진이의 얘기'라는 작품이 〈삼절부〉로 판단된다.

하지만 원작은 분량상 공연에 다소 부족했을 뿐만 아니라 작품의 클라이맥스라고 할 수 있는 '황진이와 이웃집 청년의 만남'이나 '황진이

과 여성의 재현」, 『한국문학이론과 비평』 28집, 한국문학이론과 비평학회, 2005, 173~174면 참조). 이러한 진술은 사실이며, 이로 인해 후대의 학자 중에서는 초판본이 아닌 이후의 판본으로 연구하는 이들도 상당하다. 박종화는 〈삼절부〉를 정리하여 1955년 『새벽』에 수록하였다고 문학사적으로 정리된 바 있다.

299 1976년 한국소설가협회에서 편찬 간행한 『한국작가출세작품전집(1)』에는 박종화의 〈삼절부〉가 수록되어 있는데, 그 내용과 구조는 〈황진이의 역천〉의 크게 다르지 않다. 다만 〈황진이의 역천〉에 비해 간결한 문체와 구조를 지니는 것이 특징이다. 『한국작가출세작품전집(1)』 판본의 경우 제목이 〈삼절부〉이긴 하지만, 1976년도 간행본에 실려 있기 때문에 1930년대 〈삼절부〉를 모본으로 삼은 것인지에 대해서는 확증하기 어려운 상태이다. 다만 〈황진이의 역천〉과는 달리, 『연려실기술』에서 발췌한 '황진이 관련 기록'이 서문(에피그램)으로 배치된 것이 특징이다(박종화, 〈삼절부〉, 『한국작가출세작품전집(1)』, 을유문화사, 1976, 24~35면 참조).

의 지족선사 유혹' 대목이 연극적으로 재편된 필요가 있었다. 이를 위해 각색자들은 황진이와 남자 상대역의 만남 장면을 보다 구체적이고 강렬하게 그려내고자 하는 각색 욕구를 느꼈던 것으로 보이며, 이러한 필요를 기반으로 〈명기 황진이〉의 공연 대본을 생성시킨 것으로 파악된다.

그래서 원작에서는 담장 바깥에서 힐끗 황진이를 훔쳐본다는 이웃집 청년의 설정을, 월담하여 직접 황진이를 대면으로 설정으로 바꾸어 무대 위에서 직접 대사로 처리했고, 지족선사를 은밀하게 유혹한다는 원작의 사건 전개를 보다 활발하고 적극적인 몸짓(춤과 노래)을 곁들이는 사건 전개로 변모시킨 것이다.

이러한 각색과 추가 설정에는 무대 위에서 장치 변화가 동반되어야 했다. 원우전을 비롯한 동양극장 무대미술팀은 〈명기 황진이〉의 무대 장치를 몇 가지 특징을 앞세워 적극적으로 실현하고자 했다. 일단 병부교나 황진이의 집(대청마루) 등을 축조하고 이를 무대에 기용하여 그 높이 차를 활용하고자 했다. 시선의 교차나 대면의 방식에서 높고/낮은 차이를 도입하여, 남녀의 만남과 헤어짐을 연극적으로 제시했다.

다음으로, 무대 위에서 물을 직접적으로 활용하는 무대제작 방식으로 관객들의 주목을 끌기도 했다. 서막에서 흐르는 시냇물과 4막에서 폭포는 대표적인 방식인데, 이러한 물의 흐름은 공간의 분할, 청량감 전달, 역동적 이미지, 서사의 상징성 등을 구현할 수 있었으며 무엇보다 관객들에게 무대미술의 참신한 인상을 전할 수 있었다.

〈명기 황진이〉의 각색 과정과 공연 현황은 동양극장의 당시 상황을 적나라하게 보여 주는 주요한 실례가 될 수 있을 것이다. 1936년 8월은 동양극장이 신생극장의 이미지를 벗고 관객의 열광적인 호응을 이끌어 내고 있던 일련의 시기였다. 1936년 7월 15일부터 시작되어 7일간 공연된 〈단종애사〉는 이왕직의 항의로 중단되기 이전까지 다수 관객의 시선과 호응을 끌어모은 작품이었다. 하지만 박진은 이 7일간 잠재적 유료 관객을 모두 극장으로 불러모았다고 판단하고 있다. 〈단종애사〉 이후에 임시방편으로 투입된 공연작 〈사랑에 속고 돈에 울고〉는 동양극장 최고의 인기작 중 하나로 평가받을 정도로 공전의 인기를 자랑하는 작품이었다. 이 작품은 이후에도 몇 회에 걸쳐 재공연을 기록한다.

1936년 8월 1일부터 시행된 〈명기 황진이〉는 〈사랑에 속고 돈에 울고〉의 후속작으로 선택된 작품이었다. 박진의 회고를 액면 그대로 빌리면, 작품난이 가중되자 자신이 예전에 보았던 박종화의 작품을 기획/편극/연출하여 무대에 올렸다고 한다. 하지만 이러한 작품난은 기실 동양극장이 처한 원론적인 어려움을 막연하게 지칭한다고 해야 한다. 박진이 〈삼절부〉를 선택한 숨은 의도는, 당대 '황진이' 서사가 형성하고 있는 문화적 맥락과 공연 성공 가능성에서 찾아야 할 것이다.

동양극장은 〈사랑에 속고 돈에 울고〉 이후 경성을 대표하는 극장으로 이름을 올릴 수 있었고, 이를 성공적으로 이어갈 후속작이 필요했다는 정황도 참고할 수 있다(물론 동양극장 사주였던 홍순언은 〈사랑에 속고 돈에 울고〉의 후편도 실제로 준비하고 있었다). 이를 위해서는 관객과 부민들의 관심을 끌고 그들의 문화적 관람 욕구를 자극할 수 있는 작품이 필요했고, 또 그러한 세부적 설정이 요구되었다.

'황진이'는 예로부터 조선인들에게 깊은 관심을 받은 대상이었고, 여성의 주체적 삶으로 인해 다양한 상징성을 지닌 텍스트로 변전하기에 적절한 소재였다. 마침 그 시기에는 이태준이 관련 소설을 연재하고 있어, 관객들의 관심 형성에도 이로운 점이 적지 않았다. 박진은 박종화의 단편을 원작으로 삼아 일련의 공연 작업을 진행하면서, 실제로는 이러한 주변 정황과 문화적 기류를 전면 수용하고 있었던 것이다.

특히 아름답고 대담한 여성을 주인공으로 내세워 관객의 흥미를 불러일으키는 전략은 1920~30년대 대중극단의 주요한 공연 전략이었다. 여성 캐릭터의 매력뿐만 아니라 이를 무대에서 수행할 여배우의 면면이 흥행 수입에 막대한 영향을 끼치던 시절이었다. 동양극장은 이를 전적으로 수행할 준비가 되어 있었다. 동양극장에는 당대를 대표할 수 있는 미녀와 인기 여배우들이 즐비했기 때문이다.

당연히 박진의 연출 방향은 황진이의 여성적/육체적 매력을 발산하는 방향으로 기울었다. 동양극장의 대표적인 여배우였고 '홍도' 역으로 대중의 사랑을 온 몸에 받고 있었던 차홍녀를 '황진이' 역할로 삼지 않고 풍만한 육체를 지닌 '지경순'을 황진이 역할로 낙점한 것은 육체적 노출을 강하게 염두에 두었기 때문이다. 박진 스스로 밝힌 대로 지족선사와 '에로틱한 밤'은 관객들에게도 육체적/감각적 자극을 불러일으키기에 충분했다. 상대역이었던 황철의 육체적 자극이나, 이로 인한 관객들의 만원사례, 혹은 『매일신보』에 수록된 관련 내용(공연 대본)에서 '잠시간의 암전'을 지시하는 설정 등으로 볼 때, 황진이의 지족선사 유혹은 파격적인 신체 노출을 상상하도록 만들었다고 해야 한다.

이러한 일련의 상황은 동양극장 측이 대중적 인기를 제고하기 위해서 노력했으며 이를 원활하게 수행하기 위한 텍스트로 〈명기 황진이〉를 선택했다는 결론을 무리 없이 이끌어낸다. 더욱 주목되는 것은 이러한 노출과 신체미의 작품만으로 흥행 전략을 완결하지 않았다는 점이다. 여기에 동양극장 무대미술(팀)의 역량이 가미된다.

사실 〈단종애사〉는 작품 규모가 매우 큰 작품이었기 때문에, 청춘좌 배우들만으로 전담 출연이 불가능하여 동극좌와 희극좌 배우들이 총동원되었고 간부까지 찬조 출연을 감행하면서 거의 100여 명의 출연자가 생겨난 바 있다. 장면 수도 15막 17장에 달했기 때문에, 심지어는 이 작품을 공연하는 과정에서 대본이 미처 정리되기도 전에 무대장치를 먼저 만드는 일이 벌어지기도 했다.

『매일신보』 수록 〈단종애사〉 무대 사진[300]

『조선중앙일보』 수록 〈단종애사〉 무대 사진[301]

그림92 **현재 남아 있는 〈단종애사〉의 무대 사진**(일부)[302]

300 「〈단종애사〉 청춘좌 제 이주공연(第二週公演)」, 『매일신보』, 1936.7.19, 3면 참조.
301 「연예 〈단종애사〉」, 『조선중앙일보』, 1936.7.19, 1면 참조.
302 이 두 장의 무대 사진은 동양극장의 무대미술을 조명하기 위해서 〈춘향전〉과 연관하여 논의된 바 있는 자료이다(김남석, 「동양극장 〈춘향전〉 무대미술에 나타난 관습적 재활용과 독창적 면모에 대한 양면적 고찰」, 『현대문학이론연구』 66집, 현대문학이론학회, 2016, 45면 참조).

이러한 무대미술팀의 협력은 〈사랑에 속고 돈에 울고〉를 거쳐 〈명기 황진이〉에서도 헌신적으로 이루어졌다. 비록 〈단종애사〉→〈사랑에 속고 돈에 울고〉→〈명기 황진이〉를 거치는 공연 일정이 대단히 성공적이었다고 해도(인기와 수익 측면에서), 무대미술팀이 경험해야 했던 작업은 대단히 고된 것이 아닐 수 없었다. 그럼에도 무대미술팀은 무대에서 물을 흐르게 하고, 이를 무대 밑에서 받아내는 모험적인 디자인에 다시 도전했다.

결과적으로 이러한 무대 전략은 〈명기 황진이〉에 대한 관객의 호응도를 제고하는 중요한 이유가 되었다. 주목되는 점은 이러한 모험적 전략 이면에 숨겨진 무대미술팀의 기본 전략이었다. 일단 무대에 세 벽을 갖춘 공간을 설치하고 이 공간을 황진이의 집과 지족암으로 공동 사용할 수 있는 전략을 가동했던 것이다. 담장과 월동문 그리고 곳간을 설치했다가 폐지하는 방식으로 '사가私家'를 '절寺'로 변형시키는 방법을 도입한 것이다.

이로 인해 사가는 다소 사가답지 못한 형태를 띠고, 지족암은 지족암의 무대적 규모를 감당할 수 없는 규모로 구현될 수밖에 없었다. 이것은 분명 2막과 4막의 효과를 제대로 살리지 못한 주요한 원인이었다. 하지만 그 대신 확보하는 효과도 있었다. 그것은 무대배치의 빠른 전환과 경제성 그리고 전체적인 안정감으로 요약된다. 이처럼 〈명기 황진이〉의 무대 배치에는 다소간 약점도 분명 존재했지만, 이를 보완할 수 있는 강점도 동시에 확보되었다. 그것은 무대 하수에 배치된/되어야 하는 폭포의 숨김/드러냄 효과를 창출할 수 있었기 때문이다.

무대장치와 관련하여 서막은 주목되지 않을 수 없다. 서막의 '병부교

'와 그 밑을 '흐르는 물'은, '폭포'라는 기물을 무대에 설치하면서 얻게 되는 자연스러운 부대 효과였다. 이 폭포의 물줄기를 외부, 그러니까 무대 표면으로 유도할 수만 있다면 자연스러운 물길을 만들 수 있었고, 그로 인해 〈아리랑 고개〉부터 오프닝 씬scene의 적격으로 손꼽히던 빨래하는 처녀들의 인상을 참신하게 제시할 수 있었다.

무엇보다 흐르는 물은 무대의 실감을 더했고, 공간의 자연스러운 분할과 관객들의 시각적/청각적 자극을 유도할 수 있었다. 물론 기존 무대에서 볼 수 없었던 신선한 이미지도 생성시킬 수 있었다. 이러한 물줄기를 무대 위에서 무대 밑으로 유도할 수만 있다면 — 고설봉이 증언한 대로 무대 밑에 출구를 설치하여 스태프들이 퍼낼 수 있다면 — 이것은 아담하지만 상징적인 폭포가 될 수 있었다.

현재 남아 있는 『매일신보』 수록 공연 대본(개요)을 참조한다면, 〈명기 황진이〉에서 황진이의 남성 편력은 '지족선사'의 파계로 일단락되었을 가능성이 높다. 그렇다면 지족선사 이후 '화담'과 만나는 장면은 무대화 가능성이 높지 않아 보인다. 따라서 '송도삼절'이라는 시대적 표상을 무대에서 환기시키고, 적어도 적극적으로 구현되지 않았을 화담 관련 사건을 암시하기 위해서라도, 박연폭포의 무대화는 필요한 장치였다고 하겠다.

무대 내에 폭포는 서막에서는 병부교로, 2막에서는 황진이의 집(담장)으로 가려져 있었지만, 적어도 4막에서는 지족암을 구현하면서 그대로 노출되었고, 관객들에게 폭포의 상징성을 4막 내내 전달했다고 보아야 한다. 이러한 구도와 상징성을 바탕으로 한다면, 〈명기 황진이〉에서 황진이의 뇌쇄적인 연기 못지않게 동양극장이 깊게 침윤했던 관람 요소는 폭포의 등장과 소개였다고 보아도 좋을 것이다. 결국 동양극장을 찾아 〈명기 황진이〉를 관람한 관객들은 황진이 설화가 지니는 오래된 호기심과, 당대의 문화(문학) 환경 속에서 이러한 담론이 형성하는 유행, 황진이 역을 맡은 여배우의 대담한 연기와 신체적 매력, 그리고 더운 여름날을 청량하게 가라앉혀주면서 연극적 상징성마저 담보하고 있었던 폭포의 위용에 감탄했다고 보아야 한다. 하지만 안타깝게도 이러한 진실은 기록의 오류와 잘못된 판단 그리고 착각과 착오에 의해 구룡폭포로 오인되어 연극사에 기재되는 풍파를 겪었던 것이다. 이제라도 그 실체와 진위眞僞가 조금이라도 제자리를 찾고 그 참다운 의의가 명확하게 가려지기를 소망하는 바이다.

3) 동시대적 배경을 다룬 청춘좌 작품과 무대미술의 공통점

동양극장 청춘좌는 멜로드라마에 입각한 비극 성향의 작품을 제작하는 데에 일가견을 지니고 있는 극단이었다. 또한 청춘좌는 공연 관련 극적 효과를 극대화하기 위하여 무대미술의 시각적 효과에 주력한 극단 가운데 하나였다. 동양극장의 무대미술팀이 상존하고 있었고, 해당 부서가 전문적 능력을 지니고 있었기에, 공연 효과 제고를 위한 무대 조형 작업은 활발하게 진행되었다. 이러한 무대 제작 능력은 청춘좌의 인기를 격상시키는 데에 크게 일조했다. 더구나 무대 관련 자료가 다수 남아 있어, 청춘좌의 공연 작품을 파악하는 데에도 적지 않은 도움이 되고 있다.[303]

303 3.3장 동양극장(청춘좌)의 무대미술에 대한 전반적인 논의는 다음의 저술에서 관련 내용을 원용했으며 관련 논의를 발췌하여 인용하였다(김남석, 『조선 대중극의 용광

(1) 걸개그림과 나무 배치를 통한 원근감과 균형감

동양극장 청춘좌 공연 중 '걸개그림(배경화)'이 확인되는 작품은 세 작품이다. 이운방 작 〈외로운 사람들〉(1937년 7월 7일~14일)과 이운방 작 〈물레방아는 도는데〉(1937년 7월 15일~21일 초연, 1939년 7월 재공연), 임선규 작 〈남아행장기男兒行狀記〉(1937년 7월 22일~26일)가 그것이다.

그림93 **동양극장 청춘좌의 〈외로운 사람들〉**(무대 사진)[304]

〈외로운 사람들〉에 대해 알려진 바가 거의 없기에, 〈외로운 사람들〉의 걸개그림(작화)은 주목되지 않을 수 없다. 우선, 걸개그림의 정교함을 꼽지 않을 수 없다. 걸개그림은 호수를 배경으로 하여, 건너편 산을 포착하고 있다. 전체적으로 호수는 반원을 그리면서 묘사되어 있어,

---

로』(2), 서강대 출판부, 2018, 24~72면 참조).

304 「청춘좌소연(青春座所演) 〈외로운 사람들〉 무대면(동양극장에서)」, 『동아일보』, 1937. 7.9, 6면.
https://newslibrary.naver.com/viewer/index.nhn?articleId=1937070900209106008&editNo=2&printCount=1&publishDate=1937-07-09&officeId=00020&pageNo=6&printNo=5697&publishType=00010

'배경으로서의 산'과 '세트로서의 집' 사이에 원근감을 작동시키는 역할을 맡고 있다. 특히 무대 한가운데 나무를 배치했는데, 이 나무로 인해 호수 풍경이 뒤로 물러나는 인상을 자아내고 있다.

다음으로, 집의 수직선이나 산의 삼각형은 모두 안정된 느낌과 강직한 인상을 풍기고 있다. 남성적인 힘과 절도가 강조되는 형상이다. 반면 호수 기슭이 그려내는 반원의 곡선은 여성적인 인상을 부가한다. 대체로 곡선은 유연, 풍요, 우아, 경쾌, 약동, 리듬 등의 의미를 지니는 것으로 알려져 있다.[305] 이렇게 직선과 곡선이 어울리면서, 두 개의 이미지가 연계되어 무대미술상으로 융합되는 효과를 거두고 있다.[306] 위의 걸개그림에는 직선과 곡선의 대립적 이미지를 융합하려는 무대미술팀의 모색이 담겨 있다고 하겠다.

〈표5〉 **1937년 7월 동양극장 공연 연보**

일시와 제명	작품과 작가
1937.7.7~7.14 청춘좌 제2주 공연	**비극 이운방 작 〈외로운 사람들〉(3막 4장)** 희극 구월산인(최독견) 작 〈이런 부부 저런 부부〉 풍자극 남궁춘(박진) 작 〈홈・스윗트 홈〉(1막) 풍자극 남궁춘(박진) 작 〈회장 오활란 선생〉(1막)
1937.7.15~7.21 청춘좌 제3주 공연	**비극 이운방 작 〈물레방아 도는데〉(3막 4장)** 희극 남궁춘(박진) 작 〈원수는 외나무다리에서〉(1막3장)
1937.7.22~7.26 청춘좌 제4주 공연	**쾌작 임선규 작 〈남아행장기〉(4막)** 희극 구월산인(최독견) 작 〈연습하는 부부싸움〉(1막)

이러한 걸개그림은 이후 두 작품에서 연속적으로 사용되고 있다. 다음 작품인 이운방 작 〈물레방아 도는데〉와 그다음 작품인 임선규 작

305 권용, 「현대 공연예술의 연출방법, 연기양식, 무대미술의 시각적 분석」, 『드라마논총』 23집, 한국드라마학회, 2004, 85~86면 참조.

306 새뮤엘 셀던, 김진석 역, 『무대예술론』, 현대미학사, 1993, 166면.

그림94 **동양극장 청춘좌의 〈남아행장기**(男兒行狀記)〉(무대 사진)[307]

〈남아행장기〉가 모두 그러하다. 이 중에서 〈남아행장기〉는 〈외로운 사람들〉의 걸개그림과 거의 흡사한 걸개그림을 활용하고 있다.

비교의 편의를 위해, 〈남아행장기〉를 먼저 살펴보자. 〈남아행장기〉의 걸개그림은 '호수'가 아닌 '들판'이다. 걸개그림 중반부를 중심으로 원형으로 퍼져나가는 산과 들판의 모습이 인상적이다. 전반적으로 반원형의 구도를 이루기 때문에, 무대에 선 사람들(배우들)을 포근하게 감싸는 형국이다. 그리고 원근감을 북돋우기 위하여 가까운 곳에 서 있는 나무의 형상이 이러한 평야와 연계되고 있다. 무대 중앙과 하수 방향에 위치한 나무는 가까운 거리감을, 그 너머에 포진하고 있는 평야와 원/근의 거리감을 확장하는 역할을 한다.

그러니까 외형적인 측면에서 〈외로운 사람들〉과는 지형적인 조건이

307 「〈남아행장기(男兒行狀記)〉의 무대면」, 『동아일보』, 1937.7.25, 7면. https://newslibrary.naver.com/viewer/index.nhn?articleId=1937072500209107009&editNo=2&printCount=1&publishDate=1937-07-25&officeId=00020&pageNo=7&printNo=5713&publishType=00010

다르다고 해야 한다. 하지만 〈남아행장기〉의 걸개그림에서 '들판' 역시 반원을 그리며 호선弧線 모양으로 휘어져 나가면서, 맞은편 산과의 거리감을 확보하는 역할을 맡고 있다.

그뿐 아니라 무대 왼편(UL, left side)에는 단이 마련되어 인물들이 무대에서 높이를 확보할 수 있는 공간이 마련된다. 이러한 구도는 〈외로운 사람들〉도 마찬가지였다. 두 작품의 무대 배치 역시 왼편에 단이 있는 영역(하나는 집, 하나는 우물 혹은 다리)을 설정하고 있다. 이로 인해 배우들이 중앙 평면과, 왼편 단이라는 높이 차를 이용한 연기를 고려할 수 있게 된다(〈남아행장기〉에서 '노인'이 단 위에 서 있다).

전술한 대로 무대 가운데에 나무를 위치시켜 원근감을 극대화하려는 방식도 유사하다. 실제 부피와 깊이를 갖추지 못한 배경화(걸개그림)에 〈남아행장기〉의 나무가 덧붙여지면서, 이 나무는 무대상의 공간감을 요긴하게 창출하는 장치가 된다.[308] 더구나 이 나무로 인해 〈남아행장기〉의 무대는 상수로부터 1/3 지점에 모종의 경계선을 확보할 수 있게 되고, 나무의 입지로 인해 인물들의 대칭적 안배에서 벗어날 수 있었다.

〈외로운 사람들〉의 나무는 무대 중앙에서 약간 오른편right side으로 기우는 지점에 위치하는 바람에, 등장한 인물 구도 즉 3 : 5(무대 오른편에 세 사람, 무대 왼편에 다섯 사람)의 불균형을 해소할 수 있었다. 살짝 오른편으로 치우친 나무는 부족한 두 사람의 몫을 감당하면서, 무대가 시각적으로 균형을 갖추도록 돕고 있다. 〈남아행장기〉의 나무는 그 반대에 위

308 무대미술의 역사에서 17세기 프랑스에서 이러한 형태의 무대 배치, 즉 배경화폭에 실물장치를 결합하여 입체성을 부여하는 시도가 빈번하게 나타났고, 이후 무대에 설계에 유용하게 응용되었다(권현정, 「무대미술의 관례성」, 『프랑스어문교육』 15권, 한국프랑스어문교육학회, 2003, 314~315면 참조).

치한다. 무대 오른쪽에 세 사람, 무대 왼쪽에 두 사람이 서는 바람에, 무대의 오른편이 상대적으로 과밀해지는 상황이 발생했고, 왼편이 가벼워지는 인상을 풍기게 되었다. 이때 나무는 중앙에서 왼편으로 치우쳐서, 모자란 왼쪽의 무게감과 비율을 보충하게 된다.

다만 이러한 해석은 다분히 인물 중심적이다. 공연 사진을 보고 무대 배치와 인물의 역학 관계를 설명하기 위해서 어쩔 수 없는 해석이라 하겠다. 본래는 무대디자이너가 나무를 중심으로 무대를 설계했고, 이러한 나무의 위치를 고려하여 연출가가 등장인물의 위치와 움직임을 안배했다고 판단해야 한결 합리적인 해석일 것이다. 대신 연출가는 자칫하면 불가능할 수 있었던 인물의 균형감을, 나무의 위치로 인해 확보할 수 있었다.

중요한 점은 무대가 상투적인 대칭 형태에서 벗어나면서, 등장인물의 비대칭적인 안배가 가능해졌다는 점이다. 〈물레방아는 도는데〉는 이러한 사례의 극단에 해당한다. 〈물레방아는 도는데〉의 무대 사진을 참조하면, 무대 후면에 걸개그림이 있고 그 앞에 움막 같은 세트가 지어져 있다. 걸개그림은 빛에 반사되는 바다 혹은 아스라이 펼쳐진 들판의 풍경을 묘사한 것처럼 보인다. 그리고 그 앞의 움막은 무대 가운데에 위치하며 삼각형의 구도를 형성하고 있다(UC, upstage center).

여기서도 가장 주목되는 오브제는 '나무'이다. 〈물레방아는 도는데〉의 나무 위치는 〈남아행장기〉와 일견 흡사하다. 하수로부터 무대 가로 측 2/3지점, 바꾸어 말하면 상수로부터 무대 가로 측 1/3지점에 설치되었다(LC와 C의 경계면). 특히 〈물레방아는 도는데〉의 나무는 굵고 묵직한 특징이 있으며, 실물 장치로 무대 위에 구현된 것으로 보인다. 그

그림95 **동양극장 청춘좌의 〈물레방아는 도는데〉**(무대 사진)[309]

래서 상당한 중량감과 부피감을 드러낼 수 있었다.

상수 방향에서 나오는 빛이 나무의 한 면을 과다하게 비추고, 그 반대편에 있는 작은 기둥의 한 단면도 비추는 바람에 무대에는 과하게 밝은 부분과 여광처럼 보이는 부분이 생겨난다. 인물들은 조명에 의해 만들어지는 일종의 통로의 중앙에 위치한다.

결국 나무와 기둥의 위치, 그리고 그 사이로 쏘아지는 빛으로 인해, 비교적 무대 오른편에 세 사람이 위치해도 균형을 잡을 수 있는 여력이 생겨난다. 이 작품 역시 상수로부터 무대 가로 측 1/3 지점에 세워진 나무로 인해, 배우들의 동선과 위치가 상대적으로 자유로울 수 있는 여지를 확보하고 있다. 더구나 흐릿하게나마 무대 왼쪽에 '딛고 올라설 수

309 「청춘좌 소연 〈물레방아는 도는데〉의 무대면」, 『동아일보』, 1937.7.17, 6면. https://newslibrary.naver.com/viewer/index.nhn?articleId=1937071700209106002&editNo=2&printCount=1&publishDate=1937-07-17&officeId=00020&pageNo=6&printNo=5705&publishType=00010

있는' 얕은 단도 놓여 있다.

세 작품은 거의 잇닿아 공연되면서, 걸개그림의 정교화와 무대 특정 지점의 나무(장치)를 무대 미학적으로 공유하듯 공통점으로 구현하고 있다. 걸개그림과 나무의 공존은 원근감을 부각하고 인물 사이의 균형을 바로잡는 기능을 한다. 원근감이 무대의 심도를 조절하는 기능을 한다면, 인물 사이의 균형은 시각적 안정감을 구현하는 기능을 한다고 할 수 있다. 이로 인해 배우들이 좌우로 정렬하여 균형을 맞추는 배치를 피할 수 있게 되고, 연출가 역시 비대칭 동선을 구상하고 과감하게 구사할 수 있게 된다. 배우들도 나무의 중량감과 위치를 활용하여 비대칭 구도와 불균형한 숫자로도 무대를 자유롭게 활용할 수 있게 된다.

(2) 무대 단壇의 확대와 공간감

임선규 작 〈애원십자로〉는 1937년 7월(7월 31일~8월 6일, 1937년 11월 재공연, 동양극장)에 초연되었고, 1937년 11월(8일~10일)에 재공연되었다. 초연과 재공연 모두 3막 6장의 규모였고, 화산학인(이서구)의 〈신구충돌〉(2장)과 함께 공연되었다(초연 시 최독견의 〈부부풍경〉도 함께 공연).

〈표6〉 1937년 〈애원십자로〉 공연 연보

일시와 주체	작품과 작가
1937.7.31~8.6 청춘좌 제6주 공연	비극 임선규 작 〈애원십자로〉(3막 6장)
	희극 구월산인(최독견) 작 〈부부풍경〉(1막 2장)
	희극 화산학인 작 〈신구충돌〉(2막)
1937.11.8~11.10 청춘좌 공연	화산학인 작 〈신구충돌〉(2장)
	임선규 작 〈애원십자로〉(3막 6장)

또한 이 작품은 차홍녀의 '재생출연'으로 주목받은 작품이었다. 동양극장을 대표하는 여배우 차홍녀는 늑막염肋膜炎으로 고생하면서 병원에 수개월 동안 입원하고 있었는데, 이 작품으로 재기에 나선 것이다.[310] 본래 차홍녀는 연극에 대한 집념이 강하여 끝까지 연극을 포기하지 않는 성격이었다.[311] 그래서 차홍녀는 객혈을 하면서도 작품 출연을 하곤 했는데,[312] 이 공연에서는 마루에 걸터앉은 모습으로 포착되고 있다.

그림96 **동양극장 청춘좌의 〈애원십자로〉**(무대 사진)[313]

〈애원십자로〉의 무대디자인에서 단의 활용은 특히 주목되는 사안이다. 이 작품은 공연 당시에도 '호화로운 무대'로 격찬되었는데,[314] 이러

310 「연예계소식 청춘좌 인기여우(人氣女優) 차홍녀 완쾌 31일부터 출연」, 『매일신보』, 1937.7.30, 6면.

311 고설봉, 「천부적인 배우 차홍녀」, 『증언 연극사』, 진양, 1990, 131면.

312 박진, 「객혈하면서도 출연한 차홍녀」, 『세세연년』, 세손, 1991, 163~164면.

313 「연예(演藝) 〈애원십자로〉의 무대면」, 『동아일보』, 1937.8.3, 6면. https://newslibrary.naver.com/viewer/index.nhn?articleId=1937080300209106003&editNo=2&printCount=1&publishDate=1937-08-03&officeId=00020&pageNo=6&printNo=5722&publishType=00010

314 「연예(演藝) 〈애원십자로〉의 무대면」, 『동아일보』, 1937.8.3, 6면.

한 무대장치의 호화로운 인상은 '단壇' 위의 풍경에서 연원한다.

동양극장 청춘좌 무대를 통시적으로 관찰하면, 무대에 설치된 단의 면적이 그다지 넓지 않았음을 확인할 수 있다. 가령 〈단종애사〉의 대청마루 역시 배우들이 거의 활용할 수 없는 공간으로 만들어졌다. 의자에 앉은 왕과 그 옆에 시립한 여비들만이 고정된 자세로 그 공간을 메울 수 있는 크기였다. 또한 〈외로운 사람들〉이나 〈남아행장기〉에서는 왼편에 간신히 한두 사람이 올라서거나 앉을 수 있는 공간만을 조성해 두었다. 〈물레방아는 도는데〉는 상징적인 단만 마련한 경우였다. 이로 인해 배우들은 〈단종애사〉의 대청마루나 〈남아행장기〉의 왼편 단 위에서는 활달한 연기를 펼칠 수 없었다. 그러니까 이전까지 단이 마련되면서 무대에서 무릎 정도의 높이(감)은 확보될 수 있었지만, 이러한 단은 자유로운 연기를 펼치기에는 무리가 있는 무대 설정이었다.

하지만 〈애원십자로〉에는 기존 작품의 단과 사뭇 다른 형태의 단이 마련되어 있다. 일단 이 작품에서 단은 무대(가로)의 2/3에 해당할 정도로, 상당한 길이를 확보하고 있다. 단의 폭(세로)도 제법 넓어서, 두세 사람이 올라가서 독립된 연기를 펼칠 수 있을 정도의 면적을 확보하고 있다. 단 위의 공간도 상황에 따라 활용할 수 있는 연기 선택이 가능하도록 두 개로 분리되어 있다.

발굴된 무대 사진으로는, 여인 두 명이 단 위에 앉고(한 명은 정좌하고, 다른 한 명은 걸터앉아 있다), 나머지 두 사람은 무대 평면에 서 있다. 남자와 여자가 마주보고 있는 것으로 보건대, 두 사람은 대화를 나누고 있고, 이러한 광경을 단 위의 두 명의 여자가 관찰(주시)하고 있다.

현재 사진에서는 단(마루) 위의 공간에서 활동하는 광경이 구체적으로 포착되어 있지 않지만(앉아 있는 모습만 포착), 단 위의 소품 배치로 보건대 이 공간은 방과 거실로 보이며, 이러한 생활공간에서 상당한 비중 있는 연기까지 수행할 수 있었을 것으로 판단된다. 공간의 속성만 놓고 본다면, 속박된 동작과 정체된 움직임을 탈피하여, 다채롭고 자유로운 연기 영역을 펼칠 가능성이 증대되었다고 할 수 있다.

흥미로운 것은 이 집이 서양식과 전통식의 혼합형 공간이라는 점이다. 무대 왼쪽에 위치한 방은 전통적인 안방의 구조를 띠고 있지만, 무대 중앙에 있는 거실은 한옥의 마루와 서양의 거실 사이의 중간 형태를 띠고 있으며, 무대 오른쪽의 벽과 마당은 다분히 서양식의 인상을 풍기고 있다. 전체적으로 한식과 서양식 건물 구조가 혼합된 인상이다. 이것은 당시 유행했던 절충형 문화주택의 양식을 연상시킨다.[315]

이러한 무대 배치에서, 하수로부터 1/3 지점에 놓여 있는 벽(UR과 UC의 경계)은 주목된다. 하수로부터 2/3 지점에 놓여 있는 벽(UC와 UL의 경계)은 반쯤 물러난 형태여서 인물들의 왕래를 자유롭게 허용하는 데 반해, 1/3 지점에 놓여 있는 벽은 정원과 거실(마루)을 가로막아 인물의 왕래를 차단하고 있기 때문이다. 즉 하수 지점과 무대 중앙(UC)은 수평적인 이동이 불가능하고, 섬돌(계단)을 통해 무대 앞면downstage을 통해 이동하도록 설계된 무대 배치(가옥 구조)인 셈이다. 이러한 무대 배치는 관극상sight line 다소 갑갑한 인상을 전해준다. 배우들이 실제로는 정원에서 마루로 직접 이동하지 않는다고 해도, 마루와 방 사이에 위치한 '물러난 벽'으로 인해 관객들의 시야가 제약되는 약점이 발생했기 때문이다.

---

315 이경아 · 전봉희, 「1920년대 일본의 문화주택에 대한 고찰」, 『대한건축학회 논문집 - 계획계』 21권 8호, 대한건축학회, 2005, 103~105면.

또한 이 무대 배치는 다소 통념에 어긋나 있다. 전체적인 인상이 통일되어 있지 않고, 시야도 답답하게 차단된 느낌이다. 오른쪽 연기 공간(하수로부터 무대 1/3지점까지 UR과 RC)은 어두워서 조명이 별도로 설치되어야 할 필요가 있고, 설령 조명이 별도로 비치된다고 해도 그 내부로 들어가 배우들이 연기하기에는 비좁다고 해야 한다.

현대 연극(무대 설계)에서 창문이나 문을 만드는 것보다 '공간에 대한 효율적인 비율'을 갖추는 것이 더욱 중요하다는 견해가 중요하게 대두된 바 있다.[316] 하지만 〈애원십자로〉에서는 이러한 '공간에 대한 효율적인 비율'을 무대디자인 스스로 무너뜨리고 말았다. 결국 무대 위의 단은 넓어졌지만, 오른쪽 공간의 일부는 사장되어 활용하기 곤란한 공간이 되고 말았다고 해야 한다. 무대 활용의 측면에서만 보면, 이것은 공간의 낭비라고 하겠다.

다만 이러한 단점과 한계에도 불구하고, 무대 위 단의 면적이 확장되고 교정되면서 충분한 연기 공간을 마련한 무대 배치는 동양극장 무대디자인에서 일종의 변화이자 새로운 시도라고 할 수 있다. 이 점은 주목되고 기억될 필요가 있겠다.

(3) 실내 풍경과 실외 풍경 비교

임선규 작 〈비련초〉는 1937년 9월 22일부터 27일까지 3막 5장으로 초연되었고, 이후 1938년 6월(25일~27일)에 재공연되었다. 현재 남아있는 〈비련초〉의 무대 사진은 서양식 실내의 내부 풍경을 담고 있다(전

316 권용, 「죠셉 스보보다(Josef Svoboda)와 그의 현대무대미술」, 『드라마논총』 20집, 한국드라마학회, 2003, 43면.

체 3막 중 1막의 풍경).

그림97 **동양극장 청춘좌의 〈비련초〉**(무대 사진)317

실내는 두 개의 직사각형 형태의 창문과, 하수 방향 출입문, 그리고 상수 방향 계단(이층으로 향하는)으로 이루어져 있다. 동양극장 청춘좌 무대 배치에서 창문은 주로 무대 중앙에 위치하며 거대한 직사각형의 형태를 띠는 경우가 많았는데, 〈비련초〉 역시 동일 창문 패턴을 고수하고 있다.

좌우에 이동 통로를 마련하여 인물의 등/퇴장을 원활하게 유도하면서도, 무대 후면에는 거대한 창을 마련하여 답답한 인상을 감소하고자 한 무대디자인이 돋보이는 경우이다. 전반적으로 무대 중앙에 넓게 연기 공간을 배치하고자 했으며, 이층으로 향하는 계단을 초입만 마련하여 복층 무대를 만드는 번거로움을 피하고자 했다.

하지만 계단이 이층 무대로 직접 통하지 않는다면, 어쩌면 설치 자체

317 「〈비련초(悲戀草)〉의 일 장면(一場面)」, 『동아일보』, 1937.9.25, 6면. https://newslibrary.naver.com/viewer/index.nhn?articleId=1937092500209106010&editNo=2&printCount=1&publishDate=1937-09-25&officeId=00020&pageNo=6&printNo=5775&publishType=00010

만으로도 무대장치로서의 불필요함을 야기할 수도 있다. 그럼에도 불구하고 계단을 만든 이유는 아무래도 무대 자체가 고수하고 있는 평면성을 극복할 수 있어야 하기 때문이다. 사실 〈비련초〉의 무대에는 테이블과 탁자도 구비된 상태가 아니기 때문에, 등장인물들은 서는 동작을 위주로 연기에 의존할 수밖에 없는 상황이었다. 인물들의 높이 차를 구현할 무대장치는 부재할 수밖에 없었다.

그러다 보니 높낮이 차를 구현할 장치가 절실했다. 그것이 단이었는데, 결과적으로 상수에 높낮이 차(이)를 확보할 수 있는 단을 설치하는 방식도 동일하다. 이러한 단이 〈비련초〉에서는 완만한 계단으로 표현되었을 따름이다. 무대 사진에서 계단을 이용하여 시선의 높이 차를 확보한 인물이 포착되고 있다. 이 인물에게 계단은 이동의 통로라기보다는 무대의 평면성을 극복하기 위한 단으로 활용된다.

또한, 소품으로 그림과 장식이 걸려 있고, 무대 곳곳에 화분을 배치하여 여백의 공간을 최대한 메우려 했음을 확인할 수 있다. 〈비련초〉의 내부 공간은 두 작품의 실내 디자인과 비교될 수 있겠다.

그림98 **1937년 6월 호화선 〈남편의 정조〉의 실내 장면**[318]

그림99 **1940년 12월 호화선 〈행화촌〉의 실내 장면**[319]

---

318 「'호화선' 소연(所演) 〈남편의 정조〉 무대면」, 『동아일보』, 1937.6.8, 8면.

그림 98은 원우전(김운선 공동 제작)이 극단 호화선의 〈남편의 정조〉를 위래 제작한 무대(사진)이다. 다소의 차이는 발견되지만, 창문의 모양, 문의 위치, 그림과 화분의 배치에서 유사한 패턴을 보이고 있다. 구도의 측면에서 크게 다른 점이 있다면, 무대 가운데 놓인 탁자와 의자이다. 배우들이 앉을 수 있는 기능이 강조되고 있다는 점은 주목되는 차이이다(〈비련초〉에도 하수에 의자가 마련되어 있으나, 배우들의 앉는 기능을 보완하는 오브제는 아니다). 전체적으로 서양식 실내를 꾸미는 제작 패턴은 유사하다고 결론지을 수 있겠다.

〈표7〉 **〈비련초〉, 〈남편의 정조〉와 〈행화촌〉의 공연 기록**

인용	일시와 제명	작품과 작가
〈비련초〉	1937.9.22~9.27 청춘좌 개선 제1주 공연	**비극 임선규 작 〈비련초〉(3막 5장)** 희극 남궁춘(박진) 작 〈효자제조법〉(1막) 주간 조선권번연예부 출연-쑈 막간, 레뷰
	1938.6.25~6.27 청춘좌 공연	임선규 작 〈비련초〉(3막 5장) 구월산인(최독견) 작 〈기아일개이만원야〉(4경)
(ㄱ) 〈남편의 정조〉	1937.6.5~6.11 호화선 제5주 공연	**비극 이운방 작 〈남편의 정조〉(3막 4장)** 풍자극 남궁춘(박진) 작 〈회장 오활란 선생〉(1막)
	1937.9.6~9.10 호화선 제4주 공연	**비극 이운방 작 〈남편의 정조〉(3막 4장)** 희극 남궁춘(박진) 작 〈그보다 더 큰일〉(1막)
(ㄴ) 〈행화촌〉	1937.10.18~10.24 청춘좌 공연	임선규 작 〈행화촌〉(2막 6장) 남궁춘(박진) 작 〈유행성감모〉(1막)
	1938.1.7 ~1.13 청춘좌 제2주 공연	관악산인(이서구) 작 〈거리에서 주은 숙녀〉(1막3장) 임선규 작 〈행화촌〉(2막 6장)
	1940.12.23~12.29 호화선 공연	**임선규 작 〈행화촌〉(2막 6장)**

https://newslibrary.naver.com/viewer/index.nhn?articleId=1937060800209108019&editNo=2&printCount=1&publishDate=1937-06-08&officeId=00020&pageNo=8&printNo=5666&publishType=00010

319 「극단 호화선 〈행화촌(杏花村)〉 상연」, 『매일신보』, 1940.12.24, 4면.

그림 99는 〈비련초〉나, 〈남편의 정조〉에 비해 단순한 공간감을 특징으로 삼는다. 창문의 비중도 줄었고, 내부 장식(가령 커튼, 화분, 그림, 액자 등)도 대폭 감소했다. 무대는 전체적으로 황량한 느낌이 들 정도로 간소화되었고, 평면적인 인상을 강하게 드러내고 있다.

흥미로운 점은 1937년의 〈비련초〉나 〈남편의 정조〉는 원우전이 제작(참여)한 무대이지만, 1940년 호화선의 〈행화촌〉은 원우전이 제작한 무대가 아니라는 점이다. 1939년부터 1941년까지 원우전은 아랑의 단원으로 활동하고 있었기 때문에, 동양극장 무대미술팀에서 활동할 수 없었다.

따라서 무대 내부에 상당한 인테리어를 가하고 다양한 소품을 배치하는 스타일은 원우전과 관련이 있다고 보아야 한다. 실제로 원우전이 디자인한 무대 배경은 아기자기한 특성이 있다. 〈비련초〉 역시 이러한 섬세하고 치밀한 내부 공간으로 축조되었다고 하겠다.

한편, 실외 공간을 공간적 배경으로 삼은 경우를 살펴보자. 청춘좌의 〈눈물을 건너온 행복〉(1937년 10월 1일~6일)은 외부 공간을 섬세한 무대디자인으로 재현한 작품이다.(**그림 100**)

이운방 작 〈눈물을 건너온 행복〉은 총 3막 4장으로, 1937년 10월 1일에서 6일까지 공연되었다. 이 작품의 무대 사진은 실외 풍경을 담고 있다. 하수에 큰 나무가 서 있고, 무대 뒤편으로는 담장과 나지막한 목책이 설치되어 있다. 그와 함께 목책 주변에는 얕은 단이 마련되어 있다. 이 단은 정원에 꾸며지곤 했던 나지막한 동산으로 보이는데, 그 위의 인물들이 올라가 연기를 수행하고 있다.

상수에는 실내로 통하는 창이 마련되어 있고, 그 옆으로는 현관도 암

그림100 **동양극장 청춘좌의 〈눈물을 건너온 행복〉**(무대 사진)[320]

시되어 있다. 창은 역시 직사각형 모양의 격자창으로, 실내 풍경에서 흔히 목격된 전형적인 창문의 형태를 따르고 있다.

청춘좌 실외 풍경에서 특히 주목되는 오브제 중 하나가 나무였다. 나무는 상수로부터 1/3 혹은 하수로부터 1/3 지점에 위치하는 경우가 많았는데, 〈눈물을 건너온 행복〉에서도 무대 중앙과 상수, 그리고 무대 중앙과 하수가 만나는 지점(무대 가로 측의 1/3과 2/3 지점)에 위치한다. 즉 작은 나무들은 자연스럽게 상수left side, 중앙center, 하수right side의 3등분 지점을 이정표처럼 기능하고 있다.

'작은 나무' 두 그루가 무대를 삼등분한다면, '큰 나무' 한 그루는 하수의 연기 공간 가운데에 위치한다. 이 나무의 굵기와 크기는 상당해서 무대 오른쪽이 상당히 하중을 받는 인상이다. 또한 나무로 인해 주변의 밝기가 저하되고 있다. 이에 대비되는 영역이 상수 부근 연기 공간이다. 상수 부근은 빛을 반사하는 창과 하얀색 발코니가 있어 전체적으로 밝

320 「〈눈물을 건너온 행복(幸福)〉 무대면」, 『동아일보』, 1937.10.5, 5면 참조. https://newslibrary.naver.com/viewer/index.nhn?articleId=1937100500209105001&officeId=00020

은 인상을 풍긴다. 정원과 건물을 분리하는 단도 설치되었는데, 인물들이 이동하는 통로의 형상을 따르고 있다.

그러니까 무대 우측은 나무와 어두운 공간이 있어 묵직한 인상이고, 무대 좌측은 빛과 창과 하얀색과 발코니가 있어 발랄한 인상인 셈이다. 무대 우측에는 작은 의자가 있어, 두 사람의 은밀한 대화나 장면 진행이 가능하다. 특히 아름드리나무로 인해 우측 연기 공간은 별도의 공간으로 분리된 형세이다. 게다가 포근하고 안락한 느낌마저 가미되어 속내를 털어놓을 수 있는 사적 감정의 표출도 가능해진다.

〈눈물을 건너온 행복〉의 우측 연기 공간은 중세 연극의 연기 구역인 맨션mansion[321]을 연상시킨다. 중세 이후 서양의 연극 역사에서 한 무대 위에 여러 개의 연기 구역이 만들어지면서, 한 무대 안에 여러 장소들이 동시에 재현되는 '동시무대'가 생성될 수 있었는데,[322] 〈눈물을 건너온 행복〉은 단일무대의 성격을 지향하는 작품이지만, 하수의 연기 공간만큼은 독립된 인상을 풍기고 있다.

그래서 〈눈물을 건너온 행복〉의 무대가 전반적으로 실외 공간을 묘사하고는 있지만, 그 실외 공간은 야외처럼 황량하지 않고 오히려 안온한 인상을 풍기는 공간이 될 수 있었다. 높은 담에 의해 보호되고 있으면서도, 부담스럽지 않은 목책으로 이러한 담과 다시 분리되어 있기 때

321 중세 종교극은 여러 장소들을 제시하는 맨션으로 이루어졌는데, 예를 들면 예루살렘, 마구간, 천국, 지옥 등이 그것이다. 17세기 프랑스의 전원극에서도 성안, 정원, 감옥, 정육점 등의 다양한 장소들이 동시에 제시되는 무대를 활용하였다(권현정, 「무대미술의 형태미학」, 『한국프랑스학논집』 53집, 한국프랑스학회, 2006, 366~367면).

322 권현정, 「무대미술의 관례성」, 『프랑스어문교육』 15권, 한국프랑스어문교육학회, 2003, 307면.

문이기도 하다. 창과 문이 있으면서도, 다른 쪽에는 사적인 대화가 가능한(그것도 배우들이 활용할 수 있는) 독립된 공간이 형성되었다. 전체적으로 삼분 구도를 띠고 있는데, 발코니 영역, 화단(구릉) 영역, 큰 나무 밑 벤치 영역이 그것이다. 이러한 삼분구도는 〈애원십자로〉의 경직된 공간 구획과는 달리, 구획된 공간들끼리 자연스럽게 소통한다는 장점도 지니고 있다.

높이를 확보할 수 있고, 대조감을 형성할 수 있으면서도, 독립된 공간과 전체 공간을 모두 아우를 수 있다는 점에서 이 무대는 소통과 차단, 위와 아래, 밝음과 어두움, 묵직함과 가벼움이 조화를 이룬 무대라고 판단할 수 있겠다. 사실 이 작품의 무대 공간은 실외를 떠나 다양한 세부 공간으로 나누어져 있고, 이를 변별력 있게 활용한다면 복잡한 장에서 변화된 분위기를 표출하는 데에 유용했을 것으로 여겨진다.

(4) 두 개의 기둥과 세 개의 공간

이서구 작 〈춘원春怨〉은 1937년 10월(7일~12일) 동양극장에서 공연되었다. 〈춘원〉은 관악산인 작 희극 〈인생은 사십부터〉와 함께 공연되었는데, 관악산인 역시 이서구의 필명이었기 때문에, 이서구는 이 공연에서 비극과 희극을 모두 올린 셈이었다.

아래 〈춘원〉의 무대 사진을 보면, 무대디자인에서 삼분구도가 뚜렷하게 드러나고 있다. 무대장치로 두 개의 기둥이 설치되어, 무대는 가시적으로 삼등분되었다. 상수 방향 공간은 제법 큰 기물이 설치되어 있어 높이(감)를 가미하는 구조이고, 하수 쪽 공간에는 출입문이 있어 통로의 역할을 겸하고 있다. 무대 중앙에는 탁자와 의자가 배치되어, 배우들이 앉는 연기를 수행할 수 있도록 했다. 무대 중앙의 탁자를 기점으로 양옆의 상하수 공간이 분리되는 형세이다.

그림101 **동양극장 청춘좌의 1937년 10월 〈춘원〉**(무대 사진)

그림102 **동양극장 청춘좌의 1937년 8월 〈애원십자로〉**(무대 사진)[323]

삼분구도는 〈춘원〉에만 나타나는 무대 구조가 아니다. 두 개의 기둥에 의한 무대 구획이라는 측면에서, 가장 비근한 예로 〈애원십자로〉를 들 수 있다. 비교를 위해 〈애원십자로〉를 나란히 옮겨보았다. 두 개의 기둥은 다소 상반된 자리에 놓여 있다. 〈춘원〉에서 두 개의 기둥이 상수 쪽으로 치우쳤다면, 〈애원십자로〉는 하수 쪽에 치우친 형국이었다.

323 「연예(演藝) 〈애원십자로〉의 무대면」, 『동아일보』, 1937.8.3, 6면. https://newslibrary.naver.com/viewer/index.nhn?articleId=1937080300209106003&editNo=2&printCount=1&publishDate=1937-08-03&officeId=00020&pageNo=6&printNo=5722&publishType=00010

그로 인해 〈춘원〉은 하수 쪽에 넓은 공간이 생성되고, 〈애원십자로〉는 상수 쪽에 방과 거실이 생성될 수 있었다. 마찬가지로 〈춘원〉의 상수 쪽 1/3 영역은 무대 대도구(피아노로 추정)로 인해 접근이 어려운 공간이 되었고, 〈애원십자로〉 하수 쪽 1/3 영역은 밝기와 사각으로 인해 활용하기 어려운 공간이 되었다.

두 무대는 묘하게 상반되는 특성을 지녔는데, 두 작품 모두 상/하수 한쪽 1/3 영역의 처리에 문제가 발생했다는 공통점이 그것이다. 이러한 문제는 영역 사이의 정교한 배분이 결여되면서, 쓸모없는 공간을 만들었기 때문으로 풀이된다. 더욱 근본적으로는 이러한 무대가 반복적인 삼분무대 구도의 영향 하에서 발생했다고 볼 수 있다.

(5) 동일 작품과 다른 무대디자인

임선규 작 〈행화촌〉은 동양극장에서 청춘좌와 호화선이 모두 공연한 작품이다. 이러한 작품은 그렇게 흔하지는 않은데, 〈어머니의 힘〉[324]이나 〈사랑에 속고 돈에 울고〉 같은 동양극장의 대표작 등이 그러하다. 〈행화촌〉이 두 극단에 의해 공연되면서, 두 공연 사이의 차이가 발생할 수밖에 없는 상황이 조성되었고, 이로 인해 동양극장 무대미술팀에서 원우전의 무대미술이 고수했던 특성을 엿볼 수 있다.

일단 〈행화촌〉의 공연 연보를 정리해 보자. 청춘좌는 1937년 10월

324 1937년 11월에 호화선에 의해 초연된 〈어머니의 힘〉은 1941년 2월에는 청춘좌에 의해 공연되었다(「청춘좌의 귀경 공연 〈어머니의 힘〉 상연」, 『매일신보』, 1941.3.3, 9면 참조). 청춘좌에 의해 공연되던 〈사랑에 속고 돈에 울고〉는 1941년 1월 청춘좌 호화선 합동으로 공연되었고, 1943년에는 예원좌에 의해 동양극장에서 공연되기도 했다.

(18~24일)에 〈행화촌〉(2막 6장)을 초연했고, 1938년 1월(7~13일)에 재공연하였다. 청춘좌의 공연은 약 2개월 시차를 두고 이루어진 두 차례 공연이었다. 호화선은 1940년 12월(23~29일)에 〈행화촌〉을 공연하였다. 동양극장 연보로는 재공연일 수 있지만, 호화선은 1940년에 〈행화촌〉을 초연한 것이다.

흥미로운 사실은 1937년 청춘좌 초연과, 1940년 호화선 초연의 무대 사진이 남아 있다는 점이다. 비록 〈행화촌〉에 대한 대강의 줄거리조차 알지 못하는 상황이지만, 이러한 두 점의 무대 사진은 동양극장의 무대미술에 대한 대조점을 시사하고 있다.

그림103 **동양극장 청춘좌의 〈행화촌〉**(무대 사진, 1937년)[325]

청춘좌의 1937년 무대 사진은 공간적 배경 중 하나가 '시골의 집'이라는 점을 알려준다. 이 집은 무대 왼쪽(상수)에 툇마루와 방을 가지고 있고, 무대 오른쪽(하수)에 바깥으로 향하는 문(출입문)을 두고 있다. 방

325 「〈행화촌(杏花村)〉의 무대면(동양극장소연)」, 『동아일보』, 1937.10.23, 5면 참조. https://newslibrary.naver.com/viewer/index.nhn?articleId=1937102300209105005&editNo=2&printCount=1&publishDate=1937-10-23&officeId=00020&pageNo=5&printNo=5803&publishType=00010

과 출입문 사이에 장독대와 곳간이 위치하고 있다. 왼쪽 방에는 배우들이 걸터앉을 수 있는 높이의 단이 마련되어 있다.

상수 쪽 방과 하수 쪽 곳간 그리고 무대 중앙 장독대에는 모두 얕은 처마가 붙어 있다. 처마는 무대에 살짝 음영을 드리워서 공간감을 북돋우는 기능을 한다. 더구나 곳간-장독대-방이 일렬로 붙어 있어 평면적인 인상을 줄 수 있는데, 처마의 요철로 인해 이러한 평면성이 대폭 완화되고 있다.

특히 방과 장독대 사이의 단절감이 무대의 연기 구역을 보다 확실하게 구획하고 있다. 위의 사진에서 두 사람은 방에 앉아 있고, 한 여자는 장독대 부근에 머물고 있다. 두 인물 그룹 사이에는 방과 장독대를 나누는 통로(음영)가 배치되어 있어, 인물 사이의 경계와 단절감이 부각되는 효과를 거두고 있다.

그림104 **동양극장 호화선의 〈행화촌〉**(무대 사진, 1940년)[326]

1940년 〈행화촌〉 무대 사진은 1937년에 비해 입체성이 떨어지는 것

326 「극단 호화선 〈행화촌(杏花村)〉 상연」, 『매일신보』, 1940.12.24, 4면.

으로 판단된다. 일단 1937년 〈행화촌〉의 배경과는 달리, '양옥집'이라는 서로 다른 공간적 배경을 바탕으로 하고 있다. 건물(집) 내부로 보이는 공간은 직사각형 창문(좌우 2개)과, 원형의 채광창을 지니고 있다. 또한 이 건물에는 걸터앉을 수 있는 단(마루)이 없고, 제대로 된 의자도 비치되지 않았다.

따라서 1937년 〈행화촌〉 무대 사진이 시골의 집을 형상화하고 있다면, 1940년 〈행화촌〉은 도시의 집을 형상화하고 있다고 보아야 한다. 그래서 1937년에는 서고 앉는 동선이 가능했고, 구부리고 올려다보는 시선의 교차도 이루어질 수 있었다. 반면 1940년의 〈행화촌〉은 다양한 포즈나 시선의 교차가 상대적으로 어렵고 평면적인 인상을 지우기 힘들다고 해야 한다. 현재 남아 있는 무대 사진에서도 인물들이 9~10명 정도 올라간 상황인데도, 일렬로 도열한 인상을 지우기 힘들다. 배우들의 입지와 동선상에도 문제가 있지만, 무대 자체의 평면성이 이를 부채질한 면도 없지 않다.

이 작품에서 두 개의 공간적 배경이 달라지는 까닭을 대본의 수정이나 각색 때문이라고 볼 수는 없다. 1940년 공연은 1937년 공연 대본을 거의 그대로 사용했을 가능성이 높다. 왜냐하면 임선규는 1940년 시점에서 동양극장에서 소속되어 있지 않았기 때문이다.[327] 다시 말하면 1937년의 대본을 수정할 수 있는 작가가 동양극장에는 없었다. 그렇다면 두 개의 공간이 다른 까닭은 원래 〈행화촌〉의 2막(6장)의 구조를 지

327 임선규-박진-원우전은 동양극장(청춘좌)을 탈퇴하고 2년 동안 극단 아랑의 전속으로 활동하며 16편 정도의 작품을 발표했다(김남석, 「극단 아랑의 운영 방식 연구」, 『조선의 대중극단들』, 푸른사상, 2010, 465~466면).

니고 있어, 두 개의 서로 다른 배경을 필요로 했고, 1937년과 1940년 공연 사진에서 각각의 막이 별도로 포착된 것으로 풀이하는 편이 온당할 것이다.

다만 이러한 비교의 어려운 점에도 불구하고, 이 작품이 서로 다른 색채로 무대공간을 구획했다는 전체적인 인상을 무시할 수는 없다. 1937년의 무대 공간은 일렬에 의한 구도이지만, 구획된 공간별로 서로 다른 분위기를 내고 있고, 그 분위기는 나무나 장독대 그리고 단을 활용한 내부 공간으로 인해 가능했다. 일렬로 공간이 늘어선 듯 하지만, 연기 공간마다 서로 다른 특징들을 함축하고 있다고 해야 한다.

하지만 1940년대 무대공간은 정형화된 식탁과 몰개성적인 창문이 배치되어 있고, 그 좌우의 공간이 휑하게 던져져 있는 느낌을 주고 있다. 즉 공간이 차별화와 개성이 묻어나오지 않고 있다. 이러한 다양성과 상투성의 대조를 일방적으로 원우전의 유무로만 치부할 수는 없지만, 근본적인 공간감의 결여가 가져오는 폐해가 존재한다는 사실은 부인하기 힘들 것이다.

4) 동양극장 원우전 무대미술에서 산견되는 공통점과 한계

(1) 문화주택의 무대 재현과 잠재 욕망

문화주택은 일제 강점기 조선에 도입된 주택 개념으로, 본래는 1920년대 일본에서 창발한 신 거주지 개념이었다.[328] 1922년 동경 평화기념

328 이경아 · 전봉희, 「1920년대 일본의 문화주택에 대한 고찰」, 『대한건축학회 논문집 - 계획계』 21권 8호, 대한건축학회, 2005, 97~101면.

박람회에서 '문화촌 주택 전시'에서 시작되어, 일본에서 통용되다가, 조선에 유입되었다고 한다. 실제로 이 평화기념박람회는 많은 조선인이 직접 다녀간 박람회이기도 했다.[329]

문화주택은 당시로서는 새로운 주택 개념이었기 때문에, '근대식 주택'이나 '모던 주택'이라는 명칭으로 불리기도 했다. 주목되는 사안은 이러한 문화주택이 이상적인 거주 환경을 갖춘 주택(지)을 뜻하게 되었고, 동시에 숲과 주거 환경이 어우러진 서구적 외양을 지닌 교외 주택(지)으로 인정되었다는 점이다. 이러한 문화주택은 재력과 신분을 상징하는 주거 공간 개념으로 변모하며 조선인에게 수용되었다.[330]

이러한 주택 개념이 1920년대에서 1930년대 중반까지 경성에 보급되기 시작하면서, 서양풍의 2~4층 주택이 들어서고 피아노 소리가 들려오는 새로운 주거지가 각광 받기 시작했다.[331] 특히 문화주택은 격자형 창문이 특색인데, **그림 105**에서 이러한 점은 확연하게 확인된다.

문화주택을 상징하는 격자 창문은 〈비련초〉, 〈남편의 정조〉, 〈행화촌〉(1940년대 호화선 공연), 〈눈물을 건너온 행복〉의 무대에서 구현된 격자창의 기원을 보여준다고 하겠다. 전통 한옥에서는 볼 수 없었던 — 그 개념을 달리했던 — 이러한 격자창은 선망과 동경의 상징이던 문화주택을 무대 위에서 표상하는 장치로 인식되었고, 이러한 문화주택을 드러내기 위해서 무대미술팀은 크고 밝은 격자창을 일부러 강조하는 무대

329 김용범, 「'문화주택'을 통해 본 한국 주거 근대화의 사상적 배경에 대한 연구」, 한양대 박사논문, 2009, 3~4면.

330 안성호, 「일제 강점기 주택개량운동에 나타난 문화주택의 의미」, 『한국주거학회지』 12권 4호, 한국주거학회, 2001, 186~190면.

331 이경아, 「경성 동부 문화주택지 개발의 성격과 의미」, 『서울학연구』 37집, 서울시립대 서울학연구소, 2009, 47~48면.

그림105 **1930년대 소개된 일본인 설계 문화주택의 모습**[332]

디자인을 즐겨 선보였다.

문화주택의 개념에는 외국(생활)을 상징하는 이국적 외관과, 2층 건물의 근대적 구조, 그리고 생활공간에 구비되어 있는 최신 제품까지 포함되어 있다.[333] 그러니 동양극장 무대에서 엿보인 2층 구조를 암시하는 계단(〈비련초〉), 서양식 의자와 테이블(〈남편의 정조〉), 발코니(〈눈물을 건너온 행복〉), 피아노(〈춘원〉) 등은 모두 문화주택을 상징하는 오브제가 될 수밖에 없었다.

또한 문화주택은 '교외' 혹은 '전원'의 주거지라는 부수적 의미도 담고 있었다. 이로 인해 문화주택의 개념에는 깨끗하고 위생적인 환경을 강조하는 요소(성향)도 포함되는데,[334] 이러한 환경에는 나무와 흰 벽 등이 포함될 수 있다. 특히 정원수로서의 '나무'는 중요한 구성 요소인

332 이경아·전봉희, 「1920~30년대 경성부의 문화주택지개발에 대한 연구」, 『대한건축학회논문집-계획계』 22권 3호, 대한건축학회, 2006, 197~198면.

333 이경아·전봉희, 「1920년대 일본의 문화주택에 대한 고찰」, 『대한건축학회 논문집-계획계』 21권 8호, 대한건축학회, 2005, 102면.

334 김주야·石田潤一郎, 「1920-1930년대에 개발된 金華莊주택지의 형성과 근대주택에 관한 연구」, 『서울학연구』 32집, 서울시립대 서울학연구소, 2008, 153~154면.

데, 〈눈물을 건너온 행복〉에서 정원의 풍경은 이러한 문화주택의 구성 요소에서 연원한다고 하겠다.

하지만 문화주택은 1930년대 대중들의 보편적 주거 공간은 분명 아니었다.[335] 문화주택은 당시 제한적으로만 보급되었거나 이제 보급되려고 하던 신 개념의 주거지에 가까웠기 때문에, 이러한 공간을 활용한 무대 배치가 실제 일상을 옮겨 온 공간의 재현이라고 단정할 수는 없다.

오히려 문화주택은 선망과 동경의 대상으로, 사회적/문화적 수준을 보여 주는 일종의 기준이 될 수는 있었다. 대중잡지 『별건곤』에서 실시한 100만 원이 생긴다면 어떻게 할 것인가라고 던진 설문에, "문화주택을 구입한다"라는 답이 등장하는 것은 당대 사회에서 문화주택에 담긴 부와 욕망의 의미를 상징적으로 보여준다고 하겠다.[336] 문화주택은 실제 대중의 주거공간이기보다는 상류층, 부유층, 권력층, 외국유학생들이 살아가는 선진 주거공간으로 대중들에게 인식되고 있었다.

따라서 동양극장 무대미술팀이 문화주택을 적극적으로 무대에 도입하고자 한 것은 연극을 통해 이상적 삶의 수준을 제시하고 욕망의 대리만족을 충족하도록 유도하기 위해서였다. 즉 동양극장이 재현한 서양식 문화주택은 당시 식민지 조선의 민중의 생활공간 혹은 실제 조선이 거주환경을 사실적으로 재현한 무대 공간이라기보다는, 이상적 주거공

335 경성의 대표적인 문화주택지인 '금화장주택지'의 거주 대상자는 대개 조선총독부 관료나 경성제국대학 교수 혹은 의사 등의 전문직 종사자가 대부분이었다(김주야 · 石田潤一郎, 「1920-1930년대에 개발된 金華莊주택지의 형성과 근대주택에 관한 연구」, 『서울학연구』 32집, 서울시립대 서울학연구소, 2008. 159~160면 참조).

336 「백 만 원이 생긴다면 우리는 어떠케 쓸가?, 그들의 엉뚱한 리상」, 『별건곤』 64호, 1933.6.1, 24~29면 참조.

간을 향한 민중의 꿈과 동경을 연극적으로 만족시키는 위안과 환영으로서의 무대미술이었던 셈이다.

(2) '집'의 재현과 '장소 재현'의 관념

청춘좌 무대미술은 여러모로 공통점을 드러내고 있다. 우선, 무대 대부분이 '집'의 형상화에 집중하고 있다는 점이다. 남아 있는 무대 사진의 대부분은 '집 안' 혹은 집 밖 풍경을 배경으로 하고 있다. 재현 공간이 주로 집 안(실내)인 경우에는, 서양식 가옥의 실내를 구현하는 데에 주력하고 있다. 반면 방 밖, 즉 실외 풍경인 경우에는, 마루와 방을 곁들인 정원 혹은 실내와 맞닿은 마당의 풍경을 구현하는 데에 집중되어 있다. 엄밀한 의미에서 집 밖이라기보다는 방 바깥에 가까우며, 이럴 경우 '방'을 연기 공간으로 활용하기 위해 '앉을 수 있는 단'을 마련하는 것이 일반적이었다.

그 결과 무대디자인은 곧 현실에서 통용되는 집의 개념과 형상을 무대 위로 옮기는 작업에 일차적으로 치중할 수밖에 없었다. 실내 풍경이든 실외 풍경이든 집의 형태와 인상을 창조하는 작업을 중심에 놓고, 이러한 집(방)의 구조를 활용하여 공연 대본에 적합한 단면(공간적 배경)을 취하려 했기 때문이다. 이것은 사실주의 초기 무대미술에 나타나는 재현성의 문제와 관련이 깊다. 즉 동양극장 무대미술팀의 무대디자인 중 상당수는 실제 삶의 공간을 재현하는 것에 그 목적을 두고 있는 것이다.[337]

---

337 다만 이러한 실제 삶의 공간을 재현한다는 의미에는 당대인들이 관념적으로 혹은 이상적으로 생각하는 집의 개념까지 포함하고 있으며, 그러한 측면에서 '현실의 집'은 실제로 살아가는 집뿐만 아니라 그러한 실재를 넘어서 욕망하는 이상적인 형태의 집까지 포함하는 개념이다.

서양 연극에서도 이러한 문제는 19세기 연극인들을 지배하는 관념이었고 무대미술 또한 재현의 관념에 사로잡혀 있었다. 하지만 무대 공간을 "배우가 살아 있는 무대에서 움직일 수 있도록 디자인해야 한다는 생각"이 탄생했고, 이러한 생각이 리차드 바크너에 의해 제창되면서 이후 무대미술의 비약적인 혁신이 이루어진다.[338]

안타깝게도 원우전이 청춘좌에서 보여준 무대미술은 '장소의 재현'의 관념과 감각을 일시에 뛰어넘지는 못했다. 그의 미술은 그 이전에 비해 정교하고 진보했지만, 아직은 '살아 있는 무대'에 접근했다는 명확한 증거는 제출되지 못한 상태이다. 하지만 이것은 원우전의 책임이기보다는, 당대 공연 환경과 수준의 문제였다. 이것은 당시 조선의 연극계로서는 어쩔 수 없는 한계 상황이기도 하다. 따라서 이를 무조건적으로 타박하거나 비판하기보다는, 이면을 엿볼 수 있는 접근 방식이 필요하다고 하겠다.

이러한 접근을 위해 장소의 재현 사례 중에서 문화주택의 구조와 이미지를 실연한 경우(주로 서양식 실내 구현 작품)를 먼저 살펴보자. 문화주택은 1930년대에 접어들면서 조선 주거 문화의 대안이자 이상적 형태로 인정되어 나갔다. 대중들은 조선식 한옥 구조를 일반적인 주거 공간으로 이용하면서도, 위생적이고 세련된 서양식 거주 공간으로서의 문화주택을 동경하고 있었다.

동양극장 무대미술팀은 이러한 문화주택의 이미지를 무대 위에 즐겨 노출했다. 서양식 건물 구조, 격자형 창문과 발코니, 테이블과 탁자를

338 권용, 「죠셉 스보보다(Josef Svoboda)와 그의 현대무대미술」, 『드라마논총』 20집, 한국드라마학회, 2003, 38~39면.

중심으로 한 입식 생활 구조, 이층 계단, 화분과 벽장식 등이 이러한 이미지들이다. 관객들은 이러한 무대 이미지를 통해 자신들이 꿈꾸는 욕망(주거와 취득)이 무대에서 구체화된다고 여기게 된다. 이러한 상상력의 확산과 대리 만족은 동양극장 연극에 대한 선망과 동경을 불러일으키는 데에는 효과적이다.

하지만 이로 인해 당대 현실에 대한 비판적 해부적 시각은 결여될 수밖에 없었다. 관객들은 동양극장(공연)에서 자신들이 꿈꾸는 미래의 현실을 보는 데에 만족하는 한계 상황에 직면해야 한다. 바꾸어 말하면 그들은 실제의 것이 아닌 환영을 보게 되고, 그로 인해 현실의 문제와 고뇌를 망각하는 폐단을 감수할 수도 있다. 이것은 연극이 주는 위안의 기능일 수도 있지만, 현실을 도외시한 대중극이 지닌 한계일 수도 있다.

문제는 그것이 어떠한 것이든 간에 동양극장은 현실이 아닌 이상과, 실제가 아닌 환상을 심는 데에 능숙했다는 점이다. 그것은 임선규 등의 작가가 그려내는 작품의 대중성에서도 유래하지만, 당대 관객의 기호를 파악하고 있었던 무대미술의 저력에서도 발원한다고 해야 한다. '직시해야 하는 현실'이 아닌, '보고(만) 싶은 세계'를 그렸다는 점에서, 동양극장의 무대디자인은 대중적이었다고 할 수 있다.

(3) 정형화된 삼분구도와 단(실내)의 크기 변화

동양극장 무대디자인에 나타나는 대표적인 특징 중 하나가 삼분구도이다. 청춘좌의 남아 있는 공연 무대(특히 근대적 시공간을 다룬 작품은 예외없이)는 거의 삼분구도를 적용하고 있다. 무대의 가로를 삼등분한다면, 원우전의 무대 작품들은 대부분 1/3씩의 공간을 차지하는 영역으로 구획되곤 했다. 가장 대표적인 경우가 〈애원십자로〉이고, 그 밖의 작품도 크게 다르지 않다.

그림106 **동양극장 청춘좌의 〈애원십자로〉**(무대 사진)[339]

그림107 **동양극장 청춘좌의 〈행화촌〉**(무대 사진)[340]

그림108 **동양극장 청춘좌의 〈눈물을 건너온 행복〉**(무대 사진)[341]

339 「연예(演藝) 〈애원십자로〉의 무대면」, 『동아일보』, 1937.8.3, 6면. https://newslibrary.naver.com/viewer/index.nhn?articleId=1937080300209106003&editNo=2&printCount=1&publishDate=1937-08-03&officeId=000

그림 106~108은 삼분구도가 뚜렷하게 확인되는 사례들이다. 특히 〈애원십자로〉는 무대장치에 의해 삼분구도가 획정된다. 상수로부터 차례로 방/거실(마루)/정원이 구획된다. 문제는 하수 쪽 1/3 영역이다. 이 영역은 배우의 연기 공간으로 활용되기 어려운 공간이 되고 말았다.

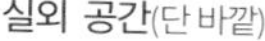

실외 공간(단 바깥)

실내 공간(단)

그림109 **동양극장 청춘좌의 〈애원십자로〉의 삼분구도**

실외 공간(단 바깥)

실내 공간(단)

그림110 **동양극장 청춘좌의 〈행화촌〉**(무대 사진)**의 삼분구도**

20&pageNo=6&printNo=5722&publishType=00010

340 「〈행화촌(杏花村)〉의 무대면(동양극장소연)」, 『동아일보』, 1937.10.23, 5면 참조. https://newslibrary.naver.com/viewer/index.nhn?articleId=1937102300209105005&editNo=2&printCount=1&publishDate=1937-10-23&officeId=00020&pageNo=5&printNo=5803&publishType=00010

341 「〈눈물을 건너온 행복(幸福)〉 무대면」, 『동아일보』, 1937.10.5, 5면 참조. https://newslibrary.naver.com/viewer/index.nhn?articleId=1937100500209105001&officeId=00020

〈행화촌〉과 〈애원십자로〉를 비교하면, 내부 공간의 크기가 다르다는 사실을 인지할 수 있다. 〈행화촌〉이 상수 쪽 1/3 정도(UL과 LC)가 실내 공간으로 축조되었다면(〈행화촌〉도 실내 실외 겸용의 무대 설계에서는 비교적 넓은 실내 공간을 확보한 경우이다), 〈애원십자로〉는 상수 쪽에서 시작하여 무대 중앙 영역까지 연결된 단이 설치되어, 무대 가로 길이 2/3 정도(UC, UL, LC와 center)가 실내 공간으로 책정된 경우이다.

이로 인해 두 무대는 배우들이 앉을 수 있는 영역(면적)에 차이가 생겨난다. 특히 〈행화촌〉의 경우에는 상수 쪽이 비좁게 설정되어 있어, 실내에서 활달한 연기를 수행하는 데에는 제한을 받을 수밖에 없는 무대 구조이다.

반면 〈애원십자가〉는 중앙의 영역까지 실내를 확장하고 그 폭도 넓혀, '앉는' 연기뿐만 아니라 실내에서 '서고 움직이고 동작선이 교차하는' 연기가 가능하도록 무대가 설계된 경우이다. 〈행화촌〉이 장독대 공간을 배치하고 내부와 외부(실외)의 점이지대를 공간적으로 표현하고자 했다면, 〈애원십자로〉는 하수 쪽 실외 공간을 과감하게 축소하기도 했다.

상수 쪽에 단을 마련하고 실내 연기를 가능하게 하였고, 전반적으로 무대를 삼분하여 시각적 정형성을 구현하였지만, 실내 연기가 가능한 단의 크기를 조절하여 작품과 연기에 따른 변화를 반영하려 한 점이 주목되고 있다. 두 작품은 모두 앉고 서는 연기가 필요한 무대로 여겨지는데, 두 사진에 포착된 것처럼 상수 방향에 위치한 배우들은 주로 앉는 연기를 보여 주고, 단(실내)과 실외(단 바깥)가 접목되는 지점에 있는 배우들은 서는 연기를 시행하여 그 차이를 대조적으로 시각화하고 있는 점도 특징이다.

〈눈물을 건너온 행복〉의 무대에는 실내 공간 자체가 존재하지 않는다(상수 쪽에 창문을 배치하고 출입구 암시). 완전히 실외 공간으로 축조된 공간인 셈이다. 이로 인해 앉을 수 있는 영역과, 높이 차(이)를 구사할 수 있는 공간이 별도로 설정되어야 했다. 하수 쪽 연기 공간에는 나무 의자(벤치)가 놓였고, 중앙 부근 연기 공간에는 얕은 단이 마련되었다. 이러한 공간은 〈애원십자로〉나 〈행화촌〉의 마루 혹은 실내 영역에서 앉는 기능과 높이(감)를 대체하기 위해서 마련된 공간이라 하겠다.

특히 중앙에 마련된 단은 주목된다. 현재 사진에는 그 단위에 인물들이 올라가 연기를 시행하고 있는 정경이 포착되어 있다. 좌우 공간이 넓게 남겨져 있고, 한쪽에는 벤취마저 마련되어 있는데, 해당 장면(사진)에서 인물들은 상대적으로 비좁은 단을 점유하고 있다. 이러한 연기 공간의 활용 방식은 작품과 연출의 의도에 따라 결정되는 것이기는 하지만, 기본적으로 단이 가진 특수한 공간적 특성과 이점을 활용하고자 하는 의도가 짙게 반영된 결과라고 하겠다.

비록 이 단 위에 인물들이 앉아 있는 것은 아니지만, 앞의 두 작품의 단과 기본적으로 동일한 특성을 발휘하고 있다고 할 수 있다. 배우들은 단 위에 오르는 특수한 행위를 통해, 일반 평면에서 표현할 수 없었던 연기(적) 성향을 표출할 수 있기 때문이다. 좌우로 빈 공간을 두고, 높이가 있는 단 위에 모인 의도는 아마도 특수한 형태의 감정 표현과 관련이 깊어 보인다.

세 작품에서 엿보이는 이러한 삼분구도를 가시적으로 구획하는 선은 수직선이다. 〈애원십자가〉는 두 개의 선이 모두 기둥(벽)으로 설정되었

그림111 **동양극장 청춘좌의 〈눈물을 건너온 행복〉**(무대 사진)**의 삼분 구도**

고, 〈행화촌〉은 상수 쪽은 벽으로, 하수 쪽은 작은 나무로 구획되었다. 〈눈물을 건너온 행복〉은 화단으로 오르는 얕은 계단이 중앙을 차지하면서, 좌우 양편을 별도의 공간으로 분할하고 있다. 그러면서 그 분할지점, 즉 화단으로 오르는 계단 양편에 작은 나무 한 그루씩이 배치되었다. 작은 나무 두 그루는 무대 오른쪽과 무대 왼쪽을 임의로 나누는 역할을 한다.

이렇게 분할된 하수 쪽 영역right side에는 큰 나무가 자리 잡고, 상수 쪽 영역left side에는 발코니가 마련된다. 큰 나무와 발코니는 좌우 양편 공간의 특성을 요약하는 기능을 한다. 또한, 수평적으로 세 개로 분할된 무대에 수직적인 중량감(무게감)을 부여하는 역할을 한다. 이로 인해 상수와 하수의 연기 공간에는 각각 수직과 수평이 교차하는 공간이 생성된다.

이러한 수평 수직의 구도는 다소 경직된 인상을 준다. 선 자체가 일직선으로 곧게 뻗으면서 구획선을 정확하게 가시화하고, 수평과 수직이 만나 안정감을 배분하기 때문이다. 따지고 보면 삼분무대 역시 안정적인 느낌을 최우선으로 하는 무대였다고 할 수 있다. 이로 인해 모험적인 무대디자인이나 파격적인 변모는 단번에 이루어지지 못했다.

더 중요한 문제는 이러한 삼분법의 반복적 사용이 공연 작품의 유사성을 가중시키는 폐해를 낳을 수 있다는 점이다. 배우들의 움직임이 상투적으로 변하면, 대사를 전달하거나 감정을 표현하는 과정에서 섬세함을 추구하기 어려워진다. 동양극장 공연은 연습시간이 길지 않았고, 좌부작가의 성향이 제한적이어서, 공연의 반복성을 피해가야 할 임무를 본연적으로 부여받고 있었는데, 이러한 유사한 무대 배치는 이러한 임무에 역효과를 일으킬 가능성이 매우 컸다고 해야 한다.

(4) 걸개그림과 소품을 통한 무대 '입히기' 작업

동양극장 청춘좌에서 무대미술로 활용했던 걸개그림을 다시 주목할 필요가 있다. 걸개그림은 이러한 삼분구도에 깊이감을 더하는 역할을 한다. 무대의 가로 면을 삼분하는 것이 삼분구도의 기본 구도였다면, 걸개그림은 세로 방향 무대 폭의 삼분구도를 도입한다. 적절하게 묘사된 걸개그림은, 원경과 중경의 풍광을 무대로 옮겨와서 근경으로서의 무대 면을 입체적으로 변모시키는 데에 일조한다. 이때 원우전은 주로 걸개그림의 중경에 해당하는 영역을 원호가 가미된 곡선의 공간으로 채웠다. 반원(호) 모양으로 들어온 물가나 휘어져 나가는 듯한 들판을 포함시킨 것도 이러한 의도를 담아내기 위해서였다. 수평과 수직이라는 직선의 이미지에, 반원이나 자유 곡선의 이미지를 첨가 보완하려는 의도인 셈이다.

이처럼 청춘좌의 무대는 '주어진 무대에 시각적 요소를 입히는 작업'으로 점철되었다. '주어진 무대'는 동양극장의 무대를 가리키고, '시각적 요소를 입히는 작업'은 그 안을 채우는 일련의 작업을 가리킨다. 텅 빈 공간으로서의 동양극장에 벽을 세우고, 기둥으로 공간을 구획하고, 창문을 마련하고, 커튼과 꽃을 놓아, 끊임없이 빈 공간에 시각적 오브제를 붙여나가는 과정을 되풀이했다. 상수에는 단이 있고, 하수에는 통로가 있는 구조 역시 반복되었다. 단이 때로는 계단이 되고, 섬돌이 되고, 다리가 되고, 경우에 따라서는 발코니가 되거나 마루 혹은 방이 되었다.

반면 하수는 상수에 비해 높이감을 북돋을 이유가 없기 때문에, 외부와의 출입이 가능한 통로로 이용되는 사례가 빈번했다. 상수에도 통로가 마련되곤 했지만, 일상적인 통로는 하수에 주로 배치되었다. 이로 인해 상수는 높고 하수 쪽은 평평한 구도를 띠게 된다. 결국 무대 우측에는 평면이 할애되었고, 좌측에는 높이가 부여된 셈이다.

무대 중앙에도 탁자가 들어오는 경우가 있었고, 경우에 따라서는 의자가 놓이는 경우도 간헐적으로 발견되었다. 문제는 집기들이 들어차면서 불필요하게 배우들의 동선을 가로막을 수 있었다는 점이다. 이것은 생각보다 무대에서 공간 활용이나 예술성을 침해하는 부작용을 낳을 수 있었다. 하지만 동양극장의 무대는 의자, 식물(화분), 그림, 액자 등으로 메워졌고, 전체 무대의 1/3과 2/3 경계선에도 이러한 소품은 즐겨 배치되었다. 따라서 삼분구도를 절대적으로 지탱하게 만드는 요인으로 작용했다.

(5) 환영에의 몰입과 독자적 무대미술의 초입

동양극장의 무대미술 혹은 무대장치는 주로 환영을 높이는 방향에 초점을 맞추었다. 동양극장이 제작한 응접실 무대와, 1910년대 신파극단이 제작한 응접실 무대를 비교하면, 극적 환영을 증가시키기 위해 시도한 기술을 확인할 수 있다. 이러한 비교를 위해 1910년대 무대디자인을 참조해 보자.

그림112 **〈단장록〉의 응접실 무대 사진**[342]

그림113 **동양극장 청춘좌의 〈비련초〉**(무대 사진)[343]

1914년 공연된 〈단장록〉의 무대는 여러 가지 측면에서 정교하지 못한 것이 사실이다. 창문이 어설프게 디자인되었고, 실제 실내 공간에 어울리는 집기를 갖추지 못했으며, 벽의 질감이나 커튼의 모양도 어색하기 이를 데 없다. 무엇보다 이 공간이 응접실이라는 상징성을 구현하지 못하고 있다. 이러한 초보적인 무대디자인과 제작 방식은 1910년대 신파극단이 드러낸 기술적 한계를 보여준다고 하겠다. 이영석은 이러한 응접실이 한 마디로 엉성하고 어설프다고 결론짓고 있다.[344]

342 「첫날 흥행하는 단장록, 제2막이니 김정자의 응접실에서 정준모의 노한 모양」, 『매일신보』, 1914.4.23, 3면 참조.

343 「〈비련초(悲戀草)〉의 일 장면(一場面)」, 『동아일보』, 1937.9.25, 6면. https://newslibrary.naver.com/viewer/index.nhn?articleId=1937092500209106010&editNo=2&printCount=1&publishDate=1937-09-25&officeId=00020&pageNo=6&printNo=5775&publishType=00010

344 이영석, 「신파극 무대장치의 장소 재현 방식」, 『한국극예술연구』 35집, 한국극예술

냉정하게 말해서 방의 크기, 내부 집기, 창문의 형태와 비율, 공간의 유사성 등에서 이 공간은 '응접실'이라고 간주하기도 힘들다. '응접실'을 지칭하는 대사나 배우의 행동이 가미되지 않는다면, 관객들도 이 공간을 올곧게 인지하기 힘들 것이다.

이러한 무대디자인과 비교한다면, 동양극장의 〈비련초〉 무대는 사실적 정교함이 크게 향상된 경우라고 하겠다. 〈비련초〉의 무대 사진은 서양식 응접실(거실)의 외양을 거의 그대로 복사하는 데에 성공했다. 무대디자인으로서 내적 구조의 비효율성과 동양극장 무대 간의 상투적 반복성을 차치한다면, 외적 풍경에서는 장족의 발전을 했다고 볼 수 있다.

다른 예를 들어도 이러한 발전상은 확인된다. 가령 호화선이 1937년 6월에 공연한 〈남편의 정조〉 실내 장면은 더욱 세련된 실내 풍경이 펼쳐진 경우이다. 따라서 신파극 20여 년 동안 사실성의 추구, 즉 장소의 사실적 재현에는 어느 정도 성과를 거두었다고 볼 수 있다.

문제는 이러한 사실성의 추구가 무대 공간의 정교함을 북돋우고 배우 연기를 뒷받침하는 수준에 도달한 정도이지, 무대미술로서 독자적인 미학적 성취를 이루거나 작품 해석에 대한 중대한 문제 제기를 시행할 단계에 이르지는 못했다는 점이다. 현재까지 무대미술 관련 자료로 볼 때, 동양극장(주로 청춘좌)의 무대미술은 반복적인 패턴으로 고착화되어 있었고, 창의적인 실험에 임한 사례가 그다지 많지 않으며, 무대 공간의 평면성을 극복하는 획기적인 계기를 마련한 경우도 드문 편이다. 경우에 따라서는 무대장치의 외적 정교함에 집착한 나머지, 독창적

학회, 2012, 24면.

인 해석이나 도전을 간과한 측면도 엿보인다.

그럼에도 원우전을 비롯한 동양극장 무대미술팀은 3~5일 간격으로 계속되는 빡빡한 공연 일정을 소화하고, 과거 무대미술이 봉착했던 문제들을 해결하는 등 소기의 성과를 거두면서 조금씩 향상된 무대미학을 선보이기 시작했다. 실내와 실외의 비율이나 연기 공간의 적정성을 고려한 점이라든지, 걸개그림을 통해 무대미술의 평면성을 보완하려는 시도를 한 점이라든지, 나무와 소품을 통해 허술한 여백을 메우려한 점 등이 그러한 사례에 속한다.

하지만 과중한 무대화 작업은 창의적인 무대디자인에 필요한 시간과 여유를 앗아갔고, 반복되는 무대 작업 사이에서 창발적인 아이디어는 고갈된 인상이다. 집의 반복이나 삼분구도 혹은 문화주택에 대한 이상적 묘사 등은 이러한 반복이 가져온 폐해로 판단된다. 사실 일상적으로 반복되고 짧은 간격으로 성과물을 내놓아야 하는 동양극장 체제 하에서 예술적 사고는 작업의 진척과 반비례 결과를 가져올 여지도 있었다. 이러한 문제들은 동양극장이라는 상업 극단의 본산에서 원우전이 봉착할 수밖에 없었던 불가피한 한계이기도 했다.

4. 발굴 원우전 무대 스케치와 작품 〈내가 사랑하는 사람들〉의 상관관계

2013년 원우전의 무대미술 자료가 발굴되었다. 연출가 무세중이 그동안 소장하고 있던 총 54점의 무대 스케치를 한국문화예술위원회 예술자료원에 기증하면서, 무대미술 자료들이 세상에 모습을 드러낸 것이다.[345] 이러한 자료들로 인해, 한국 연극계와 학계는 관련 증언과 단편적 기록에만 의존했던 원우전 무대미술의 의미와 가치를 새롭게 조명할 수 있는 기회를 얻게 되었다.

일단 무세중이 보관하고 있었던 무대 스케치들이 진품인지를 가리는 작업이 진행되었다. 무세중은 자신이 1960년대 후반 드라마센터에서 조연출로 참여하였을 때, 당시 무대장치를 담당했던 원우전을 만났다고 술회했다. 원우전은 무대 스케치를 원하는 사람들이 적지 않았음에도 불구하고, 이러한 자료를 영구 보존하고자 하는 의지가 강했던 무세중에게 이 스케치를 넘겨주었다. 무세중은 원우전으로부터 기증받은 자료에 표지를 만들고, 그 표지에 '원우전 무대미술 / 무세중 소장'이라고 기록한 이후 2013년까지 보관하였다.[346]

사실 이 무대미술 자료들이 처음 세상에 나온 것은 아니었다. 국내 최초의 연극 박물관이 덕성여대에서 개소될 즈음, 무세중 소장 '원우전 무대미술' 자료(당시에는 '원우전의 무대장치도'로 지칭)가 전시된 적이 있었다.[347] 당시 무세중은 해외에 거주할 일이 생겼고, 거주 기간 동안 국내에서 이 무대 스케치를 보관할 사람을 물색하던 중, 이 박물관 설립을

345 이 글에서 연구 대상으로 삼고 있는 원우전의 무대 스케치들은 한국문화예술위원회 예술자료원 기획사업팀이 무세중 소장 무대 스케치 54점을 기증 받는 과정에서 고증 작업을 위해 작성한 자료집을 근간으로 하였다. 이 글에서는 이 자료집에 수록된 일련의 스케치들을 「원우전 무대미술」로 지칭하고, 관련 연구를 진행하겠다. 한국문화예술위원회에 깊이 감사한다.

346 「원우전 무대미술자료 수집 계획서」, 한국문화예술위원회 예술자료원, 2013.10, 2면 참조.

347 「덕성여대(德成女大) … 국내최초 연극박물관 개관」, 『매일경제』, 1977.5.18, 8면 참조.

추진하던 이태주에게 한시적으로 대여했는데, 이 대여품이 전시되면서 언론에 소개된 것이다.

이러한 무세중의 일관된 진술과 1977년의 중간 보도 기록 그리고 이 스케치들 중에서 각종 저서에 삽입된 정황 등을 종합적으로 고려할 때, 한국문화예술위원회 예술자료원(이하 예술자료원)에 기증한 자료 54점은 원우전의 무대 스케치로 결론 내려졌다. 문제는 이러한 무대 스케치가 어떠한 작품을 위해 고안된 무대장치인지 확실하지 않다는 점이며, 무대 스케치의 상황으로 볼 때 어쩌면 두 개 이상의 작품에 관한 무대 스케치가 혼재되었을 가능성을 배제하기 어렵다는 점이다.

1) 금강산 스케치와 '폭포'의 무대 미학

발굴된 원우전의 무대미술 자료 가운데에는 금강산을 그린 것으로 여겨지는 일군의 스케치들이 존재한다. 아래의 스케치들은 대체적으로 금강산과 그 주변 풍경을 그린 스케치로 추정된다. 그것은 일단 원우전 특유의 돌산을 그리는 방식에서 그 이유를 찾을 수 있다. 아래의 스케치 중에서 산을 그린 그림들은, '돌을 쌓아 그리는 형태'의 화풍을 따르거나, 산의 줄기를 강조하여 '주름 잡힌 산골짜기를 강조하는' 형태를 보이고 있다.

가령 스케치 중에서, **그림 115~118**의 스케치는 금강산의 실제 풍경(해금강)을 묘사한 것으로 볼 수 있다.

금강산의 풍광을 원우전이 스케치했다는 증거는 더 찾을 수 있다. 가령, **그림 119~120**의 스케치들은 실제 풍경과 대단히 흡사하여, 금강산 일대를

그림114 **원우전 무대미술**(스케치)

그림115 **원우전의 무대 스케치 (a)**

그림116 **'바다금강문**(중앙)**과 바다 만물상'의 풍경**[348]

그림117 **해금강 사진**[349]

그림118 **금강산 해금강 모습**[350]

그림119 **원우전의 무대 스케치 (a-1)**

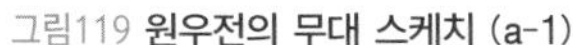

그림120 **실제 '삼불암' 사진**[351]

그렸다는 사실에 대해 이견을 제시하기 어렵게 만든다.

원우전의 무대 스케치가 금강산을 배경으로 했다는 증거는 더 찾을 수 있다. 가령 다음의 무대 스케치 (b)는 이두현의 『한국 신극사 연구』에서 '창극무대 금강산(원우전 장치)' 스케치(b-1)로 소개된 바 있다.

그림121 **원우전의 무대 스케치 (b)**

그림122 **『한국 신극사 연구』에 수록된 무대 관련 삽화 (b-1)**[352]

348 손경석, 『북한의 명산』, 서문당, 1999, 36면.

349 고승범, 「금강산 해금강의 풍경」. https://terms.naver.com/entry.nhn?docId=5844662&cid=65811&categoryId=65825

350 「강원도의 납량지納凉地)(2) 해금강(海金剛)」, 『매일신보』, 1913.8.15, 1면.

351 http://blog.naver.com/ekumgang?Redirect=Log&logNo=90035321885

「원우전 무대미술」 속 스케치 (b)는 이두현이 저서에 수록한 무대 삽화 (b-1)과 동일한 자료로 판단된다. 관련 전문가들도 이러한 두 스케치의 동일성을 인정한 상태이다. 따라서 무대 스케치 (b)는 이두현에 의해 '창극무대 금강산'과 연관된 스케치로 인정되어, 자신의 저서에 삽입되었다고 추정할 수 있겠다.

문제는 이두현이 이 '창극무대 금강산'에 대해 더 이상 설명하지 않았다는 점이다. 다시 말해서 '창극무대'가 극단 명칭인지, '금강산'이 작품 제목인지, 아니면 '창극'이 무대 스케치를 활용했던 공연의 장르인지, '금강산'이라는 장소가 작품의 공간적 배경인지에 대해 더 이상 설명하지 않았다. 이로 인해 적지 않은 의문점이 생겨나고, 결국에는 설명에 대한 근본적인 의문도 제기되기에 이른다.

지금까지 조사한 바로는 '창극무대'라는 극단은 찾기 어려우며, 〈금강산〉이라는 작품도 생소하기 이를 데 없다. 적어도 창극단이 공연한 작품 제목으로는 '금강산'이라는 제목이 존재하지 않는다는 점을 확인했다. 따라서 이두현이 부기한 설명을 해명하기 위해, 이두현의 저서에 대해 살펴볼 필요가 있다고 하겠다.

이두현이 저서에서 이 삽화를 인용한 지점은, '조선창극좌'의 전후 맥락을 설명하는 대목이었다. '조선성악연구회'에서 시작한 창극단 설립 운동은 전속극단 '창극좌', 화랑창극단을 거쳐 '조선창극좌'로 연계되었는데,[353] 이러한 연계 시점은 조선의 창극 양식이 구체적으로 확립

352 이두현, 『한국 신극사 연구』, 민속원, 2013(개정판), 322면.

353 조선창극좌 혹은 조선창극단이 1942년에 창립되었고, 이후 앞서 창립된 창극좌나 화랑 등과 합동 공연을 한 사실은 다른 저서에서도 확인되고 있다(김병철, 『추억의 여성국극 53년사』, 한국여성국극예술협회, 1999, 81면 참조; 유민영, 『한국근대연

되는 지점이기도 했다.[354] 특히 무대 관련 삽화 (b-1)이 수록된 면에는 이러한 일련의 창극 단체들이 공연한 작품들이 나열되고 있다. 관련 삽화 b-1)의 삽입 위치만 고려한다면, 이두현은 관련 설명을 전개하며 원우전의 무대 스케치 (b)를 일종의 보조 자료 내지는 관련 근거로 저서에 편입시킨 셈이다. 따라서 일단 원우전의 금강산 스케치와 창극단 운동의 관련성을 상정할 수 있겠다.

실제로 원우전은 무대장치가로서 창극 관련 활동을 적지 않게 수행했다고 보고되고 있다.[355] 일단 원우전과 창극(판소리) 단체의 연관성은 '조선성악연구회'로부터 찾을 수 있다. 1930년대 조선성악연구회가 본격적인 창극 운동을 전개했는데,[356] 이 조선성악연구회가 동양극장과 밀접한 관련이 있었다는 점은 이미 알려진 사실이다.

동양극장 측은 창립 초기 〈심청전〉, 〈춘향전〉 같은 작품을 공연할 때, 조선성악연구회의 명창을 초청하여 무대 뒤의 효과음으로 사용했다.[357] 그런데 관객들이 이러한 효과음으로서의 판소리(창)에 호의적인 반응을 보이자, 점차 분창 형태의 창극을 장려하는 기획을 세웠다.[358] 창극은 동양극장에서 일 년에 적어도 1~2번 공연되었고 1936년의 경우에는 동양극장 측과 조선성악연구회 측이 교대로 5~6번의 작품을

극사신론』(상), 태학사, 2011, 237~238면 참조).

354 조선성악연구회의 창극 양식 정립은 1936년 여러 차례에 걸친 〈춘향전〉 공연과 그 이후에 이어진 각종 창극 공연(1936~1939년)을 통해 그 토대를 마련했다고 할 수 있다.

355 박노홍, 「식민치하와 해방 언저리의 발자취」, 『한국연극』, 1978.7, 73면 참조.

356 「신극 육십년의 증언(8) 창극운동」『경향신문』, 1968.10.26, 5면 참조.

357 청춘좌의 1936년 1월 〈춘향전〉 공연부터 이러한 판소리 명창의 기용이 시작되었다 (박진, 「목푸는 소리에 여관은 초상집」, 『세세연년』, 세손, 1991, 180~181면 참조).

358 고설봉, 『증언 연극사』, 진양, 1990, 41~42면 참조.

무대에 올리기도 했다. 주지하듯 원우전은 동양극장에 소속되어 있었고, 동양극장 장치부는 일련의 공연 기획에서 무대장치를 담당하곤 했다. 예를 들어 1942년 2월에 공연된 이운방 각색의 〈삼국지〉에, 원우전은 무대장치(가)로 참여한 바 있다.[359]

따라서 「원우전 무대미술」에서 연속적으로 나타나는 일련의 금강산 배경 스케치가 창극과 관련된 작품 때문에 고안 제작되었다는 가설을 완전히 배제할 수는 없다. 이러한 가설은 다음의 스케치를 주목하게 만든다. 무대 스케치 (c)는 금강산의 한 폭포를 연상하도록 만들기 때문이다.

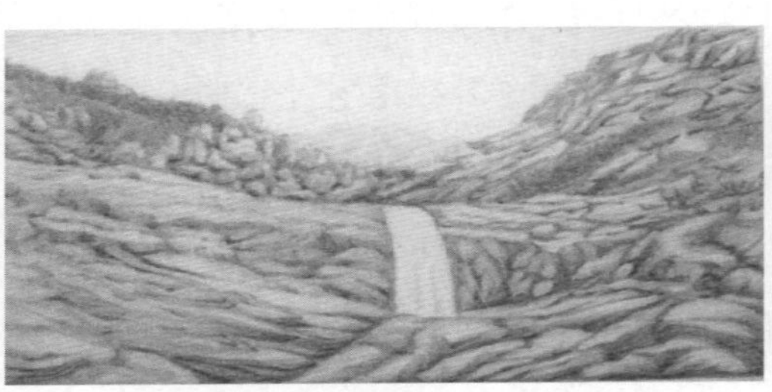
그림123 **원우전의 무대 스케치 (c)**

그림124 **금강산 팔담의 풍경**

무대 스케치 (c)는 금강산 팔담의 풍경을 거의 그대로 옮겨왔다고 해도 과언이 아닐 정도로 매우 흡사하다. 비록 무대 스케치 (c)는 상팔담에 속하는 연못은 아니지만, 원우전의 무대 스케치에는 외금강과 관련된 일련의 스케치를 포함하고 있다. 특히 **그림 125~128**의 스케치는 뚜렷하게 상팔담과 그 인근의 경취를 포착하고 있다.

금강산에서 팔담은 두 군데가 있다. 하나가 상팔담이고, 다른 하나가

359 1942년 2월에 공연된 〈삼국지〉의 연출자는 박진이었고, 원우전이 무대장치를 담당했다(『매일신보』, 1942.2.3 참조).

그림125 **원우전의 무대 스케치 (c-0)**

그림126 **외금강 '상팔담' (c-1)**[361]

그림127 **금강산 상팔담**(계곡 입구에서 본 풍경)[362]

그림128 **금강산 상팔담**(위에서 내려다본 풍경)[363]

내폭팔담이다. 이 중에서 '상팔담上八潭'은 금강산의 대표적인 명승지로 구룡폭포 위로 펼쳐진 비경을 가리키는 명칭이다. 더 정확하게 말하면 상팔담은 금강산 구룡대에 위치한 8개의 작은 못을 가리키는 명칭이다.[360]

위의 무대 스케치 (c-0)은 상팔담의 풍경과 유사한 아취를 자아낸다. 그리고 무대 스케치 (c-1)은 상팔담 인근 풍광을 담고 있는 스케치이다. 비록 무대 스케치 (c) 계열은 상팔담 그 자체를 집중적으로 묘사하지 않았을지라도, 금강산 담소潭沼의 비경을 그려낸 정경이라는 점에서 대체로 유사하다고 하겠다.

또한, 상팔담을 포함하고 있는 외금강의 풍광을 그린 스케치도 상당

360 『한국민족문화대백과』 참조. http://terms.naver.com/

수에 이른다. 흥미로운 점은 상팔담을 흐르는 물이 구룡폭포와 비룡폭포를 지나 옥류동 계곡으로 이어진다는 점이다. 즉 외금강의 대표적인 명승지인 상팔담은 구룡폭포 상류에 위치한 연못인 셈이다. 이러한 사실이 주목되는 이유는 '구룡폭포'와 관련된 원우전 디자인의 한 작품 때문이다.

> 한여름에 공연을 할 때였다.(1936.8.1 박종화 작 최독견 각색 〈명기(名妓) 황진이〉) 날도 덥고 하니까 **따분한 무대를 보여 주느니 금강산의 구룡폭포를 무대장치로 꾸미기로 했다.** 우선 재목을 두 마차 실어 와서 금강산을 장치하고 긴 호스를 사다가 극장 담 밖의 소방호수에 연결시켰다. 그걸 무대 위쪽에 가져다 놓고 물을 튼 것이다. 무대 바닥에 구멍을 뚫어 놓고 물이 흐르도록 했는데, 무대 밑에 가 있던 몇 사람이 흘러내린 물은 계속 밖으로 퍼내야 했다. 이 장치는 원우전 디자인, 김운선 제작으로 동양극장의 도구사 십 여 명이 총동원되어 만들었던 것이다. 이 장치에 대한 관객들의 반응은 대단하였다. 막이 올라가고 폭포가 쏟아지기 시작하면 객석에서는 일제히 탄성을 지르는 것이었다. 관객들은 장치만 보고 가도 입장료가 싸다며 즐거워했다. 나중에는 유리 공장에 가서 비틀린 유리 제작해다가 전기 시설을 접속시켜 조명 효과까지 덧붙였다. 장치를 움직이는 세트 맨들의 장면 전환 솜씨는 신기에 가까웠다. 관객들의 신용을 획득하기 위한 동양극장의 노력은 이렇게 필사적인 것이었다.[364](강조 : 인용자)

---

361 무대 스케치 (c-1)의 여백에는 '외금강 상팔담부터 채하봉(彩霞峰)'이라고 적혀 있다. 채하봉은 금강산의 대표적인 명승지이다.

362 김석배 편저, 『금강산 설악산 200경』, 삼보북, 2001, 13면.

363 손경석, 『북한의 명산』, 서문당, 1999, 29면.

위의 증언에 따르면, 원우전은 금강산의 아름다움을 연극 작품에 담을 경우, 그 자체로 관객들이 선호하는 요소가 될 수 있다고 확신하고 있었다. 그래서 〈명기 황진이〉의 내용에서 굳이 '금강산'이 필요하지 않았음에도 불구하고, 그는 배경을 금강산으로 삼고 더운 여름을 청량하게 바꿔 줄 폭포를 고안했다고 해석할 수 있다(위의 증언을 사실로 인정한다면). 물론 이 폭포의 효과는 실제 물로 인해 더욱 빛을 발하게 되었다.

기존의 자료와 증언을 바탕으로, 기존 선행 연구는 원우전의 무대미술(디자인) 중에서 가장 창의적인 무대장치로 '구룡폭포'를 꼽고 있다.[365] 물론 이 '구룡폭포'는 청춘좌가 1936년 8월 1일부터 7일까지 동양극장에서 공연한 4막 5장의 다막극 〈명기 황진이〉(이때 비극 이운방 작 〈애욕〉(2막), 희극 이서구 작 〈신구충돌〉(2장)을 함께 공연했다)의 무대장치로 알려져 있다. 원우전은 〈명기 황진이〉의 배경을 금강산 구룡폭포로 설정하여, 무대 위에 물을 끌어들이는 무대장치를 구상했고 이를 과감하게 구현했다.

이 무대장치는 물을 이용한 무대로, 당시로서는 대단히 혁신적인 무대장치가 아닐 수 없다. 물을 사용하는 작업은 연극 무대에서 지극히 난해한 작업이기 때문이다. 위의 증언에 나타난 관객들의 반응으로 볼 때, 이러한 원우전의 시도는 무대장치의 독자성과 완성도를 한꺼번에 보여준 성과로 기록되어 마땅하다.[366] 작품과 공연에 종속되는 무대가 아니라, 그 자체로 미학적 독창성과 시각적 창의성의 무대(장치)를 제시한 셈이다.

---

364 고설봉, 『증언 연극사』, 진양, 1990, 59면.

365 고설봉, 『증언 연극사』, 진양, 1990, 137면 참조.

366 김남석, 「최초의 무대미술가 원우전」, 『인천학연구』 7호, 인천대 인천학연구원, 2007, 228~230면 참조.

이처럼 위의 무대 스케치 (c)는, 1936년 당시 원우전이 만들었던 구룡폭포 무대장치와의 연관성을 상정하게 만든다. 무대 스케치 (c)가 정확하게 〈명기 황진이〉의 무대 도면이었는지는 별도로 검증되어야 할 사안이지만, 구룡폭포와 관련 있는 상팔담의 풍경을 폭포의 형태로 보여주었다는 점에서 관련성을 함부로 배제하지 못하도록 만든다. 이에 〈명기 황진이〉와 발굴된 스케치의 관련성을 탐구할 필요가 생겨났다고 하겠다.

2) 국극단 공연작 〈견우와 직녀〉와 그 주변 정황들

원우전이 남긴 무대미술 자료 중에서 스케치들이 어떤 작품을 구상한 도안인지 다른 방향에서 살펴볼 필요가 있겠다. 이를 위해 일련의 무대 스케치들 중에서 **그림 129~132**의 네 스케치[367]를 주목해 볼 필요가 있다.

이 네 개의 스케치의 여백에는 흘려 쓴 글씨가 적혀 있다. 이 글씨를 적은 사람은 원우전으로 추정되지만, 확실하게 원우전이라고 확정지을 수만은 없는 상황이다(원우전 스케치를 소유하거나 본 사람의 기록일 수 있다는 점도 함부로 배제하기 힘들기 때문이다). 다만 이 여백의 글자들은 이 무대 스케치들을 추적하는 일종의 단서로 활용될 수 있다.

여백의 글자들은 해당 그림이 금강산의 풍경을 옮겨 왔다는 뜻을 담고 있다. c는 팔담의 풍광[368]이고, (c-1)과 (c-2) 역시 '외금강'의 풍

367 이 네 개의 무대 스케치는 「원우전 무대미술」 자료에서 연속적으로 배치되어 있다. 무대 스케치의 괄호 안 숫자는 일련 번호를 가리킨다.

368 무대 스케치 (c)의 여백에는 '내금강 진주담'이라고 적혀 있다. 진주담은 내폭팔담의 제5담에 해당한다.

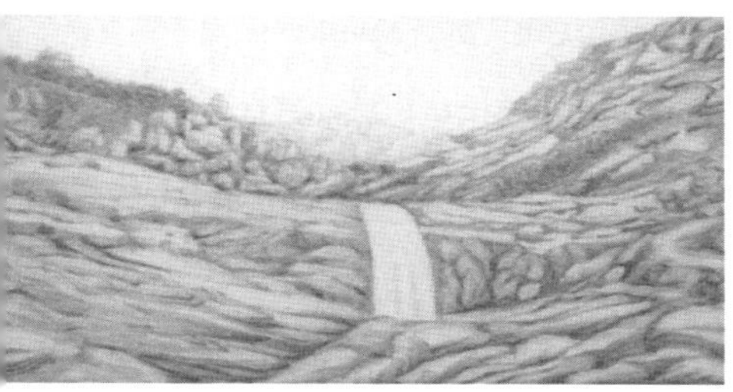

그림129 **원우전의 무대 스케치 (c, '13')**

그림130 **외금강 '상팔담' (c-1, '15')**

그림131 **외금강 '천선대' (c-2, '14')**

그림132 **원우전의 무대 스케치 (d, '16')**

광[369]이라고 적고 있다((c-2)는 천선대임[370]). 주목되는 것은 무대 스케치 (d)이다. 실제 남아 있는 무대 스케치 (d)에는 '해님극단장치'라고 적혀 있다. 여기서 '해님극단'은 여성국극단 '햇님(국)극단'을 가리키는 것으로 여겨진다.

여성국극의 실질적인 출발은 1948년 9월 〈옥중화〉로 첫 공연을 연 '여성국악동호회'였다. 남성 국악인들에게 받았던 차별에 반발하고 이를 개선하기 위해서 여성 국악인들은 창극단체를 만들고 공연을 시작

369 무대 스케치 (c-1)의 여백에는 '외금강 상팔담부터 채하봉(彩霞峰)'이라고 적혀 있다. 채하봉은 금강산의 대표적인 명승지이다.

370 무대 스케치 (c-2)의 여백에는 '외금강 신만물상의 천선대(天仙臺)'라고 적혀 있다. 역시 외금강의 경치를 그린 스케치로 볼 수 있다.

했다.[371] 〈옥중화〉는 호화로운 무대장치로 관중의 환호를 받았는데,[372] 당시의 무대장치가가 원우전이었다. 원우전은 여성국극 초창기부터 국극 공연에 참여하기 시작하여, 이후 "상당한 여성국극의 미술을 전담하다시피 하였다"는 평가를 받았다.[373]

1949년 2월 여성국악동호회는 제2회 작품 〈햇님과 달님〉을 무대에 올렸고,[374] 이 공연은 대내외적으로 큰 주목을 받았다. 하지만 1949년 11월에 〈햇님과 달님〉의 후편 격인 〈황금돼지〉가 '여성국극동지사'라는 극단 이름으로 발표되면서,[375] 여성국악동호회는 분열되기에 이르렀다. 여성국극동지사는 두 번째 설립된 여성국극단으로, 임춘행이 중심이 되어 활동한 단체였다(1955년 '여성국악단임춘앵(일행)'으로 명칭 변경). 이어 세 번째 여성국극단이 설립되었는데, 이 단체가 햇님국극단이었다. 햇님국극단 창립의 주도자인 김주전은 애초 여성국악동호회에서 여성국극동지사가 분리될 때 참여했던 인물인데, 다시 여성국극동지사에서 분리되어 세 번째 여성국극단의 중심으로 올라선 것이다.[376]

햇님국극단은 1950년에 김주전을 중심으로 조직되었고, 조직된 이후에는 한동안 '여성국악동호회 햇님창극단'이라는 명칭을 사용했다.[377] 1950년 조직된 햇님국극단은 1952년부터 본격적으로 활동하기 시작했

---

371 전성희, 「한국여성국극연구」, 『드라마 연구』 29집, 한국드라마학회, 2008, 143면 참조.
372 반재식 · 김은신, 『여성국극왕자 임춘앵 전기』, 백중당, 2002, 96~99면 참조.
373 김기형, 『여성국극 60년사』, 문화체육관광부, 2009, 84면 참조.
374 『서울신문』, 1949.2.11 참조.
375 『경향신문』, 1949.11.13 참조.
376 전성희, 「한국여성국극연구」, 『드라마 연구』 29집, 한국드라마학회, 2008, 143~148면 참조; 유민영, 『한국근대연극사신론』(상), 태학사, 2011, 268~273면 참조).
377 『동아일보』, 1950.9.20 참조.

는데, 역시 원우전은 장치(가)로 많은 작품 제작에 참여하였다.[378] 참고로 햇님국극단은 김주전이 사망한 이후 김경애가 대표를 맡게 되었으며,[379] 1954년 무렵 햇님국극단이 내분을 일으키면서 여성국극계에 여러 단체들이 난립하게 되는 원인을 제공했다는 비판을 받기도 했다.[380]

무대 스케치 (d)의 여백에 적힌 기록에만 의지한다면, 햇님극단이 공연한 작품 가운데 금강산과 관련된 작품이 원우전 무대 스케치의 원작이 되어야 할 것이다. 하지만 현재까지 정리된 햇님국극단 공연 연보에서는 이러한 작품을 좀처럼 찾아보기 힘들다고 해야 한다.

현재까지 정리된 햇님극단 공연 연보는 크게 두 가지이다. 하나는 유인경이 정리한 연보[381]이고,[382] 다른 하나는 김기형이 정리한 연보이다. 유인경이 햇님극단(햇님창극단과 햇님국극단으로 나누어서 정리) 공연 작품으로 정리한 작품은 총 31작품인데, 이 중에서 금강산을 배경으로 설정한 작품으로 확인되는 경우는 현재까지는 없다고 해야 한다. 박노홍의 〈마의태자〉에서 마의태자가 금강산을 향하는 설정이 있다면, 어느 정도 근접할 수 있는 작품이지만, 현재 남아 있는 박노홍의 〈마의태자〉에는 금강산으로 떠나는 설정이나 금강산 배경의 장면이 존재하지 않는다.[383]

378 김기형, 『여성국극 60년사』, 문화체육관광부, 2009, 89~92면 참조.
379 김병철, 「한국여성국극사 연구」, 동국대 석사논문, 1997, 30~31면 참조.
380 김희정, 「여성 국극(女性國劇)과 다카라즈카 가극(寶塚歌劇)의 남장(男裝) 의상에 관한 연구」, 『복식문화연구』 15권 3호, 복식문화학회, 2007, 144면 참조.
381 유인경, 「여성국극 공연 목록(1948~1959)」, 김의경 · 유인경 편, 『박노홍 전집 3』, 연극과인간, 2008, 525~534면 참조.
382 김기형, 「신문기사 여성국극 공연연보(1948~1969)」, 『여성국극 60년사』, 문화체육관광부, 2009, 219~237면 참조.
383 박노홍, 〈마의태자〉, 김의경 · 유인경 편, 『박노홍 전집 3』, 연극과인간, 2008, 221~291면 참조.

김기형의 연보도 사정은 동일하다. 김기형의 연보는 비단 '햇님국극단'만 들어있는 것은 아니다. 김기형은 여성국악동회부터 시작하는 여성국극 단체의 공연 작품을 총망라하였는데, 이중에서 햇님국극단('여성국악동호회 햇님국극단' 명칭 병용 표기)의 연보를 살펴보아도 '금강산'을 배경으로 하는 작품은 좀처럼 발견되지 않는다. 특히 김기형이 편찬한 『여성국극 60년사』에는 소실된 작품의 줄거리를 비교적 소상하게 복원하고 있는데, 이러한 줄거리를 참조하면 햇님국극단이 공연한 작품 중에 금강산을 배경으로 하는 작품은 존재하지 않는다고 결론지을 수 있다.

그렇다면 무대 스케치 (d)에 기록된 '해님극단장치'에 집착하기보다는, 이를 당시 표기의 오류나 후대의 표기 혼란으로 간주하고, 보다 확대된 범위에서 작품을 찾아야 할 것으로 여겨진다. 이렇게 범위를 확대하면 물망에 오르는 작품이 있다. 그 작품은 〈견우와 직녀〉이다.

그림133 〈견우와 직녀〉 공연 광고[384]

〈견우와 직녀〉는 '임춘앵 무대생활 10주년 기념' 공연으로 기획되었고, 2막 12장의 대작 규모를 갖추고 있었는데, 무대장치로 원우전이 참여한 바 있다.[385] 특히 2막 구조는 주목되는데, 2막으로 인해 두 개의 공

384 「〈견우(牽牛)와 직녀(織女)〉」, 『경향신문』, 1958.7.28, 2면 참조.
385 「〈견우(牽牛)와 직녀(織女)〉」, 『경향신문』, 1958.7.28, 2면 참조.

간적 배경이 요구되었을 것이기 때문이다. 실제론 〈견우와 직녀〉의 1막은 '지상地上 편'이었고, 2막은 '은하수 편'이었다.

현재 남아 있는 국극 관련 〈견우와 직녀〉 대본을 참조하면, '지상 편'은 '금강산'을 배경으로, '은하수 편'은 '천궁(천상계)'을 배경으로 하고 있다. 또한 이 작품에서 '금강산 타령'이 삽입되었다는 조영숙의 진술이 남아 있는 것으로 보건대,[386] 〈견우와 직녀〉는 금강산을 배경으로 활용한 작품이었음에는 틀림없다.

조영숙은 예술자료원과의 인터뷰에서 원우전의 무대 스케치 중 두 점을 〈견우와 직녀〉의 무대 배경이라고 진술했다.[387] 특히 조영숙은 좌측의 스케치가 금강산 오류동의 풍광을 담은 것이라고 말하며, 두 스케치 모두 〈견우와 직녀〉(〈견우 직녀〉)의 배경이었다고 증언했다. 이러한 증언은 일련의 무대 스케치 중에 〈견우와 직녀〉의 배경 스케치가 적어도 존재한다는 가정에 힘을 실어준다.

그림134 **원우전의 무대 스케치 ('1')**
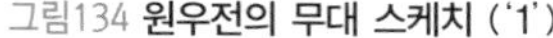

그림135 **원우전 무대 스케치 ('2')**

386 김지혜, 「1950년대 여성국극의 단체 활동과 쇠퇴 과정에 대한 연구」, 『한국여성학』 27권 2호, 한국여성학회, 2011, 15면 참조.
387 조영숙 증언, 2015.5.6.

〈견우와 직녀〉(차범석 작, 백은선 연출, 시공관 공연)는 1958년 8월에 무대에 오른 공연으로,[388] 비록 여성국극의 절정기를 지나 시행된 공연이었지만[389] 긍정적인 평가를 받은 작품이었다.[390] 흥미로운 점은 당시 신문 광고에 당시 공연 주체가 명확하게 표기되어 있지 않다는 점이다.[391] 김기형의 연보에서도 이 점을 감안한 듯, 공연 주체를 '공란'으로 비워두고 있다.

엄밀하게 따진다면 이 공연은 '여성국극단임춘앵(일행)'의 공연으로 보아야 하겠지만, '임춘앵무대 10주년'을 기념하고 '재일교포초빙'을 축하는 공연이었다는 점에서 합동 공연의 성격도 지니고 있었다고 해야 한다. 따라서 극단 속사정까지 파악할 수 있는 위치에 있지 않았던 원우전이, 외부 인력으로 참여하여 '해님극단장치'로 기록할 여지가 없지 않았다고 해야 한다.

박진은 1958년 〈견우와 직녀〉 공연에 대해서 몇 가지 주목할 만한 발언을 남기고 있다. 우선, 그는 '선녀와 나무꾼' 전설과 '견우와 직녀' 전설을 자연스럽게 혼합하여 이해하고 있다. 금강산 상팔담의 대표적인 전설이 '선녀와 나무꾼 전설'인데, 이러한 전설은 견우와 직녀 전설과 혼합되는 양상을 보이기도 했다. 전설의 혼합 양상은 박진의 발언과 일치하고 있다.

---

388 「새로운 국극 지향」, 『조선일보』, 1958.7.28 4면 참조.

389 국극의 전성기는 1955년이고, 1957년을 넘어서면서 작품 수가 줄고 국극의 인기가 떨어진 것으로 알려져 있다(반재식·김은신, 『여성국극왕자 임춘앵 전기』, 백중당, 2002 참조). 박황 역시 1957년 무렵을 쇠퇴기로 보고 있다(박황, 『창극사연구』, 백록출판사, 1976, 258면 참조).

390 김유미, 「1950년대 여성국극에 나타난 대중 역사극의 변화」, 『어문논집』 57집, 민족어문학회, 2008, 267면 참조.

391 「〈견우(牽牛)와 직녀(織女)〉」, 『경향신문』, 1958.7.28, 2면 참조.

또한, 박진은 이러한 '견우와 직녀' 전설이 여러 차례 연극, 악극, 창극을 통해 공연되었다고 밝히고 있다. 마지막으로 1958년 〈견우와 직녀〉의 무대는 '근자에 드물게 보는 호화豪華를 극한 무대'라고 격찬하고 있다.[392] 공연의 다른 요소에 대해서는 박한 평가를 내리면서도 무대미술에 대한 평가만 유달리 후한 편인데, 이는 일생의 연극동지였던 원우전이 무대장치가로 참여했다는 점을 감안하지 않을 수 없다. 더구나 원우전이 무대장치로 참여했을 때, '호화로운 무대'라는 칭찬이 행해지는 일이 드물지 않았다는 점을 감안한다면 이러한 상찬의 숨겨진 뜻을 엿볼 수 있겠다.

김지혜는 〈견우와 직녀〉의 대표적인 무대장치로 '은하수 효과'를 거론한 바 있다. 〈견우와 직녀〉의 무대미술팀이 "비닐을 버드나무 가지처럼 가늘게 찢어 늘어뜨린 후 조명을 비추어 밤하늘에 빛나는 은하수 효과를 연출"했다는 것이다.[393] 또한 이 공연은 한국에서 조명기 미러볼mirror ball을 최초로 도입한 공연으로 알려졌으며, 이로 인해 상당한 주목을 받기도 했다는 것이다.[394]

3) 〈견우와 직녀〉와 금강산 무대 스케치의 공간적 동일성

〈견우와 직녀〉는 1980년대 이후에도 공연되어, 현재 두 가지 판본의

392 박진, 「호화로운 무대 임춘앵(林春鶯)의 〈견우와 직녀〉」, 『조선일보』, 1958.8.8, 4면 참조.

393 김지혜, 조영숙과의 인터뷰, 2009.1.30; 김지혜, 「1950년대 여성국극의 공연과 수용의 성별 정치학」, 『한국극예술연구』 30집, 한국극예술학회, 2009, 257면.

394 김지혜, 「1950년대 여성국극의 단체 활동과 쇠퇴 과정에 대한 연구」, 『한국여성학』 27권 2호, 한국여성학회, 2011, 15면 참조.

공연 대본이 남아 있는 것으로 조사된다. 〈견우와 직녀〉는 1991년 10월 서라벌국악예술단에 의해 전주학생회관에서 공연되었다. 이어 2001년 4월에는 〈은하수〉라는 이름으로 각색되어 한국여성국극예술협회에 의해 공연되었고, 2001년 6월에 〈날개옷(견우와 직녀)〉으로 개칭되어 서라벌국악예술단에 의해 재공연되었다. 그리고 2006년 8월 한국여성국극예술협회는 김재복 각색본으로 〈견우와 직녀〉를 재공연하였다.

하나의 판본은 '사단법인 여성국극예술협회'가 공연한 〈은하수〉 공연본이고, 다른 하나는 '(사)한국여성국극예술협회'가 정리한 〈견우와 직녀〉 공연본이다. 전자는 2001년 4월 공연 대본으로 추정되고, 후자는 2006년 〈견우와 직녀〉 공연 대본이거나 이 공연 대본을 저본으로 구성된 최종 대본으로 추정된다(현재 대본에는 '최종본'으로 기록되어 있다).

〈은하수〉 공연 대본은 3막 2장으로 구성되어 있다. 1막은 '금강산'을 배경으로 하는 두 개의 장으로 나뉘고, 2막은 '십년 후'의 '견우의 집'으로, 3막은 '오색찬란한 하늘나라 궁전'으로 설정되어 있다. 특히 주목되는 것은 제1막 1장 도입부의 지문이다.

> 금강산, 여름 낮
>
> 토끼, 자라, 다람쥐, 학, 까마귀, 원숭이, 여우, 곰, 사슴, 나비, 개구리, 돼지 등 온갖 짐승들이 춤을 추며 노래한다.

> 금강산~ 이름이 좋아서 금강이드냐
> 경치가 좋아서 절경이드냐 경치가 좋아서 금강이드냐
> 봉오리마다 비단이요 골짜기마다 구슬이니

무릉도원이 여기일세~

닐리리루 닐니루닐리 닐리루닐리 닐리루닐리[395]

위의 지문에서 공간적 배경이 금강산인 점이 우선 확인된다. 그리고 동물들이 모여 춤을 추며 출연하는 대목도 확인된다. 1958년 〈견우와 직녀〉 공연 사진을 보면, 토끼와 곰 같은 산속 동물들로 분장한 배우들 모습이 담겨 있다.[396]

그림136 **1958년 〈견우와 직녀〉 출연진 사진**

그림137 **2001년 〈은하수〉 출연진 사진**

1958년 〈견우와 직녀〉에는 동물들이 출연하는 장면이 있었고, 2001년 〈은하수〉 공연 대본에도 이러한 설정이 이어졌다는 것을 확인할 수 있다. 즉 2001년 〈은하수〉와 1958년 〈견우와 직녀〉 공연 대본 사이에는 밀접한 관련성이 있었다. 또한 조영숙의 증언에 따르면, 1958년 〈견우와 직녀〉 공연 대본에는 '금강산 타령'이 삽입되어 있다고 했는데,

395 「〈은하수〉 공연 대본」, 사단법인 여성국극예술협회, 2006.

396 김기형, 『여성국극 60년사』, 문화체육관광부, 2009, 41면 참조.

2001년 〈은하수〉 공연 대본에도 이와 비슷한 노래가 삽입되어 있다.

2006년 〈견우와 직녀〉 공연 대본은 서막을 비롯하여 총 6막 2장으로 구성된다.[397]

〈표8〉

막	장	장소
서막		천궁
제1막	제1장	금강산 만폭동 팔담(낮)
	제2장	금강산 만폭동 팔담(낮)
제2막		견우의 집
제3막		금강산 만폭동 팔담
제4막		천궁
제5막		견우의 집

2006년 공연 대본은 2001년 공연 대본보다 막과 장이 상세하게 나뉜 판본이고, 공간적 배경(각 막의 무대 공간) 역시 구체적으로 설명되어 있다. 가령 제1막을 보자.

> 금강산(金剛山) 내금강(內金剛) 만폭팔담(萬瀑八潭)
>
> 멀리 높고 낮은 준봉들이 병풍처럼 둘러져 있고 그 사이로 기암을 뚫고 떨어지는 폭포의 경관이 장관이다. 그리고 후면으로 팔담의 물그림자가 어른거리고 있다.
>
> 주변에는 갖가지 기화요초가 운치를 더해준다.[398]

397 「여성국극 〈견우와 직녀〉 공연 대본」, (사)한국여성국극예술협회, 2006.
398 「여성국극 〈견우와 직녀〉 공연 대본」, (사)한국여성국극예술협회, 2006, 2면 참조.

주목되는 점은 공간적 배경이 '상팔담'이 아니라 '만폭동의 팔담'이라는 점이다. 1958년 〈견우와 직녀〉는 분명히 '선녀와 나무꾼'의 이야기가 어떠한 방식으로든 가미된 공연이었다. 현재 남아 있는 〈견우와 직녀〉 역시 그러하며, 또 다른 대본인 〈은하수-견우직녀〉 역시 선녀와 나무꾼의 이야기를 포함하고 있다. 따라서 '만폭동 팔담'보다는 선녀와 나무꾼의 전설이 직접적으로 얽혀 있는 상팔담이 작품 배경으로 설정되어야 이치에 맞는다고 할 수 있다. 하지만 작품에서는 만폭팔담을 작품의 배경으로 설정했다.

상팔담은 외금강에 있는 비경이고, 만폭팔담은 내금강에 있는 비경으로, 금강산에서도 다소 떨어지는 지역이다. 하지만 실제 작품에서는 이러한 지역적 차이에 괘념하지 않고 공간적 배경을 설정한 것으로 보인다. 이러한 차이는 원우전 무대 스케치 가운데 다음의 스케치를 주목하게 만든다.

그림138 **원우전의 무대 스케치 (e)**

그림139 **실제 만폭동**(만폭팔담)**의 보덕암 풍경**[399]

만폭팔담은 만폭동 계곡에 있는 8개의 연못으로 차례대로 흑룡담,

399 손경석, 『북한의 명산』, 서문당, 1999, 263면.

비파담, 벽파담, 분설담, 진주담, 구담, 배담, 화룡담으로 불린다.[400] 이 중에서 분설담 격류 위로 단애가 펼쳐지는데 그 단애에 보덕굴이 위치하고 있고, 보덕굴에는 20미터의 구리 기둥에 의지하여 버티고 있는 보덕암이 세워져 있다.[401]

위의 무대 스케치 (e)는 바로 보덕암에 대한 스케치이다. 두 채로 보이는 건물 중 왼쪽 건물을 자세히 보면, 기둥이 건물을 떠받치고 있는 광경을 발견할 수 있을 것이다. 즉 원우전의 스케치 속에는 만폭팔담과 관련된 정보가 이미 들어 있었던 것이다. 따라서 선녀와 나무꾼 전설이 직접적으로는 상팔담에 관련된 것이라고 해도, 작품 안에서 이를 만폭팔담으로 수용한 흔적이 짙다고 할 수 있다. 그것은 원우전의 스케치를 통해 간접적으로 증명된다.

원우전의 무대 스케치 내에는 상팔담 풍광도 들어 있었고, 만폭팔담의 보덕굴 풍광도 들어 있었던 것이다. 따라서 〈견우와 직녀〉의 지상편이 어느 쪽 팔담을 공간적 배경으로 삼는다고 해도, 무대로 구현할 수 있는 준비가 구비되어 있었다고 해야 한다. 이러한 측면에서 원우전은 금강산 팔담(양쪽)을 이미 숙지하고 있었다고 여겨지며, 이러한 사전 지식을 바탕으로 여러 스케치를 시도하는 작업을 수행했다고 판단할 수 있겠다.

---

400 이 중에서 원우전은 진주담을 직접 표기하여 무대 스케치 (c)를 그려놓은 바 있다.
401 손경석, 『북한의 명산』, 서문당, 1999, 263~264면 참조.

4) 구룡폭포 무대장치 관련 연극사적 기술과 그 진위

고설봉이 '구룡폭포' 무대장치를 동양극장 시절의 것으로 진술하는 바람에, 구룡폭포는 이후 연극사 기술에서 혼란과 착오를 일으키는 진원지가 되고 만다. 앞에서 살펴본 대로, 고설봉은 구룡폭포가 〈명기 황진이〉의 무대장치라고 기술했다. 하지만 〈명기 황진이〉에 물이 흐르는 장치와 폭포가 설치된 점은 사실이지만, 그 장소가 구룡폭포가 아니라는 점은 확인되었다고 할 수 있다.

이후 유민영은 구룡폭포의 무대에 관해 다음과 같이 설명했다.

> 연극에서 무대미술의 중요성이 인식되고 또 극단이나 극장 측에서도 무대미술에 상당한 신경을 썼고 많은 비용도 감수했다. 대중연극의 메카라 할 동양극장에서 특히 무대미술에 힘을 기울였다. 동양극장이 전성기를 누릴 때는 무대를 현실과 일치시킬 만큼 장치에 신경을 쓰기도 했다. 즉 금강산을 배경으로 한 작품 〈견우와 직녀〉의 무대의 경우 구룡폭포를 실감나게 보여 주기 위해서 바닥을 뚫고 소방호수로 천정으로부터 물을 쏟아지게 한 적이 있다. 이는 마치 서구근대극 초기의 무대장치를 연상시키는 것이다. 이는 마치 푸주간에서 피가 뚝뚝 떨어지는 고기를 사다가 그대로 무대 위에 걸어놓은 적이 있었다. 리얼하게 하기 위해서였던 것이다. 그러나 그것은 이미 세련된 작품일 수 없다.[402]

---

402 유민영, 「무대미술의 사적 고찰」, 『미술세계』 74, 미술세계, 1990, 135~136면.

유민영의 이러한 기술은 이후 최상철의 견해로도 인용된다. 최상철은 "(『한국 신극사 연구』를 보면) 금강산을 배경으로 했던 〈견우와 직녀〉를 위한 무대장치에서는 실제로 구룡폭포를 실감나게 재현하기 위하여 소방 호수로 천장에서 물을 쏟아 부었"[403]다고 기록하고 있다. 최상철은 이두현의 『한국 신극사 연구』에서 위의 구절을 인용했다고 표시했다. 실제로 이두현의 책에는 앞에서 살펴본 삽화가 실려 있고, 마치 동양극장의 공연 작품인 것처럼 '창작무대 금강산'이라는 설명이 붙어 있었던 것이다(**그림 140**).[404]

그림140 **『한국 신극사 연구』에 수록된 무대 관련 삽화**(b-1)

이러한 기술에서 몇 가지 의문을 제시할 수 있다. 첫째, 동양극장에서 상연한 작품 중에는 〈견우와 직녀〉라는 작품이 없는 것으로 조사된다. 적어도 지금까지는 〈견우와 직녀〉라는 작품을 동양극장에서 한 기록은 발견되지 않고 있다.

403 최상철, 『무대미술 감상법』, 대원사, 2006, 119면.
404 이두현, 『한국 신극사 연구』, 민속원, 2013(개정판), 322면.

둘째, 〈견우와 직녀〉를 차범석의 1958년 작품이라고 인정해도, 이 작품에 구룡폭포 무대장치가 설치되었는지는 확실하지 않다는 점이다. 현재 대본에는 상팔담이 아니라 만폭팔담을 공간적 배경으로 삼고 있기 때문이다.[405] 앞에서 말한 대로, 구룡폭포는 외금강에 위치하고, 만폭팔담은 내금강에 위치하여 서로 다른 지역이기 때문이다.

셋째, 구룡폭포 진술은 아무래도 고설봉의 증언에서 연원한 것으로 보이는데, 현재 남아 있는 〈명기 황진이〉 자료를 보면 4막 공간에 설치된 '폭포'에서 위의 진술이 유래되었을 가능성을 배제하기 힘들다. 그러한 경우 구룡폭포가 아닌 '박연폭포'(황진이, 서담과 함께 송도삼절에 속하는)이거나 송도의 폭포가 되어야 한다. 즉 구룡폭포는 처음부터 착오였고, 박연폭포(류)의 폭포가 무대에서 구현된 폭포일 수 있다는 뜻이다.

다만 유민영의 기술에서 〈견우와 직녀〉가 금강산을 배경으로 했다는 사실과, 이 무대장치를 한 사람이 동양극장에서 활동할 만큼 관련을 맺고 있다는 사실을 추출할 수 있다. 또 초창기 한국 연극에서 이러한 무대미술상의 효과는 긍정적이든 부정적이든 충격적이었다는 점도 확인할 수 있다(유민영과 최상철은 이러한 효과에 대해 부정적인 견해를 펼쳤다).

금강산과 구룡폭포, 〈명기 황진이〉와 〈견우와 직녀〉, 동양극장 공연과 창극단 공연 등이 혼재되면서 공연사적 실체가 혼란을 겪게 되었다. 원우전의 무대 스케치는 이러한 혼란을 해결할 수 있는 실마리를 제공했다는 점에서, 한국연극사의 실상과 의문을 밝혀 줄 단서를 제공하는 역할도 겸했다고 정리할 수 있겠다.

405 〈견우와 직녀〉의 최초 공연 대본을 구할 수 있다면 이 점을 분명하게 확인할 수 있을 것으로 판단된다.

5) 은하수의 천상계와 열주들의 공간

1958년 〈견우와 직녀〉의 2막은 '은하수 편'이었고, 2막은 1막과 달리 '천상계'를 공간적 배경으로 삼았다고 보아야 한다. 후대의 여성국극 대본에서 천상계는 '오색찬란한 하늘나라 궁전'(2001년 〈은하수〉 공연

ㄱ)-1

ㄱ)-2

ㄱ)-3

ㄱ)-4

ㄱ)-5

ㄱ)-6

그림141

대본)이거나, '천궁'(2006년 〈견우와 직녀〉 공연 대본)으로 표현된다. 1958년에 상정된 구체적인 지명은 알 수 없으나, 그곳은 옥황상제와 선녀들이 사는 공간이어야 한다. 따라서 원우전의 무대 스케치 중에서 이러한 공간을 염두에 둔 스케치가 있을 수밖에 없다. 이러한 측면에서 **그림 141**의 스케치들은 주목된다.

여섯 개 무대 스케치는 「원우전 무대미술」에서 연속적으로 이어져 있는[406] 그림들로,[407] 하나의 작품 혹은 하나의 무대를 제작하기 위해서 고안된 일련의 스케치로 여겨진다. 이 스케치들은 모두 붉은 색 기둥을 중심으로 기둥이 강조되는 공통점을 보이고 있다. 이러한 열주들은 무대 위에서 원근감과 집중도를 높이는 기능을 한다. 열주들이 모여들고 있는 부분은 무대 뒷면의 정중앙으로, 일종의 소실점을 형성한다.

관객들이 이러한 소실점을 염두에 두고 공연을 바라볼 경우에는, 평면적인 무대 배치를 넘어 대단히 압축된 공간감을 느낄 수 있을 것이다. 또한, 붉은색 기둥으로 인해 무대 전체가 시각적으로 강렬한 인상을 남기게 된다. 경우에 따라서는 무대 앞쪽으로 튀어나오는 인상을 받을 수도 있다.

연극에서 원근감은 대단히 요긴하게 공간감을 창출한다. 무대의 깊이를 확장해서 배우들의 움직임에 거리감을 강화하기도 하고, 무대의 입체성을 북돋아서 배우의 연기에 아우라를 조성하기도 한다. 원우전

406 「원우전 무대미술」로 엮어진 일련의 체계에서(ㄱ-1)~(ㄱ-6)에 이르는 6개의 무대 스케치는 28)에서 33)까지의 숫자가 매겨져 있다.

407 무세중은 원우전 자료의 손실을 막고 그 원본(성)을 지키기 위해서 작품(무대 스케치)의 순서도 바꾸지 않고 그대로 보존했다고 증언했다(기획사업팀, 「원우전 무대미술자료 수집 계획서」, 예술자료원, 2013.10, 2면 참조).

ㄱ)

ㄴ)

그림142

은 이러한 원근감을 조성해야 한다는 사실을 잘 알고 있었고, 이를 극대화하기 위해서 무대 스케치에서 그 방안을 찾고 있었던 것으로 보인다. 위의 열주들이 그려진 무대 스케치 다음에 나타나는 것이 **그림 142**의 ㄱ)이다.

우선, ㄱ)은 위 여섯 개의 무대 스케치 다음에 위치한 스케치('34')라는 점에서 주목된다. 이 무대 스케치는 붉은색 기둥과 그 늘어선 모양, 그리고 고풍스러운 건축 양식과 전통적인 공간 등으로 인해, 위의 스케치들[(ㄱ-1)~(ㄱ-6)]과 동일한 공간을 묘사한 스케치로 판단된다.

ㄴ)은 ㄱ)을 저서에 옮겼을 것으로 보이는 무대 관련 삽화이다. 시각적으로 ㄱ)과 ㄴ)은 같은 그림이다. 그런데 이두현의 『한국 신극사 연구』에는 ㄴ)이 수록되어 있고, 그 설명으로 '창극무대(원우전 장치)'라고 부기되어 있다.[408] 따라서 이두현은 자신이 저서를 편찬할 때, 무대 스케치 ㄱ)을 무대 관련 삽화 ㄴ)으로 옮겼다고 볼 수 있다.

문제는 이러한 일련의 스케치들을 그린 목적이다. 원우전은 금강산

408 이두현, 『한국 신극사 연구』, 민속원, 2013(개정판), 321면.

그림143

풍경 스케치들 사이에 고루거각高樓巨閣의 스케치를 남겨놓은 것일까. 다시 관련 스케치들의 분포를 보자.(**그림 143**)

이 16개('30'~'45')의 무대 스케치 가운데 약 절반에 해당하는 9개는 건축물에 관한 것이고, 나머지 7개는 금강산 풍경과 관련 있는 것이다. 그렇다면 상식적으로 기둥들이 강조된 건축물들은 실내의 내부 공간을 드러내기 위한 무대 스케치라고 할 수 있다. 그러한 실내 내부 공간은 천궁 혹은 하늘나라 궁전이다.

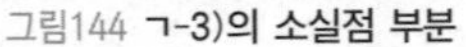
그림144 ㄱ-3)의 소실점 부분

그림145 b)의 꽃 부분

그림146 ㄱ-6)의 소실점 부분

천궁이나 하늘나라 궁전답게 건축물들은 웅장한 기상을 지니고 있다. 무대 스케치 ㄱ-3)의 소실점 부분을 보면, 무대 스케치 (b)의 꽃과 동일한 채색이 있음을 알 수 있다. 즉 무대 스케치 ㄱ-3)은 금강산을 멀리 내려다보는 구도이다.

한편, 무대 스케치 ㄱ-2)와 ㄱ-6)의 소실점 부분에는 해가 떠오르는 장면이 그려져 있다. 이 해는 단순한 그림이기보다는, 신성함을 강조하는 이미지로 여겨진다.

금강산을 내려다보고 있고, 떠오르는 해의 이미지를 지닌 공간은 천상의 공간이라고 할 수 있는데, 〈견우와 직녀〉에서는 옥황상제가 살고 있고, 선녀(직녀)가 날개옷을 입고 돌아간 천궁이라고 할 수 있다.

참고로 현재 남아 있는 〈견우와 직녀〉(2006년 공연 대본)의 '천궁'은 다음과 같이 묘사되어 있다.

천궁(天宮)

신비스런 구름 사이로 우뚝 솟은 천궁의 위용이 무대 전체를 압도한다. 무대 중앙에 옥좌가 위치하고 있고, 좌우로 역시 화려한 천궁의 장식들이 운치 있게 자리 잡았다. 화사하고 신비스러운 분위기 속에 옥좌에 옥황상제가 정좌하고 있고, 좌우엔 대신들 그리고 그 앞에서 선녀들이 창(구음)과 무용이 현란하게 벌어지고 있다.[409] (강조 : 인용자)

무대 공간으로서의 '천궁'은 위용이 있어야 했고, 화려해야 했으며, 좌우 대칭이 성립되어야 했다. 무대 중앙에 옥좌가 위치하기 위해서는 소실점이 중앙에 오는 구도여야 했고, 좌우로 대신들이 늘어서기에 적당한 구도여야 했기 때문이다. 이러한 조건에 무대 스케치 ㄱ)-1~6)은 부합된다고 할 수 있다. 그뿐만 아니라 ㄱ-2)에 '구름을 뚫고 나오는 해' 그림이 걸려 있는 이유도 어느 정도 설명한다고 하겠다.

6) 작자 미상의 금강산 스케치와 원우전의 무대 스케치의 유사성

아래의 무대 사진 ㉮는 최상철이 자신의 저서에 수록한 작자 미상의 사진이다. 한국연극사에서 주목하는 무대 사진이었지만, 그 실체에 대해서는 최근까지도 명확하게 해명되지 않은 사진이기도 했다. 그런데 이 사진은 원우전의 무대 스케치와 놀라울 정도로 닮았다. 특히 무대 스케치 중에서 ㉯를 걸개그림으로 제작하고, ㉰를 무대장치로 만들어 결합하면, ㉮와 흡사한 무대 풍경이 펼쳐질 것으로 추정된다.

---

409 「여성국극 〈견우와 직녀〉 공연 대본」, (사)한국여성국극예술협회, 2006, 23면.

그림147 **김우철 논문과 최상철의 저서에 수록된 무대 사진 ㉮** (작자 미상으로 표기됨)[410]

그림148 **외금강 '상팔담' ㉯**(c-1, '15')

그림149 **'외금강' ㉰**(c-3, '11')

그림150 **금강산 정경**(우측)**과 유사한 풍경의 사진**(금강산) ㉱[4]

㉯는 무대 스케치 (c-1)에서 윗부분을 확대한 그림으로, 외금강 상팔담 인근을 그린 그림으로 채하봉일 가능성이 농후한 무대 스케치이다. 상팔담에서 채하봉을 그렸다는 여백의 진술에 따르면 그러하다는 것이다. ㉰의 여백에는 '외금강 오심奧深 만물상'이라고 표기되어 있다. 이 역시 외금강의 풍광을 그린 그림이라고 할 수 있다. 두 개의 외금강 풍광을 겹쳐 놓으면, ㉮와 유사한 풍광이 연출된다. 따라서 무대디자인 ㉮는 외금강의 풍경을 종합적으로 인지시키는 역할을 수행할 수 있게 된다.

만일 ㉮가 어떤 작품의 무대 배경이라고 가정하자. 걸개그림 ㉯가 무대에 걸려 있는 상태에서 무대장치로서의 ㉰를 전환하면 금강산 내에서도 공간적 배경을 신속하게 변화시킬 수 있다. 가령 가난한 이의 집으로 설정된 귀틀집 공간으로 전환하려면, ㉮에서 무대장치 ㉰ 부분을 제거하고 '귀틀집' 세트를 들여오면 공간적 변화를 꾀할 수 있다.

㉮의 구체적인 장소는 정확하게 확인되고 있지 않지만, ㉱의 사진을 통해 금강산이 거의 틀림 없다는 근거를 확보할 수 있다. 전체적인 맥락에서도 ㉮는 금강산의 일부였지만, ㉱라는 직접적인 풍광을 통해서도 그 부합 여부를 확인할 수 있다. 원우전은 금강산 스케치를 그렸고, 이를 결합하고 변형하여 적절한 무대디자인으로 조합 활용했음을 확인할 수 있다.

실제로 한 작품에서 금강산 전체 풍경도 배경으로 필요하지만, 가난한 집으로 요약될 수 있는 누군가의 초가도 필요하다. 예를 들어, 2006년 〈견우와 직녀〉 공연 대본에서는 '귀틀집'이 등장하는데, 원우전의 무대 스케치 중에서 이러한 집 풍경도 발견된다.

그림151 **원우전의 무대 스케치 ㉲**

그림152 **원우전의 무대 스케치 ㉳**

그림153 **실제 귀틀집 사진**412

무대 스케치 ㉲의 왼쪽 하단에, 작은 집 하나가 쓰러질 듯 서 있다. 견우의 집이 무대에 들어온다면 이와 같은 이미지를 풍기고 있을 것으로

410 김우철, 「한국 근대 무대미술의 고찰」, 성균관대 석사논문, 2003, 51면; 최상철, 『무대미술 감상법』, 대원사, 2006, 121면.
411 「납량할 만한 명소」, 『매일신보』, 1926.7.4, 3면.
412 「귀틀집」. 『한국민족문화대백과』, http://terms.naver.com/

추정된다. 실제로 발굴된 원우전의 무대 스케치에서 고루거각이 아닌 집은 보기 드물게 나타난다. 무대 스케치 ㉳ 역시 그런 경우라고 할 수 있다. 무대 스케치 ㉳의 경우에는 무대장치를 별도로 마련하지 않고, 걸개그림만으로 공간적 배경의 설정이 가능하다는 장점이 있다.

만일 이러한 집을 무대장치로 만들어 슬라이딩 형태로 무대로 밀고 (포켓에서 무대 안으로) 들어온다면, 무대 사진 ㉮의 걸개그림을 배경으로 하면서 금강산 내 장소 이동이 가능할 것이다. 앞에서 살펴본 〈명기 황진이〉의 2막과 4막의 무대 전환, 즉 황진의 집에서 지족암으로의 변화와 다를 바 없는 방식으로 무대 공간은 변화할 것이다.

그렇다면 금강산 전체 배경과 산 중 배경 그리고 금강산에 사는 가난한 이의 집이 비교적 수월하게 구현될 수 있다는 가정에 도달할 수 있다. 원우전은 무대 스케치를 통해 이러한 가능성을 남겨둔 것은 아닐까. 비록 그 무대 스케치들이 단 한 작품을 위해서 마련된 스케치가 아니고, 여러 작품이 혼재된 것이라고 해도, 그 안에서 필요한 공간을 창출하고자 하는 무대장치가로서의 의도를 남겨두었다고 할 수 있다. 발굴된 「원우전 무대미술」은 이 점을 보여 주고 있다.

7) 〈내가 사랑하는 사람들〉의 극적 배경과 금강산에 대한 관심

앞 장에서 작자 미상의 스케치로 지칭하며, 원우전 무대 스케치 전반에 대한 탐색을 시도했지만, 실제로 위의 작자 미상의 스케치는 호화선이 공연했던 〈내가 사랑하는 사람들〉의 무대 스케치였다. 호화선豪華船은 1937년 5월 28일부터 6월 4일까지 임선규 작 〈내가 사랑하는 사람들〉(2막 5장)을 공연하였다.[413] 이 작품의 무대는 원우전과 김운선이 맡았으며, 연출은 박진이 맡았다. 이 작품은 당시 희극 봉래산인(이운방) 작 〈저기압은 동쪽으로〉와 함께 공연되었다.

〈내가 사랑하는 사람들〉은 호화선 3주 차 공연으로 발표되었는데, 호화선은 6주 차 공연을 끝낸 이후, 〈내가 사랑하는 사람들〉을 재공연하였다(1937년 6월 19일~20일). 이 재공연은 6주 차 동안 공연된 호화선의 13작품 가운데 2작품만 엄선한 재공연 중 하나였다. 〈내가 사랑하는 사람들〉이 꼽힌 가장 커다란 원인은 무대장치로 여겨진다. 〈내가 사랑하는 사람들〉은 1937년 8월 27일부터 30일에도 다시 재공연되었다. 따라서 1937년 무렵에 호화선을 대표하는 작품이라고 할 수 있겠다.

그림154 **동양극장 호화선**(원우전 · 김운선 장치)**의 〈내가 사랑하는 사람들〉의 무대 사진**[414]

413 일각에서는 임선규의 출세작 〈사랑에 속고 돈에 울고〉의 원래 제목이 〈내가 사랑하는 사람(들)〉이라는 주장을 펴고 있으나, 이러한 주장은 작품의 내용을 살펴보면 잘못된 것이 아닐 수 없다. 두 작품은 구조와 크기 그리고 내용 면에서 큰 차이를 보인다.

〈내가 사랑하는 사람들〉의 무대장치를 맡은 원우전과 김운선은 작품의 2막 배경을 금강산으로 꾸미고, '화려웅장한' 무대 세트를 만들었다.[415] 이 세트는 훗날 최상철의 『무대미술 감상법』에 별도로 소개될 정도로 후대의 무대미술가에게도 주목 받는 무대장치로 남았다.

이 작품은 부호의 딸 '영자'와 '양주봉'(장진 분)의 연애를 다루고 있다. 양주봉은 영자를 얻기 위해서 자신의 아들까지 낳은 애인 '금란'을 버리지만, 영자의 부친 허 첨지(박창환 분)는 끝까지 양주봉을 반대하며 영자의 정조를 지키기 위해 애쓴다. 이 작품은 영자와 양주봉의 연애뿐만 아니라, 우씨 집의 학생 박동환이 '영자'를 사랑하는 사연과, 우씨 집 하인 '돌이'와 '을녀'의 사랑도 함께 다루고 있다. 전반적으로 연애 사건을 중심으로 하여, 서로 얽히고설킨 문제를 다룬 멜로드라마 풍의 작품이다.[416]

> 이 막에 이르러서 극 중 중요한 인물을 전부 금강산에 모여 노코 금란이가 양주봉에게 복수한 것이라던지 허 첨지가 그곳에 와서 자기 친딸의 위경을 구하는 것 등등은 극을 완성시키기 위하야 너무나 인위적이라고 보지 안홀 수 없다.[417]

주목되는 것은 2막이다. 위에 소개한 1막의 사전 설정이 2막의 공간적

---

414 「동양극장 호화 주간 극단 호화선의 공연」, 『동아일보』, 1937.6.3, 5면. https://newslibrary.naver.com/viewer/index.nhn?articleId=1937060300209204020&editNo=2&printCount=1&publishDate=1937-06-03&officeId=00020&pageNo=4&printNo=5661&publishType=00020

415 「동양극장 호화 주간 극단 호화선의 공연」, 『동아일보』, 1937.6.3, 5면 참조.

416 산목생, 「〈내가 사랑하는 사람들〉」, 『동아일보』, 1937.6.3, 5면 참조.

417 산목생, 「〈내가 사랑하는 사람들〉」, 『동아일보』, 1937.6.3, 5면.

배경인 금강산에서 해결되는 구조를 취하고 있다(이 작품은 2막 5장를 따른다). 일단 2막 금강산에 등장인물이 집결하면서, 일련의 사건이 일어난다. 가령 버림받았던 금란이 양주봉에게 복수를 한다든가, 허 첨지가 딸 영자의 위경을 구해 내는 것이 주요 사건이다. 당시 이 작품을 평가하는 이들은 이러한 사건 전개가 '인위적'이라고 비판하면서도, 그나마 2막의 장치로 인해 이러한 불만과 한계가 줄어들었다고 기술하고 있다.[418]

이러한 평가와 관련지어 볼 때 〈내가 사랑하는 사람들〉의 무대장치는 작품의 결함을 보완하는 힘을 발휘했다고 할 수 있다.

그림155 **최상철의 『무대미술 감상법』에 수록된 무대 사진**(작자 미상으로 표기됨)[419]

이러한 무대장치에는 몇 가지 특징이 있었다. 일단 과거에는 쉽게 찾아보기 힘든 '위관偉觀'을 갖추었다고 상찬될 정도로, 압도적인 형태의

418 산목생, 「〈내가 사랑하는 사람들〉」, 『동아일보』, 1937.6.3, 5면 참조.
419 최상철, 『무대미술 감상법』, 대원사, 2006, 121면.

무대장치를 선보였다는 점이다.[420] 더구나 집이나 거리 등의 일반적인 공간과는 달리, '금강산'이라는 다소 차별화된 공간을 창조했다는 장점이 있다.

더구나 금강산은 원우전의 무대미술 경력에 몇 차례 반복되는 소재이다. 1937년에 선보인 이 무대에서 활용된 기본적인 무대디자인은 이후 금강산 무대를 도안하고 창조할 때 기본적인 바탕으로 활용된 것으로 보인다.

이 무대에는 폭포가 배치되어 있었던 것으로 보인다.[421] 위의 사진에서는 폭포의 위치가 제대로 확인되고 있지 않지만, 원우전의 이전 스타일로 볼 때 폭포는 '물'을 활용한 이미지를 극대화하는 전략으로 활용되었을 것이다. 원우전은 〈명기 황진이〉에서 무대에 흐르는 물을 도입하여, 관객들에게 이색적인 느낌을 제공하고 배우들이 연기 공간을 자연스럽게 창출할 수 있도록 도운 바 있다.[422]

당시 〈내가 사랑하는 사람들〉의 무대는 전반적으로 칭찬받았으나, '전무대를 조금도 공지空地가 없게 산으로 채워 놓은 것'은 문제가 될 수 있다는 지적을 받고 있다.[423] 실제로 위의 무대는 공지가 없을 정도로 무대 배경을 살리는 데에 천착한 디자인이다. 이로 인해 배우들은 자신들의 동선을 수정하면서까지 이 무대에서 연기력을 높이는 데에 집중하지 않을 수 없었다.

이것은 원우전이 즐겨 고집했다는 무대디자인의 독립성과 관련이 깊

420 산목생, 「〈내가 사랑하는 사람들〉」, 『동아일보』, 1937.6.3, 5면 참조.
421 산목생, 「〈내가 사랑하는 사람들〉」, 『동아일보』, 1937.6.3, 5면 참조.
422 「여름의 바리에테(8)」, 『매일신보』, 1936.8.7, 3면 참조.
423 산목생, 「〈내가 사랑하는 사람들〉」, 『동아일보』, 1937.6.3, 5면 참조.

다. 그는 연출과 대본에 국한되는 디자인에서 벗어나는 파격적인 사례를 만들곤 했는데, 〈내가 사랑하는 사람들〉도 이러한 사례에 포함될 수 있겠다.

〈내가 사랑하는 사람들〉의 무대 특징은 작품 배경으로서의 원경과, 실제로 배우들이 활동하는 산 중턱으로서 중경, 그리고 무대 전면까지 이어졌을 것으로 보이는 근경이 모두 무대 위에 펼쳐졌다는 점이다. 다시 말해서 배경화로서 원경과, upstage 무대장치, 그리고 객석까지 근접한 downstage의 무대장치가 함께 어우러진, 당시로서는 압도적인 형태의 무대디자인이었다고 하겠다.

다시 앞으로 돌아가면, 이러한 〈내가 사랑하는 사람들〉의 무대장치는 금강산 스케치의 일부라고 해도 좋을 정도로, 발굴된 「원우전 무대미술」과의 관련성을 상정할 수 있겠다. 1936년 8월 〈명기 황진이〉의 무대 배경으로서의 폭포나, 1937년 〈내가 사랑하는 사람들〉의 금강산 배경은 원우전이 일찍부터 금강산에 대한 관심과 관찰을 게을리 하지 않았으며, 이러한 그의 이력은 후대의 무대 스케치 형태로 남게 되는 일련의 금강산 스케치를 창출했을 가능성을 높이고 있다. 현재로서는 발굴된 「원우전 무대미술」이 어느 시기에 창작되었는지는 확신하기 어렵지만, 적어도 그 기원이 1930년대 중후반 동양극장 시절까지 거슬러 올라갈 수 있다는 근거를 확인할 수는 있겠다.

그러니까 원우전은 적어도 동양극장 시절부터 금강산 배경의 스케치를 구상했었고, 이를 실질적으로 무대에 도용하기도 했으며, 그 이후에도 창극 공연을 통해 이러한 자신의 구상을 실질적으로 확대한 것으로 보인다. 물론 공연 대본의 설정에 따라 금강산이 상정된 경우에야 무대미술가로서의 도안이나 장치가 가능했겠지만, 〈명기 황진이〉 폭포의 근원을 연극사의 진술대로 '구룡폭포'라고 상정한다면, 원우전은 비록 공간적으로 분리된 상황에서도 금강산의 배경을 활용할 수 있는 대담함을 발휘하는 데에 인색하지 않았다고 볼 수 있다. 이 점을 부각하여 기술한다면, 원우전은 금강산의 풍치와 정경을 통해 자신이 생각하는 무대미술의 독자성과 완성도를 한꺼번에 제고하려는 노력을 했다고 판단할 수도 있겠다.

8) 〈내가 사랑하는 사람들〉에 나타난 원우전 무대미술의 특성

(1) 원근감의 적용과 그 강조로서의 입체감

원우전이 남긴 금강산 연작 스케치를 살펴보면, 원근감을 부각하려 한 일련의 시도와 모색을 발견할 수 있다. 김중효는 원우전이 대기원근법을 사용한 흔적이 농후하다는 의견을 내놓은 바 있다[424]. 이러한 주장은 타당하다고 볼 수 있다.

본래 대기원근법aerial perspective은 물체의 거리감을 표현하기 위해서 대기의 산란 효과를 활용하는 표현 기법이다. 레오나르도 다 빈치Leonardo da Vinci에 의해 선호된 이 기법은 눈과 물체 사이의 공기층이 일으키는 산란 효과를 최대한 반영하여, 멀리 있는 물체의 윤곽(선)이 희미해지고 채도가 감소하여 결국 물체의 빛깔이 푸르게 보이는 현상을 화폭

424 김중효, 「「새롭게 발굴된 원우전 무대 스케치의 기원과 무대 미학에 관한 연구」에 관한 질의문」, 『한국의 1세대 무대미술가 연구 Ⅰ』, 한국연극학회 · 한국문화예술위원회 예술자료원 공동 춘계학술대회, 2015, 61면.

위에 표현하고자 했다. 그로 인해 후경은 전경에 비해 윤곽선이 불분명해지고, 푸른색이 감도는 형태로 표현되기 일쑤이다.[425]

위의 스케치 ㉯와 ㉰를 보면, 이러한 대기원근법의 특성이 뚜렷하게 나타난다. 특히 ㉰에서 근경의 풍경과 원경의 풍경은 윤곽선과 푸른 정도에서 차이를 보인다. 근경은 윤곽선이 뚜렷하고 검은색 톤을 띠는 데에 비해, 원경의 산은 푸른색 톤을 띠고 있다.

㉯와 ㉰를 결합하여 만든 ㉮의 경우에는 이러한 윤곽선의 차이가 더욱 분명하게 나타난다. 원우전은 ㉰의 근경을 무대장치로 만들어서 그 윤곽선을 뚜렷하게 제시했는데, 이로 인해 무대장치로서의 입체감이 두드러지게 발현되었다. 반면 원우전은 ㉯의 풍경을 ㉮의 걸개그림으로 활용하여 원경에 해당하는 배경으로 삼았기 때문에, 무대장치로서의 ㉰와 물리적 거리감마저 생겨날 수 있었다. 그러니 ㉯의 윤곽선은 희미해졌고, ㉰의 윤곽선은 입체 면으로 인해 더욱 분명해질 수밖에 없었다.

원우전의 이러한 무대디자인은 결국 근경을 관객들의 시야에서 부각시키고, 원경을 멀리 있는 대상으로 시야에서 밀어내는 효과를 가져왔다. 이로 인해 무대 위에서 원경 대 근경의 거리감이 증폭되었고, 뚜렷함 대 흐릿함 역시 대비될 수 있었다. 본래 대기원근법을 사용하는 회화에서는 거리감을 부각하기 위해서, 비슷한 두 물체가 인접한 경우 윤곽선 근처의 색을 변화시켜 윤곽선 자체를 강조하곤 했다. 먼 산과 가까운 암석이라는 비슷한 물체를 확연하게 구분하기 위해서, 근경은 입체로,

425 이성미, 『대기원근법』, 대원사, 2012, 38~80면; 장재니 외. 「회화적 랜더림에서의 대기원근법의 표현에 관한 연구」, 『한국멀티미디어학회논문지』 13권 10호, 한국멀티미디어학회, 2010, 1474~1486면.

원경은 평면(걸개그림)으로 표현하여, 이러한 윤곽선 강조 기법을 무대에서 응용한 것이라고 할 수 있다. 따라서 ㉮의 무대디자인은 평면에서 거리감을 표현하는 대기원근법을 실제 무대에 적용하고 활용하여 원근감(거리감)을 입체적으로 구현한 사례라고 하겠다.

(2) 삼원법을 활용하여 결합한 무대미술

곽희는 『임천고치林泉高致』에서 삼원을 고원/심원/평원으로 나누었다. 고원高遠은 낮은 곳에서 높은 산을 바라볼 때 인식되는 거리감을 뜻하고, 심원深遠은 산 앞에서 산 뒤편을 바라볼 때 인식되는 거리감을 뜻하며, 평원平原은 가까운 산에서 먼 산 쪽을 바라볼 때 인식되는 거리감을 뜻하는데, 이러한 세 가지 거리감을 삼원三遠이라고 정의하고 이러한 표현 기법을 정리하였다.[426]

삼원법은 물체를 바라보는 시점과 화면의 구도에 따라 원근감을 드러내는 동양의 표현 기법이라고 할 수 있는데, 원우전의 무대 스케치는 상당 부분 이러한 삼원법을 근간으로 하고 있다. 특히 고원법과 평원법이 강도 높게 활용한 흔적을 보이고 있다.

〈내가 사랑하는 사람들〉의 밑그림이 된 ㉯는 고원법을 두드러지게 활용한 무대 스케치이고, 반면 ㉰는 심원법과 평원법을 고루 활용한 무대 스케치이다. 서로 다른 기법을 활용한 두 개의 그림은 무대디자인 ㉮가 되면서 어떠한 방식으로든 결합되어야 했다. 즉 ㉮는 평원법과 심원법과 고원법을 접목시킨 무대디자인으로 거듭난 셈이다.

---

426 이성미, 『대기원근법』, 대원사, 2012, 38~80면.

본래 곽희가 주장한 삼원법은 서양의 원근법과는 달리 여러 시점을 동시에 취할 수 있는 특징이 있었다. 곽희가 남긴 그림을 보면, 이러한 시점 통합과 겸용의 묘는 쉽게 발견된다. 고원법의 경우에는 '우러르는 시선仰視'을 사용하기 마련이어서 대상을 크고 높게 보이게 만들기 때문에, 산세가 웅장하게 보이는 미적 체험을 제공한다. 반면 심원법의 경우에는 산 앞에서 산 뒤를 바라보는 방식을 취하게 마련이므로, 일종의 '부감俯瞰'의 시선이 적용되어 산세가 중첩되어 깊이감을 형성하는 미적 체험을 제공한다. 마지막으로 평원법의 경우에는 가까운 산에서 먼 산을 바라보는 시점을 활용하기 때문에, 기본적으로 수평적인 시선이 나타나고 이로 인해 넓이감을 표현하는 데에 적당하다고 하겠다.[427]

㉯는 기본적으로 산을 올려다보는 형세의 스케치이다. 높은 산봉우리들이 솟아 있고 이로 인해 웅장한 산세가 인상적인 스케치인데, 안타깝게도 멀리 있는 원경이 강조되는 바람에 가까운 것과 먼 것 사이의 거리감은 다소 약화된 인상이다. 즉 가까운 피사체가 존재했다면, 앙시의 효과는 극대화되었을 것이다. ㉰는 가까운 산과 먼 산 사이로 공간감이 두드러진 스케치이다. 중경으로 볼 수 있는 중간 지점(가까운 암석과 먼 산의 사이)은 심원법의 특징대로 산세가 중첩되어 깊이감이 드러나는 특징을 지니고 있고, 기본적으로 근경은 가까운 산의 형세를 취하고 있어 원경의 수직감에 대비되는 수평감이 부각된 형세이다.

완성된 무대장치 ㉮는 평원법의 특징인 수평감을 무대 위에 펼치면서도 원경의 수직감이나 중경의 깊이감을 보완하는 방식을 선택했다.

427 윤현철, 「삼원법과 탈원근법을 통한 증강현실의 미학적 특성」, 『디자인지식저널』, 32권. 한국디자인지식학회, 2014, 47~48면.

즉 심원법을 통해 무대 연기 공간을 확보하고자 했고, 심원법과 고원법을 가미하여 웅장하고 깊이 있는 산세를 이미지로 제공하고자 했다. 이러한 결합은 삼원법의 특징을 개별적으로 살려내면서도, 이러한 개별적 특징을 자유롭게 결합할 수 있는 동양화의 특징을 수용한 결과라고 할 수 있다.

현실적으로 동양극장 무대에 금강산 전경(근경)에 해당하는 무대장치를 설치하면 인물의 동선과 연기는 제한되기 마련이다. 그럼에도 원우전은 무대장치를 과감하게 도용하면서도 연기 공간의 부족에서 벗어날 방안을 찾고 있었다. 자세하게 살펴보면, 이러한 무대장치 사이로 수평으로 난 두 줄기 길을 찾을 수 있는데, 이러한 길은 평원법의 넓이감을 가급적 수용하여 응용하려고 한 흔적에 해당한다고 볼 수 있다.

서양의 예술이 기본적으로 전체의 통일성을 중시했다면, 동양의 예술은 부분의 독자성(자립성)을 폭넓게 수용하는 형태로 그 맥락을 이어왔다. 원우전의 무대미술은 대기원근법을 활용하여 원경과 근경을 구별하고 그 거리감을 취했지만, 동시에 원경은 원경대로, 근경은 근경대로, 수직감과 수평감(넓이감) 그리고 깊이감은 각자 나름대로 특성으로 살려내려고 하는 동양적 삼원법의 도입에도 인색하지 않았다. 그것은 본래 원우전이 동양미술을 전공했기 때문이기도 했지만, 무대 디자이너로서 다양한 방식과 실험을 거쳐 무대미술을 혁신하고자 하는 의지를 지닌 인물이었기 때문이기도 하다.

그래서 비록 화풍이 동양화풍 산수화의 장점을 드러낼지라도, 결과적으로는 서양의 원근법과 다양한 동양의 심미관을 결합할 수 있는 노력을 게을리하지 않았다. 원근의 확보, 다양한 시점의 결합은 '걸개그림으로서의 산수'와 '무대장치로서의 공간' 그리고 그 사이에 놓여 있는 '시점과 거리 두기의 방식'으로 입체화 될 수 있었는데, 이러한 통합적 무대미술관의 결과물이 〈내가 사랑하는 사람들〉이었다.

(3) 관광지로서 금강산 배경과 대중성의 상관관계

예로부터 금강산은 한국인에게는 숭앙의 대상이었다. 한국의 산 중에서도 금강산만큼 사람들의 인식 속에서 고평된 산은 없으며, 이에 따라 금강산에 부여된 정신사적 의미도 상당하였다.[428] 그래서 이광수 같은 문인이나 최남선 등의 사회 지도자들은 일제 강점기 금강산 기행문을 남겨, 그 의미를 되새기는 기회를 마련하기도 했다.[429]

하지만 금강산은 '민족정기의 표상'으로서의 가치만을 지니는 것은 아니었다. 실제로 일제 강점기 금강산은 일제의 의도적인 개발 정책에 의해 관광지로 더욱 널리 알려지게 되었다. 심지어 일본은 금강산을 세계적인 관광지로 선전하고 신내지新內地의 일부로 다른 국가들에 홍보하는 정책을 폈다.[430] 이로 인해 오히려 조선인 사이에서는 금강산이 '민족의 표상' 혹은 '조선의 상징'이 되는 인식적 변화가 가중되기도 했다.

그럼에도 현실적인 금강산은 일제에의 의해 관광지로 개발되었고,

---

428 조규익, 「금강산 기행가사의 존재 양상과 의미」, 『한국시가연구』 12집. 한국시가학회, 2002, 245~246면.

429 김경미, 「이광수 기행문의 인식 구조와 민족 담론의 양상」, 『한민족어문학』 62호, 한민족어문학회, 2012, 294~305면; 이영수. 「20세기 초 이왕가 관련 금강산도 연구」, 『미술사학연구』, 271/272호. 한국미술사학회, 2011, 207~209면.

430 김경미, 「이광수 기행문의 인식 구조와 민족 담론의 양상」, 『한민족어문학』 62호. 한민족어문학회, 2012, 302면; 이영수. 「20세기 초 이왕가 관련 금강산도 연구」, 『미술사학연구』, 271/272호. 한국미술사학회, 2011, 208~209면.

대부분의 조선인과 일본인이 이러한 금강산을 최고의 여행지로 인정하고 있었다. 이러한 인식은 조선시대에도 일부 계층을 중심으로 나타난 바 있으나, 점차 서민들도 금강산 여행이 가능해졌다는 점에서 관광지로서의 금강산 여행이 보편화되고 현실화되었다고 말할 수 있겠다. 그러니까 금강산은 일제 강점기 조선의 거주민들에게 정신사적 가치 못지않게 최고의 여행 공간 즉 유원지로 인지되기 시작한 것이다.

주지하듯 동양극장의 연극은 대중들의 취향을 고려하여 이를 최대한 충족하는 스타일(양식)의 대중극이었다. 이러한 대중극은 당연히 대중들의 기호를 고려하여 소재 취택과 문법 적용, 연기법과 극작술, 제작 방식과 공연 방식을 결정할 수밖에 없었다. 따라서 금강산 풍경의 무대화, 즉 대중들의 이상향을 무대에 재현하는 작업은 대중성을 수용하고 그 효과를 제고하는 행위일 수밖에 없다. 그로 인해 〈내가 사랑하는 사람들〉의 내용상 2막의 배경이 반드시 금강산이어야 하는 필연적 이유가 없었음에도 불구하고, 그 공간적 배경을 금강산으로 설정한 이유가 여기에 있다고 하겠다.

일제 강점기 금강산은 관광지 개발을 둘러싸고 근대성이 발현되는 지역으로 대중들에게 인식되기 시작했다. 조선시대에만 해도 신분 높고 경제적 여유가 있는 특권층에게만 허용되었던 금강산 관광이, 대중교통의 발달과 숙박 시설의 확대 그리고 편리한 관광 절차의 도입으로 인해 대중들에게도 자연스럽게 허용되기 시작했기 때문이다. 더구나 관광지로서의 금강산 개발은 근대성과 맞물려 있다. 철도, 전기, 호텔, 가이드, 안내 책자 등의 근대적 의미의 물상 등이 금강산과 맞물리면서, 금강산은 근대성이 발현되고 첨예화 되는 공간으로서의 이미지를 물려

받게 된다.

특히 1930년대 금강산은 성적 쾌락과 기생 관광의 공간으로 떠오른다. 남성들의 성적 욕망을 충족하는 형태의 각종 시설과 관광 행태가 폭넓게 자리를 잡고 있었고, 유흥 시설과 관련 시설 역시 번성 일로에 놓여 있었다. 이러한 변화는 관광지로서의 금강산이 '소비와 세속의 공간'으로 전락하고 있음을 의미한다. 이러한 변화는 관광객의 증가와 상업화 된 주변 상권의 확대로 인해 불가피하게 벌어진 현상이었으나, 이러한 금강산의 이미지는 대중들에게 확산되며 강렬하게 각인되는 효과를 불러일으켰다.

〈내가 사랑하는 사람들〉에서 '정조'와 '성'의 문제가 부각되고 있는데, 이러한 문제들이 첨예화되는 장소로 금강산이 선택된 이유도, 확산 일로에 있는 대중적 통념에 기대고 있는 바 크다고 하겠다. 즉 금강산은 성적 욕망을 갈구하는 인물들이 모여들기에 개연성을 갖춘 공간이었고, 이러한 공간의 기표는 관객들에게 자연스럽게 섹슈얼리티를 일으키는 상징화된 공간이기도 했다.

이러한 공간적 배경의 취사선택으로 인해, 무대 배경으로서의 금강산을 최대한 구현하는 데에 무대미술 작업의 초점이 맞추어질 수밖에 없었다. 금강산을 공간적 배경으로 설정했음에도, 그 수려한 경치와 세심한 풍경이 동반되지 않는다면 금강산을 배경으로 설정한 이유를 굳이 찾을 수 없기 때문이다. 다시 말하면, 금강산은 동양극장 무대 위에서 최대한 관광지로서의 실체에 접근된 형태로 재현되어야 했다.

「원우전 무대미술」에서 일련의 금강산 스케치와 그 대표 격인 〈내가 사랑하는 사람들〉의 무대디자인은, 2막 자체의 공간적 배경을 최대한 금강산 정경으로 채우려 했다는 점에서 이러한 전략을 강력하게 수행한 증거에 해당한다. 즉 〈내가 사랑하는 사람들〉의 무대장치는 외줄기 통로를 제외하고는 금강산 정경을 묘사하는 데에 주력하고 있고, 걸개그림을 통해 이러한 묘사를 평면까지 확대한 면모를 내비치고 있는데, 이 역시 금강산이 지닌 관광과 섹슈얼리티라는 대중의 기호를 최대한 반영하려고 한 연극적 처사라고 하겠다.

(4) 원우전 무대미술과 청춘좌 걸개그림의 관련성

청춘좌에서 공연된 〈외로운 사람들〉의 걸개그림은 매우 정교하게 제작된 경우로, 1937년 6~7월에 동양극장 무대에 자주 등장하는 스타일의 무대디자인이었다.

그림156 **동양극장 청춘좌의 〈외로운 사람들〉**(무대 사진)[431]

그림157 **원우전의 무대 스케치 ('51')**

〈외로운 사람들〉의 걸개그림과 유사한 스케치를 「원우전 무대미술」

431 「청춘좌소연(青春座所演) 〈외로운 사람들〉 무대면(동양극장에서)」, 『동아일보』, 1937.7.9, 6면.
https://newslibrary.naver.com/viewer/index.nhn?articleId=1937070900209106008&editNo=2&printCount=1&publishDate=1937-07-09&officeId=00020&pageNo=6&printNo=5697&publishType=00010

에서 찾을 수 있다. 오른쪽의 무대 스케치와 〈외로운 사람들〉의 걸개그림은, 반원형의 물(호수)과 물 건너에 배치한 산의 형색 그리고 물 이쪽편(무대 가까운 지점)의 돌담까지도 비슷하게 묘사되어 있다. 특히 돌산을 그리는 방식이 대단히 흡사하다. 바위들로 산의 주름을 그려내는 방식은 원우전의 독특한 스케치 방식이라 하겠다.

비록 오른편 원우전의 무대 스케치가 〈외로운 사람들〉의 직접적인 도안이 되지 않았다고 해도, 두 자료의 유사성은 원우전이 공간적 배경을 창조하는 일면을 보여준다고 하겠다. 원우전은 무대 위에 신선한 느낌의 물을 표현하기를 즐겼고(그것은 때로는 무대장치로 나타나기도 했다), 이러한 물을 갇힌 형태로 표현하고 그 원근감을 살리는 방식을 선호했다.

그림158 **동양극장 청춘좌의 〈남아행장기**(男兒行狀記)**〉** (무대 사진)[432]

그림159 **원우전의 무대 스케치 ('25')**

청춘좌의 〈남아행장기〉의 걸개그림과 무대 스케치 ('25') 역시 반원형(호선)으로 휘어지는 지형(원경으로서의 산줄기)과, 그림의 11시 방향으

432 「〈남아행장기(男兒行狀記)〉의 무대면」, 『동아일보』, 1937.7.25, 7면. https://newslibrary.naver.com/viewer/index.nhn?articleId=1937072500209107009&editNo=2&printCount=1&publishDate=1937-07-25&officeId=00020&pageNo=7&printNo=5713&publishType=00010

로 솟아오른 산의 모양이 동일하게 표현되어 있다. 그림의 2시 방향으로 뻗어나가면서 솟아오르는 산줄기의 모습도 두 그림에서 모두 동일하게 표현되고 있다.

이러한 무대 배치(하나는 걸개그림이고 다른 하나는 무대 스케치)는 일종의 원우전이 즐겨 사용하는 패턴처럼 보인다. 두 무대의 걸개그림과 두 무대 스케치에서 엿보이는 이러한 패턴은 물과 들판이라는 수평적 요소를 한가운데 포함하면서, 동시에 무대 뒤쪽과 무대 사이의 거리감을 취하기 위한 방식이라고 할 수 있다.

흥미로운 점은 산이 11시 방향에서 12시 방향을 지나 1시나 2시 방향으로 흘러가는 경우가 빈번하다는 것이다. 왼쪽과 오른쪽이 각각 높고, 그 가운데로 아스라이 보이는 먼 산이 포착되고 있다. 이러한 구도를 보다 정밀하게 관찰한다면, 원우전의 사라진 스케치를 분별할 수 있는 특징이 될 수 있을 것이다.

9) 원우전 무대 스케치의 맥락과 그 의미

원우전이 남긴 금강산 무대 스케치의 기원은 1936~1937년으로 거슬러 올라갈 수 있다. 1937년 〈내가 사랑하는 사람들〉의 무대디자인은 원우전이 남긴 무대 스케치들 사이에서 그 기원을 찾을 수 있고, 1936년 〈명기 황진이〉의 폭포 형상은 무대 스케치 중 '내금강 진주담'의 형상과 그 유사성을 논구할 수 있다.

우선, 〈내가 사랑하는 사람들〉의 경우에는 금강산 스케치 중 2~3개를 혼합하여 만들었는데, 만일 이러한 조합을 원우전이 처음부터 의도

했다면 다수의 금강산 연작 스케치를 그려 그 최상의 조합을 찾고자 했다고 볼 수 있다. 다시 말해서 금강산을 중심으로 한 일련의 스케치는 가장 이상적인 무대 공간을 선택하기 위한 밑그림 성격을 지녔다고 할 수 있겠다.

〈내가 사랑하는 사람들〉의 무대디자인은 1930년대뿐만 아니라, 현재까지도 압도적인 형상을 자랑하고 있어, 이미 오래 전부터 관련 연구자들의 관심을 끌었으나, 그 실체가 온전하게 밝혀지지 않았던 경우이다. 하지만 작품의 개요와 실상이 밝혀지면서, 원우전 무대 스케치의 기원 역시 이 작품과 밀접한 관련이 있음을 확인할 수 있었다.

〈명기 황진이〉의 경우에는 표면적으로는 금강산과 관련 없는 무대 세트가 만들어져야 했었다. 그런데도 후대의 연극사 관련 증언에서 이 폭포는 '박연폭포'가 아닌 '구룡폭포'와 연관되었고, 이것은 단순한 실수를 넘어 당시 무대미술을 해명할 수 있는 중대한 착안점을 제공하는 근거가 될 수 있다. 즉 원우전이 무대 스케치를 통해 구현한 일련의 폭포 중에서 '만폭팔담' 내의 진주담을 선택한 이유를 상정할 수 있게 되었기 때문이다.

더구나 만폭팔담은 '보덕암' 스케치에서 확인되듯이, 금강산 스케치 내에서도 일련의 만폭팔담류 스케치를 형성할 정도로 원우전의 관심을 받은 대표적인 경관이자 오브제였다. 이러한 만폭팔담류 스케치들은 이후 금강산을 배경으로 한 〈견우와 직녀〉의 공간적 배경으로 설정되면서, 다시 무대디자인의 핵심 요소로 부상했을 것으로 보인다.

현재까지 원우전이 금강산을 방문했거나 금강산을 배경으로 하는 스케치를 시행했다는 직접적인 증거는 발견되지 않았지만, 〈내가 사랑하는 사람들〉이 '금강산'을 배경으로 한 사실이 확실하기 때문에, 1930년대에 이미 금강산에 대한 일련의 스케치를 구상한 적이 있음을 확인할 수 있게 되었다. 그렇다면 해방과 분단 이후 금강산을 배경으로 하는 작품의 무대디자인을 과거의 스케치(원본)나 기억으로부터 이끌어내어 사용했다는 추정을 합리적으로 전개할 수 있다. 즉, 햇님국극단에서의 활동이나, 〈견우와 직녀〉 공연에서 '금강산 스케치'를 활용할 수 있는 시간적, 경험적 근거가 마련되었다고 할 수 있다. 비록 분단 이후 금강산을 직접 방문하지는 못했지만, 원우전이 과거의 스케치를 보고 그중 유사한 공간을 인용하거나 이를 조합할 수 있었을 것으로 보이며, 설령 과거의 스케치가 없었다고 해도 자신의 인상과 기억을 통해 금강산 배경을 살려낼 영감을 얻을 수 있었다.

정리하면, 원우전 금강산 스케치는 적어도 1936~1937년 무렵부터 원우전의 창작적 모티프로 작용되었다고 할 수 있다. 그 흔적과 증거는 〈내가 사랑하는 사람들〉과 〈명기 황진이〉 이외에도, 〈외로운 사람들〉, 〈남아행장기〉에도 남아 있다고 판단된다. 이러한 작품의 실제 공연 사진에서 무대디자인을 추출하면, 발굴된 원우전 무대미술과 상당한 유사성을 찾을 수 있다. 구체적으로 말하면, 산의 형세와 물의 배치, 산의 세부를 그리는 방식과 들판의 구도를 잡는 방식, 돌을 쌓아 전경을 묘사하는 방식이나 산의 주름을 잡아 금강산을 구별하는 방식 등에서 일련의 금강산 스케치가 동양극장 시절부터 공연 무대디자인의 밑그림으로 활용된 사실을 확인할 수 있다.

〈내가 사랑하는 사람들〉의 무대디자인을 완성한 두 개의 무대 스케치(㉯와 ㉰)는 대기원근법과 삼원법을 바탕으로 그려졌다. 원우전은 동양화의 심미적 관점인 삼원법을 활용하여 금강산의 풍경을 화폭에 남겼고, 서양의 농담 기법을 활용하여 원근감을 강조하는 장기도 발휘했다. 이러한 스케치는 밑그림 격으로 활용되어 〈내가 사랑하는 사람들〉의 무대장치와 걸개그림으로 각각 분산 적용되었다. 그리고 이러한 실제 무대디자인으로의 활용 과정에서 원근감, 농담의 분리, 그로 인한 입체감을 전반적으로 살려낼 수 있는 무대장치가 고안되었다. 이로 인해 〈내가 사랑하는 사람들〉의 2막 무대는 등장인물의 비중보다는 무대디자인의 비중이 격상되는 결과를 낳기도 했다.

원우전이 2막 무대로 금강산 배경을 옮겨온 것은 1930년대 금강산이 지닌 대중의 인식에 기반한다. 금강산 관광이 보편화되면서, 금강산은 근대화의 공간으로 인식되기 시작했고, 관광지로서의 성격이 강화되면서 결국에는 성과 쾌락의 공간으로 자리 잡기 시작했다. 이로 인해 성과 정조의 문제를 다루고 있는 〈내가 사랑하는 사람들〉의 배경으로 적합한 공간이 될 수 있었다. 이것은 대중의 취향과 기호를 중시하는 대중극류의 동양극장 연극에서는 외면할 수 없는 기회라고 하겠다.

이후의 연구를 통해 보다 정밀하고 확대된 관찰을 요하겠지만, 금강산 스케치류는 동양극장 시절부터 원우전 무대디자인의 창작의 원천으로 작용, 활용되었다고 정리할 수 있겠다. 또한 이후 원우전의 무대디자인에 창조적 영감을 제시하고 일련의 개성을 드러내는 원천이 되었다. 이것이 새롭게 발굴된 원우전 무대 스케치가 지니는 연극사적 가치이자 의의이다.

5. 아랑으로 이적과 〈바람 부는 시절〉의 무대

1) 아랑의 제작 작품들과 주요 스태프

극단 아랑은 고협, 청춘좌, 현대극장, 성군 등과 함께 1940년대 전반기를 대표하는 극단이었다. 박진에 따르면 아랑은 1939년 8월 동양극장의 사주가 바뀌자, 청춘좌의 배우들이 독립해서 창설한 단체였다. 독지가의 후원을 받아 1939년 추석 무렵 종로 6정목 116번지 이층 다락 위에 사무실을 설치하며 극단 아랑이 정식 발족했다. 창립 단원은 박진(연출가), 임선규(극작가), 원우전(장치가)을 비롯하여, 황철, 서일성, 양백명, 맹만식(이상 남자 배우), 차홍녀, 박영신, 김선초, 문정복, 이정순(이상 여자 배우), 엄미화(아역 배우) 등이었다. 이들은 대부분 동양극장 소속 배우들이었다.[433]

원우전은 박진, 임선규 등과 함께 전기 아랑의 주축 스태프 진용을 구성했다. 그는 아랑이 후반기에 접어들면서 김일영이 입단하는 시점까지 아랑의 장치를 전담했다. 다음은 원우전이 전속 장치가 활동하던 시절, 아랑이 발표한 작품 목록이다.

1939년 9월 임선규 작, 주봉 연출, 원우전 장치의 〈청춘극장〉(10월 부민관 공연에서는 연출자 이름이 박진으로 바뀜)

1940년 1월 임선규 작 〈정열의 대지〉(1939년 7월 동양극장 청춘좌 · 호화선 합동 초연)

---

433 박진, 「아랑소사」, 『삼천리』 13권 3호, 1941, 201~202면 참조.

1940년 1월 임선규 작 〈그들의 일생(일명 과부)〉

1940년 1월 남궁춘(박진) 작 〈황금몽〉(1939년 10월 동양극장 호화선 공연)

1940년 1월 남궁춘(박진) 작 〈대용품 시대〉(1939년 3월 동양극장 호화선 공연)

1940년 1월 임선규 작 〈사랑에 속고 돈에 울고〉(1936년 8월 동양극장 청춘좌 초연)

1940년 2월 남궁춘(박진) 작 〈안해의 고백〉

1940년 2월 임선규 개작, 박진 연출, 원우전 장치의 〈결혼조건(원작 '어머니는 바보')〉

1940년 4월 임선규·송영 합작, 박진 연출, 원우전 장치의 〈김옥균〉(이후 재공연 다수)

1940년 5월 임생원 작 〈기계와 염불〉

1940년 5월 남궁춘(박진) 작 〈스후시대〉

1940년 5월 이운방 작 〈아버지와 그 아들(일명 '검사와 사형수')〉(1935년 12월 동양극장 청춘좌 초연)

1940년 10월 임선규 작, 박진 연출, 원우전 장치의 〈바람 부는 시절〉(이후 재공연 다수)

1941년 1월 임선규 작, 박진 연출, 원우전 장치의 〈인생설계〉

1941년 5월 임선규 작 〈동학당〉(1941년 8월 공연에서는 연출 박진·장치 원우전·조명 천야변(天野邊)으로 표기됨, 이후 재공연·지방공연 다수)

1941년 8월 홍개명 작 〈마음의 고향〉

아랑이 창단 이후 1941년 8월까지 발표한 작품은 16편이다. 박진은 「극단 아랑 소사」에서 〈망부인〉을 공연한 적 있다고 회고하고 있으나, 공식적인 기록으로 확인되지는 않는다. 확인된 16편 가운데 5편은 동양극장 시절 레퍼토리로 확인된다. 따라서 지금으로서는 11편의 희곡이 새롭게 발표되었다고 할 수 있다(각색 1편 포함). 이 중에서 7편이 임선규의 창작 내지는 각색 혹은 공동 창작 작품이었다. 이 7편 중에서 박진이 연출을 맡고 원우전이 장치를 맡은 작품이 6편이다. 이 6편 가운데 아랑의 초기 대표작이라고 할 수 있는 〈청춘극장〉, 〈김옥균〉, 〈바람 부는 시절〉, 〈동학당〉이 모두 포함되어 있다. 정리하면 아랑의 초반 2년간은 임선규·박진·원우전의 공조체제로 운영되었다고 할 수 있다.

이 중에서 원우전과 관련한 언급이 남아 있는 작품이 〈김옥균〉이다. 아랑과 '김옥균'을 소재로 하는 연극 사이의 관련성이 보도되기 시작한 시점은 동양극장 소속 극작가였던 송영이 돌연 동양극장을 탈퇴하고 아랑으로 이적하면서부터이다. 송영은 중앙무대와 인생극장을 거쳐 동양극장 전속작가로 활동하고 있었는데, 탈퇴하기 직전까지 김건과 함께 '김옥균'을 대상으로 하는 희곡을 집필 중이었다. 당시 신문은 송영이 경제적 이익과 인간관계를 도모하고자 이적했다고 진단한 바 있다.[434]

〈김옥균〉이 상연된 시점은 1940년 4월 30일이었다. 아랑은 전 6막 11장에 달하는 〈김옥균〉을 박진 연출, 원우전 무대장치로 무대에 올렸다. 이 작품은 의상, 장치 경비만 8천여 원이 든 대규모 공연으로,[435] 원우전은 이를 조율하는 역할을 맡았다.

---

434 『조선일보』, 1940.4.2, 4면 참조.

435 엄국천, 「배우 황철 연구」, 중앙대 석사논문, 1999, 27면 참조.

4월 30일부터의 공연은 제일극장에서 치러졌는데, 6월 7일 공연은 부민관으로 장소를 이동했다. 이것은 아무래도 관객 동원을 원활하게 하려는 의도로 보인다. 또한 재공연에서는 여러 가지 세부적인 사항들을 보완한 흔적이 엿보인다. 일단 초연에서 미흡했던 음악을 보강했다. 작곡가 김중영에게 의뢰하여 음악을 준비했고 이로 인해 극 진행이 더욱 충실해졌다.[436]

당시 기사를 보면, 재공연에서 아랑이 가장 신경 쓴 부분은 '효과적인 음악사용'과 함께 '상세한 고증'이었다.[437] 〈김옥균〉 공연의 문제점으로 지적받은 사항은 대략 네 가지이다.[438] 첫째, 후편까지 결합된 것으로 보이는 재공연에서 '붓끝을 다른 곳으로 움직일 충동'을 덜 느낀 점이다. 둘째, 서일성과 유장안이 자기 몫을 하지 못했다는 지적이다. 셋째, 소도구의 부재였다. 넷째, 김준영의 음악에 대한 부분적인 보완을 요구했다.

이 중에서 셋째는 원우전과 관련 있는 사항이다. 평자 남림은 소도구가 없었기 때문에 장치는 장치대로, 인물은 인물대로 동떨어져 보였다고 지적했다. 원우전 장치에 대한 근본적인 불만이라기보다는, 세부적인 처리 미숙을 지적하는 발언으로 풀이된다. 〈김옥균〉의 성공과 영광 뒤에는 원우전의 미숙을 지적하는 시선이 숨어 있었다는 점은 기억될 필요가 있다.

앞에서 지적당한 문제 중에 고증의 문제를 원우전과 관련지어 생각

---

436 『조선일보』, 1940.6.5, 4면 참조.
437 『조선일보』, 1940.6.7, 4면 참조.
438 남림, 「아랑소연 〈김옥균〉을 보고」, 『조선일보』, 1940.6.9, 4면 참조.

할 수 있다. 고증은 대본과 연기상의 고증이기도 하지만, 무대장치와 시대 상황에 대한 고증이기도 하다. 즉 초연 시 미진했던 시대적 분위기(과거 동학 당시 상황)를 재공연 시 보강한 것으로 보이는데, 이것은 원우전이 개막 공연의 문제점을 처리한 사례로 볼 수 있다.

이와 비슷한 문제점을 〈동학당〉에서도 찾을 수 있다. 아랑의 〈동학당〉에 대한 당대의 평가를 살펴보자. 먼저 초연 직후에 게재된 단평에서 〈동학당〉은 역사 고증의 문제를 지적당했다. 『매일신보』에 실린 이 단평에서 평자는 아랑이 대작을 약속하고 이를 실천하는 극단이었기 때문에, 〈동학당〉을 상연하기까지 긴 침묵(휴지기간)이 있었지만 기대와 효과가 컸다고 그 의의를 인정했다. 또한 극의 취재나 스케일에서 뛰어났다고 평가했다.

하지만 단점과 약점도 지적되었다. 첫째는 임선규의 작품 중에서는 극적 박력과 진행이 다소 미흡했다는 점이다. 둘째는 시대, 풍속, 습관, 언어 등의 학적 고증이 부족했다는 점이다. 셋째는 연기(자)나 연출(자)이 산만하였다는 점이다. 이 점은 연기가 완전히 정돈되지 못했다는 뜻으로 풀이된다. 넷째는 장치가 빈약했다는 점이며, 다섯째는 의상이 어색했다는 점이다.[439]

〈김옥균〉과 마찬가지로 초연 시, 고증과 장치의 허술함을 지적받고 있다. 〈동학당〉은 흥행에 성공하고 완성도 면에서 기대 이상의 격찬을 받은 작품으로 알려져 있지만, 원우전과 관련된 측면에서는 평가가 부정적이었다. 이러한 평가는 단원 내에서 원우전의 입지를 약화시켰을

439 「극단 아랑 공연－동학당」, 『매일신보』, 1941.5.6, 4면 참조.

것으로 추정된다.

아랑은 임선규/박진/원우전 공조체제로 운영되던 전반기를 넘어서면서, 후반기에는 김태진/안영일/김일영 공조체제로 바뀌었는데, 이것은 박진/원우전 류의 연극에서 벗어나려는 시도로 이해된다. 또한 이것은 세대교체의 징후로 인식되었고, 체제 변화 직후 열릴 제1회 연극경연대회에서 원우전의 아성이 무너지리라는 예측을 낳게 했다.

2) 1940년대 대표작 〈바람 부는 시절〉

1939년 8~9월 청춘좌에서 분리 독립한 아랑은, 창립 직후부터 저돌적으로 활동을 전개했고,[440] 어느 정도 극단 체제가 안정되었다고 판단되는 약 1년 후 시점에서 〈바람 부는 시절〉(임선규 작, 박진 연출)을 내놓았다. 더 정확하게 말하면, 1940년 10월 9일(~11일) 부민관에서 신작 〈바람 부는 시절〉이 개막(초연)되었고,[441] 이후 1941년 7월,[442] 1944년 9월,[443] 1945년 2월에[444] 재공연된 바 있다. 임선규는 1936년 기념비적 흥행작 〈사랑에 속고 돈에 울고〉(청춘좌)가 공전의 인기를 끌어모으면서 당대의 대중극 작가로 각광받기 시작했고, 1930년대 동양극장 흥행

---

440 아랑은 1939년 9월 27일(~30일)에 대구극장에서 창립 공연을 개최하고 근 한 달 동안 지방순회 공연을 시행한 이후 1939년 10월 21일(~22일) 경성에서 부민관 공연을 단행하면서 창립을 공표한 바 있다(『조선일보』, 1939.9.27, 3면 참조; 『조선일보』, 1939.10.20, 4면 참조).

441 『매일신보』, 1940.10.9, 2면 참조

442 「극단 아랑 공연 대성황」, 『매일신보』, 1941.7.30, 4면 참조.

443 『매일신보』, 1944.9.1, 2면 참조.

444 『매일신보』, 1945.2.12, 2면 참조.

을 선도하는 핵심적인 좌부(전속)작가로 부상한 바 있다. 고설봉은 임선규가 동양극장 시절 "임선규의 이름만 간판에 나가면 관객이 무조건 몰려올 정도의 인기"를 획득하고 있었다고 증언한 바 있다.[445]

임선규는 1939년 8월(24일) 동양극장이 잠정 휴면하고 새로운 인수자에 의해 극단원들의 거취(재계약)가 좌우되자,[446] 청춘좌 주요 좌원들과 함께 동양극장 탈퇴를 감행한다.[447] 결과적으로 탈퇴자들은 동양극장 신 사주를 거부하고 극단의 분리 운영을 공표하며,[448] 연출가 박진, 장치가 원우전 등과 함께 극단 아랑을 창립한 것이다.[449]

임선규 입장에서 살펴보면, 자신의 작품을 무대화하기 적합한 배우(특히 황철과 차홍녀)와 연출가(박진)가 동반하여 청춘좌 탈퇴를 결심하였기 때문에, 동양극장 전속작가로 남는 선택을 감행할 이유가 없었다고 해야 한다. 더구나 청춘좌는 토월회 시절부터 함께 공연해 온 배우와 스태프가 일종의 연극적 인맥(집단)을 형성하고 있었기 때문에,[450] 오래된 친분에서 오는 호흡과 연기 메소드를 간직하고 있었다는 점에서 임선규에게는 최적의 극단 중 하나였다. 따라서 그가 비록 토월회 시절부터

---

445 고설봉, 「히트작의 제조 작가 임선규」, 『증언연극사』, 진양, 1990, 129면.

446 동양극장을 매입한 측에서는 청춘좌 역시 매입된 것으로 주장했고, 청춘좌 측에서는 임금 협상 등의 조건이 맞지 않자 동양극장을 탈퇴하는 것으로 자신들의 거취를 결정했다.

447 김남석, 『조선 대중극의 용광로 동양극장(2)』, 서강대 출판부, 2018, 206~214면 참조.

448 창립 공연에 참여한 주요 배우로는 서일성, 양백명, 김두찬, 임수엽,이몽, 양진, 임사만, 맹만식, 박영신, 문정복, 김경숙, 최은연, 최옥담, 이정순, 최승이, 김선초, 어미화(아역), 백은선, 안기준, 김득창, 안건환 등을 들 수 있다(『조선일보』, 1939.9.27, 3면 참조).

449 박진, 「아랑소사」, 『삼천리』 13권 3호, 1941.3, 201면 참조.

450 김남석, 『조선의 대중극단과 공연미학』, 푸른사상, 2013, 19~22면 참조.

이러한 흐름에 동참한 경우는 아니라고 해도 임선규 역시 이러한 토월회 인맥의 움직임과 흐름에 따르는 편이 순리였다고 해야 한다.

이렇게 이적한 극단 아랑에서 1940년 10월에 발표된 임선규의 〈바람 부는 시절〉은 이적 이후 조선 극계 주도권을 놓치지 않으려는 극단과 작가가 합심하여 마련한 야심 찬 문제작이었으며, 〈청춘극장〉, 〈그들의 일생〉, 〈김옥균〉 후에 발표된 1940년대 임선규의 대표적 장막 희곡이라고 할 수 있다. 더구나 이 작품에는 간략하지만 간과할 수 없는 창작 동기가 별도로 작동하고 있었다.

> 임선규는 외지에 가서 희곡 공부를 해보는 것이 소원이었다. **극단 아랑에서는 그의 뜻을 존중해서 월 300원의 지원금을 주어 임선규를 동경 동보클럽 작품 연수실에서 공부하도록 했다. 임선규는 동경에서 연극도 보고 공부도 하면서, 그해 후반기에 〈바람 부는 시절〉이라는 작품을 써 보낸다.** 〈바람 부는 시절〉은 **서울 지주의 딸과 산지기 아들과의 비극적 연애를 묘사한 작품**이었다.[451] (강조 : 인용자)

〈바람 부는 시절〉의 창작 배경에서 주목되는 특이점은 임선규가 내적 갱신 혹은 창작 성향의 변화를 갈구했다는 사실에서 찾을 수 있겠다. 임선규는 청춘좌 시절부터 각광 받는 작가였지만, 대중극의 진용에 속해 있었기 때문에 비평가 그룹으로부터 공연 평가에서는 일방적으로 간과된 작가였다. 〈사랑에 속고 돈에 울고〉가 청춘좌를 비롯하여 1930

451 고설봉, 「히트작의 제조 작가 임선규」, 『증언연극사』, 진양, 1990, 130면.

년대 대중극계 최고의 흥행작이었음에도, 정작 이를 연출했던 박진이나 신극 진영으로부터는 그에 걸맞은 대우를 받지 못하는 상황이었다. 그래서 임선규의 극작술은 대중극의 흥행 요소로만 적극 고려되고 대외적으로 찬사를 받고 있는 기형적 상황이 이어지고 있었다.

이러한 임선규의 내발적 바람이, 극작술의 변화와 방향 선회의 모색으로 나타난 것으로 여겨진다. 〈바람 부는 시절〉은 이러한 가능성을 내보인 작품으로, 김영수 같은 평론가가 주목한 공연이기도 했다.[452] 현재의 시점에서 이러한 평가를 돌아보는 일은 중요하다고 하겠다.

(1) 〈바람 부는 시절〉의 내용 개요

고설봉은 자신이 공연했던 작품 〈바람 부는 시절〉의 개요를 다음과 같이 기록해 놓은 바 있다.

> 서울에서 내려 온 지주의 딸 정숙은 별장 앞의 개천을 건널 때마다 산지기 아들에게 업어달라는 청을 한다. 그것이 연애가 되어 두 사람은 양가의 반대를 무릅쓰고 결혼을 한다. 부부는 서울로 올라와 처가에서 생활하는데 진작부터 정숙에게 눈독을 들이고 있었던 지주의 회사 지배인이 부부의 생활을 교묘하게 방해한다. 지배인이 여자를 꼬드기고, 남편의 세련되지 못한 행동 양식을 달가워하지 않던 정숙은 오락가락하고……산지기 아들은 사방에서 무언의 압력을 받다가 시비 끝에 지배인을 살해하고 고향에서 경찰에서 피검된다는 내용이다. 줄거리 외에도 도회지 사람과 촌인과의 의식 격차

452 김영수, 「연극의 각성」, 『인문평론』, 1941.1, 32~33면 참조.

를 코메디에 가깝도록 선명하게 부각시켜 관객들로부터 '신선한 감각의 작품'이라는 찬사를 받았었다.[453]

예술자료원에 의해 발굴된 〈바람 부는 시절〉의 내용 개요는 다음과 같다. 해당 작품의 서사를 정리해 보겠다.

시골에서 농토를 지키는 박봉식의 집으로 어느 날 서울에서 손님이 찾아온다. 그들의 농토를 소유하고 있는 서울 사장이 와병 중이어서, 그의 아들 정규와 딸 정숙이 대신 내려와 가업을 돌보기로 했기 때문이다. 이들 남매는 수려한 풍광과 순박한 정서를 가진 시골에 매료되고, 그들 남매는 각각 박봉식의 아들과 딸에게 친근감을 표현한다. 그중에서도 정숙은 박봉식의 아들 삼용에게 크게 호감을 느끼게 된다. 〈바람 부는 시절〉의 1막(1경)에는 정숙이 적극적으로 애교를 부리면서 구애를 하는 장면이 삽입되어 있다. 정숙은 화려하고 세련된 도시 남자보다는 착하고 순박한 삼용에게 더욱 끌렸으며, 그를 남편으로 삼아 교육 시킬 계획까지 염두에 두고 있다. 이러한 시골에서의 로맨스는 결국 정숙과 삼용의 결혼으로 이어지고, 두 사람은 서울(처가)로 올라와 결혼 생활을 이어가게 된다. 3막(3경)에서 펼쳐지는 두 사람의 결혼 생활은 신혼의 좌충우돌 해프닝 이외에도, 도시 생활에 적응하지 못하는 삼용의 난감함까지 결부되어 있다. 정숙의 집안 실권은 계모가 쥐고 있고, 정규가 물려받아야 하는 회사는 지배인에 의해 실제적으로 운영되고 있다. 계

453 고설봉, 「히트작의 제조 작가 임선규」, 『증언연극사』, 진양, 1990, 130면.

모와 지배인은 내연의 관계를 맺고 정숙과 정규 집안의 가산을 빼돌리려고 계획을 세웠고, 그 과정에서 정숙의 남편인 삼용은 눈에 가시 같은 존재였다. 지배인은 삼용을 내쫓고 정숙과 위장 결혼하려는 계획을 세웠지만, 지나치게 삼용에게 모욕을 가하는 바람에 그만 삼용의 분노를 사서 살해되고 만다. 삼용은 서울 생활에서 자신을 모욕하는 도시인의 시각에 이질감을 느끼다가 일순간에 분노를 터뜨리며 그들을 향한 칼을 휘두르고 만다.

〈바람 부는 시절〉의 실제 내용은, 앞에서 고설봉이 증언한 내용과 대체적으로 일치하고 있음을 확인할 수 있다. 게다가 고설봉의 증언 가운데 맥락상 이해가 되지 않는 부분도 상당 부분 해소할 수 있을 정도로 서사의 맥락이 균형 있게 그려져 있다. 가령 정숙이 개울을 건너 주는 삼용에게 반하여 결혼을 주도한 것이 아니라는 점이 그러하며, 정숙과의 결혼 이후에 삼용이 느끼는 혼란의 실체를 종합적으로 보여 주는 점이 그러하다.

정숙 아이참 오빠두 놀리지 마세요 참 오빠 삼용 씨 말이에요 이번 기회에 서울 대리고 가서 결혼할 작정에요 공부만 하면 그 분두 훌륭하게 될 수 있어요

정규 글쎄 그렇지만 어머님께서 승낙하실지 모르겠다.

정숙 어머니가 반대하셔두 이번만은 꼭 결혼하고 말겠어요. 오빠 춘식 씨가 무엇 때문에 돌아가셨는지 아세요.

(…중략…)

정숙 그리고 아빠 저를 위해서 순이를 단념해 주세요.

정규　그리고 보니까 순이는 나에게 영원한 그림의 떡이 되고 말았구나 핫핫[454](강조 : 인용자)

정숙과의 결혼은 정숙이 도시 남자에게서 느낄 수 없는 순수함, 즉 '거짓 없는 순결성'[455]을 삼용에게 느껴서이기도 했지만, 정숙이 도시 부자의 딸로서 자신의 부와 사회적 위치를 우월하게 느낄 수 있는 상대를 골랐기 때문이라는 사실을 확인할 수 있다. 나아가서 그녀는 이를 통해 계모와의 대결(계모는 정숙의 결혼을 반대하여 그녀의 삶을 비극적으로 만들었다)에서 승리할 수 있는 발판을 마련했다고 할 수 있다.

정숙이 처음부터 삼용의 살인 의지를 부추기거나 유도했다고는 볼 수 없지만, 자신이 조율 가능하다는 점을 빌미로 하여 자신의 필요에 맞게 변형할 수 있는 상대로 여긴 점은 분명해 보인다. 이러한 필요 내에는 자신-정숙을 보호하고, 자신의 권리-재산과 권위를 침해하지 않을 것이라는 예상과 확신도 포함되어 있다. 마치 평강공주가 바보 온달을 사회적으로 출세시켜 정치적 권위로 삼으려 했다는 점과 유사하다고 하겠다.

한편 〈바람 부는 시절〉은 발표 당시 4막(5장)의 규모의 작품이었다.[456] 1946년 재공연 시점에서도 4막 구조였다.[457] 그런데 현재 발굴된 대본은 6경 구조의 공연 대본이다. 이러한 차이는 기본적으로 작품의 구조에서 연원하는 것으로 보인다. 현재 남아 있는 대본의 2경과 5경은 '활막'으로

454 「〈바람 부는 시절〉 공연 대본」, 11면.
455 「〈바람 부는 시절〉 공연 대본」, 8면.
456 『매일신보』, 1940.10.9, 2면 참조; 『매일신보』, 1941.1.27, 3면 참조.
457 「〈바람 부는 시절〉」, 『독립신문』, 1946.7.30.

최초 발표 무렵부터 독립된 막으로만 보기 어려운 측면이 있고, 3경과 4경은 동일한 무대를 가리키므로, 4막 5장의 구조에 따라 5개의 단위로 공연하는 것에는 큰 어려움이 없어 보인다. 즉 1경 농촌, 3~4경 서울, 6경 농촌의 공간적 구조에, 2경과 5경이 활막으로 공간 전환의 유동성을 위해 설정된 장면이라는 점을 감안하면, 과거 4막 5장의 구조와 현재 6경의 구조는 크게 차이를 보인다고 볼 수 없다.

더구나 현재 발굴된 대본 중 6경의 무대 설명에서, 이 작품이 과거 막 구조로 되어 있는 작품이었다는 사실을 간접적으로 알려준다.

> 제6경
> 1막(一幕)과 동(同), 순이 울고 있고 봉식 나온다.[458]

6경의 공간적 배경을 설명하면서, 무대 지시문은 '1막'과 '동일하다'는 지시를 내리고 있다. 이것은 이 작품의 원작(필사하기 이전의 모작)의 설정을 바꾸는 과정에서 막과 경이라는 용어가 다소 혼용될 수 있었음을 시사한다고 하겠다.

(2) 〈바람 부는 시절〉의 원작자 문제

예술자료원에서 발굴한 〈바람 부는 시절〉은 습지에 필사된 66면 분량의 대본으로, 작품의 형식은 총 6경으로 구성되어 있다. 발굴된 공연대본은 과거에 존재했던 원본(1940년대 아랑의 공연 대본)을 옮겨 적은 형

458 임선규 원작, 예술자료원 제공, 「〈바람 부는 시절〉 공연대본」.

태로 여겨진다. 그런데 남아 있는 대본에는 원작자 혹은 각색자에 대한 정보가 거의 남아 있지 않다. 그렇다면 〈바람 부는 시절〉의 제목을 유지했음에도 불구하고, 그 원저작자를 표기하지 않은 이유에 대해 살펴볼 필요가 있다.

〈바람 부는 시절〉이라는 제명의 작품은 1940년에 이미 발표되었고, 고설봉의 증언을 통해 현재 발굴된 대본이 과거 임선규의 그것과 동일하다는 사실을 확인할 수 있다. 다만 임선규는 해방 공간에서 월북한 작가였기 때문에, 그 이후 남한 연극계에서 그의 이름을 공식적으로 사용하는 사례를 발견하기란 쉽지 않다. 그럼에도 그가 남긴 대중극 대본은 원작의 표기 없이 다양한 극단에서 공연되기 일쑤였다. 가령 해방공간에서 〈바람 부는 시절〉의 공연 상황을 보면 이러한 현상은 일정 부분 납득될 수 있다.

대부분의 공연(광고)에서 호화선의 이름을 사용하고는 있지만, 원작자의 이름을 표기하고 있지 않다. 이러한 저자 이름 삭제는 1930년대 임선규의 인기와 흥행성을 고려한다면, 손쉽게 납득이 되지 않는 사안이라 하겠다.

그림 160~162의 광고를 유심히 살펴보면, 오히려 임선규의 작가명이 아니라, 황철을 중심으로 한 참여 배우들의 이름이 더욱 강조되고 있다.[459] 〈바람 부는 시절〉은 서울(단성사) 공연을 마치고 지방 순회공연도 펼쳤는데, 특히 대구 만경관에서 공연한 흔적이 남아 있다.[460] 만경관

459 「〈바람 부는 시절〉」, 『독립신문』, 1946.7.30.

460 만경관은 대구를 대표하는 조선인 극장으로, 옛 조선관 자리에 설립되어 해방 이후까지 운영된 극장이었다(김남석, 『조선의 지역 극장』, 연극과인간, 2018, 143~144면 참조).

그림160 1946년 7월 30일부터 낙랑극회 〈바람 부는 시절〉 공연 광고462

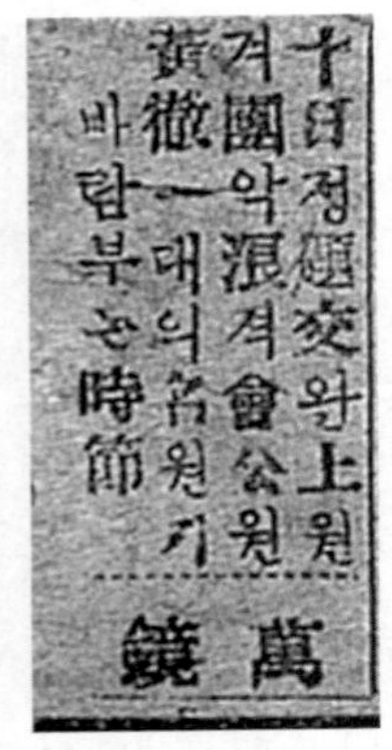

그림161 1946년 9월 10일부터 낙랑극회 〈바람 부는 시절〉 만경관 광고463

그림162 〈사랑에 속고 돈에 울고〉와 〈유랑삼천리〉를 강조한 〈바람 부는 시절〉 공연 광고464

공연에서는 '황철'의 연극으로 선전되었다.[461]

그런데 위의 광고를 보면, 〈사랑에 속고 돈에 울고〉나 〈유랑삼천리〉 같은 동양극장 시절의 히트작을 열거하고 있다는 점을 확인할 수 있다.[465] 두 작품은 모두 임선규의 작품으로 동양극장 시절 흥행작으로 유명한 작품이었다. 이러한 공연 광고의 의도는 흥행작의 뒤를 잇는 또 다른 흥행작으로서 〈바람 부는 시절〉을 강조하는 데에 있다고 할 수 있는데, 그 과정에서 세 작품의 원작자는 소기의 성과를 거둘 수 없는 요소로 판단된 것 같다.

〈바람 부는 시절〉의 초연에도 출연했던 황철(당시 아랑의 극단 대표)이

461 「〈바람 부는 시절〉」, 『영남일보』, 1946.9.13.
462 「〈바람 부는 시절〉」, 『독립신문』, 1946.7.30.
463 「〈바람 부는 시절〉」, 『영남일보』, 1946.9.13.
464 「〈바람 부는 시절〉」, 『중앙신문』, 1946.7.29.
465 「〈바람 부는 시절〉」, 『중앙신문』, 1946.7.29.

원작자의 이름을 드러내지 않았다는 점은 주목할 필요가 있다. 기본적으로 신문 광고가 공연 관련 정보를 모두 담을 수 없다는 점을 감안한다고 해도, 이러한 선택은 기본적으로는 임선규 작을 강조할 필요가 없었다는 의미로 납득될 수 있을 것이다.

(3) 〈바람 부는 시절〉의 창작 배경과 흥행 이유

임선규 작, 박진 연출, 아랑 제작 〈바람 부는 시절〉은 1940년 10월 9일(~11일) 초연되었다.[466] 임선규는 1936년 동양극장 청춘좌의 히트작 〈사랑에 속고 돈에 울고〉를 통해 가장 인기 있는 대중극 작가로 부상했고, 1930년대 후반 동양극장의 흥행을 이끄는 전속작가로 알려져 있었다. 고설봉은 임선규가 동양극장 시절 "임선규의 이름만 간판에 나가면 관객이 무조건 몰려올 정도의 인기"를 획득하고 있었다고 증언한 바 있다.[467]

전술한 대로 임선규는 1939년 8월(24일) 동양극장이 일시적으로 폐쇄되고 타인에게 매매되어 사주가 바뀌는 시점에서 이적을 단행하였다.[468] 1939년 8~9월 시점에서 동양극장 청춘좌 배우들을 중심으로 하여,[469] 연출가 박진, 장치가 원우전 등이 기존 극단을 탈퇴하여 신흥 극단 아랑을 창립하였다.[470] 아랑의 창립 공연작은 임선규 작 〈청춘극

---

466 『매일신보』, 1940.10.9, 2면 참조.

467 고설봉, 「히트작의 제조 작가 임선규」, 『증언연극사』, 진양, 1990, 129면.

468 김남석, 『조선 대중극의 용광로 동양극장(2)』, 서강대 출판부, 2018, 206~214면 참조.

469 창립 공연에 참여한 주요 배우로는 서일성, 양백명, 김두찬, 임수엽,이몽, 양진, 임사만, 맹만식, 박영신, 문정복, 김경숙, 최은연, 최옥담, 이정순, 최승이, 김선초, 어미화(아역), 백은선, 안기준, 김득창, 안건환 등을 들 수 있다(『조선일보』, 1939.9.27, 3면 참조).

470 박진, 「아랑소사」, 『삼천리』 13권 3호, 1941.3, 201면 참조.

장〉(3막6장)이었고,[471] 창립 공연은 1939년 9월 27일(~30일) 대구(대구극장)에서 이루어졌다.[472] 이후 마산, 진주, 순천, 광주, 목포, 이리, 대전 등을 순회 공연한 이후,[473] 같은 해 10월 21일(~22일) 부민관에서 경성 시민을 위한 창립 공연을 다시 개최하였다.[474]

이 공연 이후 아랑은 임선규 작 〈정열의 대지〉(동양극장 1939년 7월 공연작)[475]와 〈그들의 일생〉 그리고 〈사랑에 속고 돈에 울고〉(청춘좌 주요 레퍼토리), 박진 작 〈황금몽〉과 〈대용품 시대〉(1939년 1월 호화선 공연작) 그리고 〈안해의 고백〉 등을 발표했고, 임선규·송영 합작의 〈김옥균〉 등을 공연한 바 있다.[476] 이중에서 임선규 작 〈청춘극장〉, 〈김옥균〉(송영과 공동), 〈그들의 일생〉과 함께 〈바람 부는 시절〉은 아랑의 역작으로 평가되었다.[477]

시기적으로 볼 때 1939년 9월 창립되어 활동한 아랑은 1년여 동안 거치면서 다양한 작품을 초연 혹은 재공연하였다. 1940년 10월에 발표된 임선규의 〈바람 부는 시절〉은 이러한 공연 뒤에 마련된 야심찬 문제작이라고 할 수 있으며, 〈청춘극장〉, 〈그들의 일생〉, 〈김옥균〉 후에 발표된 1940년대 임선규의 대표적인 장막 희곡이라고 할 수 있다.

당시 아랑 극단원이기도 했던 고설봉은 〈바람 부는 시절〉의 창작 당

---

471 『조선일보』, 1939.9.26, 4면 참조.

472 「새로 창립된 극단 아랑(阿娘)」, 『동아일보』, 1939.9.23, 5면 참조.

473 『조선일보』, 1939.9.27, 3면 참조.

474 『조선일보』, 1939.10.21, 1면 참조.

475 〈정열의 대지〉는 해방 이후에도 호화선의 대표작으로 공연된 바 있다(『민주중보』, 1947.8.8 참조).

476 김남석, 『조선의 대중극단들』, 푸른사상, 2010, 465면 참조.

477 「예원정보실」, 『삼천리』 13권 3호, 1941.3, 210~211면 참조.

시 상황을 정리해 놓은 바 있다. 관련 증언 내용을 다시 인용해 보겠다.

> 임선규는 외지에 가서 희곡 공부를 해보는 것이 소원이었다. 극단 아랑에서는 그의 뜻을 존중해서 월 300원의 지원금을 주어 임선규를 동경 동보클럽 작품 연수실에서 공부하도록 했다. 임선규는 동경에서 연극도 보고 공부도 하면서, 그해 후반기에 〈바람 부는 시절〉이라는 작품을 써 보낸다. 〈바람 부는 시절〉은 서울 지주의 딸과 산지기 아들과의 비극적 연애를 묘사한 작품이었다.[478] (강조 : 필자)

위의 정리에서 우선 파악해야 할 점은 당시 〈바람 부는 시절〉을 쓰던 시절의 임선규의 상황이다. 임선규는 청춘좌를 탈퇴하여 아랑으로 이적했고, 아랑에서 황철, 박진, 원우전 그리고 주요 배우들과 함께 청춘좌 시절의 창작 감각을 이어가고자 했다. 1939년 9월에 발표한 아랑의 창립작 〈청춘극장〉은 이러한 연장선상에서 발표된 희곡으로 판단된다.

〈바람 부는 시절〉이 주목되는 점은 임선규가 내적 갱신 혹은 창작 성향의 변화를 갈구했다는 지점에서 찾을 수 있다. 임선규는 청춘좌 시절 각광 받는 작가였지만, 대중극 공연상의 한계로 인해 극작(술)의 가치가 폄하되기 일쑤인 작가였다. 〈사랑에 속고 돈에 울고〉는 청춘좌를 비롯하여 1930년대 대중극계 최고의 히트작이었지만, 정작 이를 연출했던 박진이나 신극 진영으로부터는 그에 걸맞은 찬사를 받지 못했다. 아울러 임선규의 극작술은 대중극적 흥행 측면에서 더욱 고평되는 형편이었다.

478 고설봉, 「히트작의 제조 작가 임선규」, 『증언연극사』, 진양, 1990, 130면.

임선규의 내발적 바람은 자신의 극작술의 향상과 방향 전환으로 여겨진다. 〈바람 부는 시절〉은 이러한 가능성을 내보인 작품으로, 김영수 같은 평론가가 주목한 공연이기도 했다.[479]

특히 도시민과 지역민의 시각차를 정면으로 다루었다는 점에서 새로운 성향을 선보인 성과로 볼 수 있다. 1930년대 동양극장을 비롯한 대중극 작품에서 농촌 혹은 지방에서 경험해야 하는 삶을 낙후된 삶으로 그리는 데에는 일정한 합의가 도출된 상황이었다. 동양극장의 1930년대 후반 무대디자인은 도시의 삶을 신식 양옥, 즉 문화주택으로 그리고 있다.[480]

〈바람 부는 시절〉이 새로운 스타일의 작품으로 주목받은 이유 중 하나는 열애 남녀의 전도된 관계에서도 기인한다. 유혹자로서의 서울 남자와 순박한 시골 처녀의 연애를 다루고 있는 유형의 서사는 이미 동시대에도 폭넓게 존재했었다. 그로 인해 무책임한 남자에 의해 정조를 유린당하고 신세를 망치는 여인의 애사哀史나 비극적 파국을 다룬 결말도 익숙한 상태였다. 하지만 이 작품은 소작인의 아들, 즉 농촌에서 살아가는 순박한 청년 삼용의 파멸을 다루고 있다는 점에서 이색적이고 또 파격적이다. 즉 유혹하는 자의 신분을 도시 여성으로 전환하면서, 그녀에 의해 파멸하는 운명을 지닌 연애 상대자의 신분이 농촌 남성으로 역전된 것이다. 삼용의 살인이 결과적으로는 정숙 집안의 후환을 제거했다는 점에서는 삼용의 희생으로 정숙의 가정과 회사가 지켜질 수 있었다는 결론도 성립되고 있다. 이러한 측면에서 보면 정숙은 삼용을 이용하

479 김영수, 「연극의 각성」, 『인문평론』, 1941.1, 32~33면 참조.
480 「〈바람 부는 시절〉 공연 대본」, 14면.

여 자신의 목적을 달성한 팜므파탈형 여인으로 볼 여지도 생겨난다.

(4) 〈바람 부는 시절〉의 성보극장 재공연과 '洋宅' 무대의 유사성

〈바람 부는 시절〉이 초연된 1년 후에, 아랑은 성보극장에서 이 작품을 다시 무대에 올렸다. 당시 상황은 다음의 기사를 통해 확인할 수 있다.

> **극단 아랑 성보(城寶)서 공연**
>
> 영화상설(映畵常設)을 전문으로 하고 잇든 성보(城寶)는 관객에게 건전 국민극(健全國民劇)을 제공하기 위하야 극단 아랑(阿娘)과 제휴하고 그 제1회 공연을 오는 28일부터 3일간(야간만) 임선규 작 〈바람 부는 시절(時節)〉 전 4막 6장을 상연하리라고 한다. 출연 인물은 황철, 서일성, 양백명, 양진, 박영신, 이춘란, 김봉희, 최승이 등 30여명과 아랑 극단 연구생들의 보조 출연이 잇스리라고 한다.[481]

극단 아랑은 연극(국민극) 공연을 함양한다는 목적으로, 성보극장에서 영화 상영 이외에 무대극 공연을 기획했다. 그리고 당대의 가장 인기 있는 극단 중 하나였던 아랑과의 협연을 모색했다. 위의 기사에 따르면 아랑은 성보 초청 제1회 공연을 책임지게 된다.

아랑이 선택한 작품은 〈바람 부는 시절〉이었다. 이 작품은 4막 6장의 장막극으로 당시 상황에서 볼 때 아랑이 무대화하기에 적절한 작품이었다. 1941년 3월부터 아랑은 임선규 작 〈동학당〉을 기획 준비하였

481 『매일신보』, 1941.7.25, 4면.

고,[482] 같은 해 5월 2일부터 4일까지 〈동학당〉을 부민관에서 공연하였다.[483] 이후 북선 공연(철원→원산→고원→영흥→함흥)을 필두로[484] 순회공연을 시작하였다. 김천과 대구 그리고 부산을 거치는 남선 순회공연에서[485] 진주와 통영을 넘어 순천, 광주, 정주로 이어지는 서선 순회공연이 이어졌으며,[486] 강경, 군산, 이리, 전주 지역과[487] 예산, 천안 지역[488] 그리고 신의주, 선천, 평양, 진남포, 해주, 개성에 이르는 북서선 순회공연이 연이어 진행되었다.[489] 아랑의 순회공연은 6월 중하순 인천에서 종결되었는데, 그다음 달인 7월에 성보극장과의 제휴 공연에 돌입하는 셈이다.

이러한 근 2개월에 가까운 〈동학당〉의 공연 일정과 극단 순회 루트를 감안할 때, 1941년 7월 〈바람 부는 시절〉 공연은 1940년 초연의 대폭적인 재수용이 불가피한 경우라고 하겠다. 더구나 아랑은 1941년 8월 중순(22일~24일)에 홍개명 작 〈마음의 고향〉을 공연할 예정이었다.[490] 이러한 전후 일정을 고려할 때 아랑은 〈바람 부는 시절〉을 큰 개편 없이 재공연할 수밖에 없는 상황이었다.

---

482 『매일신보』, 1941.3.26, 4면 참조.
483 『매일신보』, 1941.5.1, 4면 참조.
484 『매일신보』, 1941.5.7, 6면 참조.
485 『매일신보』, 1941.5.17, 4면 참조.
486 『매일신보』, 1941.5.28, 6면 참조.
487 『매일신보』, 1941.6.4, 6면 참조.
488 『매일신보』, 1941.6.4, 6면 참조.
489 『매일신보』, 1941.6.24, 4면 참조.
490 「본보 독자 우대 납량공연 극단 '아랑'출연 〈마음의 고향〉을 상연」, 『매일신보』, 1941.8.17, 4면 참조.

그렇다면 다음의 사진은 주목되지 않을 수 없다. 재공연이라고 하지만 초연의 공간적 배경을 다분히 염두에 두지 않을 수 없었을 것이기 때문이다. 원칙적으로는 독립적으로 수행된 재공연이기는 하지만, 작품과 공연의 정황상 초연의 공간적 배경을 다분히 염두에 두지 않을 수 없는 공연이었기 때문이다.

그림163 〈바람 부는 시절〉 공연 사진[491]

극단 아랑 공연 대성황

극단 아랑은 28일부터 성보에서 〈바람 부는 계절〉(〈바람 부는 시절〉의 오기 : 인용자) 전 4막 6장을 가지고 극장 공연 첫 무대를 밟엇다. 아랑은 일즉 부민관 공연 째부터 인기를 모흐고 잇는 연기자들이고 쏘 그간 성장(成長)한 연기자들을 망라하고 잇서 섯다. 극본도 임선규 씨의 역작(力作)으로서 흥행을 주안(主眼)에 둔 점으로 보아 수확이 컷다. 박진 씨의 연출도 무난하고 조왓스며 황철, 서일성, 양백명, 이춘란, 등이 조은 연기를 보이고 그 외(外)모두 열연(熱演)들이엇다.(사진은 무대)

〈바람 부는 시절〉의 무대 사진으로 남아 있는 한 장의 사진은 주목된다.[492] 만일 이 작품이 〈바람 부는 시절〉의 재공연작이거나 영향작이라면, 이 사진은 '洋宅'으로 표기된 3~4경의 공간적 배경을 시사하는 사진으로 볼 수 있다.

위의 배경은 사각형의 격자창으로 한쪽 벽면의 상당 부분이 외부와 연결되는 인상의 거실을 보여 주고 있다. 이러한 거실에 사람들은 좌식

491 「극단 아랑 공연 대성황 〈바람 부는 계절〉」, 『매일신보』, 1941.7.30.

492 위 기사의 〈바람 부는 계절〉은 〈바람 부는 시절〉의 제목이 잘못 기입된 경우로 여겨진다. 1941년에 공연했다는 〈바람 부는 계절〉은 4막 6장의 구조라는 점과 임선규의 작품이라는 점 등에서 〈바람 부는 시절〉과 동일한 작품이었다. 고의든 타의든 간에 제목의 일부가 변경되었지만, 두 작품은 기실 하나의 작품으로 보아야 한다.

이 아닌 입식 생활을 하고 있으며, 그 결과 신발을 신은 채 거실에 서 있는 등장인물의 포즈가 포착될 수 있었다.

가령 다음과 같은 무대 사진은 〈바람 부는 시절〉의 洋宅(양실)의 무대 구조와 비슷하다는 점을 단적으로 보여준다.[493]

그림164 **서양식 응접실로 공간적 배경으로 선택한 〈남편의 정조〉의 실내 장면**(1937년 6월)[494]

그림165 **서양식 주거 공간이 수용된 〈행화촌〉의 실내 장면**(1940년 12월 호화선)[495]

〈바람 부는 시절〉의 무대 사진은 비록 일부에 불과하지만, 위의 세 작품이 공통적으로 지칭하고 있는 무대 후면 사각창과 격자 형태 창문 구조를 그대로 도용하고 있다. 이러한 특징은 원우전의 주요 특징이자 1930년대를 대표하는 대중극단 동양극장의 무대미술이기도 했다. 다

493 두 무대 사진은 모두 다음 논문에서 소개된 자료를 바탕으로 하여 관련 논의를 전개했다(김남석, 「동양극장 발굴 자료로 살펴본 장치가 원우전의 무대미술 연구」, 『동서인문』 5호, 경북대 인문학술원, 2016, 135~136면).

494 김남석, 「동양극장 호화선의 무대미술에 관한 연구」, 『한국학연구』 62집, 고려대 한국학연구소, 2017, 64~66면; 「'호화선' 소연(所演) 〈남편의 정조〉 무대면」, 『동아일보』, 1937.6.8, 8면.
https://newslibrary.naver.com/viewer/index.nhn?articleId=1937060800209108019&editNo=2&printCount=1&publishDate=1937-06-08&officeId=00020&pageNo=8&printNo=5666&publishType=00010

495 「극단 호화선 〈행화촌(杏花村)〉 상연」, 『매일신보』, 1940.12.24, 4면.

만 1940년 12월 〈행화촌〉의 무대디자인은 원우전의 간접적인 영향만을 감지할 수 있는 사례이다. 1939년 9월 이후 원우전은 동양극장을 탈퇴해 아랑에서 활동했기 때문이다.[496]

하지만 이러한 서양식 실내 구조는 이미 표준화되어 있는 상황이다. 당시 유행했던 문화주택이 이러한 실내 구조의 모델로 작용했기 때문이다.[497] 마루가 아니 거실 개념의 입식 생활 환경이 가능한 문화주택은 기본적으로 무대 지시문을 양실洋室 혹은 洋宅으로 지정할 수 있는 기본 근거를 제공했다. 〈바람 부는 시절〉의 3～4경은 이러한 洋宅으로 지정되어 있다.

> 제3경
>
> 洋宅 중앙에 테불, 삼용 양복 입고 나와 넥타이 맨다.[498](강조 : 인용자)

〈바람 부는 시절〉의 3～4경의 공간적 배경은 간단하게 묘사되어 있다. 그것은 이 시대 洋宅 혹은 양실이 가리키는 바가 명확했기 때문으로 풀이된다. '테이블'은 이러한 양실의 조건을 최소한으로 유지하는 조건인데, 이에 따라 의자가 자연스럽게 놓일 것이고, 이에 걸맞은 의복 양식—〈바람 부는 시절〉에서는 삼용이 양복을 입고 있으며 넥타이를 매려고 한다—이 어우러질 수밖에 없다. 다시 말해서 양실이 가진 보편

---

496 김남석, 「동양극장 발굴 자료로 살펴본 장치가 원우전의 무대미술 연구」, 『동서인문』 5호, 경북대 인문학술원, 2016, 138면.

497 김남석, 「동양극장 발굴 자료로 살펴본 장치가 원우전의 무대미술 연구」, 『동서인문』 5호, 경북대 인문학술원, 2016, 146～149면 참조.

498 「〈바람 부는 시절〉 공연 대본」, 14면.

적, 연극적, 환경적 의미가 3~4경의 무대 조건을 자동으로 결정한다고 보아야 한다.[499]

이러한 공간적 배경에 대한 묘사는 간명하지만 동시에 해당 시대의 특징을 요약적으로 드러내는 기능을 한다. 그러니까 이러한 무대 배경을 1940년대 임선규의 그것으로 본다면, 이것은 일제 강점기 조선에서 유행한 상류층 저택으로서 문화주택을 상기시킨다. 실제로 당시 신문에는 이러한 문화적 상관성을 증명이라도 하듯, 오보에 가까운 공연 사진이 수록되기도 했다.

이러한 유사성은 다음과 같은 문제를 불러일으켰다.

그림166 **1941년 재공연 된 〈바람 부는 시절〉의 신문 사진**500

그림167 **1937년 동양극장 청춘좌의 〈비련초〉**(무대 사진)501

499 〈바람 부는 시절〉의 공연 사진이 〈비련초〉의 공연 사진이었다는 점과, 그러한 혼란이 발생한 점에 대해서는 다음의 논문을 참조했다(김남석, 「〈바람 부는 시절〉에 반영된 서울의 형상과 그 의미에 관한 연구―서울과 농촌의 대립 구도를 바탕으로」, 『서울학연구』 79호, 서울시립대 서울학연구소, 2020, 6~11면 참조).

500 「극단 아랑 공연 대성황 〈바람 부는 계절〉」, 『매일신보』, 1941.7.30.

501 「〈비련초(悲戀草)〉의 일 장면(一場面)」, 『동아일보』, 1937.9.25, 6면. https://newslibrary.naver.com/viewer/index.nhn?articleId=1937092500209106010&editNo=2&printCount=1&publishDate=1937-09-25&officeId=000

『매일신보』에서 〈바람 부는 시절〉(1941년 재공연) 관련 사진으로 수록한 무대(사진)는 실제로는 1937년 동양극장 청춘좌의 〈비련초〉 공연 사진으로 판단된다. 1937년 〈비련초〉 역시 1930년대 대중극의 전형적인 무대 배치를 염두에 둘 만큼, 이러한 혼란은 기본적으로는 유사성에 의한 착오에 해당할 것이다. 결과적으로 볼 때, 서양식 응접실 혹은 거실을 무대 배경으로 사용하는 관습에 의해 유사한 두 작품의 이미지(사진)가 혼용되지 않았을까 추정된다.

〈비련초〉의 무대 사진을 기반으로 할 때, 실내 공간 속에서 삼용은 매우 어색한 위치를 차지할 수밖에 없다. 세련되고 선진화된 도시화 공간(문화주택) 속에서 어색한 양복과 투박한 사투리 그리고 농촌 생활 리듬과 이해력을 가지고 있는 삼용이 좌충우돌하면서 문화적 충돌을 빚었을 것으로 보이기 때문이다.

거꾸로 말하면 〈바람 부는 시절〉의 3~4경은 삼용이 도시화 공간 속에서 일으키는 문화적 충돌 혹은 부적응 상태를 관람하도록 짜였다고도 볼 수 있다. 그렇다면 3~4경의 도시적 공간은 삼용과의 부조화를 보여 주기 위한 극적 장치이며, 그러한 부조화 속에서 발생하는 희극적 요소를 방출하기 위한 연극적 전략에 해당한다.

이러한 부조화의 무대 공간과, 희극적 전략은 다음과 같은 평가를 이끌어낼 수 있었다.

줄거리 외에도 도회지 사람과 촌인과의 의식 격차를 코메디에 가깝도록 선명하

20&pageNo=6&printNo=5775&publishType=00010

게 부각시켜 관객들로부터 '신선한 감각의 작품'이라는 찬사를 받았었다.[502] (강조: 인용자)

이처럼 〈바람 부는 시절〉에서 洋宅은 주인공인 삼용이 도시 여자인 정숙과 결혼하여 신접 살림을 차린 공간으로 촌인의 사고와 도시인의 감각이 충돌하는 지점을 보여 주는 데에 유효적절한 역할을 했다. 기본적으로는 도시(서울)에 보급되기 시작한 문화주택으로서의 극적 공간을 보여 주는 세트라고 하겠지만, 이러한 세트가 주는 이상적 세계의 모습보다는 부조화와 불균형의 극적 정황을 보여 주는 데에 궁극적인 목적이 있었기 때문이다.

(5) 도시적 우월성과 도덕적 타락상의 상관성

이러한 부조화와 불균형은 정숙의 시선을 다분히 원용한 결과이다. 정숙은 '서울 사람'으로 삼용의 상경을 이끌고 그 추이를 지켜보는 입장이었다. 그리고 대다수 관객은 정숙의 입장에 따라, '촌인'이자 '신입'인 삼용의 좌충우돌과 적응 과정을 지켜보는 시선을 선취할 수 있었다. 〈바람 부는 시절〉은 관객들을 서울 사람들의 공간과 시선으로 끌어들이고, 그러한 입장에서 삼용을 바라보도록 유도한 셈이다.

이때 〈바람 부는 시절〉의 3경과 4경의 '서울' 공간은, 구체적인 무대 배경으로 양실 즉 문화주택의 이미지를 관객들에게 제공하고, 관객 자신들이 서울 사람들의 관점을 스스로 수용할 수 있도록 돕는 역할을 한

502 고설봉, 「히트작의 제조 작가 임선규」, 『증언연극사』, 진양, 1990, 130면.

다. 어느새 서울 사람들이 지니는 도시적 감수성과 생활 감각을 물려받은 듯한 인상으로, 관객들이 관극에 나설 수 있도록 유도하는 셈이다.

이러한 역할을 돕는 공간적 배경이 또한, 1경과 2경의 농촌 배경이었다. 비단 3경과 4경의 서울 배경만이 아니라, 그 이전 공간인 1~2경 역시 서울 중심 시각을 선취하도록 종용한다. 삼용의 고향 집으로 상정된 이러한 공간적 배경은, 정숙과 삼용이 머무는 서울의 거처와 극단적으로 대조되는 공간으로 꾸며진 바 있었다. 이로 인해 삼용이 머물게 되는 서울의 도시화나 문화적 세련미 등이 더욱 강조되도록 하는 효과를 수행한다.

결국, 이러한 공간으로서의 서울(배경)은 촌인 삼용의 부적응과 도덕적 타락을 뒷받침하고 강력하게 압박하는 요인으로 작용한다. 〈바람 부는 시절〉이 선량한 인성을 지닌 순수한 자아의 타락과 그 반성을 표면적인 주제로 내세웠다고 할 때, 서울은 자아의 타락을 이끄는 불순한 공간으로 상정된 셈이다.

이러한 타락한 경성의 이미지가 1930년대까지 조선 연극에서 어떻게 다루어졌는지는 현재까지 분명하게 확인된 바 없으며 이를 입증할 만한 작품도 확실하게 합의된 바 없다. 1935년 시점에서 다음과 같은 한탄은 이러한 상황을 직접 들려준다.

> 희곡의 취제(取題)에 있어 금년(1935년 : 인용자)에도 조선의 몰락상을 그린 것이 대부분이었다. 작품을 들어 구체적으로 예시해 본다면, 〈나루〉, 〈토성낭〉, 〈줄행랑에 사는 사람들〉, 〈소〉, 〈당나귀〉 등등이 그것일 것이다. 이들 작품 중에는 그 몰락상을 직접 테마로 한 것도 있고, 간접 테마로 한 것

> 도 있지마는 그 직접 간접의 차(差)만은 다르나, 하여튼 몰락상에 취제한 작품이 태반인 것만은 사실이다. 오히려 이 소극만을 그리는 경향은 예년에 비하면 금년은 조금 희박해진 편이라고 하겠다. 사실 〈아리랑〉, 〈토막〉 등을 필두로 하여 최근 4,5년래로 얼마나 많은 몰락상이 우리 눈에 작품으로 전개되었었는지? 조선의 희곡이라면 대개가 보따리를 싸 짊어지고 '아리랑 고개'를 넘어가는 것이 아니었던가? 금년에도 그런 유의 것이 없지 않았다. 그러나 금년부터 차츰 그런 취제 경향이 적어지려는 것을(적어진 것은 아니지만) 우리는 안 볼 수 없다. 이와 같은 작품으로 조선의 소극 면을 그리려는 경향이 차츰 적어지려는 이유는 그러면 어디서 온 것일까? 사회적 정세가 그만큼 명랑해진 때문일까? 나는 아니라고 생각한다. 작가 자신이 그런 소극 면만 보고 있다가는 그것은 작가로서의 정체에 불과한 것인 줄을 알게 된 것이 아닐까 한다.[503]

1930년대(특히 초중반) 이른바 신극 진영에서 주요하게 다루는 공간적 배경은 농촌이고 이러한 농촌 이미지는 가난과 몰락의 의미를 담고 있었다. 1935년 유치진의 언급이 발표된 이후에도, 이러한 경향은 좀처럼 누그러지지 않았다. 1930년대 후반에 등장하는 함세덕이 이러한 공간을 어촌으로 확장 변이시키기는 했지만, 1930년대를 통틀어도 극적 공간으로서 경성(공간)의 의미와 상징성을 구체적으로 탐색한 사례는 발견되지 않는다.

대중극 진영에서도 이러한 현상은 유사하게 나타난다. 정황상으로만

503 유치진, 「지난 1년간의 조선 연극계 총결산-특히 희곡을 중심으로」, 『동랑 유치진 전집』 8권, 서울예술대 출판부, 1993, 171~172면.

본다면, 경성이 드러내는 도시적 세련미와 경성이라는 공간에 함축된 도덕적 타락상을 다룬 작품이 존재했을 것으로 추정되지만, 현재 남아 있는 작품으로는 그러한 실상을 확인할 수 없는 상황이다. 적어도 1930년대에는 이러한 한계가 분명하게 노정되었다.

이러한 측면에서 1940년대 초입(1940년 10월)에 발표된 〈바람 부는 시절〉은 기존 연극계의 관행을 전복하는 작품이 아닐 수 없었다. 〈바람 부는 시절〉은 1930년대 유행이었던 조선의 '농촌'을 그리는 작업을 함부로 배제하지 않으면서도, 도시의 타락상을 첨예하게 보여 주는 서울의 도시 공간을 의미 있게 대조하고 적절하게 배합하는 성과를 거두었다.

경성의 도시성과 세련된 일상성 역시 농촌이라는 공간과의 대조 병렬 속에서 더욱 부각되고 있는데, 두 지역의 극명한 차이를 확인하며 살아가야 하는 조선인들의 심정에도 이러한 공간 배치는 부합되는 바가 적지 않았다. 결국, 공연 대본 〈바람 부는 시절〉에서 경성의 도시적 세련미와 함께 도덕적 타락상을 함께 구사하는 극작술은, 상실된 연극사의 한 부분을 확인하도록 돕고 그 의미망을 검토할 수 있는 기반을 제공하여 1930~40년대 조선 연극의 지형을 파악할 수 있는 유의미한 기틀을 형성한다고 하겠다. 그것은 '경성'이라는 공간의 유입과, '농촌'이라는 공간과의 평행 속에서 구현될 수 있었다.

(6) 〈바람 부는 시절〉의 6경 구조와 장소의 변화

작금에 발굴된 공연 대본 〈바람 부는 시절〉은 총 6경으로 구성되어 있다. 그중 1경과 6경, 즉 처음과 끝은 동일한 공간인 삼용의 초가(농부

박봉식의 집)로 설정되어 있다. 무대 설명은 "초가 마당 가운데 절구통이 있고 우물이 보인다"로 지시되어 있다.

이러한 무대는 2경인 '활막'을 거쳐 3경 '洋宅'으로 전환된다. 활막이 일종의 무대의 전환을 위해 설치된 막간 공간이라고 이해할 때, 2경은 1경 초가에서 3경 洋宅(양실)으로 이동하는 경로를 보여 주기 위한 공간이다. 이러한 공간 이동은 4경 洋宅에서 5경 활막을 거쳐 6경 초가로 전환될 때에도 동일하게 나타나고 있다.

이를 간략하게 정리하면 다음과 같다.

〈표9〉

경	공간	장소	서사 내용
1경	초가	삼용의 고향집	도시에 살던 정숙과 정규 남매가 병상에 누워 있는 아버지(사장) 대신에 농촌 시찰에 나섰고, 그곳에서 삼용과 순이라는 순박한 남매를 만나 호감을 느낀다. 특히 정숙은 삼용의 순진한 매력을 발견하고 연애를 희망한다.
2경	활막	산소 가는 길	정규와 정숙은 할아버지 산소에 가는 길에 대화를 나눈다. 삼용에게 반한 정숙은 삼용을 자신의 신랑감으로 삼겠다는 속내를 정규에게 전한다.
3경	洋宅	서울 정숙/정규의 집	정숙과 결혼한 삼용은 낯선 도시의 삶에 제대로 적응하지 못하고 각종 해프닝을 자아내고 있다. 도시에서 삼용의 삶은 수난과 충돌의 연속이다.
4경	洋宅	서울 정숙/정규의 집(3경과 동일)	차별과 모욕을 참지 못한 삼용은 결국 정숙의 계모와 집안의 지배인을 살해하고 만다. 두 사람을 살해한 후 삼용은 시골집으로 돌아가겠다고 통보한다.
5경	활막	삼용의 고향 마을	오빠 삼용을 만나러 서울에 갔다가 크게 모욕을 당하고 고향으로 내려온 순이의 상황을 마을 처녀들이 이야기한다. 역시 친구 삼용을 만나러 도시에 갔다가 곤욕을 치른 인수와 만수가 가세하여 서울의 야박한 심정을 타박한다.
6경	초가	삼용의 고향집	서울에서 도망친 삼용이 찾아오고, 범죄자 삼용을 찾는 형사의 발길도 찾아든다. 형사에게 체포된 삼용은 이송되고, 삼용의 아내인 정숙은 고향집에 머물겠다고 결심한다.

무대 배경, 즉 공간적 배경은 크게 세 개로 나뉜다. 앞에서 언급한 것처럼, 1경과 6경은 삼용의 고향 집, 즉 초가로 설정되었다. 삼용이 결혼

이후에 살게 되는 공간은 정숙의 집, 그러니까 삼용의 처가이다. 이 처가는 서울에 위치하며, 공간적으로 삼용의 집과 극단적인 대조를 이룬다. 3경과 4경은 시간의 경과와 사건의 전환으로 인해 분리되었으며, 3경은 결혼 생활의 단란함이 남아 있는 서울 집이었다면, 4경은 분노한 삼용에 의해 살인이 일어나는 끔찍한 서울 집으로 변모한다는 차이를 내재하고 있다.

이처럼 〈바람 부는 시절〉에는 시골과 서울로 대분된 공간이 설정되는데, 이러한 공간(배경으로서의 세트)을 활성화하기 위한 중간 공간이 요구되지 않을 수 없다. 그래서 중간 경유지로서 2경과 5경이 활막으로 설정된다. 2경과 5경은 기본적으로는 삼용이 머무는 고향(전원)의 어느 장소를 공간적 배경으로 삼고 있지만, 굳이 그 장소를 특정해야 할 정도로 구체적인 정서나 확정된 이미지를 필요로 하지 않는다. 그래서 행길 같은 공간으로 표현된다.

정숙의 공간 이동에 따라 살펴보면, 〈바람 부는 시절〉의 공간적 배경은 외지인으로 방문한 전원 공간→결혼을 통해 안착한 서울 집(친정)→새로운 정착지로서의 전원 공간(시댁)으로 나뉠 수 있을 것이다. 결국, '발견→귀환→또 다른 정착'으로 정리될 수 있는데, 무대 배경은 이러한 정숙의 시선을 따라 변모되기에 이른다.

정숙의 시선이 주목되는 이유는 연극 공연의 특성상 이러한 발견자로서의 정숙의 시선이 도시 관객의 시선과 일치하기 때문이다. 임선규 역시 일본 유학(동보 클럽 연수실)을 통해,[504] 이러한 시선의 방향을 절감

504 고설봉, 「히트작의 제조 작가 임선규」, 『증언연극사』, 진양, 1990, 130면.

한 것으로 보인다. 그러니까 임선규 역시 일본(동경)에 나아가서 새로운 풍광과 도시 문물을 경험하면서 발견자로서 시선 — 극 중 인물로 환원하면 정숙/정규 남매 — 을 민감하게 체감하였고, 이러한 체감은 조선 혹은 농촌을 바라보는 시각을 양산하기에 유리했다.

당시 동경은 지식인들 혹은 도시인들에게 선망의 대상이 되었고, 새로운 라이프 스타일을 체감할 수 있는 선진 도시였다. 가뜩이나 창작 소재의 갱신과 선진 시야의 확보를 갈구하고 있던 임선규에게는, 이러한 도시 체험과 변화된 시선이 창작상 변화를 가져올 수 있는 계기가 되기에 충분했다.

(7) 활동 공간의 이례적 선택

1경(6경도 동일)의 무대에는 '절구통'과 '우물'이 설정되어 있다. 절구통은 순이와 정규의 연애를 위하여 필요한 소도구이고, 우물은 삼용과 정숙이 티격태격하는 사랑싸움의 배경이다. 그러니까 두 개의 주요 장치(대소도구)는 기본적으로 서울에서 방문한 정숙/정규 남매와 시골에 거처하는 삼용/순이 남매의 삶(생활)이 만나는 지점을 보여준다.

정숙과 정규는 한결같이 자신이 방문한 시골이 아름답고 순박한 공간이라고 상찬한다. 아름답고 순박하다는 특성은 간교한 계략으로 재산상 이익을 탈취하려는 계획을 앞세우고 있는 지배인도 부인하지 못하는 사실이다. 이러한 도시인의 입장은 아름다운 풍광에 대한 칭찬에서 찾아볼 수 있다. 하지만 정작 아름다운 덕목은 '풍광'이 아닌 '인심'이었다.

정숙과 정규가 방문하는 삼용의 고향과 집은 두 사람을 포함한 서울

손님들을 맞을 채비에 분주하다. 비록 없는 살림이지만 이웃집 '뜸북장'을 빌려서 찾아온 손님에게 대접하겠다는 소박한 준비도 앞세우고 있다. 특히 순이와 삼용은 역시 남매인 정규와 정숙에게 깍듯하고 성의 있는 태도를 보인다. 이러한 삼용 남매의 행동은 정규와 정숙에게 시골(전원)의 삶이 의미 있고 가치 있는 것임을 확인시켜준다. 그래서 정규는 순이에게 은근히 관심을 기울이고, 정숙은 삼용과 결혼하는 용단을 낼 수 있었다.

하지만 결혼 후 삼용이 살게 된 서울의 삶은 근본적으로 다를 뿐만 아니라, 순이가 찾아온 서울 집(정숙의 집)의 인심 역시 야박하기 이를 데 없다.

순이 저 마님 안녕하셨어유 삼용이가 우리 오빠인데 우리 오빠 어데 가셨어유

계모 그런 사람 난 모른다.

순이 저 아가씨가(하녀 곱단 : 인용자)가 있다구 그러던데유

계모 없다면 없는 줄 알어 웬말이 많어 애 곱단아 뭘 하고 있어 내쫓지 못하고 도대체 촌것이란 무식해서

곱단 그렇지만

순이 정말 너무 하세유. 사람이 집에 찾어왔는데 이런 푸대접이 어데 있어유 촌사람은 사람이 아니에유

계모 아니 저년이 애 곱단아 빨리 내쫓아 아이구 도대체 촌것들한테는 똥냄새가 나서 견딜 수가 있어야지.[505] (강조 : 인용자)

계모는 사돈(처녀) 순이의 입장이나 처지를 전혀 고려하지 않고 있다. 상대를 자신과 동등한 지위로 인정하지 않고 있으며, 모르는 사람일지라도 할 수 없는 박대를 가하고 있다. 버젓이 있는 사람을 부인하고, 상대의 위신과 처지를 깔아뭉개는 언변을 서슴지 않고 사용한다.

이러한 문전박대는 서울이라는 공간에 대한 순이의 인식을 부정적으로 유도한다. 순이의 견해에 따르면, 서울(도시)은 정상적인 가치관을 지닌 인간이 살아가기에 지나치게 척박한 인심을 내보이는 부정적인 공간일 수밖에 없다. 그렇다면 이러한 도시인들이 보기에도 순박한 심성이 살아 있던 긍정적 공간으로서 전원과 비교되지 않을 수 없다.

임선규뿐만 아니라, 1930년대 대중극과 신극의 극작가들은 가난하고 후락한 농촌을 그려내는 극작 작업에 유달리 집중하곤 했다. 이러한 공간적 배경이 식민지 조선의 몰락과 가난을 대변하는 데에 상당히 유용한 극적 효과를 창출하기 때문이다. 상대적으로 1930년대 산출된 상당한 극작(품)들이 화려한 경성의 모습을 무대에 도입하는 데에 인색했고, 도시를 배경으로 설정한다고 해도 도시의 외곽 풍경이나 빈민 지대에 초점을 맞추는 경향이 우세했기에, 결과적으로는 경성의 도시 생활 그 자체를 극적 형상으로 부각하는 사례는 거의 없었다고 해야 한다.

당시 경성의 라이프스타일이 담보하는 도시적 일상과 현대적 취향을 의미 있는 연극적 소재로 수용하고 공연 서사로 활용할 방안을 미처 마련하지 못했기 때문으로 풀이된다.[506] '경성'의 화려한 번화함과 동떨어

505 임선규 원작, 예술자료원 제공, 「〈바람 부는 시절〉 공연 대본」, 18면.

506 1920~30년대 소설에서 경성(서울)의 형상이 활발하게 묘사되고 공간적 배경으로 설정되는 상황과는 차이를 보이는데, 그러한 차이는 희곡이 연극적 재현을 염두에 둔 장르이기 때문에, 경성의 이미지를 무대 위에서 실현(實現)하는 방안이나 그 의미

진 채 급격하게 몰락하는 '농촌'과 '지역'의 모습을 포착하는 극작술이 연극적 의미(시대 묘사와 작가의 전언)를 포착하기에 유리한 상황이었다. 이러한 1930년대를 지난 새로운 시대의 초입에서 〈바람 부는 시절〉은 경성의 형상 속에 허위와 허상을 드러내는 방안을 마련했고, 이를 바탕으로 농촌(지역)과의 대비를 구사할 수 있는 일종의 대안을 마련한 작품이었다.

일례를 들어 이러한 상황을 설명해 보겠다. 1930년대 초중반 일련의 농촌 삼부작을 통해 가난한 농촌을 묘사하는 데에 집중력을 발휘했던 유치진은 1935년 이후 자신의 극작술에 변화를 꾀하면서 새로운 경향의 작품을 발표했다. 그중 〈자매〉는 새로운 시도를 함축적으로 보여준 작품이다. 유치진은 〈자매〉의 공간적 배경을 '서울서 멀지 않은 소읍小邑'으로 설정하고[507] 그곳에서 오랫동안 유지로 지내던 김씨 집안 이야기를 풀어나갔다.

이 연구와 관련하여 흥미로운 관찰 지점은, 〈자매〉에 끊임없이 서울 관련 서사가 전개되지만, 서울 관련 일화는 '무대리' 기법을[508] 통해서만 간접적으로 제시된다는 점이다. 즉 서울이라는 공간은 무대 위에 직접 형상화되지 않는다. 주변 인물들이 서울을 가야 하거나 다녀오는 설정이 있었지만, 서울에 대한 언급은 등장인물의 대화나 사자의 보고 형식으로 간접적으로 처리된다. 그래서 〈자매〉는 당시 유치진 희곡 중에

를 충분히 설득력 있게 마련하지 못했기 때문이다.

507 유치진, 〈자매〉, 『조광』(9), 1936.7, 338면 참조.

508 유치진, 「노동자 출신의 극작가 숀 오케이시」(20), 『조선일보』, 1932.12.22, 4면 참조; 김재석, 「유치진의 숀 오케이시 수용에 대한 연구」, 『어문학』 126집, 한국어문학회, 2014, 266~274면 참조.

서도 손꼽히는 장막극으로 꼽히는 작품이었지만, 희곡의 배경은 김씨 집으로 고정되었다. 김씨 집안을 상징하는 건물이 오래된 고가라는 점에서 〈자매〉는 무대 바깥off stage 가상의 배경으로 상정된 '서울'이라는 풍경과 무대 위에 시각적 이미지로 실현된 지방의 풍경을 대비하여, 몰락하는 김씨 집안 가세를 통해 조선인과 구 지배층 그리고 여성들의 사회적 고난을 보여 주고자 했다.[509]

이러한 사례는 1930년대 연극적 배경으로 경성을 설정한 극작술이 주목받는 이유를 대변한다. 1930년대 근대극(신극과 대중극 포함) 속에 반영된 조선(인)의 운명은 대개가 비극적 운명을 벗어나기 힘든 상황이었다. 후락하고 붕괴하는 정치 · 경제 · 사회 · 민족적 기반이 이를 대표적으로 웅변하는데, 이러한 상황을 표현하기 위해서 몰락한 공간적 배경이 더욱 효율적일 수밖에 없었다.

초가와 토굴과 움집을 공간적 배경으로 설정하는 극작술이 성행하고, 시기적으로 오래되어 과거의 광휘를 잃은 공간(고택, 농촌, 빈민가)들이 주로 극적 의미를 지니는 배경을 선호되었던 이유도 여기에서 찾을 수 있겠다. 이러한 상황에서 〈바람 부는 시절〉은 이례적인 선택을 감행한다. 경성을 핵심 공간으로 선택했고, 그중에서도 경성 부호의 집을 등장시켜, 공간적 대비(효과)를 극대화하려는 전략을 도입했다. 이러한 이

509 동시대의 대중극은 실질적으로 남은 작품이 거의 없으며, 남아 있는 총 20편 남짓한 작품 가운데에서 서울(대도시) 생활의 세부를 그리는데 주력한 작품은 거의 없다. 거칠게 도시 배경으로 분류될 수 있는 경우라 해도, 해당 공간의 형상은 '무시간적 배경'으로서의 공간에 모습에 가깝다. 1930년대 대중극의 설정에서도 도시의 일상 혹은 경성의 형상을, 극적 소재나 대상으로 다루어 그 의미를 살펴본 작품은 찾기 어려운 실정이다.

레적 공간 선택은, 농촌과의 대조를 통해 당대의 보이지 않는 무대 관습에 도전하는 선택이었고, 그 도전을 통해 의외성이라는 소기의 성과를 겨냥했던 작품 선정이었다고 해야 한다.

(8) **도시와 농촌의 이분법, 그 위에서 펼쳐지는 문명 비판과 자연 예찬의 진위**

〈바람 부는 시절〉에서 가장 근원적인 서사 구조는 도시와 농촌의 대립과 그 극적 반영에서 비롯된다. 농촌에 살던 한 순박한 청년이 도시의 삶 속으로 들어와 겪는 혼란과 그 혼란의 여파로서의 갈등을 그리고 있으며, 청년에 의해 폭발되는 분노와 그 행위로서의 살인이 결론 격으로 제시되고 있다. 농촌의 자연스러움을 거부하고 인간의 오만과 인위성을 강조하는 도시의 삶, 혹은 근대적 자아의 불필요한 허위를 거부하고 있다고 해석할 수 있겠다.

하지만 동시적으로 이러한 해석, 즉 작가의 의도 속에는 기본적으로 도시 대 농촌이 드러내는 문화적 우월감 대 열등감이 자리 잡고 있으며, 그 근저에는 신분적 차이로 인한 시혜 의식 또한 깔려 있다. 즉 〈바람 부는 시절〉은 도시인이 바라보는 농촌의 풍경과 그 속에 담겨 있는 우월자의 시각을 적극 활용하고 있으며, 농촌 사람들이 지닌 순박함을 예찬하면서도 그들의 부적응(성)을 희화화하고 있다. 작품 자체가 가지는 기조는 문명 비판적이고 자연 예찬적이지만, 결과적으로는 도시와 문명의 궁극적인 가치를 옹호하는 듯한 발언을 취하는 점도 부인할 수 없는 사실이다.

대표적인 경우가 다음과 같은 장면이다.

정숙 삼용 씨 아까 야외에서만 좋은 동리인 줄 알았더니 집안에 들어오니까 더 한층 아름답군요. 저 담 넘어로는 넓은 벌판이 보이고 마당 가운데는 자연의 호수가 있고 참 좋은 동네야 아– 내 마음 한층 더 유쾌해지는 것 같애.

삼용 아가씨 밥만 먹고 일만하는 이 시골이 뭐가 좋아유 우린 아주 지긋지긋해서 죽겠구만유.[510](강조 : 인용자)

위의 대화에서 정숙의 발언 중 강조한 부분에 주목할 필요가 있다. 현재 발굴된 공연 대본에는 무대 배치에 대한 정확한 묘사나 설명이 없다. 공간적 배경을 간략하게 '초가'라고 소개하고, '우물'과 '절구'가 있다는 사실만 적시하고 있다. 하지만 정숙의 발언은 수려한 전원 풍경이 동반되어야 한다는 사실을 암시하고 있다. 비록 이 작품이 동양극장에서 공연된 것은 아니지만, 청춘좌의 무대 책임자였던 원우전이 아랑으로 함께 이적했다는 점을 감안하면, 이 작품의 무대 디자이너는 원우전이었을 가능성이 매우 높다.

다음은 청춘좌에서 위의 무대 배치와 유사한 효과를 드러내는 무대 디자인(무대 사진, **그림 168**과 **그림 170**)과, 그 무대디자인이 연원했을 것으로 보이는 원우전의 스케치(**그림 169**와 **그림 170**)에 해당한다.[511]

정숙의 말대로 하면, 삼용의 집에서는 자연의 호수를 바라볼 수 있는 구조여야 했다. 동일 작품은 아니지만 무대 사진(**그림 168**)은 이러한 호

---

510 「〈바람 부는 시절〉 공연 대본」, 7~8면.

511 〈외로운 사람들〉과 〈남아 행장기〉의 무대 사진과 그 출처 그리고 사진에 대한 기본적 해석에 대해서는 다음의 논문을 참조했다(김남석, 「발굴된 무대 사진으로 살펴본 동양극장 무대미술에 대한 일 고찰」, 『우리어문연구』 58집, 우리어문학회, 2017, 9~11면 참조).

그림168 **청춘좌의 〈외로운 사람들〉**[513]

그림169 **원우전의 무대 스케치('51')**

그림170 **청춘좌 〈남아행장기**(男兒行狀記)**〉**[514]

그림171 **원우전의 무대 스케치('25')**

수를 무대 배경으로 끌어온 무대디자인을 보여 주는 동양극장 사례이다.[512] 그 원 스케치로 추정되는 **그림 169**를 보면, 원우전이 구상했던 호수의 모습이 생생하게 묘사되어 있다.

엄격하게 말한다면, 〈바람 부는 시절〉의 플롯상에서 정숙이 언급하

512 그림 5와 7은 다음 자료를 참조하여 인용하였다. 원우전, 「원우전 무대미술 자료(54점)」, 예술자료원 소장(열람), 2015.

513 「청춘좌소연(青春座所演) 〈외로운 사람들〉 무대면(동양극장에서)」, 『동아일보』, 1937.7.9, 6면.
https://newslibrary.naver.com/viewer/index.nhn?articleId=1937070900209106008&editNo=2&printCount=1&publishDate=1937-07-09&officeId=00020&pageNo=6&printNo=5697&publishType=00010

514 「〈남아행장기(男兒行狀記)〉의 무대면」, 『동아일보』, 1937.7.25, 7면.
https://newslibrary.naver.com/viewer/index.nhn?articleId=1937072500209107009&editNo=2&printCount=1&publishDate=1937-07-25&officeId=00020&pageNo=7&printNo=5713&publishType=00010

고 있는 '마당 가운에는 자연의 호수가 있'어야 한다는 설정은 다소 추상적일 수 있었다. 마당으로 설정된 공간에서 등장인물이 등/퇴장하는 상황인데(내실과 바깥으로 퇴장), 그 가운데에 호수를 설정하는 배치는 논리적으로 모순되기 때문이다. 하지만 위의 사진(비록 〈바람 부는 시절〉의 무대 사진(**그림 168**)은 아니지만)과 그 원본 스케치(**그림 169**)를 함께 놓고 살펴보면, 임선규의 의도가 마치 마당의 일부인 것처럼 펼쳐진 호수를 뜻한다는 사실을 확인할 수 있다.

임선규와 원우전이 동양극장에서 오랫동안 함께 근무하고 연극을 했다는 점을 고려하면, 임선규의 작품 가운데에 원우전의 스케치 혹은 무대디자인 양식이 이미 참작되었다고 볼 여지도 상정할 수 있다. 즉 두 사람은 오랫동안 함께 작업했기 때문에, 서로의 성향을 잘 알고 있었고 이로 인해 극작가 역시 장치가의 실현 가능성을 염두에 두고 최초 창작에 임했을 가능성까지 고려할 수 있다. 적어도 임선규는 자신이 대본에 적은 호수의 무대적 실현에 대해서는 크게 걱정하지 않아도 좋았다고 해야 한다.

실제로 동양극장의 무대미술 역사를 훑어보면, 극작가의 집필(혹은 공연 대본 정리 작업)과 무대미술팀의 실제 제작이 병행한 사례도 찾을 수 있다. 가장 대표적인 경우가 동양극장에서 무대화한 〈단종애사〉 정리 작업과 무대 제작이 동시에 시행된 사례일 것이다. 당시 무대디자인을 맡았던 원우전은 여전히 대본 정리 중인 최독견의 착상(구상)을 미리 들은 후에 무대장치부터 제작한 바 있었다.[515] 최독견의 구상만으로 무대

515 박진, 『세세연년』, 세손, 1991, 159면 참조.

는 제작에 들어갔고, 〈단종애사〉는 대중들에게 크게 주목받는 공연으로 치러질 수 있었다. 그만큼 동양극장 시절부터 극작가(대본 작성자)와 무대장치팀의 앙상블이 뛰어났고 협업 작업 역시 원활하였음을 확인할 수 있다. 이러한 앙상블과 협업은 아랑으로 이적한 이후에 문제 없이 유지되었을 것으로 보인다. 그 한 예가 임선규가 원거리에서 대본을 집필하고 조선으로 보내도, 해당 작품의 공연에는 큰 차질이 빚어지지 않은 〈바람 부는 시절〉이기도 하다.

한편, 무대 사진(**그림 170**) 역시 동일 맥락에서 검토할 수 있다. 이 그림은 무대 위에 '넓은 들판'의 모습을 보여 주고 있다. 〈바람 부는 시절〉에서 정숙이 지목한 '들판'이 이 그림에서 무대화되어 걸개그림으로 수용된 듯한 인상을 준다. 아마도 〈바람 부는 시절〉에 삼용의 집 너머로 펼쳐진 '넓은 들판'을 원우전이 무대에 구현한다면 **그림 171**의 무대 스케치를 바탕으로 하여, **그림 170**과 같은 풍경을 자아낼 것으로 여겨진다. 그러니 **그림 170~171**을 참조할 때, 〈바람 부는 시절〉에서 지목하고 있는 낮은 담을 넘어 펼쳐진 들판의 모습이 대략 연상된다고 하겠다.

이처럼 〈바람 부는 시절〉에서 정숙은 삼용 고향의 풍경을 넓은 들판과 정원 같은 호수로 요약하고 있으며, 이러한 요약적인 발화 방식을 고려하면 1경의 초가는 이러한 전원의 풍경을 어떠한 방식으로든 무대 배경으로 포함한 공간이어야 할 것이다. 그러한 사례를 동양극장의 사례에서 찾아보려는 시도는, 1939년 9월 동양극장에서 분화하여 약 1년 만에 이 작품을 제작 공연한 시점에서 공연 상황을 추정하는 데에 도움이 될 것으로 전망된다.

아랑의 무대 디자이너는 원우전이었고, 원우전은 동양극장 시절부터 임선규의 작품과 밀접한 관련을 맺고 있었다. 심지어 배우를 제외한 제작진으로서 박진, 임선규와 함께 설립 직후 아랑을 떠받친 인물로 원우전이 손꼽히기도 한다.[516] 그만큼 원우전은 청춘좌-아랑의 공연 제작에서 중추적 역할을 맡았는데, 청춘좌 공연 관련 무대 사진과 개인 스케치를 통해, 벌판(들판)이나 호수 등의 자연 풍광과 이러한 풍광을 배경으로 하는 거주 공간의 창조에 상당한 경험과 전문성을 지니고 있었던 사실을 확인할 수 있다.

특히 무대 제작 경험은 주요 제작진(전속작가)에 포함되어 있었던 임선규의 작품 구상과 무대 실연에 상당한 영향을 끼쳤다. 〈바람 부는 시절〉은 일본에서 보내진 공연 대본을 바탕으로 조선에 남은 아랑 단원들이 제작한 경우였지만, 이러한 과정에서 제작상의 난점이 특별히 언급되지 않았다. 오히려 임선규의 작품을 기다리고 그 무대화를 적극적으로 희망하고 있었다는 정황이 드러나고 있다. 그만큼 아랑 단원들은 임선규의 작품에 대한 이질감이 적었고, 비교적 능숙하게 해당 작품을 무대화하는 노하우를 지니고 있었다고 해야 한다.

그 배경에는 오랫동안 호흡과 손발을 맞춰 온 극단원들이 있었기 때문이며, 임선규의 희곡적 상상력을 넉넉하게 소화할 무대디자이너를 비롯한 스태프들이 대기하고 있었기 때문이다. 더구나 무대의 공간적 배경이 청춘좌 시절부터 그들이 친숙했던 자연의 풍광과 그 풍광을 배경으로 한 주택(초가)이었다는 점에서, 〈바람 부는 시절〉의 자연 풍광 재현은 청춘좌-아랑의 주요 레퍼토리이자 연극적 장점이었다고 볼 수 있다.

---

516 김남석, 「극단 아랑의 운영 방식 연구－1939년 9월부터 1941년 9월까지」, 『민족문화연구』 46호, 민족문화연구원, 2007, 69~102면 참조.

3) 아랑의 대작 〈동학당〉과 무대미술의 함의

(1) 〈동학당〉 공연의 개요와 그 특징

아랑의 대표작 중 하나가 임선규 작 〈동학당〉이었다. 이 작품은 아랑의 공연사에서도 흥행에 크게 성공한 경우였다. 호남 지역에서는 이 공연을 보기 위하여 관객들이 몰려들어 인산인해를 이루기도 했을 정도였다.[517]

〈동학당〉은 1941년 5월 2일(~4일) 부민관에서 초연되었으며,[518] 이후 5월 상순부터 북선 순회공연을 시행한 바 있다. 순회공연은 5월부터 시작하여 6~7월을 거쳐 7월 중순에서야 마무리되었는데, 그야말로 함경도를 비롯하여 대구, 경북, 부산, 남해안을 지나 전라도 일대를 순회하였다가 중부 지방을 거쳐 북선(평안도와 황해도) 지역을 찾아가는 장기 일정과 대규모 수준의 공연이었다.[519]

〈동학당〉의 기획은 1941년 3월로 거슬러 올라가며, 그 단초는 〈김옥균(전)〉(6막11장)의 성공이었다.[520] 작품 제작과 희곡 창작을 위한 예비모임(자료 수집)도 시행되었을 정도로,[521] 준비에도 만전을 기한 경우였다. 이 작품을 창작한 임선규는 아랑의 지원하에 1940년(후반기로 추정)에 일본으로 출국하여 극작 연수를 받은 것으로 알려져 있는데,[522] 이때

---

517 고설봉, 『증언 연극사』, 진양, 1990, 129면 참조.
518 『매일신보』, 1941.5.1, 4면 참조.
519 김남석, 「극단 아랑의 운영 방식 연구」, 『조선의 대중극단들』, 푸른사상, 2010, 463면 참조.
520 「사극 〈동학당〉 아랑이 상연 기획」, 『매일신보』, 1941.3.12, 4면 참조.
521 「〈동학당〉 상연의 '아랑'의 준비 회합」, 『매일신보』, 1941.3.26, 4면 참조.
522 고설봉, 「히트작의 제조작가 임선규」, 『증언 연극사』, 진양, 1990, 130면 참조.

〈바람 부는 시절〉(1940년 10월 9일 초연)과 〈인생설계〉(1941년 1월 27일 초연)의 대본을 조선으로 보내와 아랑이 두 작품을 제작했다. 물론 두 작품 모두 무대장치는 원우전이 맡았고, 연출은 박진이 담당했다.[524]

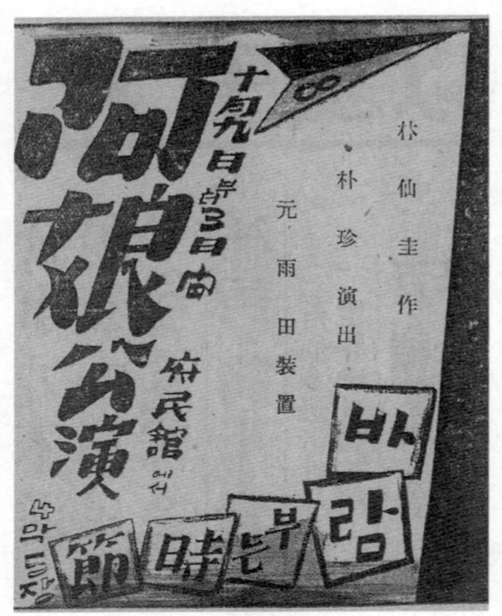

그림172 〈바람 부는 시절〉 초연 광고[523]

하지만 〈인생설계〉 이후의 작품인 〈동학당〉은 귀국하여 집필한 것으로 여겨진다. 〈동학당〉 이전 두 작품(〈바람 부는 시절〉과 〈인생설계〉)은 전후 사정으로 볼 때, 임선규가 일본(일본 동보클럽 작품 연수실)에서 보내왔을 가능성을 인정할 수 있지만, 〈동학당〉의 경우에는 사정이 달랐다. 〈인생설계〉까지는 일본에서 집필하고 조선으로 작품을 보낸다고 해도, 〈동학당〉의 창작 과정에서는 국내에 있어야 했기 때문이다.

실제로도 임선규는 〈동학당〉 국내 자료 수집 과정에 참여할 필요가 있었고, 전술한 대로 동학 관련자와 사전 예비 모임에도 참여한 것으로 확인된다. 그러니 임선규는 적어도 1941년 3월 시점에서는 국내에 머문 것으로 확인된다.[525] 그만큼 〈동학당〉의 집필과 공연에는 조선적인 특수성이 반영되었다고 할 수 있다.

523 「〈바람 부는 시절〉」, 『매일신보』, 1940.10.9, 2면.
524 「〈바람 부는 시절〉」, 『매일신보』, 1940.10.9, 2면 참조; 『매일신보』, 1941.1.27, 3면 참조; 『매일신보』, 1941.1.30, 6면 참조.
525 「〈동학당〉 상연의 '아랑'의 준비 회합」, 『매일신보』, 1941.3.26, 4면 참조.

> 〈동학당〉의 대본은 현재 발굴된 상태이다. 다만 1940년대 전반 아랑이 공연하던 대본은 아니고, 해방 이후 함세덕이 다시 정리하여 〈여명〉으로 개명한 대본이 남아 있다. 임선규의 〈동학당〉에는 친일극적 요소가 담겨 있었고, 이에 부담을 느낀 임선규가 〈동학당〉을 폐기하려고 하자, 함세덕이 해당 요소를 제거하고 새롭게 각색하여 공연하는 과정에서 생성된 대본이라고 할 수 있다.[526]

〈동학당〉의 인기 요인은 사극이라는 정통성에서도 찾을 수 있겠지만, 호남 지역에서 나타난 상황에서도 확인되듯 이 작품이 형상화하고 있는 소재로서의 '동학'에 대한 관심을 배제할 수 없다.

(2) 〈**동학당**〉 **무대디자인과 원우전 제작 무대**

이러한 과정을 거쳐 〈동학당〉은 부민관 무대에서 공연되었다. 공연 정경을 담은 공연 사진이 남아 있어, 당시 상황을 엿볼 수 있게 해준다.

무대 정경은 전반적으로 단출하다. 무대 뒷면으로는 배경화가 걸려 있고, 그 전면으로 무대장치가 돌출되어 있다. 무대장치와 배경화는 그 접속 면에서 서로 잇닿아 있는 구조였고, 전반적으로 그 접속 면을 자연스럽게 만들기 위한 가공 흔적이 드러나 있다. 그런데 이러한 특징은 원우전의 무대미술과 제작 세트의 특징을 보여 주고 있다.

아랑의 이 시기 무대디자이너는 원우전이었다.[528] 무대에 걸린 배경

526 김미도, 「임선규, 그 극적인 삶과 연극세계」, 『한국희곡작가연구』, 태학사, 1997, 190면 참조.

527 「극단 '아랑'의 공연 〈동학당〉」, 『매일신보』, 1941.5.6, 4면.

528 원우전이 〈동학당〉의 무대장치를 담당했다는 사실은 8월 공연에서도 확인되고 있다

그림173 **극단 아랑의 공연 〈동학당〉**[527]

화도 이러한 원우전의 솜씨를 그대로 이어받고 있다.

그림 174는 원우전의 무대 스케치(25) 중에서 산세를 확대하여 살펴본 사례이고, **그림 175**는 또 다른 스케치에서 유사한 산세를 찾은 것이다. 아랑의 〈동학당〉에 걸린 배경화는 전체적인 형상에서는 좌측 무대 스케치를 닮았고, 산의 주름이 부분적으로 삽입된 점에서는 **그림 176**의 무대 스케치의 특징을 이어받고 있다.

실제로 무대화된 경우로는 〈남아행장기〉를 들 수 있고, 작품 배경화 중에서 산세 지형은 우측 확대 사진과 유사하다. 이러한 산세 모양은 전반적으로 그 개성적 차이가 두드러질 수 없으니, 이 정도 유사성과 연관

(「본보 독자 우대 남량 공연」, 『매일신보』, 1941.8.22, 2면 참조). 아랑에서 김일영이 원우전을 대신하여 등장한 시점은 1942년 5월경으로 예상되며(『매일신보』, 1942.5.7, 4면 참조), 원우전은 1942년 9월 제1회 연극경연대회에서 청춘좌 소속 무대장치가로 참여하였다(김남석, 「극단 아랑의 극단 체제 개편 과정 연구」, 『영남학』 11권, 경북대 영남문화연구원, 2007, 298~300면 참조).

그림174 **원우전의 무대 스케치('25')와 우측 상단 산세 확대**

그림175 **아랑의 공연 〈동학당〉[529]과 좌측 배경화 산세 부분 확대**

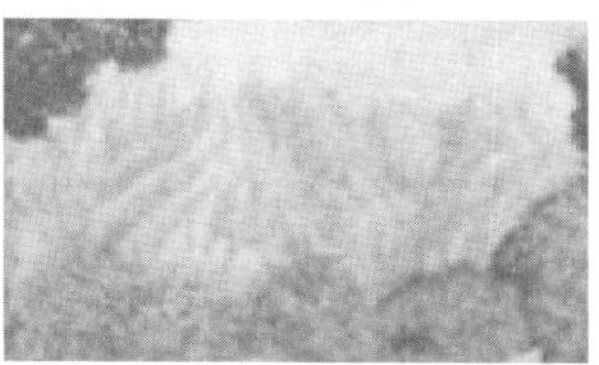

그림176 **원우전의 무대 스케치[530]와 상단 상세 부분 확대**

그림177 **동양극장 청춘좌의 〈남아행장기(男兒行狀記)〉(무대 사진)[531]과 그 산세 부분 확대**

그림178 **아랑의 공연 〈동학당〉[532]의 좌측 배경화 산세 부분 확대**

성은 일상적으로 나타난다고 여기기 쉽다. 하지만 그러한 일상성에도 불구하고 위의 무대 배경화에는 일정한 연관성이 노정되어 있다.

이러한 주변 정황을 종합하여, 위에서 발굴한 공연 사진의 공간적 배

529 「극단 '아랑'의 공연 〈동학당〉」, 『매일신보』, 1941.5.6, 4면.

530 원우전이 남긴 무대 스케치 중 일련번호 '2'에 해당하는 스케치이다.

531 「〈남아행장기(男兒行狀記)〉의 무대면」, 『동아일보』, 1937.7.25, 7면. https://newslibrary.naver.com/viewer/index.nhn?articleId=1937072500209107009&editNo=2&printCount=1&publishDate=1937-07-25&officeId=00020&pageNo=7&printNo=5713&publishType=00010

532 「극단 '아랑'의 공연 〈동학당〉」, 『매일신보』, 1941.5.6, 4면.

경을 찾아보자. 우선 〈동학당〉의 공간적 배경을 일별할 필요가 있다. 1막은 부호 김성현의 집이고, 2막은 박달의 집으로 공간적 배경이 설정되었다. 3막은 '대홍사大弘寺'라는 '절간 뒤'를 공간적 배경으로 삼고 있고, 4막은 '괭이 다리 곡진촌曲辰村 부엉골 산사山舍'를 공간적 배경으로 설정하고 있다.

일단, 1막의 공간적 배경은 김성현의 대가집으로 설정되었기 때문에, 대가집의 면모가 전혀 나타나지 않는 공연 사진 속 풍경에는 부합하지 않는다. 더구나 〈동학당〉의 발굴된 공연 사진은 실내 풍경을 포착하고 있어, 1막의 배경으로 유력하다고 볼 수 없다.

그러니 위 공연 사진의 배경은 2막~4막의 배경으로 추정된다. 2/3/4막은 야외 풍경을 포함할 여지를 지니고 있기 때문에, 이러한 추정은 힘을 얻게 된다. 이 중에서 2막은 해당 도입부에서 사람들이 모여 주문을 외우는 광경이 연출되고 있기 때문에, 사람들이 모여 있는 공연 사진 속 정경과 일견 유사해 보이기도 한다.

> **朴達의 집. 그다지 크지 못한 사랑방. 안체가 달녀 잇고 上下手로 通路가 잇고 下手門이 잇다.** 開幕 - 朴達을 중심으로 하고 楊順元, 河允植, 張大傑, 崔三石, 其他 數人 東學 同人 侍天主造化定 永世不忘萬事知 主文을 여러시 웨이고 잇소. 주문 끚인 다음.[533](강조 : 인용자)

533 〈동학당〉 대본은 해방 이후 함세덕이 정리하여 재공연한 공연 대본을 참조하였다. 임선규 원작, 함세덕 정리, 〈동학당(여명)〉, 이재명 외편, 『해방전(1940~1945) 공연희곡집 3』, 평민사, 2004, 28면 참조.

하지만 전반적으로 2막 박달의 집은 야외의 인상을 강하게 풍기는 집이 아니며(오히려 실내 풍경에 가깝다고 해야 한다), 결정적으로 상수 방향에 등장한 여인들의 존재를 설명하기 어렵다. 비록 2막의 후반부에 윤주가 하녀와 함께 수만을 방문하는 사건이 일어나지만, 이 시점에서 무대에는 수만만 남아 있어야 하기 때문에, 사진 정황과 극적 정황은 불일치를 내보이고 있다. 이후 2막에서는 전반적으로 공연 사진에 포착된 극적 상황과 일치하는 대목을 찾기 어렵다고 해야 한다.

반면, 3막 배경에 대한 공간적 묘사는 여러 측면에서 공연 사진의 배경에 부합하는 측면이 존재한다. 더구나 〈동학당〉에서 배경화의 사용을 직접적으로 지시하는 막은 3막이다. 공간도 야외이고, 주변의 지형도 개략 일치하고 있다. 더구나 배경화를 배치하고 산세를 묘사한 이유도 3막의 공간적 배경과 연관시키면 납득이 된다.

멀리 산이 보이는 공간을 묘사하여 동학군이 산중에 마련한 본거지를 보여 준다는 취지 때문에, 3막에서는 산세를 그린 배경화가 절실하게 요구된다는 추정은 일견 타당해 보인다. 따라서 공연 사진 속 공간적 배경은, 산 중에 위치했던 동학군의 요새 혹은 본거지와 유사한 측면이 존재한다.

하지만 정밀하게 살펴보면, 무대 속 공간은 절간과는 거리가 있으며, 탑도 찾기 어렵다(사진 중). 더구나 3막 도입부는 흥겨운 분위기에 젖어 있기 때문에, 남자들이 무기를 들고 모여 있는 사진 속 정황과 부합되는 장면을 찾기 어렵다(사진 좌). 비록 3막 중반부에 수만이 김성현 일가(김성현, 상수, 그리고 윤주)를 놓아주는 과정에서 긴장된 분위기가 형성되고 일시적으로 여인(윤주)이 등장하면서 사진 속 정황과 유사한 광경을 연

舞臺
절간 뒤. 上下手로 길이 잇고 **멀니 山이 보이며** 塔이 보이고 절 氣分을 만이 낸다.
開幕하면 멀니서 銃声 二, 三 發 들니고 東學軍 數十名 꽹매기 치고 새납 불고 장구 치고 춤을 추며 떠들며 登場하야 한 사람이 부르는 소래에 맞우어 흥겨웁게 논다.[534]

그림179 **극단 아랑의 공연 〈동학당〉**[535]

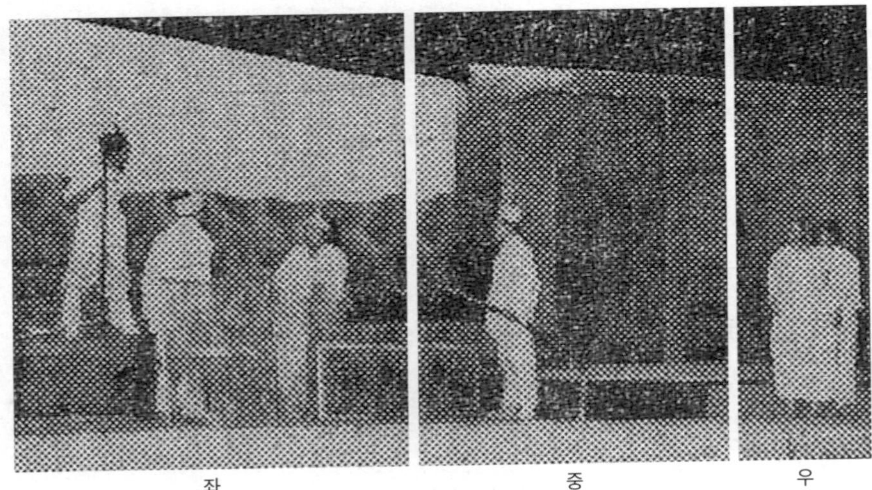

좌 중 우

그림180 **극단 아랑의 공연 〈동학당〉**[536]

출하기도 한다(사진 우).

하지만 결정적으로 3막에는 상수 방향 두 명의 여인이 등장하는 사

534 임선규 원작, 함세덕 정리, 〈동학당(여명)〉, 이재명 외편, 『해방전(1940~1945) 공

진 속 상황과 일치하는 장면 혹은 세부 사건이 부재한다(사진 우). 결과적으로 공연 사진 가운데에서 상수 방향에 치우쳐 축조된 건물은 절의 정취와 풍광을 결여하고 있고, 사진의 상수 방향 끝부분에 등장하는 두 명의 여인은 설명할 대목이 없는 셈이다.

그렇다면 문제의 사진 속 장면은 4막의 내용과 관련될 가능성이 농후하다. 실제로 다음 장면은 공연 사진의 정황과 일치한다.

> 壽万이 쫏겨 들어와서 집가리 속으로 숨소.
>
> 楊順元, 河允植, 張大傑 총 或은 댓창 들고 오시오.
>
> 楊 順　여긔 도망 들어온 놈 어데 갓서 응.
>
> 三乭母　몰나요.
>
> 楊 順　몰느다니 이 집으로 들어왓는데.
>
> 河　바른 대로 일느지 안으면 너도 죽는다.(창을 견우고)
>
> 三乭母　난 몰느겟서요.
>
> 河　죽어도 모를가.
>
> 三乭母　몰느는 것은 죽으면 아나요.
>
> 楊 順　고년 지독하고나.
>
> 張 大　(三乭에게) 너 이놈 엇던 사람 숨는 것 보왓지.(견우고)
>
> (…중략…)

연희곡집 3』, 평민사, 2004, 41면.

535 「극단 '아랑'의 공연 〈동학당〉」, 『매일신보』, 1941.5.6, 4면.

536 「극단 '아랑'의 공연 〈동학당〉」, 『매일신보』, 1941.5.6, 4면.

張은 四方으로 차즈러 다니고 楊도 집가리 속 찔너 보시오. 팍팍 찔 너 아슬아슬한 겄을 보이요.

三 乭　이 아야 아야 아이구.(참다 못해) 저긔 집가리 속에 들어잇서요.

楊　웅, 나오너라 壽万아, 이 개만도 못한 놈아, 兄을 팔고 애비를 팔어 먹은 놈.(집가리 내릿치여 壽万이 나오시오)

壽 万　여보 아저씨, 용서해 주슈.

楊　용서, 이놈아, 게집애에게 마음을 뺏기여 東學을 파러먹은 네 놈은 사지를 찌져 네거리에다 걸어놀 테다.

壽 万　아저씨.

(…중략…)

壽 万　(끌여 가며) 여긔서 쥑여 주세요. 나 兄님헌테 안 갈 테여요. 아저씨 아저씨 여긔서 쥑여 주세요.

四人 나가오.

三乭母　알구 보닛가 그놈도 東學軍이엿구나. 그런데 이 숨은 것들은 무었인가.

潤 珠　(뛰여 나오시오) 그이가 지금 어데로 가서요, 네.

三乭母　아니 그이하고 엇더케 되오.

潤 珠　(나가랴고 할 째)

壽 万　兄님, 兄님, 兄님.(뒤거름질쳐 도망오며)

潤 珠　여보.

壽 万　潤珠 씨 어서 숨어 주시오.

楊, 河, 張, 들어오시오.

壽 万　어서

潤珠　　갓치 죽을 테여요.

楊　　응 참 그 꼴 보기 좋타.

河　　미칠 만두 허게 됏다.

壽永, 나오시오. 총 가지고.[537] (강조 : 인용자)

수만이 김성현 일가와 숨어 있는 집에 동학군 3명이 찾아온다. 그들은 수만의 행적을 쫓는 과거의 동료들이다. 이 동료들은 삼돌을 고문하여 결국 수만이 숨은 장소를 알아낸다. 수만이 은신처에서 나오면서 남자 등장인물은 사진 속 정황처럼 네 사람이 된다.

동학군 세 사람(楊順元, 河允植, 張大傑)은 총 혹은 대창을 들고 있었다. 사진 좌에서 총 혹은 창을 들고 있는 사람은 대략 세 사람이다. 그러니 빈손으로 등을 돌리고 서 있는 남자가 수만이고, 수만을 에워싸듯 둘러선 이들이 추적자들이다.

추적자들은 체포한 수만을 자신들의 영수인 수영에게 데리고 가려고 일시적으로 집을 나선다. 추적자들이 집을 나선 틈을 타서 윤주가 은신처에서 뛰어나오고, 이로 인해 무대 위에는 두 명의 여인이 생겨난다. 윤주는 수만의 안위가 걱정되어 집 밖으로 찾아 나서려고 하는데, 이때 끌려갔던 수만이 다시 귀가하고 윤주와 만난다. 수만은 윤주에게 도망치라고 말하지만, 뒤따라온 추적자들에게 다시 둘러싸이게 된다. 이제는 윤주까지 위험에 처하게 되었고, 추적자들 무리에는 그 수장인 형 수영마저 합세한 형국이었다.

537 임선규 원작, 함세덕 정리, 〈동학당(여명)〉, 이재명 외편, 『해방전(1940~1945) 공연희곡집 3』, 평민사, 2004, 56~58면.

공연 사진에서 네 명의 남자가 포착된 것은 인용문에서 나타나는 것처럼 수영이 막 등장하기 직전이었기 때문이다. 결국 숨어 있던 윤주가 노출되고 본래 감시하에 있던 삼돌모가 합쳐지면서 여인은 두 명이 되고(정황상 앞선 여인이 삼돌 모이고, 그 뒤에 숨듯 몸을 감춘 여인이 윤주이다), 추적자 3명과 구금자 수만이 결합하여 무대 위에는 네 명의 남자가 남게 된다. 물론 이 장면 다음에는 가장 커다란 위기에 해당하는 수영의 등장이 이루어진다.

그러니 발굴된 또 다른 공연 사진은 4막에서 수만과 김성현 일가가 동학당 추적자들에게 체포되어 수만과 수영이 대립하는 극한적 대결의 직전 공연 사진이라 하겠다. 이 사진은 정치적 견해를 둘러싼 형제간의 갈등과 긴장을 예고한다는 점에서 〈동학당〉의 백미에 해당하는 장면이기도 하다.

원우전은 배경화를 통해 산세를 표현하고 왼딴 집의 형상을 건축하여 허름한 산골을 재현하고자 했다. 해당 4막의 무대 설명이 "괭이 다리 曲辰村 부엉골 山舍 / 언덕길. 언덕 밑으로 草家, 우물, 싸리문과 벳다발."이라고 할 때, 원우전은 장치의 상당 부분을 과감하게 생략하고 간략한 건축물로 초가를 대신하는 집舍을 마련하는 용단을 내렸다고 할 수 있겠다.

비록 추정이기는 하지만 산세를 표현한 배경화는 3막의 배경화로 쓰였을 가능성도 배제하기 어려우며, 초가를 굳이 만들지 않은 점으로 볼 때 '산사'로 제작된 세트 역시 재활용이 어느 정도는 실현되지 않았나 싶다. 짧은 공연 기간과 긴 순회 공연을 치러야 하는 아랑의 현실에서 무대장치는 특징만 살릴 수 있고, 경우에 따라서는 휴대 이동이 가능해야 하기 때문이다. 무엇보다 원우전이 한 작품 내에서 세트의 다양한 변조와 재활용을 했다는 점 감안하면,[538] 그러한 의구심이 드는 것을 막을 수 없다고 해야 한다.

(3) **사랑의 감정과 신분의 높이** – 대중극의 특성으로서 수만과 윤주의 만남 장면

〈동학당〉의 공연 사진은 한 장이 더 발굴되어 있다. 그것은 실내 장면 사진이다. 마치 〈춘향전〉을 방불케 하는 무대 구조를 포착한 공연 사진으로, 기존 원우전이 참여했던 〈춘향전〉의 한 장면을 연상하도록 만든다. 세부적인 차이는 분명 존재하지만, 조선의 대가大家가 취하는 전형적인 특성은 일치하고 있다. 일단 단 형식으로 축조된 대청이 그러하고, 대청이 연기 공간으로 무대 중앙(후면)에 놓인 점이 그러하며, 이러한 단과 무대 평면을 연결하는 댓돌의 존재도 그러하다.

대청 옆으로는 방이 위치하는데, 〈동학당〉의 무대에서 이 방의 내부 공간이 공개되는지 여부는 확실하지 않으나, 당시에는 이러한 방들이 개폐만 가능하고 그 안에서 연기(시야선 투시)가 불가능한 경우도 상당했다. 다시 말해서, 등/퇴장로의 변형으로서 방의 기능만 수행하는 경우도 상당했다. 아래 우측 〈춘향전〉의 방은 내부가 공개되지 않는 구조였으며, 당대 관습과 원우전의 제작 관례에 따른다고 할 때 〈동학당〉 역시 유사한 구조였을 것으로 보인다.

---

538 김남석, 「동양극장 〈춘향전〉 무대미술에 나타난 관습적 재활용과 독창적 면모에 대한 양면적 고찰」, 『현대문학이론연구』 66집, 현대문학이론학회, 2016, 33~56면; 김남석, 「무대 사진을 통해 본 〈명기 황진이〉 공연 상황과 무대 장치에 관한 진의(眞義)」, 『한국전통문화연구』 18호, 전통문화연구소, 2016, 7~62면.

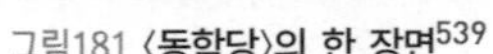

그림181 〈동학당〉의 한 장면[539]

그림182 동양극장 청춘좌의 1936년 1월 〈춘향전〉(무대 사진)[540]

두 무대에서 중앙에 주인공이 위치하고 한편에 노복이 시립하는 구도도 비슷하게 포착되고 있다. 두 작품의 무대가 기본적으로 유사하기 때문에, 장면의 핵심 인물이 무대 중앙의 단(상)을 차지하면 좌우로 인물들이 벌려 서는 동선이 자연스럽게 이루어지기 때문이다. 이러한 측면에서 원우전의 동헌(〈춘향전〉)과 대가(〈동학당〉)의 유사성은 연출과 무대 동선에도 영향을 끼칠 수밖에 없었다고 해야 한다.

원우전 제작 무대 〈춘향전〉과의 관련성을 알려주는 내용이 〈동학당〉의 내부에도 존재한다. 그것은 1막에서 주인공 수만이 적대자의 수장인 김씨 집안을 찾아가는 이유와도 관련된다. 김성현의 아들 상수는 〈춘향전〉 이야기를 즐겼고, 수만은 상수을 만나기 위하여 위험한 김씨 집안으로 잠입하곤 했다.

이러한 잠입 사건을 다룬 막이 〈동학당〉의 1막이다. 1막의 무대 구조

539 「〈동학당〉 성황」, 『매일신보』, 1941.8.24, 2면.
540 「청춘좌 공연의 〈춘향전〉 대성황」, 『조선일보』, 1936.2.1, 6면.

는 "넓은 대청에 화려한 장식의 방"을 연상시키는데, 이러한 무대 구조는 〈동학당(여명)〉의 1막(1~2장 공통 무대) 무대 설명에 합치된다.

> 舞台
>
> 秋 初저녁.
>
> 金性鉉의 舍廊.
>
> 놉흔 담에 싸힌 큰 建物 上下手 進路 下手 中門이 잇고 때는 秋 九月.望間이라 黃菊 白菊이 한창이요. 넓은 대청에 화려한 장식의 방.[541]

〈동학당〉의 무대 설명은 위의 좌측 사진으로 구현되었다. 무대는 대청을 중심으로 구성되었고, 화려한 장식을 한 방이 별도로 마련되지는 않았지만, 방의 인상이 대청에 전반적으로 투영되었다. 무대 후면에는 병풍이 마련되었고, 그 좌우로 문갑과 장식이 놓였다. 편액이 상층부에 진열되었고, 단(대청) 아래에는 섬돌이 놓였다. 섬돌은 단(대청)과 평면을 잇는 통로로, 이 통로로 인해 등장인물들은 위/아래 공간에서 연기하고 교행하는 동선이 가능했다. 이러한 통로로서의 이동 가능성은 우측 〈춘향전〉 무대(사진)에서도 사용된다. 원우전이 무대 제작을 맡은 경우, 이러한 '섬돌'은 선호되는 구조이자 무대장치이기도 했다.

그림 181의 〈동학당〉 장면은 김씨 집안에 드나들던(문)수만이 김씨 문중 딸인 윤주와 대면한 장면으로 여겨진다. 당시 장면은 김씨 장손 상수

541 〈동학당〉 대본은 해방 이후 함세덕이 정리하여 재공연한 공연 대본을 참조하였다(임선규 원작, 함세덕 정리, 〈동학당(여명)〉, 이재명 외편, 『해방전(1940~1945) 공연희곡집 3』, 평민사, 2004, 10면 참조).

의 놀이 친구로 방문했던 수만이 가부장 김성현과 만난 이후 신분을 거짓으로 둘러대고 위기를 탈출한 직후의 상황에 해당하며, 김성현을 피해 위기를 모면하고 김씨 집안을 나서다가 상노에게 걸려 곤욕을 치루기 지전에 다시 윤주에게 구원되는 상황이다. 이 무대 사진의 상황이 직접적으로 해당되는 대본의 대목은 다음과 같다.

常奴 1 登場.

常1 너 인제 가니.

壽 万 어, 취햇다. 아, 나도 홀노 울고 잇겟어요.(안을 向하야 끼웃끼웃 한다)

常1 아니 이놈아, 너 건방지게 道令님 옷을 입고 웨 거들대느냐.

壽 万 내야 거들대든 춤을 추든 땅재주를 넘쓴 老兄이 무슨 相關 있오. (안에서 누가 나오는 모양) 어서 가거라.

潤珠가 가만이 얼골을 비친다.

常 1은 그것을 보지 못하고.

常1 아주 저 녀석이 언제붓터 건방저젓서. 개살구가 지래 터진다드니, 어린 놈이 버르쟁이업게 자란다.

壽 万 이놈 당장에 나가지 못할가. 썩 나가거라.

常1 안이 저 녀석이 뵈는 것이 업나.(멕쌀 쥔다) 뭣이 엇재, 허, 기가 맥혀.

壽 万 아 이놈 버르쟁이 없이 이게 무슨 버릇이냐. 이놈이 한술 더 뜬다.

潤 珠 (보다 못해서) 이놈, 이게 무슨 버르쟁이 업는 짓이냐. 敢히 누구

에게 손을.

常 1　(깜짝 놀내여) 자근 아씨, 저 놈이.

潤 珠　그래두 말버릇 곳치지 못해. 어서 나가.

常 1　자근 아씨, 이놈이 달은 놈이 안이라.

潤 珠　어서 나가래면 나갓치 무슨 잔소리야.

常 1　네. 하 이것 참.(안으로 退場)[542](강조: 인용자)

대청의 청년은 양반의 복색을 갖추고 있다. 그 이유는 김씨 집안의 장손 상수가 옷을 내주었기 때문이다. 상수는 놀이 친구인 수만이 들통날 우려가 있다며 그만 오겠다고 하자, 수만의 신분을 감추기 위하여 양반의 옷을 건네준다. 그로 인해 수만은 양반의 복색을 갖출 수 있었고, 처음 의복을 알고 있는 상노는 상수가 없는 틈을 타서 수만에게 핀잔을 주고자 한다.

상노(1)은 자신과 같은 신분이면서도 김씨 집안의 귀빈으로 대접받고 심지어는 상전인 상수에게 우대를 받는 수만을 몹시 싫어한다. 때마침 아무도 없는 틈을 타서 수만을 괴롭히려고 하는데, 이때 등장한 여인이 상수의 동생 윤주였다. 윤주 역시 상수처럼 수만을 우대하며, 상수를 괴롭히려는 상노(노복)를 도리어 나무란다. 상노는 서슬 퍼런 윤주의 노기에 놀라 퇴장하지만, 마음속으로는 불만이 가득한 안색이다.

위의 무대 사진은 하수 방향에 아직 물러나지 않은 노복(상노)이 위치하고 있고, 대청 위에는 양반의 복색을 한 청년(주인공) 수만이 위치하

542 임선규 원작, 함세덕 정리, 〈동학당(여명)〉, 이재명 외편, 『해방전(1940~1945) 공연희곡집 3』, 평민사, 2004, 26면.

고 있으며, 상수 방향에는 '가만이 얼굴을 비친' 윤주가 위치하고 있는 장면이다. 전형적으로 아래에 위치한 상노 대 위에 위치한 수만과 윤주라는 인물들의 대결 구도를 보여 주고 있다.

무대는 높이차를 활용하여 심리적으로 한편인 윤주와 수만을 보여 주고, 그들과 떨어져 쩔쩔매는 상노의 상황을 표현하고 있다. 그런데 위의 장면을 이해하기 위해서는 그 전에 이루어진 윤주와 수만의 대화 장면을 살펴볼 필요가 있다. 사실 위의 무대 사진에 포착된 장면은 아래 장면에서 구현된 사건의 여파를 다루고 있기 때문이다.

> **金 性** "今年花落顏色改요, 昨年花開復誰在라." "年年才々花相似요, 才々年々人不同이라."(나가며 먼저 글을 푼다 相洙 딸어나가오)
>
> 潤珠 들어가려다가 壽万이를 돌아다보고 서로 視線이 마즈친다.
>
> 서로 말은 업스나, 여러 번 視線이 마조치오.
>
> **壽 万** 老翁白頭眞可憐 何青紅顏美少年. 아버님도 한쌔는 紅顏少年時節이 이엿겟지요.
>
> **潤 珠** (얼골 쌜개지며) 네.
>
> 視線이 또 마조치니.
>
> **壽 万** 來日붙어는 그만 오겟어요.
>
> **潤 珠** (도라슨 채) 웨요.
>
> **壽 万** 이 冊 春香수절歌 쌔문에 우연히 相洙와 알게 됏는데, 이 冊도 그만큼 읽고 그래스니까 그만 올 作定입니다.
>
> **潤 珠** 멧 百番 읽어도 조흔 冊은 죠와요. 안 오시면 오라바니가 얼마나 쓸々하

시게요.

壽 万　나는 두 분과 오래 사귀일 만한 사람이 못 됩니다. 나는 두 분보다 사뭇 천한 사람이올시다.

潤 珠　賤하다 하시오니 무슨 말씀에 뜻이온지. 來日 밤도 달은 저럿케 밝을 터인데요.

壽 万　來日 밤은 저 밝은 달 아래에서 나 홀노 울고 있겟읍니다.

潤 珠　그러면 저도 혼자 울고 잇겟서요.

壽 万　네?

潤 珠　(돌아보고 붓그러운 듯이 뛰어들어가다가 나오는 相洙와 마조치오)

相 洙　아이구. 얘 潤珠야, 어서 들어가 봐라. 아버지 차즈시드라.

潤珠 들어가오.

壽万 술을 들고 병 채로 마시오.[543] (강조 : 인용자)

위의 인용 장면은 수만과 윤주가 만나는 대목으로 서로의 감정을 확인하는 사건을 다루고 있다. 수만은 김씨 집안에 다시 오지 않겠다고 말하고, 윤주는 그러한 수만을 만류하고 있다. 수만은 굳이 윤주를 향해 '그만 오겠'다는 심정을 밝힐 이유가 없어 보이는 데도, 상대(윤주)와 관련된 자신의 괴로운 심정을 토로하려는 듯 일부러 그러한 말을 꺼내고 있다.

반면 윤주 역시 오빠 상수의 손님이 자신의 손님이 아니었음에도, 수

543 임선규 원작, 함세덕 정리, 〈동학당(여명)〉, 이재명 외편, 『해방전(1940~1945) 공연희곡집 3』, 평민사, 2004, 24~25면.

만이 다시 오지 않겠다고 말한 이유를 구태여 캐묻고 있고, 그 이유를 들은 이후에는 상수의 입장을 빌려 수만의 결심을 만류하는 태도를 취하고 있다. 특히 윤주는 여인의 신분으로 내외를 해야 하는 처지였음에도 불구하고, 아버지 김성현과 오빠 상수를 따라 퇴장하지 않고 수만과 대화를 이어가고 있다. 윤주는 정면으로 쳐다보기에는 다소 부끄러운 듯 '도라슨 채'로 대화를 나누는데, 그러한 윤주의 수줍은 모습이 상수 방향 문 앞에서 포착되어 있다.

이러한 윤주의 태도는 〈동학당〉의 무대 사진에서도 체현되고 있다. 윤주가 노복을 나무라고 물러가라고 말하는 대본에서는 '돌아선 윤주'를 지시하고 있지 않다. 하지만 그 이전에 있었던 수만과의 만남에서는 '도라슨 채' 대화를 나누는 연기가 지시되어 있다. 연출가는 이러한 윤주의 태도를 이어서 연기하도록 지시한 것으로 보인다. 윤주는 아버지 김성현의 부름을 받고 방에 들어갔다가 나왔기 때문에, 앞선 상황과 분리된 상황에 처해 있지만 여전히 수줍어 하는 태도를 유지하고 있는 것이다.

수만과 윤주가 대화를 나눌 때, 두 사람의 감정 상태는 상대에 대한 호감을 넘어서는 내면 심리를 보여 준다. 수만은 자신의 처지를 비관하며 교류 단절을 말하지만, 동시에 상대를 만나지 못하는 외로운 심정을 피력하고 있다. 윤주 역시 수만의 감정을 이해하고, 자신 역시 교류 단절로 크게 슬퍼하고 외로워할 것이라는 심정을 전달하고 있다.

이러한 두 사람의 대화는 상대를 향한 연모의 정을 은연중에 내포하면서도 동시에 그러한 사랑이 넘을 수 없는 신분의 벽을 제시하고 있다. 재기발랄하고 총명한 수만이었지만 그의 신분은 상민에 불과했고, 윤주는 아름답고 현숙하지만 김성현이라는 당대 악덕 부호이자 절대 권력가의 딸이었다. 두 사람 사이에는 조선의 엄격한 신분 질서와 반상의 격차가 가로막고 있었다. 실제로 두 사람의 운명은 사랑을 쫓았으나 서로에게 불행을 남기는 결과로 이어진다. 이러한 측면에서 볼 때 무대에서 두 사람의 첫 만남은 애틋한 사랑과 이루어질 수 없는 행복의 단면을 암시한다고 하겠다.

이러한 신분 질서와 사랑의 문제는 수만이 김씨 집안에 방문하여 수만에게 읽어준 책과도 관련이 있다. 수만은 상수에게 〈열녀춘향수절가〉를 낭독해 주었는데, 그 내용은 주지하듯 하층민 춘향과 양반 자제 이몽룡의 사랑과 고난이었다. 남녀의 신분 구도는 현실에서는 상류층 윤주와 하류 계층 수만으로 역전되어 나타나고 있고, 두 사람의 사랑이 〈춘향전〉의 고난만큼 쉽지 않은 난관으로 다가올 것이라는 점을 암시하고 있다. 결과적으로도 두 사람은 신분 격차로 인해 결국에는 헤어져야 했고, 이러한 헤어짐은 하층민인 수만의 각성과 도전 의지로 변화되기에 이른다.

〈동학당〉과 관련된 옥내 풍경을 다룬 사진은 결국 수만과 윤주의 사랑과 그 난관을 암시하는 사진이었다. 남아 있는 사진 속의 노복(상노)은 그 난관을 의미하고 있으며, 수만이 상민임에도 불구하고 양반의 옷을 입고 대청(마루)에 올라 윤주와 동일한 높이를 유지하는 무대 연기는 두 사람의 꿈과 지향이 결국 평등한 결합이라는 점을 시사한다. 물론 그 옷이 수만의 옷이 아니었고, 윤주의 뒤에는 부친 김성현이라는 봉건주의자가 버티고 있었기 때문에, 이러한 그들의 바람은 절대 호락호락하지 않은 길을 가야 한다는 암시도 담겨 있었다.

실제로 윤주에게 억지로 쫓겨난 노복(상노)은 김성현에게 수만의 정체를 일러바치고 크게 노한 김성현은 노복들을 대동하고 다시 등장하여 수만을 문초하기 시작한다. 수만은 윤주의 도움으로 일시적으로 상노의 위협에서 벗어날 수 있었고, 윤주와의 밀어를 통해 미래에 대한 꿈을 이어갈 수 있었으나, 그가 직면해야 했던 현실은 더 큰 위협이었고 꿈에 이르는 길이 얼마나 먼가를 보여 주는 고통스러운 좌절이었다. 결국 수만은 노복의 탄압에 홀로 일어설 힘을 잃고, 그 자리에 자신이 얻었던 양반의 옷을 벗어두어야 했다. 자신의 처지를 깨닫고 이를 인정하는 일은 고통스럽게 묘사된다.

> **壽 万**　　(**간신 이러나서 옷을 벗어 개여놋코 제 옷을 입고**) 道令님 인연이 잇으면 또 뵙겟지요. 아갔이, 저는 이런 賤한 놈이올시다. 꿈을 꾼 것 갓씀니다. 언제까지든지 이저버리지 안을 꿈을 꾼 것 갓씀니다. 아갔이 이놈을 웃서 주십시오. 이놈을 웃서 주십시오.[544](강조 : 인용자)

임선규는 식민지 시절 극작가로서 대중극에 대한 남다른 조예를 내보이고 있었는데, 위의 장면은 수만과 윤주의 연애 감정을 빌려 당시 조선의 병폐로 여겨지는 신분제의 문제를 지적하고 있다. 사진으로 남은 장면은 윤주의 연애 감정과 신분제의 폐해를 상징적으로 함축한 장면이었다.

544 임선규 원작, 함세덕 정리, 〈동학당(여명)〉, 이재명 외편, 『해방전(1940~1945) 공연희곡집 3』, 평민사, 2004, 28면.

동시에 수만으로 대표되는 민중의 바람이 좌절로 이어질 우려를 암시하고 있기도 하다. 나아가서 이 장면은 이후 수만이 동학군을 배신하면서 윤주와 그 배경으로서 김성현을 보호하고, 또한 윤주가 신분의 차이를 의식하면서도 수만을 따르는 이유를 보여 준다는 점에서, 향후 사건 전개에서 중요한 근거를 마련하고 있기도 하다. 옷을 벗어두고 자신으로 돌아가야 한다는 수만의 마지막 대사는 결국 〈동학당〉의 1막을 마감하는 대사로 사용되는데, 이러한 수만의 감정을 뒷받침하고 정리하는 대목이 또한 윤주와 노복 사이에 낀 수만의 모습이었다고 할 수 있다.

6. 연극경연대회와 그 이후 활동

아랑의 체제는 출범 2주년을 기점으로 점차 극작 김태진, 연출 안영일(혹은 이서향), 장치 김일영 체제로 변화하였다. 그것이 가장 첨예하게 나타난 것이 제1회 연극경연대회였다. 당시 임선규는 고협의 〈빙화〉를 집필하였고, 원우전은 청춘좌 〈산풍〉의 장치를 맡았다.[545] 제2회 연극경연대회에서는 임선규 · 박진 · 원우전이 모두 청춘좌의 〈꽃피는 나무〉 공연에 참여했다.[546]

반면 아랑은 박영호 작, 안영일 연출, 김일영 장치, 이강복 효과로 〈물새〉를 제작하여 출품했다.[547] 이러한 변화의 징후들은 아랑 내에서

545 서연호, 『식민지 시대의 친일극 연구』, 태학사, 1997, 71면 참조.
546 서연호, 『식민지 시대의 친일극 연구』, 태학사, 1997, 74면 참조.
547 『매일신보』, 1943.12.9, 1면 참조.

임선규, 박진, 원우전의 활동이 둔화되었고 아랑과 거리를 두고 있었음을 여실히 증명한다고 하겠다.

하지만 원우전의 명성이나 활동이 위축된 것은 아니었다. 원우전은 제1회 연극경연대회에서 김일영에게 밀릴 것이라는 당초 예상을 깨고 무대장치상(매일신보 사장상)을 받았다. 원우전 약전을 쓴 고설봉의 증언을 빌리면, 원우전은 미술수업 경력이 없었고 1942년 제1회 연극경연대회 당시 이미 원우전의 기술은 고루한 것으로 여겨지고 있었다. 또한, 일본 축지소극장에서 장치 공부를 하고 돌아온 김일영이 더욱 뛰어날 것이라는 관측이 우세했다고 한다.[548]

하지만 이러한 우려와 예측을 깨고 원우전이 장치상을 받게 되었다. 당시 그는 화전민촌의 분위기를 실감나게 재현했다고 한다. 그리고 제2회 연극경연대회에도 청춘좌의 〈꽃피는 나무〉의 무대장치를 맡아 참가했다. 이 작품은 임선규 작, 박진 연출로 오랜 만에 세 사람의 합류한 작품이기도 했다.

고설봉은 원우전의 말년을 다음과 같이 기술한 바 있다. "황철의 권유로 아랑에서 활동하기도 한 원우전은 해방 후에는 연극에 관여하지 않고 마포에서 소규모 음식점을 경영하다 6.25 직전에 타계하였다". 하지만 이러한 기술은 사실이 아니다.[549]

원우전이 아랑에서 활동한 것은 증명된 사실이니 착오가 없다고 해도, 아랑이 원우전의 마지막 활동처로 기술된 것은 수정되어야 한다. 원우전은 다시 청춘좌로 복귀한 바 있다. 또한, 6.25 전쟁 직전에 타계한

548 고설봉, 『증언 연극사』, 진양, 1990, 137면 참조.
549 고설봉, 『증언 연극사』, 진양, 1990, 137면 참조.

것도 아니고, 해방 후에 연극에 관여하지 않은 것도 아니다. 원우전은 6.25 후에 재개관되는 국립극장 공연(1953년 2월)에서 무대장치가로 현역에 복귀했다.

서항석은 당시 극장장으로 윤백남 작 〈야화〉를 재개관작으로 설정하고 서항석 연출, 원우전 장치로 공연을 추진했다. 그리고 이 공연의 의의를 다음과 같이 밝힌 바 있다. "초창기 선배 윤백남 선생의 극본에 낭만극기의 토월회 동인 원우전 선생의 장치를 청하고 보니, 여기서 신극수립기의 극연의 동인인 내가 연출을 담당하는 것이 국립극장의 재발족에 다소의 사적 의의를 부여하는 상 싶기도 하다."[550]

'신파세대'(윤백남), '토월회세대'(원우전), '극연세대'(서항석)가 어우러져 삼대의 통합 가능성을 밝히는 것이라는 유민영의 해석은 일단 타당하다. 하지만 실제로 원우전이 이 당시 무대 기술에 기여한 바는 확인되지 않는다. 또한 〈야화〉의 연습량이 부족해서 졸속으로 공연되었다는 평가[551]를 참조하면, 원우전의 합류는 원로 대우의 측면에서 머문 것이 아닌가 싶기도 하다.

원우전은 해방 이후에도 활발하게 활동을 이어갔다. 주로 국극단을 중심으로 한 활동이 인상적이었으며, 일반 연극계에서도 그 위상이 위축되지 않았다. 50~60년대를 파란만장하게 보낸 그는 1970년에 생을 마감하였다. 당시 신문에는 그가 향년 76세였다고 적고 있다.[552]

550 서항석, 「나와 국립극장(2)」, 『극장예술』 1979년 6월호, 25면.

551 한노단, 「신극과 상업극-국립극장 재출발에 제(際)하여」, 『서울신문』, 1953.3.22 참조.

552 「원우전 옹 별세」, 『동아일보』, 1970.10.21, 5면.

참고문헌

「'인생극장' 초공연(初公演) 사극 〈백화〉를 상연」, 『동아일보』, 1937.12.14, 4면.
「'호화선' 소연(所演) 〈남편의 정조〉 무대면」, 『동아일보』, 1937.6.8, 8면.
「〈검찰관(檢察官)〉 제1막의 한 장경(동경축지소극장 소연(所演))」, 『동아일보』, 1932.4.28, 4면.
「〈검찰관〉 제4막의 장□」, 『동아일보』, 1932.4.30, 4면.
「〈검찰관〉의 최종 장경(場景)(일본축지소극장소연)」, 『동아일보』, 1932.5.2, 4면.
「〈견우(牽牛)와 직녀(織女)〉」, 『경향신문』, 1958.7.28, 2면.
「〈김옥균〉 상연」, 『동아일보』, 1940.5.1, 5면.
「〈김옥균전(金玉均傳)〉 상연」, 『만선일보』, 1940.6.20, 1면.
「〈김옥균전(金玉均傳)〉 청춘좌 특별 공연」, 『매일신보』, 1940.4.29, 4면.
「〈남아행장기(男兒行狀記)〉의 무대면」, 『동아일보』, 1937.7.25, 7면.
「〈남편의 정조〉」, 『동아일보』, 1937.6.9, 1면.
「〈눈물을 건너온 행복(幸福)〉 무대면」, 『동아일보』, 1937.10.5, 5면.
「〈단장비곡(斷腸悲曲)〉」, 『동아일보』, 1937.12.21, 1면.
「〈단종애사〉 청춘좌 제 이주공연(第 二週公演)」, 『매일신보』, 1936.7.19, 3면.
「〈단풍이 붉을 제〉의 무대면(舞臺面)」, 『동아일보』, 1937.9.14, 6면.
「〈대장깐의 하루〉 향토극 전1막」, 『매일신보』, 1931.6.9, 5면.
「〈동학당〉 상연의 '아랑'의 준비 회합」, 『매일신보』, 1941.3.26, 4면.
「〈동학당〉 성황」, 『매일신보』, 1941.8.24, 2면.
「〈명기 황진이〉」, 『동아일보』, 1936.8.7, 2면.
「〈무정(無情)〉 '무대화'」, 『동아일보』, 1939.11.18, 5면.
「〈바람 부는 시절〉 공연 대본」, 8～14면.
「〈바람 부는 시절〉」, 『독립신문』, 1946.7.30.
「〈바람 부는 시절〉」, 『매일신보』, 1940.10.9, 2면.
「〈바람 부는 시절〉」, 『영남일보』, 1946.9.13.
「〈바람 부는 시절〉」, 『중앙신문』, 1946.7.29.
「〈방황하는 청춘들〉 무대면(동양극장 소연)」, 『동아일보』, 1937.7.4, 7면.

「〈비련초(悲戀草)〉의 일 장면(一場面)」, 『동아일보』, 1937.9.25, 6면.
「〈수호지(水滸誌)〉 각색 동극에서 상연」, 『동아일보』, 1939.12.3, 5면.
「〈아리랑 고개〉 무대면」, 『동아일보』, 1929.12.4, 5면.
「〈유충렬전〉 부민관에서 상영 중」, 『조선일보』, 1936.6.11.
「〈은하수〉 공연 대본」, 사단법인 여성국극예술협회, 2006.
「〈제이(第二)의 출발〉의 무대면」, 『동아일보』, 1937.10.28, 4면.
「〈청춘일기〉의 무대면」, 『동아일보』, 1937.8.15, 6면.
「〈춘향전〉 상연 토월회에서 =금 십일 밤부」, 『동아일보』, 192.9.10, 5면.
「〈탁류〉 삽화 정현웅 화백」, 『조선일보』, 1937.10.8, 4면.
「〈항구(港口)의 새벽〉의 무대면」, 『동아일보』, 1937.6.15, 7면.
「〈행화촌(杏花村)〉의 무대면(동양극장소연)」, 『동아일보』, 1937.10.23, 5면.
「〈흥보전〉 1일 연기 성악 연구회 주최 가극」, 『조선일보』, 1936.11.12, 2면.
「〈흥보전〉도 가극화. 조선 성악 연구회에서. 본사 학예부 후원으로 상연」, 『조선일보』, 1936.11.6, 3면.
「〈흥보전〉의 무대면」, 『조선일보』, 1936.11.8, 6면.
「18일로 연기된 토월회 제2회 공연」, 『매일신보』, 1922.9.17.
「1일부터 '조극'에 열릴 토월회의 부흥공연」, 『중외일보』, 1929.11.2, 3면.
「22일 밤부터 〈원앙의 노래〉」, 『동아일보』, 1940.4.24, 1면.
「가극 〈춘향전〉 구란! 청주의 예원 개진할 구악의 호화판」, 『조선일보』, 1936.9.15, 6면.
「가극 〈춘향전〉 초성황의 제1일」, 『조선일보』, 1936.9.26, 6면.
「가극 〈흥보전〉의 경개」, 『조선일보』, 1936.11.5, 6면.
「가정극 〈며누리〉 상연」, 『조선일보』, 1931.6.10, 5면.
「각계 진용(各界 陣容)과 현세(現勢)」, 『동아일보』, 1936.1.1, 30면.
「脚本 : 〈人形의 家〉」, 『매일신보』, 1921.1.22, 1면.
「각종 신문잡지에 대한 비판」, 『개벽』 37호, 1923.7.1, 55면.
「강원도의 납량지(納凉地)(3), 금강산의 만폭동(萬瀑洞)」, 『매일신보』, 1913.8.16, 1면.
「강원도의 납량지納凉地)(2) 해금강(海金剛)」, 『매일신보』, 1913.8.15, 1면.
「개막의 5분전! 〈춘향전〉의 연습」, 『조선일보』, 1936.9.25, 6면.
「개성 금강 · 박연폭포」, 『동아일보』, 1937.8.15, 5면.
「개성좌의 개연, 개성좌의 처음 개연」, 『매일신보』, 1912.10.17, 3면.
「경성부 부민관 대강당 1 · 2층 좌석표」, 이정희, 「[사진으로 만나는 근대의 풍경24 : 부민관]

식민지 조선의 문화도시이고자 했던 경성부의 숙원사업」, 『민족21』, 2008, 143면.
「경성음악스타디오 주최 악극(樂劇) 〈춘향전〉 상연」, 『동아일보』, 1937.9.16, 7면.
「계명키네마 제1회 작품 〈정의(正義)의 악마(惡魔)〉 촬영 불일(不日) 완료」, 『중외일보』, 1930.4.16, 3면.
「계명키네마 제1회작으로 〈정의의 악마〉 방금 촬영 중」, 『조선일보』, 1930.4.16, 5면.
「고 김옥균 씨 등 일한지사의 사적」, 『매일신보』, 1939.9.19, 3면.
「고 김옥균 씨 사십육주년 추모회」, 『매일신보』, 1940.3.29, 2면.
「고 김옥균 씨의 친매(親妹)를 발견 서천군 하에 생존 중」, 『매일신보』, 1940.8.14, 2면.
「고(古) 김옥균 씨 46주년 추모회 금일 동경에서 고우들이 개최」, 『매일신보』, 1940.3.29, 2면.
「고대소설이 의연(依然)히 수위(首位)」, 『동아일보』, 1928.7.17, 2면.
「고려영화 〈유린(蹂躪)〉 촬영 류봉렬 씨와 원 씨도 참가」, 『매일신보』, 1927.9.6, 3면.
「고려영화사에서 촬영소를 건설」, 『동아일보』, 1940.1.31, 5면.
「고려영화사의 내용 충실」, 『조선일보』, 1927.9.6.
「공연 일자의 박두로 극연회원 맹연습」, 『동아일보』, 1934.4.17, 3면.
「공연을 앞두고 극연(劇硏) 맹연습」, 『동아일보』, 1933.6.23, 4면.
「공연을 앞두고」, 『조선일보』, 1936.12.12, 6면.
「광고」, 『매일신보』, 1912.2.18, 3면.
「광고」, 『매일신보』, 1912.6.18, 4면.
「광고」, 『매일신보』, 1912.6.19, 2면.
「구경거리 백화점 23일 단성사 배구자예술연구소 공연 초유의 대가무극(大歌舞劇)」, 『매일신보』, 1931.1.22, 5면.
「구악 부흥의 이 장거(壯擧)! 〈홍보전〉도 가극화」, 『조선일보』, 1936.11.5, 6면.
「국외자로서 본 오늘까지의 조선영화」, 『별건곤』 10호, 1927.12, 103면.
「귀틀집」. 『한국민족문화대백과』, http : //terms.naver.com/
「극계(劇界)에 이상(異狀) 있다 '극연'의 실천부원(實踐部員) 11명 돌연 탈퇴」, 『조선중앙일보』, 1936.6.30, 2면.
「극단 '아랑'의 공연 〈동학당〉」, 『매일신보』, 1941.5.6, 4면.
「극단 '중앙무대' 소연 〈춘희(椿姬)〉의 배역과 경개」, 『동아일보』, 1937.12.21, 5면.
「극단 '현대극장' 제1회 공연 〈흑룡강(黑龍江)〉 상연」, 『매일신보』, 1941.5.13, 4면.
「극단 '호화선' 귀항(歸港)하자 간분 간에 대격투」, 『동아일보』, 1937.12.7, 2면.
「극단 '호화선' 소연 〈고아〉(이운방 작)의 무대면(舞臺面)」, 『동아일보』, 1937.12.19, 4면.

「극단 고협 공연〈청춘무성〉」, 『매일신보』, 1941.8.28.
「극단 신흥극장 제1회 공연」, 『조선일보』, 1930.11.4, 5면.
「극단 아랑 공연 대성황〈바람 부는 계절〉」, 『매일신보』, 1941.7.30.
「극단 아랑 공연 대성황」, 『매일신보』, 1941.7.30, 4면.
「극단 아랑 공연－동학당」, 『매일신보』, 1941.5.6, 4면.
「극단 청춘좌 공연」, 『매일신보』, 1940.4.29, 4면.
「극단 태양극장〈춘향전〉 상연」, 『매일신보』, 1932.7.6.
「극단 태양극장 귀경 공연」, 『조선일보』, 1933.12.15, 4면.
「극단 태양극장(太陽劇場)〈춘향전〉 상연」, 『동아일보』, 1932.7.6, 5면.
「극단 호화선〈행화촌(杏花村)〉 상연」, 『매일신보』, 1940.12.24, 4면.
「극단 호화선 제1회 공연 9월 29일부터」, 『매일신보』, 1936.9.30, 1면.
「극단 호화선(豪華船) 개선공연」, 『동아일보』, 1940.2.3, 2면.
「극단 황금좌(黃金座) 결성 중앙공연(中央公) 준비중」, 『동아일보』, 1933.12.23, 3면.
「극연 공연 초야」, 『동아일보』, 1936.5.30, 6면.
「극연 공연을 앞두고(1) 달빛이 호수에 비쳐 물결이 반작인다」, 『동아일보』, 1936.5.27, 3면.
「극연 제10회 공연 배역과 극본 해설」, 『동아일보』, 1936.4.11, 3면.
「극연 제5회 공연」, 『동아일보』, 1933.11.5, 3면.
「극연 회원의〈승자와 패자〉 연습 광경」, 『동아일보』, 1936.2.28, 5면.
「극연(劇硏) 제8회 공연은 검열 불통과로 연기」, 『동아일보』, 1935.6.30, 3면.
「극연(劇硏) 제9회 대공연」, 『동아일보』, 1936.2.28, 4면.
「극연의 대공연 금야 7시부터」, 『동아일보』, 1933.11.28, 3면.
「극연의 제5회 공연 시일장소를 변경 28일부터 4일간」, 『동아일보』, 1933.11.19, 3면.
「극영화 : 새로 조직된 태양극장 미나도좌에서 음력 설에 공연」, 『매일신보』, 1932.2.6, 5면.
「극영화(劇映畫)」, 『매일신보』, 1932.12.14, 3면.
「극예술연구 공연 대성황」, 『동아일보』, 1933.11.29, 2면.
「극예술연구회 내용을 확충」, 『동아일보』, 1933.1.18, 4면.
「극예술연구회 내용혁신 규약(規約) 개정(改正)」, 『매일신보』, 1933.1.15, 7면.
「극예술연구회 실험무대 제1회 공연」, 『매일신보』, 1932.5.4, 5면.
「극예술연구회 제11회 공연」, 『매일신보』, 1936.5.30, 3면.
「극예술연구회 제3회 일흠잇는 예술가 삼십여 씨(氏) 총 등장」, 『중앙일보』, 1933.2.9, 2면.
「극예술연구회 직속 '실험무대(實驗舞臺)' 출현(出現)」, 『동아일보』, 1931.11.8, 4면.

「극예술연구회원 공연 전 토막 탐견(貪見)」, 『조선일보』, 1933.1.31, 4면.
「극예술연구회의 약진 제11회 대공연」, 『동아일보』, 1936.5.13, 3면.
「금년 창시의 추천제도(推薦制度) 영예의 특선 발표」, 『동아일보』, 1935.5.17, 2면.
「금야부터 극연 제6회 공연 7시 반 개막」, 『동아일보』, 1934.4.18, 3면.
「금주 동양극장 이고범 작 〈해바라기〉…무대면(舞臺面) '청춘좌소연(청춘좌소연)」, 『동아일보』, 1938.4.20, 4면.
「김도산, 김소랑 합동 공연회」, 『조선일보』, 1921.2.4, 3면.
「김소랑일행 본보독자우대 평양 금천대좌에서 흥행 중」, 『조선일보』, 1929.6.18, 5면.
「김옥균전 영화화」, 『매일신보』, 1939.11.10, 4면.
「김정환(작고회원)이력서」, 예술원.
「남녀명창망라하여 조선성악원 창설, 쇠퇴하는 조선가무 부흥 위하여, 명창대회도 개최」, 『조선중앙일보』, 1934.4.25, 2면.
「납량할 만한 명소」, 『매일신보』, 1926.7.4, 3면.
「누마루」, 『알기 쉬운 한국 건축용어 사전』.
「눈물의 명우(名優) 차홍녀(車紅女) 양 영면」, 『조선일보』, 1939.12.25, 2면.
「待望の京城學友映畵會生る」, 『保導月報』 30호, 1936.4, 8면.
「대성황 일운 '극(劇)하는 밤'의 첫 날」, 『동아일보』, 1930.11.30, 5면.
「대성황 일운 찬영회 주최 무용, 극, 영화의 밤」, 『동아일보』, 1929.12.7, 5면.
「덕성여대(德成女大)…국내최초 연극박물관 개관」, 『매일경제』, 1977.5.18, 8면.
「독자구락부」, 『매일신보』, 1913.5.2, 3면.
「동경 유학생계에 '학생예술좌(學生藝術座)' 창립되다」, 『조선중앙일보』, 1934.7.19, 3면.
「동경서 처음 열리는 조선유행가의 밤, 본보 동경지국 후원」, 『조선중앙일보』, 1935.5.19, 2면.
「동경에 조선인극단(朝鮮人劇團) '학생예술좌(學生藝術座)' 창립」, 『동아일보』, 1934.7.18, 3면.
「동경조선예술좌(東京朝鮮藝術座) 공연」, 『동아일보』, 1935.11.22, 3면.
「동경학생예술좌 소연 〈소〉의 무대면(舞臺面)」, 『동아일보』, 1935.6.11, 3면.
「동경학생예술좌 제 일회 공연」, 『조선중앙일보』, 1935.5.22, 4면.
「동경학생예술좌 초 공연」, 『동아일보』, 1935.5.12, 3면.
「동서남북」, 『동아일보』, 1936.7.7, 7면.
「동양극장 주간 영화 개시야간은 청춘좌의 〈심야의 태양〉」, 『동아일보』, 1937.11.28, 4면.
「동양극장 호화 주간 극단 호화선의 공연」, 『동아일보』, 1937.6.3, 5면.
「동양극장에서 상연 중인 〈단장비곡〉의 일 장면(一場面)」, 『동아일보』, 1937.12.25, 4면.

「마산지국 독자위안 취성좌 김소랑 신극 일행을 청하야 3일부터 수좌(壽座)에서」, 『조선일보』, 1926.1.3, 4면.
「만원사례(滿員謝禮)」, 『동아일보』, 1937.12.15, 1면.
「매일신보』, 1941.10.31, 4면.
「맹연습 중의 실험무대원」, 『동아일보』, 1932.5.3, 5면.
「명(明) 22일부터 중앙무대 제3회 공연」, 『동아일보』, 1937.7.21, 6면.
「명(明) 이십육일부터 희극좌 탄생 공연 동양극장에서」, 『매일신보』, 1936.3.26, 3면.
「명우(名優)와 무대(舞臺)(3) 김소랑(金小浪)의 〈오호천명(嗚呼天命)〉, 의리극(義理劇)의 육군대위(陸軍大尉) 역으로 단성사에」, 『삼천리』 5권 4호, 1933.04, 7면.
「名優와 舞臺(3) 金小浪의 〈嗚呼天命〉, 義理劇의 陸軍大尉役으로 團成社에」, 『삼천리』 5권 4호, 1933.04, 7면.
「명창음악대회(名唱音樂大會)」, 『동아일보』, 1934.6.10, 2면.
「모윤숙 씨 시집 출판 기념 성황」, 『동아일보』, 1933.11.10, 6면.
「모윤숙(毛允淑)」, 『동아일보』, 1935.1.3, 10면.
「무대미술 담당자 원우전」, 『증언 연극사』, 진양, 1990, 137~138면.
「〈무정(無情)〉」, 『동아일보』, 1939.11.17, 2면.
「문단 동향의 타진 : 9인회(九人會)에 대한 비판」, 『동아일보』, 1935.7.31, 3면.
「문단인(文壇人)의 연극 금명 9, 10일 양일간 공회당 극연 제3회 공연」, 『동아일보』, 1933.2.9, 4면.
「문단인(文壇人)의 연극 금명 9, 10일 양일간 공회당 극연 제3회 공연」, 『동아일보』, 1933.2.9, 4면.
「문단풍문(文壇風聞)」, 『개벽』 31호, 1923.1, 44면.
「문외극단 조직 김소랑 신불출 씨 등 연극계의 화형이 중심」, 『중앙일보』, 1932.12.10, 2면.
「미전(1) 특선작」, 『동아일보』, 1931.5.24, 4면.
「민요 〈아리랑〉을 각색 상연」, 『동아일보』, 1929.11.22, 5면.
「백 만 원이 생긴다면 우리는 어떠케 쓸가?, 그들의 엉뚱한 리상」, 『별건곤』 64호, 1933.6.1, 24~29면.
「별다른 이유(理由) 없고는 봉급(俸給)때문이지오」, 『동아일보』, 1937.6.18, 7면.
「보라 들으라 적역의 명창들」, 『조선일보』, 1936.11.5, 6면.
「본보 독자 우대 남량 공연」, 『매일신보』, 1941.8.22, 2면.
「본보 독자 우대 납량공연 극단 '아랑' 출연 〈마음의 고향〉을 상연」, 『매일신보』, 1941.8.17,

4면.
「본보독자우대 대구지국에서 신파 김소랑 일행이 만경관(萬鏡館)에서 흥행케 된 것을 기회로」, 『조선일보』, 1927.1.24, 2면.
「본사대판지국 주최 동정음악무용대회」, 『조선일보』, 1934.8.13, 2면.
「본사주최연극경연대회 연운사상의 금자탑」, 『동아일보』, 1938.2.6, 5면.
「부령(副領)」, 『표준국어대사전』.
「부민관(府民舘) 준공」, 『동아일보』, 1935.12.8, 2면.
「부민관낙성식(府民舘落成式) 작일(昨日) 성대 거행」, 『동아일보』, 1935.12.11, 2면.
「빗다른 장치(裝置)와 연기(演技)로 실험무대 공연」, 『동아일보』, 1932.6.22, 5면.
「사극 〈동학당〉 아랑이 상연 기획」, 『매일신보』, 1941.3.12, 4면.
「사명창표창식(四名唱表彰式)」, 『매일신보』, 1936.5.29, 2면.
「사진 동양극장 전속극단 '호화선' 금주 소연의 이서구 작 〈애별곡(哀別曲)〉의 일 장면」, 『동아일보』, 1938.3.9, 5면.
「사진(상)(上)은 〈호상(湖上)의 비극(悲劇) 하(下)는 〈자매(姊妹)〉」, 『동아일보』, 1936.5.27, 3면.
「사진 : 元世夏, 李昇稷, 金星孃, 卜惠淑」, 『매일신보』, 1925.4.14, 2면.
「사진 : 〈쌍옥루〉 연극 중의 관람쟈의 만원 갈치ᄒᆞᄂᆞᆫ 모양」, 『매일신보』, 1913.5.2, 3면.
「사진 : 〈쌍옥루〉 연극 즁의 리경자가 산후에 밋친 모양」, 『매일신보』, 1913.5.2, 3면.
「사진은 〈부활〉 장면」, 『동아일보』, 1925.9.27, 5면.
「사진은 〈불타는 순정〉의 일 장면」, 『동아일보』, 1937.12.11, 5면.
「사진은 극연좌 상연 〈눈먼 동생〉의 일장면(一場面)」, 『동아일보』, 1939.2.7, 5면.
「사진은 동극단 소연의 〈봄을 기다리는 사람들〉의 일 장면」, 『동아일보』, 1938.3.1, 4면.
「사진은 동양극장 전속획단 '호화선' 소연의 〈젊은 안해의 일기(日記)〉의 일 장면, 『동아일보』, 1938.2.24, 5면.
「사진은 본사 주최 연극경연대회에 출연할 극예술연구회 진용」, 『동아일보』, 1938.2.6, 5면.
「사진은 성연(聲硏)의 원로들」, 『조선일보』, 1936.10.8, 6면.
「사진은 아현 빈민촌」, 『동아일보』, 1934.12.9, 2면.
「사진은 조선예술좌 소연 〈토성낭〉의 무대면」, 『동아일보』, 1936.1.1, 31면.
「새로 조직된 문외극단(門外劇團)」, 『동아일보』, 1932.12.15, 2면.
「새로 창립된 극단 아랑(阿娘)」, 『동아일보』, 1939.9.23, 5면.
「새로운 국극 지향」, 『조선일보』, 1958.7.28, 4면.

「서열(暑熱)도 불구하고 실험무대 초일 성황」, 『동아일보』, 1932.6.30, 4면.
「성악연구회(聲樂硏究會)서 〈배비장전〉 공연」, 『매일신보』, 1936.2.8, 2면.
「성악연구회, 대구에서 공연, 이십사일부터」, 『조선중앙일보』, 1935.10.19, 2면.
「성악연구회에서도 〈춘향전〉 24일부터 동양극장」, 『매일신보』, 1936.9.26, 3면.
「성악연구회의 추계명창대회」, 『조선중앙일보』, 1934.9.29, 2면.
「성연(聲硏)의 〈춘향전〉 1막」, 『조선일보』, 1936.10.3, 6면.
「성염(盛炎)과 우중(雨中)도 불구(不拘) 신극애호자(新劇愛好者) 만당(滿堂)」, 『동아일보』, 1933.6.28, 4면.
「송영 씨 아랑 행」, 『조선일보』, 1940.4.2, 4면.
「수재동정극(水災同情劇)」, 『동아일보』, 1925.9.23, 4면.
「시연의 시연(〈옥문(獄門)〉의 일 장경)」, 『동아일보』, 1932.6.29, 5면.
「시일, 장소 변경코 극연 맹연습 중」, 『조선일보』, 1934.11.16, 4면.
「신극 육십년의 증언(2)」, 『경향신문』, 1968.7.13, 5면.
「신극 육십년의 증언(1) 초기 신파극의 실정」, 『경향신문』, 1968.7.10, 5면.
「신극 육십년의 증언(8) 창극운동」 『경향신문』, 1968.10.26, 5면.
「신극운동(新劇運動) '백조회(白鳥會)' 조직」, 『동아일보』, 1926.2.26, 5면.
「신극운동의 선봉(先鋒) '실험무대' 시연」, 『동아일보』, 1932.4.14, 5면.
「신소설 쌍옥루」, 『매일신보』, 1912.7.10, 3면.
「신춘 모집 원고 당선자 발표」, 『동아일보』, 1935.1.1, 1면.
「신춘문예선후감(新春文藝選後感)」(5), 『동아일보』, 1935.1.15, 3면.
「신춘특별공연 이월이십오일까지 조선성악연구회」, 『동아일보』, 1940.2.25, 2면.
「신흥극장 〈모란등기(牧丹燈記)〉」, 『동아일보』, 1930.11.5, 5면.
「실험무대 4월 중 공연 2기생 모집」, 『동아일보』, 1932.2.22, 4면.
「실험무대 공연 시일 장소 변경」, 『동아일보』, 1932.4.27, 5면.
「실험무대 시연의 무대면(舞臺面)과 관객의 일부」, 『동아일보』, 1932.5.6, 5면.
「실험무대 시연의 무대면(舞臺面)과 관객의 일부」, 『동아일보』, 1932.5.6, 5면.
「실험무대 제1회 시연」, 『동아일보』, 1932.4.16, 5면.
「실험무대 제1회 시연」, 『동아일보』, 1932.5.2, 4면.
「실험무대 제2회 시연 제1일」, 『동아일보』, 1932.6.30, 4면.
「실험무대 제2회 시연」, 『동아일보』, 1932.6.19, 5면.
「실험무대에서 제2회 공연」, 『매일신보』, 1932.6.28, 5면.

「심야의 태양」, 『동아일보』, 1937.11.26, 1면.
「악극 〈춘향전〉의 공연 광경」, 1937.9.25, 7면.
「약진 극연의 대공연 명일 오후부터 개막」, 『동아일보』, 1936.2.28, 5면.
「약진(躍進) 극연(劇硏)의 대공연 명일 오후부터 개막」, 『동아일보』, 1936.2.28, 4면.
「엑스트라로서의 이동백」, 『조선일보』, 1937.3.5, 6면.
「여류명창대회 15, 16 양일간」, 『매일신보』, 1936.7.14, 7면.
「여름의 바리에테(8~10)」, 『매일신보』, 1936.8.7~9일, 3면.
「여배우 언파레이드 일(一) 연극편」, 『동아일보』, 1931.6.13, 4면.
「여성국극 〈견우와 직녀〉 공연 대본」,(사)한국여성국극예술협회, 2006, 2~23면.
「연극 〈김옥균(金玉均)〉 대성황」, 『조선일보』, 1940.5.5, 4면.
「연극 중의 이경자가 한강에서 빠지는 모양」, 『매일신보』, 1913.5.2, 3면.
「연극시장 공연」, 『매일신보』, 1931.5.31, 5면.
「연극인들이 뫼여 극단 '인생극장' 결성」, 『동아일보』, 1937.12.8, 5면.
「연극평 극단 고협 공연 〈청춘무성〉」, 『매일신보』, 1941.8.28, 4면.
「연보」, 고설봉, 『증언연극사』, 진양, 1990, 166면.
「연쇄극 〈유충렬전(劉忠烈傳)〉 부민관(府民舘)서 상영중」, 『동아일보』, 1936.6.11, 3면.
「연쇄극화 한 유충렬전」, 『동아일보』, 1936.5.26, 3면.
「연습 중의 〈해전〉(실험무대 공연극)」, 『동아일보』, 1932.6.26, 5면.
「연예 〈김옥균전〉 청춘좌 특별 공연」, 『매일신보』, 1940.4.29, 4면.
「연예 〈단종애사〉」, 『조선중앙일보』, 1936.7.19, 1면.
「연예(演藝) 〈애원십자로〉의 무대면」, 『동아일보』, 1937.8.3, 6면.
「연예」, 『매일신보』, 1936.1.31, 1면.
「연예계 : 유일단」, 『매일신보』, 1912.12.3, 3면.
「연예계 : 유일단」, 『매일신보』, 1913.2.21, 3면.
「연예계 : 〈쌍옥루〉 차(次)에 〈봉선화(鳳仙花)〉」, 『매일신보』, 1913.5.4, 3면.
「연예계 : 〈쌍옥루(雙玉淚)〉」, 『매일신보』, 1912.7.17, 3면.
「연예계 : 30일 야(夜)의 〈쌍옥루〉 성황, 그제 밤에 쌍옥루 성황, 여러 사진을 보면 알겠소」, 『매일신보』, 1913.5.2, 3면.
「연예계 : 대갈채(大喝采) 중의 〈쌍옥루〉」, 『매일신보』, 1913.5.1, 3면.
「연예계 : 혁신단」, 『매일신보』, 1913.5.13, 3면.
「연예계 : 혁신단의 〈쌍옥루〉 행연(行演)」, 『매일신보』, 1913.4.30, 4면.

「연예계소식 청춘좌 인기여우(人氣女優) 차홍녀 완쾌 31일부터 출연」, 『매일신보』, 1937.7.30, 6면.
「연협 제2회 공연 시의 연습 장면」, 『동아일보』, 1937.6.22, 7면.
「영예의 우리 손군(孫君)」, 『동아일보』, 1936.8.25, 2면.
「예원각계현세(藝苑各界現勢)」, 『동아일보』, 1935.1.1, 41면.
「예원근사편편(藝苑近事片片)」, 『동아일보』, 1936.1.31, 5면.
「예원정보실」, 『삼천리』 13권 3호, 1941.3, 210~211면.
「오페라스다디오 직속 '오페라'좌 창립」, 『동아일보』, 1937.7.31, 6면.
「울산 '애독자 위안의 밤' 성황」, 『동아일보』, 1936.1.23, 3면.
「울산극장 문제」, 『동아일보』, 1936.4.9, 4면.
「원우전 무대미술자료 수집 계획서」, 한국문화예술위원회 예술자료원, 2013.10, 2면.
「원우전 옹 별세」, 『동아일보』, 1970.10.21, 5면.
「월계관 쓴 손기정(孫基禎)」, 『동아일보』, 1936.8.13, 2면.
「위험하기 짝없는 빈민굴」, 『동아일보』, 1936.3.27, 5면.
「음력 세모(歲首)의 연예계」, 『매일신보』, 1913.2.6, 3면.
「이땅 연극의 조류(완)」, 『동아일보』, 1939.3.17, 5면.
「이서구 작 사비극(史悲劇) 〈폐허에 우는 충혼〉」, 『동아일보』, 1931.6.14, 4면.
「이전순회음악(梨專巡廻音樂)」, 『동아일보』, 1930.12.29, 3면.
「이화여전 추기음악회」, 『조선일보』, 1928.10.28, 7면.
「인천연극음악(仁川演劇音樂)」, 『동아일보』, 1927.4.26, 4면.
「임서방 작 〈며누리〉의 한 장면(단성사 상연)」, 『매일신보』, 1931.6.10, 5면.
「자료 사진」, 『동랑 유치진 전집』 9권, 서울예술대 출판부, 1993, 13면.
「작일(昨日) 실험무대 시연 성황으로 개막」, 『동아일보』, 1932.5.6, 5면.
「장편소설 예고 〈여명기〉」, 『동아일보』, 1935.12.24, 2면.
「장편소설 예고」, 『동아일보』, 1934.4.20, 2면.
「재기(再起)는 어렵습니다」, 『동아일보』, 1937.6.22, 6면.
「재동경예술가단체(在東京朝鮮藝術家團體)」, 『동아일보』, 1936.1.1, 31면.
「재동경조선인(在東京朝鮮劇人) 조선예술좌(朝鮮藝術座) 창립」, 『동아일보』, 1935.6.5, 3면.
「재만동포위문 연극과 무용의 밤」, 『동아일보』, 1932.1.27, 2면.
「저주된 신극의 운명」, 『동아일보』, 1923.7.15, 6면.
「전발성8권물(全發聲八卷物로 극연 회원 총출동」, 『동아일보』, 1937.10.29, 5면.

「제1일의 대성황 이룬－극연〈인형의 가〉 공연」, 『동아일보』, 1934.4.19, 3면.
「제1회 공연 중인 청춘좌」, 『조선일보』, 1935.12.18(석간2), 3면.
「제3회 공연 유치진 작〈토막〉」, 『극예술』(창간호), 극예술연구회, 1934.4.
「제6회 공연〈인형의 가〉의 일 장면」, 『극예술』 2호, 극예술연구회, 1934.12.
「조선 성악연구회 20일부터 제1극장에서 창극〈옥루몽〉 상연」, 『조선일보』, 1940.2.18, 4면.
「조선 성악회 총동원〈토끼타령〉 상연」, 『조선일보』, 1938.2.28, 3면.
「조선 신극의 고봉(高峯) 극연(劇硏) 제9회 공연」, 『동아일보』, 1936.2.9, 4면.
「조선 신극의 중진(重鎭) 극연 제8회 공연」, 『동아일보』, 1935.11.14, 3면.
「조선고유의 고전희가극〈배비장전〉(전 4막)을 상연」, 『동아일보』, 1936.2.8, 5면.
「조선극의 일본 진출〈춘향전〉〈단종애사〉 등으로 태양극단 일행이 26일 경성 출발」, 『조선일보』, 1933.5.26, 2면.
「조선극의 일본 진출」, 『조선일보』, 1933.5.26, 2면.
「조선명창회 27, 28 양일에」, 『매일신보』, 1935.11.26, 2면.
「조선문화 급(及) 산업박람회, 영화 편」, 『삼천리』 12권 5호, 1940.5.1, 228면.
「조선성악연구회〈심청전〉과〈춘향전〉」, 『매일신보』, 1936.12.16, 3면.
「조선성악연구회 14회 공연 가극〈숙영낭자전〉」, 『조선일보』, 1937.2.18.
「조선성악연구회 공연」, 『매일신보』, 1941.2.12, 4면.
「조선성악연구회 연쇄창극〈유충렬전〉」, 『매일신보』, 1936.6.1, 3면.
「조선성악연구회 제1회 작품 연쇄 창극〈유충렬전〉」, 『조선일보』, 1936.5.26, 6면.
「조선성악연구회 제7회 정기총회」, 『동아일보』, 1940.6.15, 2면.
「조선성악연구회 창립 3주년 기념」, 『조선일보』, 1936.5.31, 6면.
「조선성악연구회 초동(初冬) 명창대회」, 『동아일보』, 1935.11.25, 2면.
「조선성악연구회(朝鮮聲樂研究會) 대구(大邱)서 공연 24일부터 3일간」, 『매일신보』, 1935.10.24, 3면.
「조선성악연구회(朝鮮聲樂研究會) 초동명창대회」, 『동아일보』, 1935.11.25, 2면.
「조선성악연구회(朝鮮聲樂研究會) 대구서 공연」, 『매일신보』, 1935.10.19, 2면.
「조선성악연구회」, 『조선일보』, 1938.1.6, 7면.
「조선성악연구회서〈배비장전〉 가극화」, 『조선일보』, 1936.2.8, 6면.
「조선성악연구회서 다시 가극〈홍보전〉 상연〈춘향전〉도 고처서 재상연 준비」, 『조선일보』, 1936.10.28, 6면.
「조선성악연구회원 일동」, 『조선일보』, 1936.8.28, 6면.

「조선성악연구회의 〈숙영낭자전〉」, 『매일신보』, 1937.2.17, 4면.
「조선성악연구회의 세 번째 선물 구악계(舊樂界)에 또 희소식 가극 〈심청전〉 공연」, 『조선일보』, 1936.12.9, 6면.
「조선성악연주(朝鮮聲樂演奏)」, 『동아일보』, 1925.2.10, 2면.
「조선연극협회(朝鮮演劇協會) 공연」, 『동아일보』, 1937.6.8, 8면.
「조선연극협회(朝鮮演劇協會) 지난 21일 창립(創立)」, 『동아일보』, 1936.8.27, 3면.
「조선연극협회(朝鮮演劇協會) 창립 내(來) 9월에 공연 예정」, 『조선중앙일보』, 1936.8.23, 2면.
「조선영화인 언파레드」, 『동광』 23호, 1931.7.5, 59면.
「조선예술좌 동경에 창립」, 『조선중앙일보』, 1935.6.3, 4면.
「조선예술좌[藝術座]의 일행을 송국(동경)」, 『부산일보』, 1936.12.3, 3면.
「조선음악연총(朝鮮音研定總)」, 『동아일보』, 1934.5.14, 2면.
「조선흥행극계의 효장(驍將) 극단 아랑 내연(來演)」, 『만선일보』, 1940.6.20, 3면.
「중앙무대 신춘 제2회공연으로 〈청조(靑鳥)〉(5막 9장) 상연」, 『매일신보』, 1938.1.22, 4면.
「중앙무대에서 〈청조〉를 상연」, 『동아일보』, 1938.1.21, 5면.
「중앙무대의 장기공연」, 『동아일보』, 1938.6.20, 3면.
「지경순(池京順)과 4군자」, 『조선일보』, 1939.8.6, 4면.
「지명연극인(知名演劇人)들이 결성 극단 '중앙무대(中央舞臺)'를 창립」, 『동아일보』, 1937.6.5, 7면.
「찬영회(讚映會) 조직」, 『동아일보』, 1927.12.9, 2면.
「창립 5주년을 맞이하는 극예술연구회의 신방침(新方針)」, 『동아일보』, 1936.1.1, 31면.
「천재아 엄미화 양 열연」, 『동아일보』, 1937.12.21, 1면.
「첫날 흥행하는 단장록, 제2막이니 김정자의 응접실에서 정준모의 노한 모양」, 『매일신보』, 1914.4.23, 3면.
「청춘좌 공연, 〈춘향전〉 딸을 팔아 딸을 사다니」, 『조선중앙일보』, 1936.8.18, 4면.
「청춘좌 공연」, 『조선중앙일보』, 1936.8.12, 4면.
「청춘좌 공연의 〈춘향전〉 대성황」, 『조선일보』, 1936.2.1, 6면.
「청춘좌 소연 〈물레방아는 도는데〉의 무대면」, 『동아일보』, 1937.7.17, 6면.
「청춘좌 소연 〈외로운 사람들〉의 무대면」, 『동아일보』, 1937.7.9, 7면.
「청춘좌 호화선 서조선 순연」, 『조선일보』, 1939.10.4, 4면.
「청춘좌 호화선 합동공연으로 '신장의 동극' 16일 개관」, 『조선일보』, 1939.9.17, 4면.
「청춘좌소연(靑春座所演) 〈외로운 사람들〉 무대면(동양극장에서)」, 『동아일보』, 1937.7.9, 6면.

「청춘좌의 〈김옥균(金玉均)〉, 동극(東劇) 상연 중 제2막」, 『동아일보』, 1940.5.4, 5면.
「청춘좌의 귀경 공연 〈어머니의 힘〉 상연」, 『매일신보』, 1941.3.3, 9면.
「촉망되는 신극단 신흥극단(新興劇團) 출현」, 『동아일보』, 1930.10.23, 5면.
「최근 극영계의 동정 신추(新秋) 씨즌을 앞두고 다사다채(2)」, 『동아일보』, 1937.7.29, 7면.
「최근 극영계의 동정 연극영화합동시대출현의 전조」, 『동아일보』, 1937.8.3, 7면.
「최근 극영계의 동정(動靜) 신추(新秋) 씨즌을 앞두고 다사다채(多事多彩)」(2), 『동아일보』, 1937.7.29, 6면.
「춘원의 〈유정(有情)〉」, 『동아일보』, 1939.12.12, 5면.
「춘풍에 자라가는 극단의 군성(群星)들」, 『매일신보』, 1925.4.14, 2면.
「칠면구락부(七面俱樂部) 제1회 공연 인천에서 흥행」, 『매일신보』, 1928.6.25, 3면.
「침묵 중의 음악계는 후진양성에 주력」, 『동아일보』, 1938.1.3, 10면.
「태양극장 제2회 공연 새로운 진용과 새로운 레파토리로」, 『매일신보』, 1932.6.26, 5면.
「태양극장의 일본순업(日本巡業)」, 『동아일보』, 1933.5.29, 4면.
「토월회 〈춘향전〉 재연」, 『동아일보』, 1925.10.1, 5면.
「토월회 2회 극」, 『조선일보』, 1923.9.10, 3면.
「토월회 공연극, 대성황 중에 환영을 받아」, 『매일신보』, 1929.9.20, 3면.
「토월회 여배우 이월화 극단 떠나 기생생활」, 『조선일보』, 1928.1.5, 5면.
「토월회 연극은 금 사일부터 개연」, 『동아일보』, 1923.7.4, 3면.
「토월회 제11회 공연 독특한 승무」, 『동아일보』, 1925.5.1, 2면.
「토월회 제11회 공연」, 『동아일보』, 1925.5.3, 3면.
「토월회 지방순회 1회 공연」, 『시대일보』, 1925.11.6, 3면.
「토월회 혁신」, 『동아일보』, 1925.3.31, 2면.
「토월회공연(土月會公演) 금 10일부터」, 『동아일보』, 1925.4.10, 2면.
「토월회는 조선극장에서 거(去) 십팔일부터 〈카쥬사〉를, 금일(今日)부터는 〈하이델베르히〉 상연」, 『조선일보』, 1923.9.22, 3면.
「토월회에서 〈아리랑 고개〉 각색 상연」, 『중외일보』, 1929.11.22, 3면.
「토월회의 새연극 오늘밤부터 상연」, 『동아일보』, 1925.5.7, 2면.
「토월회의 연극 1막」, 『조선일보』, 1923.7.6, 3면.
「토월회의 출연할 〈기갈(飢渴)〉의 한 장면」, 『동아일보』, 1923.7.5, 3면.
「편시춘 작 〈대장깐의 하로〉」, 『동아일보』, 1931.6.9, 4면.
「풍문과 사실 겨우 제2회 공연 미춘 연극협회 해산설」, 『동아일보』, 1937.6.22, 6면.

「풍문과 사실」, 『동아일보』, 1937.6.22, 6면.
「학생예술좌의 초(初) 공연」, 『동아일보』, 1935.6.2, 3면.
「해설」, 이형식 역, 『무기와 인간』, 지만지, 2013, 106면.
「현대화된 〈춘향전〉」, 『동아일보』, 1925.9.16, 5면.
「현상 당선자 소개」, 『동아일보』, 1935.1.9, 3면.
「협전특선(協展特選) 〈교회당〉 정현웅」, 『동아일보』, 1930.10.28, 5면.
「혜숙(惠淑) 여사의 생애와 예술세계」, 『경향신문』, 1982.10.7, 12면.
「화보」, 『극예술』(창간호), 극예술연구회, 1934.4.
「황진이의 목욕하던 비취경(翡翠鏡) 가튼 기담」, 『조선일보』, 1938.8.17, 3면.
『경향신문』, 1949.11.13.
『동아일보』, 1930.11.27.
『동아일보』, 1930.11.30.
『동아일보』, 1932.1.27.
『동아일보』, 1940.4.24, 1면.
『동아일보』, 1950.9.20.
『만선일보』, 1940.6.20, 3면.
『매일신보』 1933.11.22, 8면.
『매일신보』, 1929.12.21, 2면.
『매일신보』, 1930.10.25.
『매일신보』, 1930.11.5.
『매일신보』, 1930.8.12, 1~2면.
『매일신보』, 1931.12.17.
『매일신보』, 1931.1.31, 4면.
『매일신보』, 1931.6.13, 7면.
『매일신보』, 1931.6.14, 1면.
『매일신보』, 1931.6.9, 7면.
『매일신보』, 1932.12.14, 3면.
『매일신보』, 1932.12.16, 2면.
『매일신보』, 1932.12.20, 8면.
『매일신보』, 1933.10.5, 2면.
『매일신보』, 1933.5.2, 8면.

『매일신보』, 1933.5.5, 8면.
『매일신보』, 1934.4.24.
『매일신보』, 1934.5.14.
『매일신보』, 1936.4.8, 6면.
『매일신보』, 1936.8.9, 2면.
『매일신보』, 1937.10.18, 4면.
『매일신보』, 1937.10.28, 2면.
『매일신보』, 1937.12.10, 2면.
『매일신보』, 1937.6.6, 8면.
『매일신보』, 1937.7.31, 3면.
『매일신보』, 1937.7.5, 4면.
『매일신보』, 1938.2.18, 2면.
『매일신보』, 1938.2.25, 2면.
『매일신보』, 1938.4.16, 2면.
『매일신보』, 1940.10.9, 2면.
『매일신보』, 1940.4.30, 3면.
『매일신보』, 1940.5.1, 6면.
『매일신보』, 1940.6.7, 4면.
『매일신보』, 1941.1.27, 3면.
『매일신보』, 1941.1.30, 6면.
『매일신보』, 1941.3.26, 4면.
『매일신보』, 1941.5.17, 4면.
『매일신보』, 1941.5.1, 4면.
『매일신보』, 1941.5.28, 6면.
『매일신보』, 1941.5.7, 6면.
『매일신보』, 1941.6.24, 4면.
『매일신보』, 1941.6.4, 6면.
『매일신보』, 1941.7.25, 4면.
『매일신보』, 1941.8.22, 2면.
『매일신보』, 1941.8.27.
『매일신보』, 1941.8.9, 4면.

『매일신보』, 1942.2.3.
『매일신보』, 1942.5.19, 4면.
『매일신보』, 1942.5.7, 4면.
『매일신보』, 1942.6.20, 4면.
『매일신보』, 1943.12.9, 1면.
『매일신보』, 1944.9.1, 2면.
『매일신보』, 1945.2.12, 2면.
『민주중보』, 1947.8.8.
『서울신문』, 1949.2.11.
『오호천명』, 영창서관, 1926; http://viewer.nl.go.kr:8080/main.wviewer
『오호천명』, 영창서관, 1926, 52~63면.
『조선일보』, 1929.12.21, 3면.
『조선일보』, 1930.11.12.
『조선일보』, 1930.8.12, 7면.
『조선일보』, 1931.1.31, 5면.
『조선일보』, 1931.2.14, 5면.
『조선일보』, 1937.7.25, 6면.
『조선일보』, 1938.6.22, 4면.
『조선일보』, 1939.10.20, 4면.
『조선일보』, 1939.10.21, 1면.
『조선일보』, 1939.9.26, 4면.
『조선일보』, 1939.9.27, 3면.
『조선일보』, 1940.4.28, 4면.
『조선일보』, 1940.4.2, 4면.
『조선일보』, 1940.5.1, 3면.
『조선일보』, 1940.5.5, 4면.
『조선일보』, 1940.6.6, 4면.
『조선일보』, 1940.6.7, 4면.
『중앙신문』, 1946.8.10.
『중앙일보』, 1931.12.18, 2면.
『중앙일보』, 1932.2.3.

『중앙일보』, 1946.7.25.
『한국민족문화대백과』 참조, http : //terms.naver.com/
『한성일보』, 1946.7.25.
〈박흥보가〉, 김태준 역주, 『흥부전/변강쇠가』, 고려대 민족문화연구원, 1995, 131면.
〈심청전－완판본〉, 정하영 역주, 『심청전』, 고려대 민족문화연구원, 1995, 125～133면.
〈쌍옥루 금전재(禁轉載) 하편(下篇)(49)〉, 『매일신보』, 1913.2.4, 1면.
〈쌍옥루 전편(前篇) 제1회〉, 『매일신보』, 1912.7.17, 1면.
G. 루카치, 이영욱 역, 『역사소설론』, 거름, 1987. 136～139면.
SH生, 「토월회의 공연의 〈아리랑 고개〉를 보고」(1～2), 『동아일보』, 1929.11.26～27일, 5면.
고설봉 증언, 『증언 연극사』, 진양, 1990, 23～137면.
고승범, 「금강산 해금강의 풍경」.
고혜산, 「신흥극장의 첫 공연 〈모란등기〉 인상기－보고 듣고 생각나는 대로(1)」, 『매일신보』, 1930.11.13.
고혜산, 「실험무대 제1회 시연 〈검찰관〉을 보고(1～2)」, 『매일신보』, 1932.5.8～10일, 5면.
권　용, 「죠셉 스보보다(Josef Svoboda)와 그의 현대무대미술」, 『드라마논총』 20집, 한국드라마학회, 2003, 38～43면.
_____, 「현대 공연예술의 연출방법, 연기양식, 무대미술의 시각적 분석」, 『드라마논총』 23집, 한국드라마학회, 2004, 84～86면.
권현정, 「1945년 이후 프랑스 무대미술의 형태 미학」, 『한국프랑스학논집』, 한국프랑스학회, 2005, 215면.
_____, 「무대미술의 관례성」, 『프랑스어문교육』 15권, 한국프랑스어문교육학회, 2003, 307～315면.
_____, 「무대미술의 형태미학」, 『한국프랑스학논집』 53집, 한국프랑스학회, 2006, 366～367면.
그레고리 부인(Isabella Augusta Gregory), 최정우 역, 〈옥문〉(상), 『조선일보』, 1933.2.8, 3면.
____________________, 〈옥문〉(상～하), 『조선일보』, 1933.2.8～13일, 3면.
극예술연구회동인 합평, 「중외극장 제1회 공연을 보고」, 『조선일보』, 1931.12.20, 5면.
기획사업팀, 「원우전 무대미술자료 수집 계획서」, 예술자료원, 2013.10, 2면.
김경미, 「이광수 기행문의 인식 구조와 민족 담론의 양상」, 『한민족어문학』 62호, 2012. 한민족어문학회, 302～305면.
김광섭, 「륜돈(倫敦 초연 당시에는 6개월 계속 상연 희곡 〈무기와 인간〉에 대하여」(3), 『동아일보』, 1933.6.25, 4면.
김기진, 「〈심야의 태양〉(1~112)」, 『동아일보』, 1934.5.3~9.19, 5~7면.
______, 「〈심야의 태양〉을 끝내면서」, 『동아일보』, 1934.9.19, 7면.
김기형, 「신문기사 여성국극 공연연보(1948~1969)」, 『여성국극 60년사』, 문화체육관광부, 2009, 219~237면.
______, 『여성국극 60년사』, 문화체육관광부, 2009, 41~92면.
김남석, 「낭만좌 공연에 나타난 대중극적 성향 연구－공연 대본 〈승무도(僧舞圖)〉를 중심으로」, 『한국예술연구』 19호, 한국예술연구소, 2018, 140면.
______, 「동양극장 발굴 자료로 살펴본 장치가 원우전의 무대미술 연구」, 『동서인문』 5호, 경북대 인문학술원, 2016, 135~149면.
______, 「사주 교체 직후 동양극장 레퍼토리 연구」, 『영남학』(통합 60호), 경북대 영남문화연구원, 2017, 307~338면.
______, 「유치진과 함세덕의 상동성 연구」, 『문학비평』 11집, 한국문학비평가협회, 2006, 67~87면.
______, 「〈개화당이문〉의 시나리오 형성 방식과 영화사적 위상에 대한 재고」, 『국학연구』 31집, 한국국학진흥원, 2016, 699면.
______, 「〈뇌우〉 공연의 변모 과정에 대한 연구」, 『한국연극학』 22호, 한국연극학회, 2004, 118~120면.
______, 「〈바람 부는 시절〉에 반영된 서울의 형상과 그 의미에 관한 연구－서울과 농촌의 대립 구도를 바탕으로」, 『서울학연구』 79호, 서울시립대 서울학연구소, 2020, 6~11면.
______, 「〈집 없는 천사(家なき天使)〉와 1930~40년대 조선의 현실－실화의 리얼리티를 통해 본 친일(성)의 재조명」, 『한국극예술연구』 56집, 한국극예술학회, 2017.6.30, 40~43면.
______, 「〈호상의 비극(湖上的悲劇)〉의 공연 상황과 무대디자인의 효과에 관한 연구」, 『한국전통문화연구』 25호, 전통문화연구소, 2020, 188~203면.
______, 「1920년대 극단 토월회의 연기에 대한 가설적 탐구」, 『한국연극학』 53호, 한국연극학회, 2014, 19~22면.
______, 「1930년대 공연 대본에 나타난 여성의 몸과 수난 모티프 연구」, 『인문사회과학연구』 14권 2호, 부경대 인문사회과학연구소, 2013, 51~74면.
______, 「1930년대 공연 대본에 나타난 여성의 몸과 수난 모티프 연구」, 『조선의 대중극단과 공연미학』, 푸른사상, 2013, 137~140면.

______, 「1930년대 극단 '인생극장'과 '중간극'의 의미」, 『한국연극학』 49호, 한국연극학회, 2013, 109~112면.
______, 「1930년대 대중극단 '태양극장'의 공연사 연구」, 『현대문학이론연구』 51집, 현대문학이론학회, 2012, 88~107면.
______, 「1930년대 대중극단 레퍼토리의 형식 미학적 특질」, 『조선의 대중극단과 공연미학』, 푸른사상, 2013, 55~68면.
______, 「경성촬영소의 역사적 전개와 제작 작품들」, 『조선의 영화제작사들』, 한국문화사, 2015, 23~65면.
______, 「극단 고협 후기 공연사 연구」, 『어문연구』 39권 1호, 한국어문교육연구회, 2011, 259~262면.
______, 「극단 낭만좌 공연의 대중 지향성 연구」, 『한국극예술연구』 44집, 한국극예술학회, 2014, 39면.
______, 「극단 아랑의 극단 체제 개편 과정 연구」, 『영남학』 11권, 경북대 영남문화연구원, 2007, 298~300면.
______, 「극단 아랑의 운영 방식 연구－1939년 9월부터 1941년 9월까지」, 『민족문화연구』 46호, 민족문화연구원, 2007, 69~102면.
______, 「극단 아랑의 운영 방식 연구」, 『민족문화연구』 46호, 고려대 민족문화연구원, 2007, 77~85면.
______, 「극단 아랑의 운영 방식 연구」, 『조선의 대중극단들』, 푸른사상, 2010, 465~466면.
______, 「극예술연구회 〈자매〉 공연의 무대디자인과 '단면(斷面)'의 공연 미학적 의미」, 『국학연구』 41집, 한국국학진흥원, 2020, 443~492면.
______, 「극예술연구회 공연 체제의 변화와 제10회 정기공연 형식에 대한 일 고찰－제10회 정기공연에 이르는 도정에서 발현된 연극 콘텐츠의 형식 교류와 공연 체제 확산을 중심으로」, 『민족문화연구』, 고려대 민족문화연구원, 2020.
______, 「극예술연구회 제4회 공연작 〈무기와 인간〉의 무대장치와 그 의미에 대한 연구」, 『민족문화연구』 83호, 고려대 민족문화연구원, 2019, 546~564면.
______, 「극예술연구회의 창단 공연작 〈검찰관〉에 관한 연구－실험무대 출범 정황과 창립 공연 무대디자인을 중심으로」, 『공연문화연구』 39집, 공연문화학회, 2019, 167~196면.
______, 「동양극장 〈춘향전〉 무대미술에 나타난 관습적 재활용과 독창적 면모에 대한 양면적 고찰」, 『현대문학이론연구』, 현대문학이론학회, 2016, 33~45면.
______, 「동양극장 발굴 자료로 살펴본 장치가 원우전의 무대미술 연구」, 『동서인문』 5호, 경북

대 인문학술원, 2016, 126~160면.
______, 「동양극장 청춘좌에 승계된 토월회의 영향(력)에 관한 연구」, 『국학연구』 34집, 한국국학진흥원, 2017, 331~334면.
______, 「동양극장 호화선의 무대미술에 관한 연구」, 『한국학연구』, 고려대 한국학연구소, 2017, 61~94면.
______, 「동양극장의 극단 운영 체제와 공연 제작 방식」, 『조선의 대중극단과 공연미학』, 푸른사상, 2014, 287~291면.
______, 「무대 사진을 통해 본 〈명기 황진이〉 공연 상황과 무대 장치에 관한 진의(眞義)」, 『한국전통문화연구』 18호, 전통문화연구소, 2016, 7~62면.
______, 「발굴된 무대 사진으로 살펴본 동양극장 무대미술에 대한 일 고찰」, 『우리어문연구』, 우리어문학회, 2017, 9~27면.
______, 「배구자악극단의 레퍼토리와 공연 방식에 대한 연구」, 『한국연극학』 56호, 한국연극학회, 2015, 12면.
______, 「배우 서일성 연구」, 『현대문학의 연구』 27호, 한국문학연구학회, 2005, 169~171면.
______, 「사주 교체 직후 동양극장 레퍼토리 연구」, 『영남학』 통합60호, 경북대 영남문화연구원, 2017, 307~338면.
______, 「새롭게 발굴된 원우전 무대 스케치의 역사적 맥락과 무대미술의 특징에 관한 연구」, 『한국연극학』, 한국연극학회, 2015, 334면.
______, 「새롭게 발굴된 원우전 무대 스케치의 역사적 맥락과 무대미술의 특징에 관한 연구」, 『한국연극학』 56호, 한국연극학회, 2015.8.30, 329~364면.
______, 「소리없이 참여하는 연극」, 『예술원 50년사(1954~2004)』, 대한민국예술원, 2004, 653~657면.
______, 「신무대 연구」, 『우리어문연구』, 우리어문학회, 2006, 72면.
______, 「어촌 소재 희곡의 상동성 연구」, 『오태석 연극의 미학적 지평』, 연극과인간, 2003, 205~210면.
______, 「여배우 이월화 연구」, 『조선의 여배우들』, 국학자료원, 2006, 39~40면.
______, 「연극시장 연구」, 『한국문학이론과 비평』 31집, 한국문학이론과비평학회, 2006, 194면.
______, 「울산의 지역극장 '울산극장'의 역사와 문화적 의의 연구」, 『울산학연구』 10호, 울산학연구센터, 2015, 7~84면.
______, 「이기세의 유일단 연구」, 『한어문교육』 29집, 한국언어문학교육학회, 2013, 456~

457면.
______, 「재정 변동으로 살펴본 극예술연구회의 운영 정황과 대응 과정으로 도출된 '관중 본위'의 신방침」, 『한국예술연구』, 한국예술연구소, 2020, 245~250면 참조.
______, 「제2회 극예술연구회 공연 현황과 〈옥문〉의 위치」, 『한국연극학』 72호, 2019.11.30, 21~25면 참조.
______, 「조선성악연구회 〈춘향전〉의 공연 양상」, 『민족문화논총』 59집, 영남대 민족문화연구소, 2015, 230~232면.
______, 「조선성악연구회와 창극화의 도정」, 『인문과학논총』 72권 2호, 서울대 인문학연구원, 2015, 358~363면.
______, 「조선연극사의 공연사 연구」, 『민족문화연구』 44호, 고려대 민족문화연구원, 2006, 129~134면.
______, 「조선예술좌 〈토성낭〉 공연의 무대디자인」, 『건지인문학』 22집, 전북대 인문학연구소, 2018, 37~59면.
______, 「최초의 무대미술가 원우전」, 『인천학연구』 7호, 인천대 인천학연구원, 2007, 211~240면.
______, 「최초의 무대미술가 원우전」, 『인천학연구』 7호, 인천대 인천학연구원, 2007, 223~225면.
______, 「표절의 사회학」, 『빈터로의 소환-지역에서 생각하다』, 지식과교양, 2018, 297~301면.
______, 『배우의 정석』, 연극과인간, 2015.
______, 『빛의 향연』, 연극과인간, 2017, 184~187면.
______, 『조선 대중극의 용광로 동양극장(1~2)』, 서강대 출판부, 2018.
______, 『조선의 대중극단과 공연미학』, 푸른사상, 2013, 19~41면.
______, 『조선의 대중극단들』, 푸른사상, 2010, 452~465면.
______, 『조선의 여배우들』, 국학자료원, 2006, 43~44면.
______, 『조선의 지역 극장』, 연극과인간, 2018, 143~144면.
______, 『탈경계인문학(*Trans-Humanities*)』 13권 1호, 이화여자대 인문과학원, 2020, 130면.
김동원, 『미수의 커튼콜』, 태학사, 2003, 167~168면.
김미도, 「임선규, 그 극적인 삶과 연극세계」, 『한국희곡작가연구』, 태학사, 1997, 190면.
김병길, 「'황진이' 설화의 역사소설화와 그 계보」, 『동방학지』 147권, 연세대 국학연구원, 2009, 492면.

김병철, 「한국여성국극사 연구」, 동국대 석사논문, 1997, 30~31면.

_____, 『추억의 여성국극 53년사』, 한국여성국극예술협회, 1999, 81면.

김석만, 「극적 행동의 이해와 분석방법 연구」, 『한국극예술연구』 5집, 한국극예술학회, 1995, 329~330면.

_____, 『인간의 마음을 사로잡는 연기의 세계』, 연극과인간, 2001, 146면.

김석배 편저, 『금강산 설악산 200경』, 삼보북, 2001, 13면.

김수남, 「활극배우로서 나운규의 민족정신과 영화 속 연인들의 상징에 대한 고찰」, 『영화연구』 30집, 한국영화학회, 2006, 40~44면.

김숙경, 「근대극 전환기 신파극과 신극의 관련 양상 연구」, 『한국연극학』 28호, 한국연극학회, 2006, 149~150면.

김순주, 「식민지시대 도시생활의 한 양식으로서 대극장-1930년대 경성부민관을 중심으로」, 『서울학연구』 56집, 서울시립대 서울학연구소, 2014, 11~25면.

김양수, 「개항장과 공연예술」, 『인천학연구』 1호, 인천학연구원, 2002, 175면.

김연수, 「1930년의 조선연극계」, 『매일신보』, 1931.1, 1~2면.

김영수, 「연극의 각성」, 『인문평론』, 1941.1, 31~33면.

김영주, 「〈배비장전〉의 풍자구조와 그 의미망」, 『판소리연구』 25집, 판소리학회, 2008, 130~131면.

김용길, 「동경학생예술좌 제 일회 공연을 끗내고 그 한사람으로 시의 후감(後感)」(하), 『조선중앙일보』, 1935.6.11, 4면.

김용범, 「'문화주택'을 통해 본 한국 주거 근대화의 사상적 배경에 대한 연구」, 한양대 박사논문, 2009, 3~4면.

김용준, 「을해예원총력산 화단 일 년의 동정(動靜)(하)」, 『동아일보』, 1935.12.28, 3면.

김우종, 「조선신극 운동의 동향」, 『동아일보』, 1937.11.14, 4면.

김우철, 「한국 근대 무대미술의 고찰」, 성균관대 석사논문, 2003, 51면.

김유미, 「1950년대 여성국극에 나타난 대중 역사극의 변화」, 『어문논집』 57집, 민족어문학회, 2008, 267면.

_____, 「신파극 혹은 멜로드라마의 지속성 연구-관객의 입장에서 본 〈장한몽〉과 〈사랑에 속고 돈에 울고〉」, 『한국연극학』 28호, 한국연극학회, 2006, 163~188면.

김을한·김팔봉·이서구 대담, 「극단 토월회 이야기」, 『세대』, 1971.5, 227~231면.

김일영, 「장치자로서의 말」, 『극예술』 4호, 1936.5, 13~14면.

김일영, 『연극과 영화의 이해』, 중문, 2000, 126면.

김재석, 「1900년대 창극의 생성에 대한 연구」, 『한국연극학』 38집, 한국연극학회, 2009, 12~22면.
______, 「1920년대 〈인형의 집〉 번역에 대한 연구」, 『한국극예술연구』 36집, 한국극예술학회, 2012, 13~14면.
______, 「극예술연구회 제2기의 번역극 공연에 대한 연구」, 『한국극예술연구』 46집, 한국극예술학회, 2014, 60면.
______, 「유치진의 숀 오케이시 수용에 대한 연구」, 『어문학』, 한국어문학회, 2014, 266~274면.
______, 「토월회의 창립 공연 연구」, 『한국극예술연구』 43집, 한국극예술학회, 2014, 68~69면.
______, 「조선연극사(朝鮮演劇史) 삼국이전(三國以前)으로부터 현대(現代)까지」(36), 『동아일보』, 1931.7.4, 4면.
김정환 작, 정현웅 화, 〈항진기〉, 『조선일보』, 1937.2.9, 4면.
김종철, 「실전 판소리의 종합적 연구」, 『판소리 연구』 3집, 판소리학회, 1992, 104면.
김종태, 「제8회 미전평(美展評)(5)」, 『동아일보』, 1929.9.7, 3면.
김종호, 「황진이 소재 서사의 궤적과 이태준의 〈황진이〉」, 『우리문학연구』 42집, 우리문학회, 2014, 191~206면.
김주경, 「제11회 조미전 인상기(朝美展印象記)(4)」, 『동아일보』, 1932.6.7, 5면.
김주야·石田潤一郎, 「1920-1930년대에 개발된 金華莊주택지의 형성과 근대주택에 관한 연구」, 『서울학연구』 32집, 서울시립대 서울학연구소, 2008, 153~160면.
김중효, 「「새롭게 발굴된 원우전 무대 스케치의 기원과 무대 미학에 관한 연구」에 관한 질의문」, 『한국의 1세대 무대미술가 연구 Ⅰ』, 한국연극학회·한국문화예술위원회 예술자료원 공동 춘계학술대회, 2015, 61면.
김지혜, 「1950년대 여성국극의 공연과 수용의 성별 정치학」, 『한국극예술연구』 30집, 한국극예술학회, 2009, 257면.
______, 「1950년대 여성국극의 단체 활동과 쇠퇴 과정에 대한 연구」, 『한국여성학』 27권 2호, 한국여성학회, 2011, 15면.
______, 조영숙과의 인터뷰, 2009.1.30.
김진나, 「입센의 무대 이미지 읽기」, 『한국연극학』 30호, 한국연극학회, 2006, 39~41면.
김태준, 「〈홍부전〉 해제」, 김태준 역주, 『홍부전/변강쇠가』, 고려대 민족문화연구원, 1995, 10~11면.
김팔봉, 「나의 '토월회' 시대」, 『신천지』 60호, 1954.2, 165면.
김현철, 「축지소극장(築地小劇場)의 체험과 홍해성 연극론의 상관성 연구」, 『한국극예술연구』, 한국극예술학회, 2007, 97～98면.
김희정, 「여성 국극(女性國劇)과 다카라즈카 가극(寶塚歌劇)의 남장(男裝) 의상에 관한 연구」, 『복식문화연구』 15권 3호, 복식문화학회, 2007, 144면.
나운규, 「〈개화당〉」, 『삼천리』 4권 7호, 1932.7, 52～54면.
______, 「〈개화당〉의 영화화」, 『삼천리』 3권 11호, 1931.11, 53면.
나 웅, 「극연 제6회 공연 〈인형의 집〉을 보고(3)」, 『동아일보』, 1934.5.1, 3면.
______, 「실험무대(實驗臺舞) 제1회 시연(試演) 초일을 보고(2)」, 『동아일보』, 1932.5.11, 5면.
______, 「실험무대(實驗臺舞) 제1회 시연(試演) 초일을 보고(3)」, 『동아일보』, 1932.5.13, 5면.
남궁운, 「혁신 중앙무대의 〈부활〉 상연을 보고」(하), 『동아일보』, 1937.11.21, 5면.
남 림, 「아랑소연 〈김옥균〉을 보고」, 『조선일보』, 1940.6.9, 4면.
______, 「역사물과 각색－충분한 고증 있기를」, 『조선일보』, 1940.6.7, 4면.
남 석, 『조선 대중극의 용광로 동양극장』(1), 서강대 출판부, 2018, 395～404면.
노승희, 『해방 전 한국 연극 연출의 발전 양상 연구』, 동국대 박사논문, 2004, 22～49면.
노재명, 「〈정정렬 도창 창극 춘향전〉 빅타판 유성기 음반 복원 공연의 의미」, 『〈판에 박은 소리 춘향〉 공연 팸플릿』, 국립민속국악원, 2013.6, 5～6면.
노재명, 「최초로 확인된 판소리 명창 정정렬 장고 반주 1932년 음반 해제」, 『한국음반학』 23권, 한국고음반연구회, 2013.
류경호, 「창극 공연의 연출 특성과 발전적 대안」, 『판소리연구』 27권, 판소리학회, 2009, 64～65면.
박관수, 「〈춘향가〉의 〈농부가〉 수용 양상」, 『한국민요학』 2집, 한국민요학회, 1994, 132～133면.
박노홍, 「식민치하와 해방 언저리의 발자취」, 『한국연극』, 1978.7, 73면.
______, 〈마의태자〉, 김의경 · 유인경 편, 『박노홍 전집 3』, 연극과인간, 2008, 221～291면.
박동진, 「판소리 배비장타령 서문」, 『SKCD-K-0256』, 김종철, 「실전 판소리의 종합적 연구」, 『판소리 연구』 3집, 판소리학회, 1992, 120～121면.
박봉례, 「판소리 〈춘향가〉 연구 : 정정렬 판을 중심으로」, 단국대 석사논문, 1979, 14면.
박승희, 「신극운동 7년」, 『조선일보』, 1929.11.5.
______, 「토월회 이야기」(1～2), 『사상계』 120호, 1963년 5～6월.
박영정, 「유치진의 〈토막〉과 함세덕의 〈산허구리〉 비교 연구」, 『대학원학술논문집』, 건국대 대학원, 1995, 11～24면.
박용구, 「풍류유명인야화(風流名人夜話)(66)」, 『동아일보』, 1959.8.2, 4면.

박용철, 「실험무대 제2회 시연 초일을 보고(1~4)」, 『동아일보』, 1932.6.30~7월 5일, 4~5면.
박우수, 「코러스의 극적 기능 : 〈헨리 5세〉의 경우」, 『*Shakespeare Review*』(1), 한국셰익스피어학회, 2009, 61~62면.
박일용, 「〈유충렬전〉의 문체적 특징」, 『한글』, 한글학회, 1994, 101~118면.
______, 「판소리계 소설 〈춘향전〉의 사실적 성격」, 『조선시대의 애정소설』, 집문당, 1993, 239면.
박정애, 「일제의 공창제 시행과 사창 관리 연구」, 숙명여대 박사논문, 2009, 100~109면.
박종화, 〈삼절부〉, 『한국작가출세작품전집(1)』, 을유문화사, 1976, 24~35면.
______, 〈삼절부〉, 『한국작가출세작품전집(1)』, 을유문화사, 1976, 29~31면.
______, 〈황진이의 역천〉, 『월탄박종화문학전집(11권)』, 삼경출판사, 1980, 294~311쪽.
박 진, 『세세연년』, 세손, 1991.
박 황, 『창극사 연구』, 백록출판사, 1975, 86~258면.
반재식 · 김은신, 『여성국극왕자 임춘앵 전기』, 백중당, 2002.
배연형, 「정정렬 론」, 『판소리연구』 17권, 판소리학회, 2004, 155면.
______, 「정정렬 론」, 『판소리연구』 17권, 판소리학회, 2004, 219~210면.
백두산, 「우전(雨田) 원세하(元世夏), 조선적 무대미술의 여정-원우전 무대미술 연구 시론」, 『한국연극학』 56호, 한국연극학회, 2015, 365~405면.
백현미, 「1930년대 기생-가정극 연구 : 〈사랑에 속고 돈에 울고〉와 〈어머니의 힘〉을 중심으로」, 『대중서사연구』 21권 1호, 대중서사학회, 2015, 227~257면.
______, 「송만갑과 창극」, 『판소리연구』 13집, 판소리학회, 2002, 232~240면.
______, 「어트렉션의 몽타주와 모더니티」, 『한국극예술연구』, 한국극예술학회, 2010, 86면.
______, 『한국 창극사 연구』, 태학사, 1997, 217면.
버나드 쇼, 이형식 역, 『무기와 인간』, 지만지, 2013, 33~68면.
복혜숙, 「나의 교유록 원로 여류가 엮는 회고77 신극좌(新劇座) 시절」, 『동아일보』, 1981.4.24, 11면.
산목생, 「〈내가 사랑하는 사람들〉」, 『동아일보』, 1937.6.3, 5면.
새뮤엘 셀던, 김진석 역, 『무대예술론』, 현대미학사, 1993, 166면.
서연호, 「연출가 홍해성론」, 서연호 · 이상우 편, 『홍해성 연극론 전집』, 영남대 출판부, 1998, 340면.
서연호, 『식민지 시대의 친일극 연구』, 태학사, 1997, 71~74면.
______, 『한국연극사(근대편)』, 연극과인간, 2003, 79~122면.

———, 『한국현대희곡사연구』, 고려대 민족문화연구원, 1982.
서일성, 「뾰족집으로 간 엄미화」, 『삼천리』 13권 3호, 1941.3, 202~203면.
서항석(인돌), 「태양극장 제 8회 공연을 보고(하)」, 『동아일보』, 1932.3.11, 4면.
———, 「〈검찰관〉에서 〈풍년기〉까지 – 넷날의 극예술연구회 7년 간 자취」, 『삼천리』 10권 11호, 1938.11, 193~194면.
———, 「검찰관〉에서 〈풍년기〉까지」, 『삼천리』 10권 11호, 1938.11, 195면.
———, 「극연경리의 이면사」, 『극예술』 5호, 1936.9.29, 29면.
———, 「나와 국립극장(2)」, 『극장예술』, 1979년 6월호, 25면.
———, 「나의 이력서」, 『서항석 전집』 5권, 하산출판사, 1987, 1779~1782면.
———, 「신연극이십년의 소장(消長)」, 『동아일보』, 1940.5.14, 3면.
———, 「우리 신극운동의 회고」, 『삼천리』 13권 3호, 1941.3, 171면.
———, 「중간극(中間劇)의 정체」, 『동아일보』, 1937.6.29, 7면.
성현경, 「〈유충렬전〉 검토」, 『고전문학연구』 2집, 한국고전문학회, 1974, 35~64면.
손경석, 『북한의 명산』, 서문당, 1999, 29~264면.
송관우, 「무대미술의 활성화에 대한 일고」, 『미술세계』(35), 미술세계, 1987, 64면.
송명진, 「이식된 '광기'와 소설적 형상화 : 1910년대 소설을 중심으로」, 『대중서사연구』 22권 4호, 대중서사학회, 2016, 95~97면.
송인화, 「이태준의 〈청춘무성〉 고」, 『여성문학연구』 9권, 한국여성문학회, 2003, 157면.
스테판 샤프, 이용관 역, 『영화구조의 미학』, 영화언어, 1991, 125~126면.
신수경 · 최리선, 『시대와 예술의 경계인 정현웅』, 돌베개, 1912, 23~95면.
심 훈, 「극예술연구회 제5회 공연 참관기(3)」, 『조선중앙일보』, 1933.12.5, 3면.
———, 「극예술연구회 제5회 공연 참관기(완)」, 『조선중앙일보』, 1933.12.7, 3면.
안석영, 「신극 의기 높을 때」, 『동아일보』, 1939.4.7, 5면.
안성호, 「일제 강점기 주택개량운동에 나타난 문화주택의 의미」, 『한국주거학회지』 12권 4호, 한국주거학회, 2001, 186~190.
안용순, 「극예술연구회 제4회 공연을 보고(하)」, 『동아일보』, 1933.7.4, 4면.
안종화, 『신극사 이야기』, 진문사, 1955, 3~107면.
———, 『한국영화측면비사』, 춘추각, 1962, 37면.
양승국, 「1910년대 한국 신파극의 레퍼터리 연구」, 『한국극예술연구』 8집, 한국극예술학회, 1998, 9~69면.
———, 「1930년대 농민극의 딸 팔기 모티프의 구조와 의미」, 『한국 근대극의 존재형식과 사유

구조』, 연극과인간, 2009, 159면.

엄국천, 「배우 황철 연구」, 중앙대 석사논문, 1999, 27면.

원우전, 「원우전 무대미술 자료(54점)」, 예술자료원 소장(열람), 2015.

우미영, 「'황진이' 담론의 형성 방식과 여성의 재현」, 『한국문학이론과 비평』, 한국문학이론과 비평학회, 2005, 168~174면.

유민영, 「'토월회' 연극을 풍성케 했던 신무용 개척자 조택원(趙澤元)」, 『연극평론』 58호, 한국연극평론가협회, 2005년 5월호, 208~224면.

______, 「근대 창극의 대부 이동백」, 『한국인물연극사(1)』, 태학사, 2006, 52~54면.

______, 「무대미술의 사적 고찰」, 『미술세계』 74, 미술세계, 1990, 135~136면.

______, 『우리시대 연극운동사』, 단국대 출판부, 1989, 83~85면.

______, 『한국근대연극사신론』(상), 태학사, 2011, 237~273면.

______, 『한국근대연극사신론』(하), 태학사, 2011, 144~517면.

______, 『한국현대희곡사』, 홍성사, 1982.

유영대, 「20세기 창작판소리의 존재 양상과 의미」, 『한국민속학』 39권, 한국민속학회, 2004, 196~197면.

유인경, 「여성국극 공연 목록(1948~1959)」, 김의경 · 유인경 편, 『박노홍 전집 3』, 연극과인간, 2008, 525~534면.

유치진, 「〈소〉(3막)」(1~12), 『동아일보』, 1935.1.30~2월 13일, 3면.

______, 「〈소〉(3막)」(15), 『동아일보』, 1935.2.16, 3면.

______, 「各 劇團 上演 名作戲曲」, 『삼천리』 7권 2호, 1935.2, 231~232면.

______, 「극단과 희곡계」(상), 『동아일보』, 1937.12.24, 4면.

______, 「노동자 출신의 극작가 숀 오케이시」(20), 『조선일보』, 1932.12.22, 4면.

______, 「동경 문단 극단 견문초(見聞抄)」(6), 『동아일보』, 1935.5.18, 3면.

______, 「신극 수립의 전망(1)」, 『동아일보』, 1934.1.6, 4면.

______, 「자서전」, 『동랑 유치진 전집』 9권, 서울예술대 출판부, 1993, 107~111면.

______, 「지난 1년간의 조선 연극계 총결산-특히 희곡을 중심으로」, 『동랑 유치진 전집』 8권, 서울예술대 출판부, 1993, 171~172면.

______, 『동랑자서전』, 서문당, 1975, 199면.

______, 〈버드나무 선 동리의 풍경〉(1~14), 『조선중앙일보』, 1933.11.1~15일, 3~9면.

______, 〈자매〉, 『조광』(9~11), 1936년 7~9월.

______, 〈토막〉, 『문예월간』, 1931.12, 34면.

______, 〈토막〉, 서연호 편, 『한국 희곡 전집』(3), 태학사, 1996.
윤갑용, 「토월회의 〈아리랑 고개〉를 중심 삼고(중)」, 『동아일보』, 1929.11.30, 5면.
윤백남, 「연극과 사회」(8), 『동아일보』, 1920.5.13, 4면.
윤분희, 「'황진이 이야기'의 의미 생성과 변모」, 『우리말글』 34집, 우리말글학회, 2005, 158~159면.
윤채근, 「『전등신호(剪燈新話)』의 악귀(惡鬼)와 초월(超越)의 윤리－〈모란등기(牡丹燈記)〉를 중심으로」, 『일본학연구』, 단국대 일본연구소, 2017, 64~65면.
윤현철. 「삼원법과 탈원근법을 통한 증강현실의 미학적 특성」, 『디자인지식저널』 32권, 한국디자인지식학회, 2014, 47~48면.
이경아, 「경성 동부 문화주택지 개발의 성격과 의미」, 『서울학연구』 37집, 서울시립대 서울학연구소, 2009, 47~49면.
이경아·전봉희, 「1920~30년대 경성부의 문화주택지개발에 대한 연구」, 『대한건축학회논문집－계획계』 22권 3호, 대한건축학회, 2006, 197~198면.
____________, 「1920년대 일본의 문화주택에 대한 고찰」, 『대한건축학회 논문집－계획계』 21권 8호, 대한건축학회, 2005, 97~105면.
이규희 작, 황토수 화, 〈외로운 사람들〉(1), 『동아일보』, 1938.3.15, 3면.
이기세, 「신파극의 회고(상) 경도서 도라와 유일단을 조직」, 『매일신보』, 1937.7.2, 8면.
이두현, 『한국 신극사 연구』, 민속원, 2013(개정판), 316~325면.
______, 『한국신극사연구』, 민속원, 2013, 88~103면.
______, 『한국신극사연구』, 서울대 출판부, 1966.
이만희, 「그리스 코러스 기능의 전복 : 솔로르사노의 〈신의 손〉을 중심으로」, 『이베로아메리카연구』 20(1), 서울대 라틴아메리카연구소, 2009, 23~24면.
이무영 작, 정현웅 화, 〈똘똘이〉(1), 『동아일보』, 1936.2.9, 5면.
________________, 〈먼동이 틀 때〉(45), 『동아일보』, 1935.9.20, 13면.
이문성, 「방각본 〈춘향전〉의 〈농부가〉와 민요 〈상사소리〉의 상관성」, 『한국민요학』 9집, 한국민요학회, 2001, 162면.
이상우, 「극예술연구회에 대한 연구－번역극 레퍼터리에 대한 고찰을 중심으로」, 『한국극예술연구』 7집, 한국극예술학회, 1997, 97~100면.
이서구, 「한국 연극 운동의 태아기 야사」, 『신사조』, 1964.1.
______, 『〈아들의 심판〉』, 청춘극장 대본, 18면~39면.
______, 〈폐허에 우는 충혼〉, 『신민』, 신민사, 1931.7, 127~129면.

이성미. 『대기원근법』, 대원사, 2012, 38~80면.
이승희, 「멜로드라마의 이율배반적 운명-〈사랑에 속고 돈에 울고〉와 〈어머니의 힘〉을 중심으로」, 『민족문학사연구』 20집, 민족문학사연구소, 2004. 208~234면.
______, 「한국 사실주의 희곡에 나타난 성의 정치학」, 『한국극예술연구』, 한국극예술학회, 2003, 165~187면.
이영미, 「화류비련담과 며느리 수난담의 조합 : 〈사랑에 속고 돈에 울고〉의 서사구조」, 『한국극예술연구』 27집, 한국극예술학회, 2008, 95~122면.
이영석, 「신파극 무대장치의 장소 재현 방식」, 『한국극예술연』 35집, 한국극예술학회, 2012, 26~27면.
______, 「신파극 무대장치의 장소 재현 방식」, 『한국극예술연구』 35집, 한국극예술학회, 2012, 24~33면.
이영수, 「20세기 초 이왕가 관련 금강산도 연구」, 『미술사학연구』 271/272호, 한국미술사학회, 2011, 207~209면.
이운곡, 「중앙무대 공연평」, 『동아일보』, 1937.7.9, 6면.
이원경, 「무대미술」, 『문예총감(개화기~1975)』, 한국문화진흥원, 1976, 417면.
______, 「장치가 강성범(姜聖範) 그의 급서(急逝)를 애도하며」, 『경향신문』, 1961.5.25, 4면.
이원희, 『전북연극사 100년』, 전라북도연극협회, 2008, 36면.
이정숙, 「유치진의 희곡 〈소〉에 미친 일본 희곡 〈말〉의 영향」, 『한국극예술연구』 32집, 한국극예술학회, 2010, 141~142면.
이정하, 「나운규의 〈아리랑〉(1926)의 재구성 : 〈아리랑〉의 활극적 효과 혹은 효과의 생산」, 『영화연구』, 한국영화학회, 2005, 265~290면.
이해랑, 「예술에 살다(54)」, 『일간스포츠』, 1978.7.19.
______, 「함세덕」, 『또 하나의 커튼 뒤의 인생』, 보림사, 1985, 147면.
이헌구, 「극연 1년간의 업적과 보고(4) 창립 1주견 기념을 제(際)하야」, 『동아일보』, 1932.7.12, 5면.
이희환, 「인천 근대연극사 연구」, 『인천학연구』 5호, 인천학연구원, 2006, 12~13면.
인터뷰, 「판소리 명창 정광수」, 『판소리연구』 2권, 판소리학회, 1991.
임금복, 「새로 쓴 〈황진이〉 연구」, 『돈암어문학』 17집, 돈암어문학회, 2004, 268~269면.
______, 「새로 쓴 〈황진이〉 연구」, 『돈암어문학』 17집, 돈암어문학회, 2004, 271~272면.
임선규 원작, 예술자료원 제공, 「〈바람 부는 시절〉 공연 대본」.
________, 함세덕 정리, 〈동학당(여명)〉, 이재명 외편, 『해방전(1940~1945) 공연희곡집 3』,

평민사, 2004, 10면~58면.
임성래, 「완판 영웅소설의 판소리 문체 수용 양상」, 『판소리연구』 12집, 판소리학회, 2001, 7~31면.
자클린 나카시, 박혜숙 역, 『영화배우』, 동문선, 2007, 156~163면.
장기제, 「역자로서의 일언(一言)(기일)」, 『동아일보』, 1932.6.24, 5면.
장시광, 「황진이 관련 자료」, 『동방학』 3집, 한서대 동양고전연구소, 1997, 308~400면.
장재니 외. 「회화적 랜더림에서의 대기원근법의 표현에 관한 연구」, 『한국멀티미디어학회논문지』, 13권 10호, 한국멀티미디어학회, 2010, 1474~1486면.
전성희, 「한국여성국극연구」, 『드라마 연구』, 한국드라마학회, 2008, 143~148면.
전일검, 「동경 학생예좌(學生藝座)의 제1회 공연을 보고서(중)」, 『동아일보』, 1935.6.12, 3면.
전한(田漢), 김광주 역, 〈호상의 비극〉, 『조선문단』, 1935.8, 73면.
정노식, 『조선창극사』, 조선일보출판사, 1940, 186면.
정현웅, 「편집후기」, 『조광』, 1941.5.
조규익. 「금강산 기행가사의 존재 양상과 의미」, 『한국시가연구』 12집, 한국시가학회, 2002, 245~246면.
조중환 번안, 〈쌍옥루〉(전편(前篇) 1회~하편(下篇) 49회), 『매일신보』, 1912.7.17~1913.2.4, 1면.
＿＿＿＿＿, 박진영 편, 『쌍옥루』, 현실문화, 2007, 158~390면.
조풍연, 「화우교류기」, 『월간미술』, 1985년 가을(호), 신수경 · 최리선, 『시대와 예술의 경계인 정현웅』, 돌베개, 1912, 64면.
죠셉 보그스, 이용관 역, 『영화보기와 영화읽기』, 제3문학사, 1991, 144~147면.
주수전, 「대만 초기 공공미술 연구」, 『미술이론과 현장』 8권, 한국미술이론학회, 2009, 164면.
천마상인, 「조선미전단평(朝鮮美展短評)(7)」, 『동아일보』, 1933.6.8, 4면.
초병정, 「대난전중(大亂戰中)의 동아일보조선일보(東亞日報對朝鮮日報) 신문전(新聞戰)」, 『삼천리』 5권 10호, 1933.10, 32~33면.
최상철, 『무대미술 감상법』, 대원사, 2006, 119~121면.
카이제르, 서항석 역, 「〈우정(友情)(원명 유아나)〉 1막(1~8)」, 『동아일보』, 1933.2.1~2월 14일, 4~6면.
켄 던시거 · 제프 러시, 안병규 역, 『얼터너티브 시나리오』, 커뮤니케이션북스, 2006, 287~289면.
土屋積, 「大講堂の基本的調査, 『朝鮮と建築』(15-3), 1936.3.

팔극(유지영), 〈인간모욕〉, 『동광』 38호, 1932, 92면.
한국문화예술진흥원 간, 『연기』, 예니, 1990, 46~143면.
한국영화데이터베이스, http : //www.kmdb.or.kr/vod/
한노단, 「신극과 상업극－국립극장 재출발에 제(際)하여」, 『서울신문』, 1953.3.22.
한상언 · 정태수, 「1920년대 초반 조선영화의 형식적 특징」, 『한국콘텐츠학회논문지』 13권 12호, 한국콘텐츠학회, 2013, 123~125면.
한용운, 〈천하명기 황진이〉, 『별건곤』, 1929.1, 43면.
한적선, 「동경학생예술좌 제1회 공연을 앞두고(상)」, 『동아일보』, 1935.5.19, 3면.
______, 「동경학생예술좌 제1회 공연을 앞두고(하)」, 『동아일보』, 1935.5.21, 3면.
한태천, 「〈토성낭〉(1막)」(1), 『동아일보』, 1935.1.11, 3면.
______, 「〈토성낭〉(1막)」(6), 『동아일보』, 1935.1.18, 3면.
______, 「〈토성낭〉(1막)」(7), 『동아일보』, 1935.1.19, 3면.
______, 「〈토성낭〉(1막)」(완), 『동아일보』, 1935.1.23, 3면.
함대훈, 「국민연극에의 전향－극계 일년의 동태(6)」, 『매일신보』, 1941.12.13, 4면.
함세덕, 〈동어의 끝〉, 『조광』, 조선일보사 출판부, 1940, 152~162면.
______, 〈무의도기행〉, 『인문평론』, 1941.3, 70~71면.
______, 〈산허구리〉, 『조선문학』, 1936.9, 100면.
헨릭 입센, 양백화 역, 『노라』, 영창서관, 1922.
________, 양백화 · 박계강 역, 〈인형의 가〉, 『매일신보』, 1921.1.25~3월 14일, 1면.
________, 이상수 역, 『인형의 가』, 한성도서, 1922.
________________, 『인형의 가』, 한성도서, 1929(재간본). 7~103면.
현철, 「조선 극계도 이미 25년」, 『조광』, 1935.12.
호혜여인, 「토월회의 공연 〈아리랑 고개〉를 보고」, 『중외일보』, 1929.11.26.
홍종인, 「고전 가곡의 재출발 창극 〈춘향전〉 평(2~3)」, 『조선일보』, 1936.10.4~8일, 6면.
홍해성, 「연출자로서 본 '고－골리'와 〈검찰관〉(적(績))」, 『동아일보』, 1932.5.3, 5면.
______, 「연출자로서 본 '고－골리'와 〈검찰관〉」(1), 『동아일보』, 1932.4.28, 4면.
______, 「연출자로서 본 '고－골리'와 〈검찰관〉」(2), 『동아일보』, 1932.4.30, 4면.
______, 「연출자로서 본 '고－골리'와 〈검찰관〉」(3), 『동아일보』, 1932.5.2, 4면.
______, 「조선민족과 신극운동(1)」, 『동아일보』, 1929.10.20, 5면.

원고 출전

「소리없이 참여하는 연극」, 『예술원 50년사(1954～2004)』, 대한민국예술원, 2004, 653～657면.

「극단 아랑의 운영 방식 연구」, 『민족문화연구』 46호, 고려대 민족문화연구원, 2007, 69～102면.

「최초의 무대미술가 원우전」, 『인천학연구』 7호, 인천대 인천학연구원, 2007, 211～240면.
1920년대 극단 토월회의 연기에 대한 가설적 탐구」, 『한국연극학』, 한국연극학회, 2014, 5～30면.

「조선성악연구회 〈춘향전〉의 공연 양상－1936년 9월 〈춘향전〉을 중심으로」, 『민족문화논총』 59집, 영남대 민족문화연구소, 2015, 213～240면.

「조선성악연구회와 창극화의 도정－1934년 4월부터 1936년 9월 〈춘향전〉 공연 직전까지의 활동상을 중심으로」, 『인문논총』 72권 2호, 서울대 인문학연구원, 2015, 343～374면.

「조선성악연구회의 창극 〈흥보전〉과 〈심청전〉에 관한 일 고찰－1936년 11월～12월의 '형식적 실험'과 '양식 정립 모색'을 중심으로」, 『국학연구』, 한국국학진흥원, 2015, 257～311면.

「새롭게 발굴된 원우전 무대 스케치의 역사적 맥락과 무대미술의 특징에 관한 연구」, 『한국연극학』 56호, 한국연극학회, 2015, 329～364면.

「조선성악연구회의 창극 대본 산출 방식과 대본 작가의 활동 양상－1937～1938년 김용승의 공연 활동을 중심으로」, 『한국전통문화연구』 16호, 전통문화연구소, 2015, 1～41면.

「조선성악연구회의 〈옥루몽〉 창극화 도정과 창극사적 의의 연구」, 『국학연구』 30집, 한국국학진흥원, 2016, 363～401면.

「동양극장 발굴 자료로 살펴본 장치가 원우전의 무대미술 연구」, 『동서인문』 5호, 경북대 인문학술원, 2016, 123～160면.

「동양극장 〈춘향전〉 무대미술에 나타난 관습적 재활용과 독창적 면모에 대한 양면적 고찰」, 『현대문학이론연구』 66집, 현대문학이론학회, 2016, 33～56면.

「무대 사진을 통해 본 〈명기 황진이〉 공연 상황과 무대 장치에 관한 진의(眞義)」, 『한국전통문화연구』 18호, 전통문화연구소, 2016, 7～62면.

「발굴된 무대 사진으로 살펴본 동양극장 무대미술에 대한 일 고찰」, 『우리어문연구』, 우리어문학회, 2017, 7~36면.

「동양극장 호화선의 무대미술에 관한 연구」, 『한국학연구』 62집, 고려대 한국학연구소, 2017, 61~94면.

「1930년대 〈숙영낭자전〉의 창극화 도정 연구 - 1937년 2월 조선성악연구회의 공연 사례를 중심으로」, 『열상고전연구』 59집, 열상고전연구회, 2017, 193~231면.

「동양극장 청춘좌에 승계된 토월회의 영향(력)에 관한 연구」, 『국학연구』, 한국국학진흥원, 2017, 303~368면.

「동양극장과 〈김옥균전〉의 위치 - 1940년 〈김옥균(전)〉을 통해 본 청춘좌의 부상 전략과 대내외 정황을 중심으로」, 『현대문학이론연구』 71집, 현대문학이론학회, 2017, 39~64면.

「조선예술좌 〈토성낭〉 공연의 무대 디자인」, 『건지인문학』, 전북대 인문학연구소, 2018, 37~59면.

「동경 조선 유학생의 〈소〉 공연 현황과 무대에 관한 연구」, 『열린정신 인문학연구』(20집 1호), 원광대 인문학연구소, 2019, 211~236면.

「1910년대 〈쌍옥루〉 공연에 나타난 바다와 물의 무대 디자인과 그 의의에 관한 연구」, 『고전과 해석』 27집, 고전문학한문학연구학회, 2019, 29~61면.

「극예술연구회 제4회 공연작 〈무기와 인간〉의 무대 장치와 그 의미에 대한 연구 - 조선 신극인이 바라 본 전쟁의 형상과 동아시아(인)의 '공존' 질서에 관한 무대미술적 함의를 바탕으로」, 『민족문화연구』 83호, 고려대 민족문화연구원, 2019, 539~580면.

「극예술연구회의 창단 공연작 〈검찰관〉에 관한 연구 - 실험무대 출범 정황과 창립 공연 무대 디자인을 중심으로」, 『공연문화연구』, 공연문화학회, 2019, 167~196면.

「제2회 극예술연구회 공연 현황과 〈옥문〉의 위치」, 『한국연극학』 72호, 2019, 5~30면.

「동양극장 공연작 〈아들의 심판〉의 무대 디자인과 기생 소재 레퍼토리에 관한 연구」, 『근대서지』 20호, 2019년 하반기, 근대서지학회, 2019, 938~968면.

「극예술연구회 〈자매〉 공연의 무대 디자인과 '단면(斷面)'의 공연 미학적 의미」, 『국학연구』 41집, 한국국학진흥원, 2020, 443~492면.

「〈바람 부는 시절〉에 반영된 서울의 형상과 그 의미에 관한 연구 - 서울과 농촌의 대립 구도를 바탕으로」, 『서울학연구』 79호, 서울시립대 서울학연구소, 2020, 1~40면.

「발굴 대본으로 재구한 〈바람 부는 시절〉의 창작 배경과 그 의의에 관한 연구」, 『열린정신 인문학연구』 21집 1호, 원광대 인문학연구소, 2020, 55~78면.

「〈호상의 비극(湖上的悲劇)〉의 공연 상황과 무대 디자인의 효과에 관한 연구」, 『한국전통문화연구』, 전통문화연구소, 2020, 157～203면.

「연극〈아리랑 고개〉의 창작 과정에 수용된 영화〈아리랑〉의 영향 관계 연구」,『철학 · 사상 · 문화』, 동국대 동서사상연구소, 2020, 1～23면.

「공연작〈제사〉를 통해 본 극예술연구회 창작극의 역할에 관한 연구」,『인문논총』52집, 경남대 인문과학연구소, 2020, 5～28면.

「극예술연구회〈어머니〉와 여성 연극의 양상」,『공연문화연구』, 공연문화학회, 2020, 39～67면.

『조선 대중극의 용광로 동양극장』1 · 2, 서강대 출판부, 2018.

『현대 희곡의 생성과 맥락』, 연극과인간, 2019.

찾아보기

인물(연극인)

극단(단체)

극장

작품

용어

배역